코리안 미러클 6

한국의 경제질서를 바꾼 개혁

금융실명제

나남
nanam

'육성으로 듣는 경제기적' 6기 편찬에 참여하신 분들

증언해 주신 분들(가나다 순)

강경식 前 경제부총리
강만수 前 기획재정부 장관
김용진 前 과학기술처 장관
김종인 前 대통령비서실 경제수석비서관
김진표 前 경제부총리
남상우 前 KDI 국제정책대학원장
백운찬 前 관세청장
윤용로 前 금융감독위원회 부위원장
윤증현 前 기획재정부 장관
임지순 前 국세공무원교육원장
진동수 前 금융위원회 위원장
최규연 前 조달청장
홍재형 前 경제부총리

집필 책임

홍은주 前 MBC 논설주간, 한양사이버대 교수

편찬위원회(위원장 이하 가나다 순)

한덕수 前 국무총리, 편찬위원장
최정표 KDI 원장
남상우 前 KDI 국제정책대학원장
백운찬 前 관세청장
서중해 KDI 경제정보센터 소장
윤대희 前 국무조정실장
윤용로 前 금융감독위원회 부위원장
윤증현 前 기획재정부 장관
진동수 前 금융위원회 위원장
최규연 前 조달청장

KDI 연구진

이용수 KDI 경제정보센터 디지털경제분석실장
이정미 KDI 경제정보센터 정책플랫폼팀장

코리안 미러클 6

한국의 경제질서를 바꾼 개혁

금융실명제

육성으로 듣는 경제기적 편찬위원회

홍은주 집필

나남
nanam

국가 투명성 높이는
기폭제가 된 금융실명제

코로나 바이러스로 야기된 글로벌 위기 와중에 한국 보건당국이 보여준 투명한 정책 대응은 한국의 국격(國格)을 높이는 데 크게 기여했다. 이처럼 투명성은 정치·사회·경제 질서유지의 근본이며 국가의 신뢰자본을 구축하는 핵심요소라고 할 수 있다.

한국 경제사에서 국가적 투명성을 높이는 결정적 계기가 된 사건이 바로 1993년 대통령 긴급 재정경제명령으로 시행된 금융실명제다. 1993년 8월 12일 목요일 저녁, 김영삼 대통령은 다음과 같은 특별담화문을 발표했다.

"친애하는 국민 여러분, 드디어 우리는 금융실명제를 실시합니다. 이 시간 이후 모든 거래는 실명으로만 이루어집니다. 금융실명제가 실시되지 않고는 이 땅의 부정부패를 원천적으로 봉쇄할 수가 없습니다. 정치와 경제의 검은 유착을 근원적으로 단절할 수가 없습니다. 금융실명거래의 정착 없이는 이 땅에 진정한 분배정의를 구현할 수가 없습니다. 우리 사회의 도덕성을 합리화할 수 없습니다. 금융실명제는 그 어느 것보다 중요한 제도개혁입니다.…"

1982년 처음 시도된 이래 두 차례 무산되었다가 1993년 김영삼 대통령의 결단으로 전격 시행된 금융실명제는 거대한 국가 변화를 지향하고자 했던 의미 있는 기폭제였다. 금융실명제 시행을 통해 지향하고자 했던 본질은 정치적·사회적·경제적 투명성을 높여 한국사회에 '신뢰자본'을 형성하고 총요소생산성을 높여 경제의 지속발전을 추구하며 한국의 국격을 근본부터 높이기 위한 빅 픽처(Big Picture)였다.

금융실명제의 정착으로 한국 금융시장의 전면적 개편과 사채시장 양성화를 위한 금리자유화, 기업의 차입확장경영 행태 정상화, 경제거래 투명화를 통한 부가가치세제 확립, 과세제도 선진화와 과세형평성 증진이 이루어졌다.

또한 각종 검은돈과 불법자금을 처벌하는 관련법의 실효성을 높이는 데 크게 기여했으며, 일부 기업들이 불법비자금을 조성하거나 정치권에 각종 불법정치자금이 오가는 데 결정적인 저지선 역할을 했다. 「금융실명법」 시행 이후 고액 현금거래를 감시하는 「특정금융정보법」, 「범죄수익은닉규제법」, 「전자금융거래법」 등 여러 가지 법이 속속 만들어지면서 관련법들이 종으로 횡으로 보완되어 불법자금의 추적이 쉬워졌다.

세제측면에서는 과표양성화가 촉진되었고, 이자와 배당소득에 대해 합산과세가 이뤄지면서 과세형평성의 조건도 만들어졌다. 금융시장 발전에도 금융실명제가 크게 기여했다. 무엇보다 금리자유화를 정착시키는 계기로 작용하여 오늘날과 같은 금융시장 효율화와 선진화를 촉진시켰다. 또한 기업들이 가명이나 무기명으로 숨겨 놓았던 각종 주식들이 드러나면서 기업의 지배구조 투명성이 높아지는 계기가 되기도 했다.

이러한 점에서 편찬위원회는 재경회와 KDI가 공동 기획하여 2013년부터 펴내고 있는 '육성으로 듣는 경제기적' 시리즈의 하나로 '금융실명제'를 선정하는 데 이견이 없었다. 편찬위원회는 2019년 7월 31일 금융실명제의 시작부터 정착까지의 육성기록을 펴내기로 하고, 8월 30일 1차 편찬위원회부터 2020년 6월 12일 회의까지 모두 6차에 걸친 편찬회의를 개최하였다.

획기적 개혁의 기록인 '금융실명제' 책자의 인터뷰를 위해 기꺼이 귀중한 시간을 내주시고 생생한 증언을 해주신 장관님들과 정책당국자분들께 진심으로 감사드린다. 책이 나오기까지 노고를 아끼지 않은 편찬위원들과 집필진에게도 심심한 사의를 표한다. 무엇보다 이 기록사업을 수행하고 있는 서중해 KDI 경제정보센터 소장님을 비롯한 관련 연구진의 노고에 감사드린다.

많은 분들의 지혜를 빌려 완성된 금융실명제의 시작부터 정착까지의 기록이 앞으로 중요한 사료로 활용되기를 기대한다.

2020년 7월
편찬위원장 한덕수 · KDI 원장 최정표

서기 2394년, 미래의 그들이
알게 될 금융실명제

1982년에 처음 추진되었다가 1993년 김영삼 대통령의 긴급 재정경제명령으로 전격 시행된 금융실명제는 장편 역사 드라마를 연상케 할 정도로 극적이다.

금융실명제는 1982년 단군 이래 최대 사기사건이라는 '이철희·장영자 어음사기 사건'을 계기로 하여 한국 경제사의 지평에 처음으로 모습을 드러냈다. 당시 등장한 금융실명제는 사채시장의 검은돈을 양성화하고 과세형평성을 높여 '깨끗한 부'를 만들어내고자 했던 첫 정책적 시도였으나 정치권의 반대로 무산되고 말았다.

이후 1989년에 철저한 사전준비를 갖춰 다시 한 번 금융실명제가 시도되었지만 마침 닥친 경제적 어려움과 증시폭락을 명분으로 또다시 좌절됐다. 두 차례나 무산되었지만 그 과정에서 금융실명제가 투명한 사회와 경제를 만들기 위해 반드시 필요한 제도라는 사회적 인식이 뿌리내린 점은 큰 수확이었다.

1992년 대선공약으로 금융실명제 시행을 내세웠던 김영삼 대통령은 집권 초기 6개월 이내에 정치·경제 패키지 개혁을 추진하겠다고 결심하고 1993년 초 이경식 부총리와 홍재형 재무부 장관에게 금융실명제 추진을 지시했다. 단기간에 비밀작업을 거쳐 대통령 긴급명령으로 시행하기로 했기 때문에, 1993년 실명제 작업에 참여했던 사람들은 이경식 부총리, 홍재형 재무부 장관을 제외하고는 재무부 공무원 몇 사람과 KDI 박사 세 사람 등 모두 14명에 불과했다.

'007 작전'을 방불케 하는 보안유지와 두 달간의 비밀작업 끝에 1993년 8월 12일 밤부터 금융실명제가 대통령 긴급재정경제명령으로 전격 시행되었다. 시행 다음날 실시된 여론조사에서 금융실명제는 국민 87%의 높은 지지를 받았다. 개혁에 대한 국민들의 여망을 바탕으로 금융실명제는 무사히 국회를 통과하여 시행과 정착 과정에 들어간다. 다음해에는 이자와 배당 등 금융소득에 대한 종합과세 방안이 법으로 만들어져 1996년 1월부터 시행됐다.

이 책은 1982년과 1989년, 두 차례 걸쳐 시도되었다가 1993년 대통령 긴급명령으로 시행된 금융실명제 작업의 생생한 증언을 담았다. 당시의 정치·경제 상황에 대한 배경과 고민에서부터, 최상층부에서 정책결정을 내리고 법안화 작업을 했던 실무진의 증언까지 가능한 한 가감 없이 수록하고자 했다.

금융실명제를 반대했던 논리와 금융실명제 시행과 정착 과정에서 나타난 사회적·법적 쟁점도 균형 있게 담아내고자 했다. 금융실명제가 시행된 후 한국사회를 지탱하는 큰 나무가 되기까지 착근의 과정에서 제기된 쟁점과 이를 둘러싼 다양한 논의 및 토론은 향후 투명사회를 만들어가는 다른 정책결정에도 밑거름이 될 것으로 믿기 때문이다.

1994년, '서울정도 600주년'을 기념하는 타임캡슐 행사가 열렸을 때 금융실명제가 한국 발전에 크게 기여한 개혁정책임을 인정받아 《금융실명제 실시 1주년 백서》가 타임캡슐에 포함되었다. 현재 이 타임캡슐은 남산 전통정원 지하에 들어가 깊이 잠들어 있는데, 서울정도 천 년이 되는 2394년에 공개되어 금융실명제가 한국의 경제와 정치·사회·문화에 얼마나 공헌했는지 후손들에게 증언할 예정이다.

400여 년 후 타임캡슐에서 금융실명제 백서를 읽게 될 '미래의 그들'은 금융실명제가 불러온 개혁의 혁혁한 성과에 대해 어떤 반응을 보일까? 가슴 설레는 일이다!

2020년 7월
집필자 홍 은 주

코리안 미러클 6

한국의 경제질서를 바꾼 개혁

금융실명제

차 례

1961. 7	「예금·적금 등의 비밀보장에 관한 법률」 제정, 무기명 등 금융거래 보호
1982. 7	강경식 재무부 장관, 이철희·장영자 어음사기 사건을 계기로 "1983년부터 금융실명제를 전면 실시한다"는 '7·3 조치' 발표
1982. 10	전두환 대통령, 정치권과 재계의 실명제 반대에 따라 실명제 실시 연기 결정
1982. 12	"1986년 이후 대통령령이 정하는 날 시행"으로 「금융실명법」 국회통과
1988. 7	노태우 대통령, 제6차 경제사회발전 5개년계획 수정계획에서 "1991년까지 실명제를 도입한다"는 방침 발표
1988. 10	조순 부총리, 이규성 재무부 장관, 문희갑 경제수석 경제팀, '경제의 안정성장과 선진화합경제 추진대책' 발표에서 양대 핵심개혁 과제로 금융실명제와 토지공개념을 1991년 1월부터 시행한다고 발표
1989. 4	재무부 '금융실명거래실시준비단' 발족 및 행정준비 시작
1990. 4	이승윤 부총리·정영의 재무부 장관·김종인 경제수석 팀, 경기악화 등의 이유로 실명제 유보 결정
1992. 10	대통령 선거공약 관련 금융실명제 실시 재론(1993~1995년 내 실시)
1993. 8	김영삼 대통령, 긴급 재정경제명령으로 금융실명제 전격 실시
1994. 12	금융소득 종합과세를 위한 「소득세법」 개정 (1996년 소득분을 1997년에 반영)
1997. 12	외환위기를 계기로 금융소득 분리과세, 자금출처조사 면제, 무기명채권 허용 등 실명제 골격이 일정부분 무너지는 내용의 대체입법 국회통과
2000 초	「특정금융정보법」, 「범죄수익은닉규제법」, 「정치자금법」 등 기술적·법적 보완이 이뤄지고 IT 기술 발전을 통해 기술적 인프라가 확충되면서 명실상부한 금융실명제 정착
2009	대법원, 차명거래 시 예금명의자를 소유자로 인정 판결
2014. 5	「금융실명법」 개정, 차명거래 규제 근거 마련

제5공화국에서
추진된
금융실명제

1

비대해진 사채시장의 폐해

이철희·장영자 어음사기 사건 발생

1982년 4월 28일자 조간신문에 "이철희·장영자 부부가 기업들에 대한 어음사취혐의로 경찰에 연행되었다"는 간단한 기사 몇 줄이 실렸다.

이날 기사를 시작으로 다음날부터 연일 1면 톱으로 관련기사가 쏟아지고 온갖 의혹이 제기되었다. 이철희·장영자 어음사기 사건은 결국 검사 27명과 수사관 100여 명이 동원되어 대한민국 금융시장과 제5공화국 권력층 최상부를 뒤흔드는 대형 게이트로 비화한다.

사건의 개요는 이렇다. 사채시장 큰손이던 장영자는 대화산업이란 회사를 차려 놓고 심한 자금난에 처한 건설업체 등에 접근해 "100억∼200억 원의 자금을 연금리 20∼22%, 2년 거치 3년 분할상환의 유리한 조건으로 차입하게 해주겠다"면서 차입금액의 2∼3배에 해당하는 약속어음을 담보로 받아냈다. 장 씨는 이렇게 담보로 받은 견질어음을 "보관만 하고 있겠다"고 한 약속을 어기고 사채시장에서 할인하거나 신용 있는 타 회사 어음과 맞교환하여 추가자금을 조성했다. 이런 식으로 만든 거액예금을 은행에 맡기면서 다른 기업에 빌려주도록 하는 수법으로 사기 규모를 키워 나갔다.

장영자에게 이용당하여 거액어음을 담보로 발행한 기업은 공영토건, 일신제강, 태양금속, (주)라이프, 삼익주택, 해태제과 등이었다. 이 6개 기업이 실제로 빌린 자금은 576억 원에 불과한데 이들이 담보로 발행한 어음 잔고는 1982년 5월 10일 현재 2,624억 원이나 됐다. 특히 공영토건의 경우 차입액은 169억 원밖에 안 되는데 무려 1,468억 원이나 되는 어음을 발행했다.[1] 이 어음은 사채시장에서 할인되어 현금화됐다.

검찰조사 결과 장영자가 1981년 2월부터 1982년 4월까지 벌인 어음사기 행각의

---

1 이에 대한 자세한 내용은 〈거액어음 부도에 따른 문제와 대책〉(재정경제부, 1982, 국가기록원 관리번호: BA0790410) 참조.

총액은 6,404억 원에 달하는 것으로 밝혀졌다.[2] 처음에는 어음결제를 장영자가 직접 했다. 하지만 사기행각이 길어지고 과다 발행된 어음이 시중에 남발되면서 할인이 어려워지자, 기업을 협박하여 거액의 보관용 견질어음 발행을 다시 요구했고 이것으로 이미 발행된 어음의 반납을 지연시키는 수법을 썼다.

장영자가 공영토건이나 (주)라이프 등 해외 건설업체들을 주된 사기대상으로 삼았던 이유는 "해외 건설업체들은 수억 달러에서 수십억 달러의 해외건설 수주를 진행 중이기 때문에 설령 자금난을 겪더라도 정부가 쉽사리 부도처리하지 못할 것이라는 데서 착상한 것"으로 알려졌다.[3]

그러나 결국 꼬리가 잡힐 수밖에 없는 상황에 이르렀다. 이철희·장영자 부부는 돈은 빌려주지 않은 채 담보로 미리 받은 60억 원 규모의 기업어음을 사채시장에 돌렸다가 고발당해 구속되고 만다.

이철희·장영자 사건으로 사채시장이 '검은돈의 온상'으로 지목되어 세간의 주목을 받게 되었다. 당시 한국경제연구원이 발표한 〈한국 사채금융시장에 관한 연구〉에 따르면 1981년 말 사채 규모는 1조 1천억 원이 넘는 것으로 추정되었다. 이는 은행대출의 7%, 총통화 4조 원의 27%에 해당되는 엄청난 규모였다.[4]

은행과 사채시장의 양극화

사채시장은 한국경제 초기 발전사에서 은행과 함께 자금시장을 양분하는 오랜 전통을 지녔다. 은행이 실세금리보다 훨씬 낮은 정책자금을 주로 취급하다 보니 사람들이 은행을 찾아 저축할 유인이 별로 없었다. 반면 돈이 필요한 가계나 중소기업은 은행에서 돈을 빌릴 엄두를 내지 못했다. 낮은 금리의 정책자금이 이들에게까지 돌아오지 않았기 때문이다.

이 때문에 가계 잉여자금이 높은 금리를 받을 수 있는 사채시장으로 많이 흘러

2 발행된 어음의 누적규모는 7,111억 원에 육박하였다.
3 〈중앙일보〉, 1982. 5. 8.
4 강경식, 2010, 《국가가 해야 할 일, 하지 말아야 할 일》, 김영사, 485쪽 재인용.

가 자금부족 주체와 만났다. 사채시장 금리가 사실상 시장 실세금리나 다름없었다. 압축 고도성장으로 자금수요가 공급을 만성적으로 초과하던 경제개발 초기에는 비제도권 사채시장에서 유통되는 자금규모가 정책자금을 주로 취급하던 제도권 금융기관을 압도할 정도였다.

정부가 금융재원을 정책적 목적에 맞추어 집행하는 정책금융 비중은 1960년대 이후에도 지속적으로 높은 수준을 유지했다. 1962년에서 1966년까지 은행의 총대출에서 정책금융이 차지하는 비중이 65. 19%나 됐다. 이후 약간 낮아지는 듯했으나 중화학공업 육성을 위한 정책금융 비중이 높아지면서 1972년에서 1981년까지 10여 년 이상 55% 이상을 유지했다.[5] 높은 정책금융 비중 때문에 자금시장의 가격, 즉 금리왜곡을 초래했고 은행 돈이 정책금융 위주로 돌아가다 보니 돈이 필요한 일반기업이나 자영업, 개인은 사채시장에 의존할 수밖에 없었다.

대기업들조차 담보가 되는 공장건설이나 기계설비 도입 등은 낮은 정책금리로 은행에서 돈을 빌리고 담보가 없는 운영자금은 어쩔 수 없이 연리 30~60%의 고금리 사채자금을 얻어다 썼다. 삼성이나 현대, 금성사(현 LG) 같은 대기업 사주들조차 명동 사채시장의 물주를 직접 찾아다니며 사채자금을 부탁하곤 했다. 명동 뒷골목에는 수백 개나 되는 사채중개 사무실이 자리 잡고 있어서 돈이 필요한 기업이 융통어음을 들고 찾아가면 중개 사무실이 '다마'(전주)와 연결시켜 '표'(어음) 거래가 이뤄졌다.

한국개발연구원(KDI: Korea Development Institute)의 남상우 박사(전 KDI 국제정책대학원장)는 경제개발 초기에 한국 금융시장의 중개기능이 얼마나 취약했는지에 대해 다음과 같이 분석했다.

남상우 우리나라의 1960년대 전반까지의 금융시장은 좀 심하게 표현하면 손발이 묶인 상태로 명맥만 유지하는 정도였습니다. 은행금리가 실세금리에 비해 너무 낮아 물가를 따라가기도 어려우니까 국민들이 은행을 저축기관이라고 생각하

---

5 김경수, 2008, "한국의 금융 60년: 금융정책을 중심으로", 건국 60주년 기념세미나. 한편 사공일 박사는 1993년 연구에서 국내 신용대비 정책금융 비율을 1972~1976년 45.1%, 1977~1980년 50.2%로 추정한다.

지도 않았습니다. 국민들이 저축을 안 하니 은행이 기업에 대출해 줄 수 있는 자금이 별로 없었고 금융중개기능이 아주 취약했습니다. 금융중개기능이 커지는 것을 금융심화라고 하는데 그것의 기본적인 척도로서 총통화(M₂)나 은행 총예금 잔고의 GDP에 대한 비율 같은 것이 쓰입니다. 아무튼 그런 지표들이 형편없었던 거예요.

그러다가 1965년 9월 30일(장기영 경제부총리 시절) 금리현실화 조치가 나왔습니다. 예컨대 정기예금 금리 같은 경우 연리를 최고 15%에서 30%까지 대폭 올렸어요. 그러니까 한동안 금융심화와 금융발전이 이루어졌는데 1970년대에 들어서면서 또다시 은행기능이 완전히 정체되었습니다. 잘 아시는 바와 같이, 중화학공업이 가장 중요한 경제정책이 되면서 중화학공업에 투자하는 기업이나 수출기업들만 낮은 금리로 대출을 받았습니다. 그러다 보니 기본적으로 은행여신뿐만 아니라 수신도 저금리가 되어 금융산업의 중추인 은행이 정상적 발전을 못하게 됩니다.

그때 금리규제를 회피하기 위한 비정상적이고 편법적인 행태들이 많이 나타났습니다. 은행이 기업에 정부가 규제한 대출금리로 빌려주면서 그보다 훨씬 낮은 금리로 억지로 일정액을 저축하라고 하는 이른바 '꺾기'가 일반화되었습니다. 그러면 실효대출금리가 높아지니까요. '꺾기' 관행을 비롯해서 여러 가지 비정상적 관행이 많이 있었습니다. 또한 은행이 사채거래의 매개기관으로 이용되기도 했지요. 사채전주들이 은행에 예금을 하고 이 금액만큼을 전주가 지정한 기업에 대출해 주도록 하는 것입니다. 은행은 전주의 예금이 대출에 대한 담보 역할을 하고 전주는 예금이자에 더해 차입기업으로부터 상당한 이자를 따로 챙기는 것입니다.

은행의 중심적 기능이 이른바 대출심사기능이잖아요? 그런데 이른바 지시금융이라고 해서 정부가 지정한 부문이나 특정 산업에 주로 돈을 대출하게 돼 있으니 은행이 수동적으로만 움직였습니다. 정부가 하라는 대로 대출하면 되니까 여신심사기능에 은행이 신경 쓸 필요가 없었고 금융발전이 효율성 면에서 진전될 수 없었습니다.

1972년 8·3 사채동결조치 단행

한국의 사채시장 규모가 최초로 파악됐던 사건은 1972년 '8·3 사채동결조치'(공식 명칭 '경제의 안정과 성장에 관한 긴급명령', 이하 8·3 조치) 였다. 8·3 조치는 기업들이 빌린 사채자금 규모가 지나치게 비대해지면서 연쇄부도 위기에 몰리자 정부가 강제 개입해 기업 사채이자를 대폭 줄여 주고 상환기간도 연장해 준 사건이었다.

단기사채는 경기가 조금이라도 나빠지면 급속도로 빠져나가는 특징이 있다. 멀쩡한 기업조차 사채시장 루머에 휘둘려 속절없이 부도나는 일이 자주 발생했다. 대표적 사건이 1971년에 발생한 미국발 경제위기다. 당시 미국이 달러의 금태환 (金兌換) 을 없애고 수입품마다 10%에 달하는 부가가치세를 부과하자 미국수출에 주로 의존하던 한국경제는 비상에 걸렸다. 경기가 급격히 하락하자 사채자금이 일제히 빠져나가 대기업들 전체가 도미노 연쇄부도위기를 맞게 되었다.

전국경제인연합회 (이하 전경련) 의 김용완 회장, 신덕균·정주영 부회장 등이 청와대를 방문해 "사채부담 때문에 기업들이 다 죽게 생겼다"고 하소연하자 박정희 대통령은 몇 달간 비밀 준비작업 끝에 1972년 8월 3일 대통령 긴급명령으로 사채동결 조치를 내린다. 사채동결을 위한 신고접수가 1주일간 이루어졌다. 8월 2일 현재의 사채를 8월 9일까지 관할 세무서와 금융기관에 신고하도록 한 것이다.

처음 하루이틀은 신고가 많지 않았으나 "신고된 사채는 자금출처조사를 하지 않겠다"고 정부가 약속하자 곧 신고가 줄을 이었다. 사채신고 접수를 마감한 결과 건수로 21만 606건, 금액으로 3,571억 원에 이르렀는데, 이는 당시 통화(M₁)의 90%에 해당되는 액수였다. 신고액이 1,800억 원 정도일 것이라고 본 정부의 예상을 크게 뛰어넘는 수준으로 당시 사채시장 규모가 얼마나 컸는지 짐작할 수 있는 규모다.

정부는 신고된 사채에 대해 3년 동의 거치기간을 두어 단기사채를 장기 산업자금으로 전환해 주었다. 그 후 5년에 걸쳐 6개월마다 균등액을 변제하도록 하여 기업들의 사채부담을 대폭 줄여주었다. 이 기간 동안에는 월 1.35%(연 16.2%)의 획기적으로 낮은 이자를 적용하도록 했다. 당시 사채 평균이자가 42%임에 비춰 볼 때 절반 수준도 안 되는 금리조건이었다.

정부는 금융기관의 여신 공금리도 일제히 인하하는 한편, 금융기관이 연 5. 5%의 저리로 특별 금융채권 2천억 원어치를 발행하여 조성한 자금으로 기업의 단기대출금 잔액의 약 30%를 연 8% 이자로 3년 거치 5년 분할상환하는 유리한 조건으로 대환대출을 할 수 있도록 조치했다. 금융기관이 낮은 이자의 정책자금을 장기대출 해주는 데 따른 역마진이나 이익 감소분은 한국은행이 지준금(支準金)에 대한 이자지급과 특별융자 등으로 보전해 주었다. 그야말로 '화끈한' 기업 살리기 종합대책이 이루어진 것이 8 · 3 조치였다. 6

사채시장 양성화 3법

8 · 3 조치와 함께 정부는 「단기금융업법」과 「신용협동조합법」, 「상호신용금고법」 등 '사채시장 양성화 3법'을 제정하면서 사채시장에서 떠도는 돈을 제도권으로 끌어들이기 위한 정책적 노력을 시작했다.

첫째, 「단기금융업법」(1972. 8. 17)의 제정으로 어음의 할인 및 매매업무 등 단기금융을 취급하는 단자회사 설립이 허용되어 1년 만에 8개 회사가 생겨났다. 둘째, 「신용협동조합법」(1972. 8. 17)은 농협과 수협 등에서 취급하던 농 · 수협 금융과 각 지역이나 시장에서 자생적으로 생겨난 신용조합, 새마을금고 등에 근거법이 되었다. 셋째, 「상호신용금고법」(1972. 8. 3)은 기존 사설 무진회사들을 양성화하여 영세서민이나 소상공인들에게 자금을 지원하도록 유도하였다. 상호신용금고는 법이 생기자마자 400여 개가 난립하는 등 부실운영이 문제되다가, 1970년대 말에 정부의 통폐합 유도로 200여 개로 정리됐다.

비슷한 성격의 지역 금융회사들이 속속 만들어지다 보니 좁은 지역에서 예금유치를 위한 과당경쟁을 벌이기도 하고, 그 결과 부실화 및 부도사건이 발생하여 문제가 되기도 했다.

---

6 사채동결조치 및 유리한 정책자금 대환으로 인하여 기업들의 부채부담이 대폭 줄어들었고, 그 결과 1973년 한국경제는 12.6%의 높은 경제성장을 기록한다(김병주, 1996, 《한국경제 50년: 금융제도와 금융정책》, 한국개발연구원, 202쪽).

당시 사채시장 양성화를 위한 각종 금융회사 인가 및 관리 업무를 담당했던 사람은 재무부 이재국의 윤증현 사무관(후일 금융감독위원장, 기획재정부 장관)이었다.

윤증현 1972년 8·3 조치 무렵에 「상호신용금고법」, 「신용협동조합법」, 「단기금융업법」 등 사채시장을 양성화하는 3법이 만들어졌습니다. 제가 1971년에 행정고시 합격 후 내무부와 국세청에서 일하다가 8·3 조치 직후에 재무부로 발령받았는데, 그때 사채시장 양성화 3법 운용을 시작해 점차 궤도에 진입하고 있었습니다.

재무부 이재국에 금융정책과와 이재 1, 2, 3과 등 4개 과가 있었고, 이 가운데 이재 3과가 사채시장 양성화 업무를 담당했습니다. 제가 재무부에 처음 들어가서 했던 업무가 상호신용금고와 신용협동조합 업무였습니다.

사채를 양지로 끌어들이는 과정에서 상호신용금고에서 사고도 많았던 기억이 납니다. 상호신용금고들이 정부로부터 공식인가를 받은 기관이라는 걸 입증하기 위해 인가증을 사무실 중앙의 잘 보이는 곳에 걸어 놓고 서민들의 돈을 끌어들였는데 때때로 금고가 부도나고 망하는 일이 벌어질 것 아니겠어요? 금고가 부도나서 돈을 받지 못하면 등에 아이를 업은 아주머니부터 어렵게 돈을 모은 공장근로자까지 구구절절한 사연을 가진 서민들이 재무부에 쳐들어와 정부가 책임지라고 데모하곤 했습니다. 간부는 입장이 곤란하니까 그걸 피해 자리를 뜨면 저 같은 말단 사무관이 하소연도 들어주고 사태수습을 해야 했습니다(웃음).

한편 단자회사의 기업어음 할인 및 매매 업무에 더해 외자, 국제금융, 리스, CP(기업어음), 유가증권, 증권투자신탁 등 다양한 금융업무를 종합적으로 취급하는 금융기관인 종합금융회사[7]가 추가로 생겨났다. 1975년 12월, 「종합금융회사에 관한 법률」이 제정되어 국제, 새한, 아세아, 한불, 한외 등 종합금융회사가 속속 생겨나기 시작했다.

---

7 종합금융회사는 담보위주 금융시장에 신용대출을 도입하여, 담보가 부족하지만 성장 가능성이 높은 기업체에 자금을 지원하는 긍정적인 역할을 했다. 하지만 무분별한 외화조달과 대출로 1997년 외환위기를 야기했다는 오명을 쓰고 일제히 퇴출되었다.

8·3 조치 후 사채신고를 독려하는 표어가 걸린 국세청 사채신고상담소(1972. 8. 9).

윤증현 하루는 하동선 이재국장이 저를 불러 "「종합금융회사에 관한 법률」초안을 만들어 보라"는 거예요. "제가 재무부에 온 지 1년도 안 되어 금융의 '금'자도 잘 모르는데 어떻게 법을 만들겠습니까?" 하니까 "처음부터 다 아는 사람이 어디 있나?" 하는 거예요. 자신이 큰 골격을 줄 테니 한번 해보라고 하면서 몇 가지 내용을 쭉 불러 줬습니다. 주니어인 저를 믿고 일을 맡겨 주니까 열심히 했죠. 10여 개 조문을 붙여 「종합금융업법」을 밤새워 만들었습니다. 그게 1975년 이후 1970년대 말 그 무렵쯤의 일입니다.

사채시장 여전히 기승

8·3 조치로 사채자금이 동결되었고 사채양성화를 위한 3법 등 각종 정책적 노력이 뒷받침되었는데도 사채시장 비중은 1970년대 내내 여전히 높았다.

8·3 조치라는 초강수에도 불구하고 기업들의 사채시장 의존도가 낮아지지 않았던 이유는 단기금융회사를 포함한 금융기관 금리를 정부가 계속 규제했기 때문이다. 1964년에 40%p에 달하던 사채금리와 공식금리 간 차이는 정부가 고금리정

책을 채택한 1965년 이후 점차 줄어들었다. 그러나 1972년 8·3 조치 이후 고금리 정책이 폐기된 다음에는 다시 늘어나기 시작하여 1982년까지 20%p의 금리격차가 지속적으로 존재했다.[8]

은행신용은 중화학공업 육성을 위한 정책자금 제공에 집중되어 일반기업이나 개인들은 접근이 어려웠고, 사채시장을 양성화하기 위해 설립된 단자회사들의 금리까지 규제되는 바람에 자금 잉여자들은 여전히 이율이 높은 사채시장을 선호했다.

자금수요는 많은데 은행 등 공적 금융기관을 통한 자금공급은 한계가 있고 금융기관의 예금금리가 실세금리를 하회하는 경우 자금의 암시장인 사채시장이 여전히 기승을 부리는 것은 금융시장의 생리다. 더욱이 1973년부터 가속화된 중화학공업 투자와 유가파동, 임금상승 등의 요인이 겹쳐 물가가 계속 급등하자 은행에 저축하게 할 유인이 더욱 감소했다. 인플레이션이 높은 데다가 공금리가 낮으니 저축하면 실질금리가 마이너스가 되기도 했다.

남상우 1970년대에 특히 인플레율이 높았던 주된 원인은 3가지 정도입니다. 첫째, 수출기업이나 중화학 공업에 정책자금을 저금리로 많이 빌려주다 보니 통화량이 빠르게 늘어난 요인이 있습니다. 둘째, 실물분야에서는 중화학공업 드라이브 등으로 대졸 초임을 중심으로 임금이 굉장히 빠르게 인상된 것이 원가상승을 압박했습니다. 마지막으로, 잘 아시다시피 1970년대에 두 차례에 걸쳐 석유파동이 있었잖아요? 이것도 물가상승에 상당히 영향을 미쳤습니다.

그러다 보니 저축이 안 되죠. 사실 은행뿐만 아니라 금융저축에 대한 상대적인 매력이 대폭 떨어졌습니다. 그런데 토지와 같은 부동산은 공급이 제한되니까 인플레가 되면 더 빠르게 오르잖아요? 그러니까 더욱더 금융저축에 대한 유인이 떨어지고 금융산업이 위축되는 악순환이 되는 거죠. 은행에 저축을 하더라도 장기적으로 재산 증식을 위한 저축이라기보다는 향후에 쓸 돈을 잠깐 단기적으로 대기시키는 것에 불과했습니다. 하여튼 여러 가지 금융정책상의 환경과 인플레가 겹치면서 70년대 후반기에 기업에 대한 은행의 자금중개기능이 정체되었습니다.

---

8 고영선 외, 2007, 《경제위기 10년, 평가와 과제》, 한국개발연구원.

이 같은 상황을 반영하여 1979년 7월 경제과학심의회의가 작성하여 대통령에게 제출한 보고서 〈금융산업의 개발 방향〉에서 "조세징수에 대한 한계, 인플레적 성장의 한계 등으로 정부주도적 강제저축은 한계에 달했으므로, 향후 산업자금 동원은 국민의 저축여력을 향상시켜 정부주도적 동원체제에서 금융주도적 자본동원체제로 전환되어야 한다"는 주장이 나온다.

보고서는 1977년 기준 1인당 금융저축액은 186달러이므로 1인당 금융저축률은 19.7%에 불과하다고 지적했다. 대만 26.4%, 일본 29%, 미국 33%에 비해 크게 낮은 수준인데, 그 주요 원인으로 "시중 자금이 제도금융권을 기피하여 사채시장으로 흐르고 저축자금이 형성될 여유가 없이 직접 부동산 등 실물수요로 이전되는 문제" 등을 들었다.

당시 재무부에서 사채시장 대책을 책임졌던 강만수 이재 3과장(후일 경제부총리)의 증언이다.

강만수 사채시장은 속성상 파악하기 어렵습니다. 양지를 꺼리는 돈이라 모두 비실명으로 거래되어서 소득세가 제대로 과세되지 않았고 규모도 정확히 알 수 없었습니다. 그때 지하경제 규모가 GDP의 25%에 이른다는 주장도 있었으나 확인할 수 없는 것이었고, 당시 총통화 4조 원의 25%인 1조 원 전후였던 것으로 재무부에서는 추정했습니다.

그 당시 사채시장이 활발했던 이유는 기본적으로 고도성장에 따른 자금의 초과수요가 높은 반면 물가억제를 위해 통화공급은 제한되어 자금의 수요·공급의 불일치가 발생했기 때문입니다. 자금의 만성적 초과수요 상황에서 사채 양성화를 위한 재무부의 노력은 구조적으로 불가능에 가까웠습니다. 재무부는 사채시장을 양성화하기 위하여 제2금융권(투자금융회사, 상호신용금고, 신용협동조합 등)을 활성화하고, 금융기관 금리와 시장 실세금리와의 격차를 줄이는 노력을 계속했습니다. 그러나 당시 시장 평균투자수익률[9]이 30% 이상이었기 때문에 은행 등 금융기

---

9 시장 평균투자수익률이란 부동산투기수익률, 증권투자수익률, 제조업수익률, 물가상승률을 종합한 시장자금의 투자수익률을 말한다.

관의 공적 금리가 도저히 이를 따라가지 못해 항상 고전했습니다. 정확히 기억할수는 없으나 당시 부동산투자 관련 수익률이 약 30%, 제2금융권 실세이자율이약 30%, 제조업 평균수익률은 약 20%였던 것으로 기억합니다.

경제난 속에서 발생한 "단군 이래 최대 어음사기"

1970년대 말에 제2차 석유파동이 발생하여 한국경제는 큰 충격을 받았다. 에너지의존형 중화학공업의 타격이 특히 심각했고 공장가동률이 크게 하락했다.

1979년 10월 26일 박정희 대통령 시해사건 이후에 1980년 정치민주화 갈등과제5공화국 수립에 이르는 과정에서 극도의 정치적 불안까지 겹치면서 1980년 한국경제성장률은 사상 처음으로 마이너스를 기록했다.

1980년에는 냉해로 쌀농사까지 망쳐 물가가 천정부지로 올랐다. 정부는 경제난 속에서도 물가를 잡기 위해 안정화 정책을 지속했다. 금융과 재정 긴축이 계속되어 1981년 경제성장률은 5.9%에 불과했다.

중동건설 붐으로 한때 반짝했던 경상수지도 대규모 적자로 돌아서면서 1980년53억 2천만 달러, 1981년 46억 5천만 달러의 국제수지 적자를 기록했다. 당시 재무부 장관은 미국, 유럽, 중동 등으로 달러를 빌리러 다니기에 바빴다.

경제난이 심화되면 제도권 금융기관의 여신과 어음할인은 보수적이 된다. 극심한 자금난 속에서 부도위기에 처한 기업들은 할 수 없이 사채시장에 더욱 의존했다.

이 같은 배경에서 결국 일이 터진 것이 "단군 이래 최대 어음사기"라는 '이철희·장영자 사건'이었다. 주범인 장영자는 1970년대 말에서 1980년대 초반 경제적 어려움이 가중되는 상황에서 극심한 자금난에 처한 대기업들에 "돈을 빌려주겠다"면서 접근하여 사기사건을 벌였다.

"사기사건에 청와대 고위층 연결" 소문 돌아

사채시장에 돌아다니던 이상한 소문이 안기부(현 국가정보원)에 최초로 보고된 것은 검찰수사 훨씬 이전인 1982년 2월의 일이었다. "사채시장에서 여러 대기업들의 어음이 헐값에 대량 유통되고 있는데 특히 공영토건의 어음이 반값에 거래되고 있다"는 정보였다. 당시 언론이 전한 것처럼 "증시에 상장된 공개법인이고 해외건설 실적이 큰 대형업체 어음이 반값으로 쏟아진 것은 전례 없는 일"이었다.[10]

그런데 이처럼 큰 일을 안기부는 2월에 일찌감치 접수하고도 왜 처리하지 않았을까? 유학성 당시 안기부장은 "터무니없어 믿기 어려웠다"고 회고했지만 이면에는 적지 않은 정치적 고려가 있었을 것으로 추정된다. 사건의 핵심인 장영자의 남편 이철희 본인이 중앙정보부 차장 출신이었을 뿐만 아니라 장 씨 뒤에 청와대 고위층이 있다는 소문이 파다했기 때문이다. 장 씨 형부가 이규광 광업진흥공사 사장이었고 그는 영부인 이순자 씨의 삼촌이었다.

이철희·장영자 사건이 검찰수사를 통해 밖으로 드러나면서 장 씨가 청와대를 배후세력으로 삼아 희대의 어음사기극을 벌였다는 점이 언론을 자극했다. 가뜩이나 보도에 재갈을 물려 언론의 불만이 높던 시절이다. 청와대와 검찰은 이 사건이 청와대나 여당 고위층과 무관하다고 적극 해명했지만,[11] 핵심 전말이 다 드러난 이상 도저히 언론보도를 덮을 수 없었다.

언론이 경쟁적으로 기사취재에 나서면서 사건은 걷잡을 수 없이 커지기 시작했다. 당시 나웅배 재무부 장관이 필리핀 마닐라에서 열린 아시아개발은행 총회에 참석하고 5월 1일 귀국했는데, 공항에 내리자마자 부재중 주요업무 보고 가운데 하나로 이철희·장영자 사건을 보고했을 정도다.

1970년에 사채시장 양성화 방안을 담당했던 윤증현 사무관은 이때 나웅배 재무부 장관의 비서관을 지내고 있었다.

---

10 〈경향신문〉, 1982. 5. 11.

11 당시 이학봉 민정수석비서관은 "대통령께서는 장영자가 누구인지도 모르는데 언론이나 정치권(야당)이 자꾸 무슨 비밀스러운 관계라도 있는 것처럼 몰고 가는 바람에 정말 곤혹스러웠다"고 회상했다(이장규, 2008, 《경제는 당신이 대통령이야》, 올림, 206쪽).

윤증현 이철희·장영자 사건 때 제가 나웅배 장관 비서관으로서 아시아개발은행 총회에서 나 장관을 수행했습니다. 지금도 기억이 생생한데 나 장관을 모시고 김포비행장(현 김포국제공항)에 내렸는데 누가 오더니 '정보자료'라면서 봉투를 하나 전달해 줬어요. 그때 그 봉투 속에 이철희·장영자 사건에 대한 설명이 들어 있었습니다. 당연히 난리가 났죠. 귀국하자마자 재무부 전체가 완전 비상체제였고 저도 그 속에서 정신이 없었습니다.

당시 자금시장은 바이어스 마켓(buyers' market)이 아니라 셀러스 마켓(sellers' market)이어서, 은행에서 자금만 유치하면 돈 빌려갈 기업이나 사람이 줄을 섰어요. 이처럼 자금의 수요·공급이 워낙 격차가 컸던 때라서 사채시장이 기승을 부렸고, 시중 자금흐름을 파악하기 어려운 환경에서 이철희·장영자 사건 같은 일이 터질 수밖에 없었던 구조적 요인이 있었습니다. 자금 구하기가 '하늘에 별따기'만큼 어려운 상황인데 정치권력을 등에 업은 장영자가 나서서 돈을 빌려준다고 하니 기업들이 그냥 다 속아 넘어간 겁니다.

'이철희·장영자 사건'의 후폭풍

이철희·장영자 부부는 1982년 5월 7일 구속됐지만 이 사건이 불러온 경제적·정치적 후폭풍은 거셌다.

장영자에게 거액어음을 발행했던 많은 기업들이 연쇄부도 위기에 몰렸고 철강업계 2위였던 일신제강과 도급 순위 8위였던 공영토건은 결국 부도가 났다. 당시는 기업들 대부분이 사채시장에 의존하던 시절이다. 이철희·장영자 사건의 여파로 사채시장이 급속히 얼어붙는 바람에 사건과 무관한 기업들까지 줄줄이 자금난에 처하거나 부도위기에 몰렸다.

어음부도율이 0.29%까지 치솟자 기업들의 연쇄부도를 막기 위해 한국은행이 나서서 기업지원 목적으로 금융기관에 1천억 원 이상의 유동성조절자금을 풀어야 했다. 한 사채업자의 사기사건에 중앙은행까지 구원투수로 등판해 돈을 풀어야 했던 것이다.

희대의 어음사기로 대검중앙수사부에 의해 구속된 이철희·장영자 부부(1982. 5. 7).

이철희·장영자 부부는 구속됐지만 언론의 의혹보도는 더욱 커졌다. 상식적으로는 생각할 수 없는 숫자가 드러나면서 "청와대 고위층의 비호 없이 이런 일이 가능했겠느냐?"는 의혹은 더욱 확산됐다. 장영자가 검찰수사를 받는 자리에서도 "내 뒤에 누가 있는 줄 아느냐?"고 큰소리를 쳤다는 말도 들렸다.

사태가 고위층으로 확산되는 것을 막기 위해 5월 17일 검찰은 막후세력으로 지목된 이규광 씨를 구속한 데 이어서, 사건과 관련된 은행장 두 사람과 기업인 등 30여 명도 추가 구속했지만 사태는 진정되지 않았다. 몸통은 그냥 두고 꼬리만 잘랐다는 말이 계속 나돌았다.

사채시장과 관련된 대형 사기사건의 여파로 12·12 사태를 통해 정권을 잡은 후 '정의사회 구현'을 내세워 집권한 제5공화국의 정치적 정통성이 뿌리부터 흔들리고 있었다.

30

제1차 금융실명제의 추진

'이철희·장영자 사건' 수습책으로 금융실명제 제안

그 무렵 재무부에는 청와대와 경제기획원이 주도한 '안정화·자율화 시책'을 이식하기 위해 기획원 출신 강경식 차관(후일 재무부 장관, 국회의원, 경제부총리)이 와 있었다. [12]

이철희·장영자 사건 및 보완대책을 설명하기 위해 나웅배 장관이 국회 재무위원회에 가서 보고하게 됐는데. 강 차관은 나 장관에게 "사채시장을 양성화하고 조세정의를 실현하기 위해 무기명 거래를 없애는 방법을 모색해야 합니다"라고 건의했다. 이철희·장영자 사건이 발생한 원인 중 하나가 당시 기업어음의 경우 매도자와 매수자를 실명으로 기입하지 않았기 때문이고, 은행거래 역시 40% 이상이 가차명이나 무기명으로 거래되고 있어 자금출처를 파악하기 어려웠기 때문이라고 본 것이다. [13]

나 장관도 이를 받아들여 "실명과 가명예금에 차등과세를 검토하며 사채에 대해 조사하기 위해 1961년에 만들어진 「예금·적금 등의 비밀보장에 관한 법률」을 개정 또는 폐지하는 방안을 검토한다"는 내용 등을 재정경제위원회 보고서에 포함시켰다. 그러나 국회가 이 부분만 집중적으로 따지고 언론이 이를 보도하자 없던 일이 되고 말았다.

강경식 당시 국회 보고 차트에 실명제를 직접 언급하지는 않았습니다. "「예금·적금 등의 비밀보장에 관한 법률」을 폐지하는 문제, 그리고 차등과세를 통해 단계적으로 실명제를 시행할 수 있는 안을 검토하겠다"는 정도였지요. 사실 그 정도면 괜찮겠다 싶어 넣었던 것인데 막상 국회 재무위원회에 가서 그걸 보고하니 국회에서 난리가 난 겁니다. 국회의원들이 "그게 뭡니까?" 하며 집중적으로 따지니

---

12 당시 경제기획원 주도 안정화·자율화 경제정책과 관련하여 재무부의 견해가 다른 경우가 많았다. 그러자 김재익 경제수석이 대통령에게 이야기하여 재무부와 기획원 간 인사교류를 통해 이 문제를 해결한다는 명분으로 경제기획원 차관인 강경식을 재무부 차관으로 보낸 것이다.

13 재정경제원, 1995, 《금융실명제 2년의 평가와 과제》, 기획재정부, 10쪽.

까 나 장관께서 돌아오셔서 "이건 빼는 게 좋겠다"고 해서 빠졌습니다. 일단 검토 수준으로 제시해 본 것인데 그마저도 빠졌어요.

　당시 저는 지하경제가 그렇게 커져서 온 나라를 떠들썩하게 하는 것이 말이 안 된다고 봤습니다. 또 민정당이 내걸었던 국정지표가 '정의사회 구현'이었는데 이 철희·장영자 사건이 터지니까 정의사회 구현이라는 구호에 사람들이 냉소적 태 도로 돌아섰습니다. 따라서 지하경제를 손보지 않고서는 제5공화국의 정통성이 붕괴할 가능성까지 염려해야 하는 단계에 이를 수 있다고 저는 봤습니다. 이때야 말로 여러 가지 면에서 금융실명제를 계획해야겠다고 생각했던 것입니다.

4차 경제개발계획 수립 때 금융실명제 검토

당시 강경식 차관이 구상했던 금융실명제는 다음과 같다. 첫째, 은행 등 여수신 기관에 예적금을 하거나 증권사에서 증권계좌를 만들 때 가차명이 아닌 실명으로 하도록 한다. 둘째, 그렇게 해서 금융자산에서 나오는 이자나 배당소득에 대해 꼬 리표가 달리면 이를 다른 소득과 합산하여 종합과세한다.

　강경식은 후일 자신의 저서 《국가가 해야 할 일, 하지 말아야 할 일》에서 당시 금융실명제 건의는 이철희·장영자 사건 직후의 즉흥적 발상이 아니라 1975년 무 렵 제4차 경제개발 5개년계획을 세울 때부터 고심했던 내용이라고 밝혔다.

> 장영자 사건이 몰고 온 이러한 상황이야말로 금융실명제 실시를 위한 천재일우 (千載一遇)의 기회라는 생각이 들었다. 이는 경제기획원 출신으로 재무부에 와서 일하는 간부들의 공통된 의견이었다. 경제기획원 출신들이 무기명 거래를 없애야 한다는 대책을 강력히 건의한 데는 그만한 이유가 있었다. 오래전 제4차 경제사회 개발 5개년계획 작성 과정에서 무기명거래의 장단점에 대해 깊은 검토와 많은 토 론을 했고, 그 결과 기회가 오면 무기명과 가명거래는 반드시 없애야 한다는 공감 대가 만들어져 있었던 것이다. [14]

---

14 강경식, 2010, 《국가가 해야 할 일, 하지 말아야 할 일》, 김영사, 479쪽.

제4차 경제개발 5개년계획은 과거와 같이 단순한 경제계획이 아니라 최초로 사회발전 계획을 포함한 계획이었다. 지속가능한 경제개발을 위해 안정적 사회 시스템 구축이 중요하다고 보고 특히 고심했던 과제가 의료보험 도입과 중학교 의무교육 확대 등 다양한 복지 측면 계획이었다. [15]

사회발전 측면에서 고민한 또 한 가지 주제가 '부(富)의 정당성' 확보였다. 창업자가 만든 재벌기업의 경영권이 2세의 손으로 속속 넘어가던 시절이었다. 재벌그룹의 경영권 세습 과정에서 나타나는 증여세 및 상속세 탈루가 큰 사회문제로 부각되었고 월급에서 세금을 원천징수 당하는 봉급생활자들의 분노가 컸다.

상속증여세 탈세를 방지하기 위해 아이디어 차원에서 거론된 것이 금융실명제를 통한 종합소득세 과세였다. 정정당당하게 세금을 다 낸 '깨끗한 부(富)'를 만들기 위한 방법론으로 금융실명제를 구상한 것이다.

강경식 당시 토론을 했는데 "우리가 앞으로 5년 동안에 할 일이 참 많다, 그런데 예산문제도 있고 정치적 문제도 있으니 4차에서 계획하는 일 가운데 반드시 최우선적으로 수행해야 할 과제가 무엇인가, 그 계획과제를 선정하자"는 것이었습니다. 기획국 선배, 후배 할 것 없이 다 토론에 참여했습니다. 그때 토론 주제 가운데 하나가 금융실명제였습니다. 우리 사회와 경제가 발전하는 데 가장 큰 걸림돌로 등장하고 언론에서도 많이 다루었던 문제가 이른바 '부의 정당성'이었거든요.

정부지원을 받아 성장한 재벌기업들이 엄청난 돈을 벌고 나서 경영권을 2세로 넘길 때 얼마 안 되는 상속세를 내는 겁니다. "2세들이 부를 넘겨받으면서 상속세를 얼마 안 내면 우리나라에서 앞으로 부의 세습이 정당한 것인가에 대해 국민적 공감대 형성이 어렵다. 그렇게 되면 우리나라의 자본주의 자체가 제대로 발전할 수가 없는 것 아니냐?"는 의문이 공유되고 있었습니다.

마침 그때 어느 대기업 회장님이 골프장에서 돌아오는 길에 교통사고로 돌아가셨

---

15 당시는 초등학교만 의무교육이었는데 의무교육 기간을 중학교까지 9년으로 확대하고, 의료보험제도를 처음으로 도입하기로 했다.

어요. 이분이 갑자기 돌아가시는 바람에 상속세가 엄청나게 많이 부과됩니다. 나중에 고령이 되어 돌아가셨다면 가차명, 무기명 등을 이용해 미리 준비하고 증여해서 세금이 훨씬 경감되었을 텐데, 갑자기 사고로 돌아가시니까 아무 준비가 안 되어 상속세가 많이 부과된 거죠.

이런 특수한 경우가 아니고는 증여세나 상속세를 제대로 내는 사람은 거의 없다시피 했습니다. 전체 세수 가운데 상속세가 차지하는 비중이 0.3%밖에 안 됐죠. 최고세율은 70%가 넘었지만 세율이 암만 높으면 뭐합니까? 가차명, 무기명 등을 이용해 편법으로 미리 사전증여를 하니까 세율은 높은데 상속세가 전체 세수에서 차지하는 비중은 미미했어요. 제대로 세금을 내는 기업이 하나도 없는 그런 상황이었습니다. 뻔히 알면서도 세금을 부과할 수 없는 탈루 사례가 셀 수 없이 많았습니다.

당시 제4차 경제개발 5개년계획 수립에 참여했던 경제기획원 팀들은 건전한 시장경제 자본주의가 발전하려면 세금을 제대로 부과하여 부의 정당성을 확보하는 것이 중요하다며 이를 위해 향후 반드시 해결해야 할 과제 중 하나로 금융실명제를 꼽았다. 문제는 금융실명제의 법제정과 시행의 주무부처가 경제기획원이 아니라 재무부라는 것이었다.

홍은주 그때 기획원에서 금융실명제에 대해 어떻게 생각했습니까?

강경식 재무부가 분명히 반대할 것이니 금융실명제를 당장 시행할 수는 없고 추후에 적절한 환경이 갖추어지면 시행할 수밖에 없다고 생각했습니다. "금융실명제는 워낙 예민한 문제니까 5개년계획에 넣는다고 해서 잘된다는 보장은 없다. 섣불리 넣었다가 무상교육이나 의료보험 확대 같은 정책까지 토론도 못해 보고 도매금으로 막힐 수 있으니 이번에는 금융실명제를 넣지 않는 것이 좋겠다"는 의견들이 나와서 금융실명제가 빠진 겁니다.

금융실명제는 지금 당장 시도하느냐, 다음 제5차 경제사회발전 5개년계획을

강경식(姜慶植)
1936년 경북 풍기에서 태어났다.
서울대 법대를 졸업하고, 미국
시라큐스대학에서 행정학 석사학위를,
세종대에서 명예 박사학위를 받았다.
1961년 재무부 국고국 사무관을 시작으로
경제기획원 물가정책국장, 기획국장,
예산국장, 기획차관보를 거쳤다. 1982년
재무부 장관, 1983년 대통령비서실장,
그리고 12대·14대·15대 국회의원을
거쳐 1997년 경제부총리 겸 재정경제원
장관을 역임했다. 현재 국가경영전략연구원
이사장으로 있다.

수립할 때 시도하느냐 하는 시기의 문제였지, 하느냐 안 하느냐의 문제는 아니었습니다. 우리나라 발전을 위해 언젠가 반드시 해야 한다고 생각했죠. 앞으로 꼭 해야 할 과제란 점에 대해 적어도 경제기획원 기획국에서는 완전히 컨센서스가 이뤄졌죠.

사채시장 규제에 대한 기획원과 재무부의 시각차

기획원과 재무부는 사채시장을 매개로 한 탈세와 검은돈 거래의 문제점을 공통으로 인식했지만, 그것을 해결하는 방법론에 있어서는 좀 다른 시각을 가졌다.

당시 재무부는 1974년 종합소득세를 도입하면서 언젠가는 금융소득에도 종합과세를 해야 한다는 생각을 가지고 있었다. 또한 1977년 부가가치세를 도입하면서 "앞으로 매입·매출 등 거래를 정확히 파악하고, 부가세 과표현실화를 위해서는 법인과 개인에 대해 금융실명제를 해야 한다"는 공감대를 형성하고 있었다. 다만 실행과정에서 현실적으로 벌어질 수 있는 거액현금의 금융시장 이탈과 이로 인한 부동산투기 우려 등 갖가지 문제 때문에 직접적 실명제보다는 차등과세를 통해 사채자금을 양성화하여 산업자금화한다는 생각이 우세했다.

1982년 6월 강경식 재무부 차관은 이재국에 "금융실명제 실시방안을 만들어 오라"고 지시했는데 당시 강만수 이재 3과장이 보고한 〈지하경제 현재화 방안〉에는 이 같은 재무부의 시각이 반영되어 있었다.

6월 강경식 차관이 장관으로 승진하기 직전에 나는 긴급히 금융실명제 실시방안을 만들어 보고하라는 지시를 받았다. 실무자들과 함께 밤을 새워 토의한 결과 차등과세에 의해 금융실명제를 유도하는 단계적 실시방안으로 결론을 내고 〈지하경제 현재화 방안〉을 만들어 보고했다.

이 방안에서 금융실명제의 단계적 추진을 위해 3단계 과세강화방안을 제시했다. 이자소득에 대해 1단계는 실명 15%, 비실명 25%의 분리과세, 2단계는 실명 29%, 비실명 35%로 하되 종합소득세 과세의 선택권을 허용한다. 마지막 3단계는 분리과세를 폐지하고 완전한 종합과세를 실시한다는 방안이었다.

금융실명제를 단계적으로 실시해야 하는 이유는 실명제가 급격히 전면적으로 실시될 경우 금융측면에서는 저축이 위축되어 내자조달에 애로가 생기고 경제적 측면에서는 지하자금이 부동산투기나 귀금속 사치품에 대한 실물투기로 몰려갈 가능성이 높으며 자산이 해외로 도피할 위험이 크고 정치·사회적 측면에서 현실적으로 노출할 수 없는 개인과 기업의 금전거래가 많다는 것이었다. [16]

홍은주 정치·사회적 측면에서 현실적으로 노출할 수 없는 개인과 기업의 금전거래가 많다는 것이 무슨 뜻이었습니까?

강만수 당시에 제가 정치자금, 특히 청와대의 정치자금이 공개될 수 없는 사정에 대해 공식문서에는 기록할 수 없어, 'political cost'라고 표현했었습니다. 당시 금융시장에서 거래건수 기준으로 95% 이상이 실명거래인 상황에서 금융실명제로 부정과 비리를 바로잡겠다는 것은 결국 고위층과 재벌 문제를 바로잡겠다는 것 아

---

16 강만수, 2005, 《현장에서 본 한국경제 30년》, 삼성경제연구소, 146쪽.

강만수(姜萬洙)

1945년 경남 합천에서 태어나
서울대 법학과를 졸업했다.
1970년 행정고시에 합격해 공직생활을
시작했다. 1977년 세제국 사무관으로서
부가가치세를 신설하는 실무를
담당했다. 주미 한국대사관 재무관,
재정경제원 세제실장을 거쳐
1995년 제14대 관세청장을 지냈다.
이후 통상산업부 차관, 재정경제원
차관을 거쳐 2008년 기획재정부 장관,
2011년 한국산업은행장 겸
산은금융그룹 회장을 역임했다.

닙니까? 저는 금융실명제 이전에 고위층과 재벌의 부정을 바로잡는 노력, 즉 황소 코를 코뚜레로 꿰는 노력을 먼저 해야 한다고 봤습니다. "금융실명제로 부정과 비리를 없애겠다는 것은 황소의 꼬리를 잡고 황소를 끌고 가겠다는 것과 같아서 황소 뒷발에 채일 수 있다. 즉, 정계와 재계에 의한 정치적 후폭풍에 휘말릴 수 있다"고 설명했습니다.

한참 'political cost' 부분을 설명하고 있는데 강경식 차관이 보고를 중단시켰다. "금융실명제 실시방안을 마련해 오라고 했더니 밤새도록 실시하지 않는 방안만 마련했다"고 꾸중하고는 더 이상 보고를 듣지 않았다.

금융실명제 파동: 경과와 결말

이철희·장영자 사건으로 대규모 개각

이철희·장영자 사건의 파장이 갈수록 심각해진 6월 초, 루머에 휩쓸린 권정달 민정당 사무총장이 자리에서 물러나고 국무위원 전원이 일괄 사표를 제출했다. 6월 24일에는 모든 장관을 교체하는 전면적 개각이 단행됐다. 대대적 내각 개편을 통해 들끓는 민심전환을 시도한 것이다. 정치근 법무부 장관은 임명 한 달 만에 퇴진하였고, 연초에 임명된 나웅배 재무부 장관도 6개월 만에 바뀌었다.

나웅배 장관은 대학교수로 재직하다가 해태제과 사장을 거쳐 재무부 장관으로 왔다. 해외 박사 출신으로 이론도 해박하고 민간경제 경험도 풍부한 인재였는데 제대로 포부를 펼쳐 보기 전에 엉뚱한 사건이 발생해 6개월 만에 경질된 것이다. 나 장관 후임으로는 재무부 출신이나 외부 인사가 기용되지 않고 기획원 출신 강경식 차관이 재무부 장관으로 승진 임명됐다. 깜짝 놀랄 인사였고 나중에 기자들 사이에서 '기획원의 재무부 점령사건'으로 불렸던 대대적 기획원 물갈이의 전초전이었다. 개각 직후 차관과 차관보, 핵심실무 국장까지 전부 기획원 출신으로 바뀐 것이다.

대외적으로는 이철희·장영자 사건 때문에 이뤄진 개각이었지만, 적어도 나웅배 재무부 장관의 경질은 "청와대 내부에서 김재익 경제수석이 작용하여 만들어진 작품이 아닌가?"라는 말들이 관가에서 흘러나왔다. 신임 재무부 장관으로 강경식 차관을 전두환 대통령에게 강력히 천거한 사람은 김재익 경제수석이 맞았다. 그는 이철희·장영자 사건이야말로 기획원의 개혁파가 오랫동안 추진하고자 했던 금융시장 자율화와 은행 민영화, 세율인하 등 많은 금융개혁을 한꺼번에 추진할 수 있는 호기라고 봤다.

그런데 정작 주무부처인 재무부가 움직이지 않으면 아무 소용이 없었다. 정부에서 재무부는 힘의 역학관계상 기획원에 밀리지 않았고 금융시장이 실물시장과 달리 특수하고 전문적인 영역임을 내세워서 기획원이 대대적으로 추진해온 안정화 · 자율화 정책에 '속도조절론'을 내세워 반대하는 경우가 많았다. 재무부는 "금융은 실물과 다르다. 유리그릇 다루듯 조심스럽게 다뤄야 한다"는 믿음을 가지고 있었다. 반면 급진적 금융자율화와 금융개혁을 주장했던 김재익 수석은 재무부 장차관과 부처의 핵심요직을 장악해 탑다운 방식으로 재무부 체질을 바꿔야 한다고 생각했다.

인사는 뚜껑 열기까지는 어떻게 뒤집힐지 모른다. 재무부 장관에 강경식 차관을 임명한다는 대통령의 재가가 떨어지고 개각이 공식 발표되자 김재익 수석은 뛸 듯이 기뻐했다고 한다. [17]

강경식 제가 재무부 차관이 됐을 때 혼자 생각에 차관을 한 4년은 하지 않겠나 싶어 느긋이 있었습니다. 차관이라는 자리는 생각보다 정책에 직접 관여하지 않는 자리여서 재무부 직원들에게 안정화 · 자율화 시책을 위한 경제교육을 시켜야겠다고 방향을 정하고 있었습니다. 그런데 이철희 · 장영자 사건 수습을 위한 개각이 있기 얼마 전에 김재익 경제수석으로부터 연락이 왔습니다. 김 수석이 "이번에 재무부 장관을 바꾸는데 제가 후임으로 강 차관을 추천하고 있습니다. 각하께서도 그렇게 생각하고 계십니다" 하는 겁니다. 그게 개각하기 바로 얼마 전의 일이었습니다.

안정화 · 자율화 시책 추진에 있어 강경식 차관과 김재익 수석은 생각하는 방향이나 비전이 일치하는 정책동반자 관계였다. 강경식이 기획국장으로 제4차 경제개발 5개년계획을 수립할 때 김재익이 그 아래서 경제기획관으로 일했고 이후 예산국장으로 갔을 때는 김재익이 기획국장으로 승진했다. 두 사람은 성격이 판이했고 배경도 한 사람은 공무원, 다른 한 사람은 경제학자 출신으로 달랐다. 하지만 함께 경제정책을 수립했고 경제개혁 방법론을 공유했으며 한국경제 진로를 바꾸기 위해 1970년대 말에 박정희 대통령이 기피했던 안정화 정책 전선에서 같이 비바람을 맞았던 동지였다.

---

17 이장규, 2008, 《경제는 당신이 대통령이야》, 올림, 229쪽.

강경식 김재익 수석이 정책 아이디어가 참 많았습니다. 김 수석이 아이디어를 얘기하면 예산상황이나 경제현실에 비추어 실현가능성이 있는지 없는지 판단하는 역할을 제가 했습니다. 예컨대, 그때 브라질 등 중남미에서 인덱세이션(indexation)[18]이 상당히 유행했는데, 제가 "그건 안 된다"고 딱 잘라서 반대했었죠. 또 전화기를 보급하는 과정에서 기계식이냐 전자교환방식이냐에 대해 큰 논란이 있었는데, 그 것은 제가 김 수석의 전자교환방식을 적극 찬성하여 힘을 모아 추진했습니다. 그런 일들이 참 많이 있었습니다. 그 과정에서 같이 일할 때 호흡이 척척 맞는 관계로 발전했습니다. 무엇보다 안정화·자율화 정책도 같이 추진했고요.

그러다가 제5공화국이 들어서면서 김재익 국장이 경제수석으로 부임했다. 김재익 수석은 두뇌가 명석하고 비전이 있으면서도 학자처럼 신중한 성격이어서 전두환 대통령의 깊은 신임을 얻었다. 조용조용한 목소리로 경제정책을 설명하는데 워낙 설득력이 좋아 콩으로 메주를 쑨다고 해도 대통령이 믿을 정도였다. "경제는 당신이 대통령이야"라는 유명한 말이 그래서 나왔다. 자신은 정치에만 신경을 쓸 테니 경제는 김재익 수석에게 알아서 하라는 뜻이었다.

재무부, 차등과세 방안 발표

1982년 6월 23일, 나 장관은 자신이 불과 이틀 후 경질되리라고 예상치 못한 채 재무부 실무진이 만든 〈지하경제 현재화 방안 및 세제개편 방향〉을 언론에 공개했다. "가차명, 무기명으로 되어 있는 금융기관 계좌의 이자나 배당소득에 대해서는 기명예금보다 세금을 10%p 더 부과한다. 또 공개법인의 법인세율을 33%에서 36%로 올린다"는 등의 내용이었다. 이 방안은 사실 재무부가 1980년 세법개정을 준비하던 때부터 나름대로 생각하던 금융소득 종합과세 방안을 현실적으로 정리한 것이었다.

---

18 물가수준에 연동하여 금리나 임금을 결정하는 방식이다.

1980년 초 한국경제는 제2차 석유파동 여파와 고물가, 12·12 사태 이후 민주화 투쟁 등 정치적 혼란이 겹치면서 경제성장률이 마이너스로 돌아서면서 큰 어려움을 겪었다. 정부는 이에 대응하여 특소세와 양도세, 법인세 부담을 완화하는 등 경제활성화를 위한 세법개정을 단행하였다. 그러다 보니 세수결함이 발생했고 이를 보전하기 위하여 5%의 저율로 분리과세되던 이자소득세를 종합과세해야 한다는 문제가 거론됐다. 이자 종합과세를 하려면 금융실명제가 필요했다.

그러나 이때만 해도 실무자들 사이에서 이자소득에 대한 종합과세의 필요성이 검토된 정도로 그쳤다. 사채시장 규모가 크고 저축증대 필요성이 높은 상황에서 금융소득 종합과세는 아직 시기상조라는 의견이 대세였기 때문에 이자소득에 대한 분리세율을 5%에서 10%로 인상하는 「소득세법」 개정으로 끝났다.

1982년 초에 이철희·장영자 사건이 발생하자 재무부는 사채자금 양성화 방안을 다시 고민하기 시작했다. 그러나 실세금리와 공금리 간의 괴리가 있고 자금난에 허덕이는 기업들이 사채시장에 과도하게 의존하고 있는 현실에서 사채시장을 단번에 양성화하는 것에는 한계가 있다고 보고 우선 사채시장 자금으로 추정되는 비실명거래를 단계적으로 실명화하기로 했다.

오랜 금융관행을 하루아침에 깰 수 없고 현실적 혼란도 우려되니 가차명 금융소득에 대한 세율을 점증적으로 무겁게 하고 세제개혁을 통해 중장기적 금융실명화를 추진한다는 계획이었다. 나웅배 장관의 6월 23일 발표는 재무부가 사채시장 규모를 줄이기 위해 평소 구상하던 점증적 과세방안의 일부였다.

나웅배 장관이 6월 23일 발표한 무기명·차명예금소득에 대한 세제개편 방안에 대해 청와대 경제수석실은 "중요한 세제개편 방안을 왜 청와대와 의논도 없이 발표하느냐?"고 크게 화를 냈다. 이미 기자실에 배포된 자료를 수거하고 정부의 공식입장이 아니라고 해명하라는 요구까지 했다. 영문을 모르는 나웅배 장관과 재무부 실무진은 황당해했다.

개각과 동시에 발표된 '6·28 조치'

여기에는 사실 이유가 있었다. 곧 개각 발표가 나고 나웅배 장관이 물러날 것을 사전에 알고 있었던 김재익 수석은 청와대 주도로 비밀리에 재무부 안과는 전혀 다른 세제개편 안을 마련하고 있었던 것이다.

비밀리에 한 달 넘게 세제개편 작업을 수행했던 사람은 재무부의 김진표 당시 소득세제과 사무관(후일 경제부총리, 국회의원)이었다.

김진표 그때가 강경식 재무부 차관, 나웅배 장관 시절이었는데 대통령 재가를 얻어 백원구 세제국장께서 저에게 비밀작업을 지시했습니다. 금융소득에 과세를 하려면 금융상품별로 세원이 어떻게 흘러가는지 알아야 하잖아요? 그러니까 직접세인 소득세와 법인세가 중요했는데, 당시 소득세제과장인 서경석 씨는 그 자리에 온 지 얼마 안 돼서인지 저를 불러 작업을 지시했습니다. 제가 당시 소득세 담당 사무관을 3년째 하고 있었거든요. 그래서 1982년 5월쯤부터 세제개편 비밀작업이 시작됐습니다.

비밀을 지켜야 하니까 제가 한 달도 훨씬 넘게 집에 가지 못했습니다. 타이핑을 할 사람도 없으니까 제가 다 수기로 작업을 진행할 수밖에 없었습니다. 당시 세제국이 종로의 대림빌딩에 있었는데 낮에는 출근해서 일상적인 근무를 하고 저녁에 일을 해야 했죠. 별관 장관실 옆에 붙어 있는 창고를 몰래 비밀작업실로 만들어서 그곳 열쇠는 백 국장과 저만 가지고 있었습니다. 퇴근하는 것처럼 나가서 얼른 저녁을 먹고 7시쯤 작업을 시작하면 백 국장이 나중에 들어와서 어떻게 작업할 것인지 토의하고 퇴근했다가 새벽 4시쯤 다시 들어와서 내용을 수정하곤 했습니다. 그런 일을 매일 되풀이했어요.

그럼 새벽 6시쯤 강경식 차관이 와서 의견을 내거나 수정한 것을 김재익 수석에게 전달하고 김 수석이 그걸 또다시 전두환 대통령에게 보고하는 방식으로 진행됐습니다. 청와대에서 전달사항이 있으면 그걸 강 차관께서 다시 받아와서 제가 고치곤 했습니다. 한 달 넘게 그런 작업을 하면서 집에 계속 못 들어가고 있으니 집사람이 속옷을 직장으로 가져오고 그랬습니다. 새벽 6시쯤 강 차관이 다녀가면 그 이

김진표(金振杓)

1947년 경기도 수원에서 태어났다.
서울대 법학과를 졸업하고,
미국 위스콘신대학에서 공공정책학
석사학위를 받았다. 1974년 행정고시에
합격해 공직에 입문했다. 재무부 사무관,
청와대 정책기획수석, 국무조정실장,
재정경제부 차관을 거쳐 2003년 경제부총리
겸 재정경제부 장관을 지냈다. 2004년
제17대 국회의원, 2005년 교육인적자원부
장관, 2008년 제18대 국회의원, 민주당
최고위원·원내대표를 역임했다.
현재 제21대 국회의원이다.

후 잠깐 쪽잠을 자거나 청진동 해장국을 먹고 아침에 사우나에서 두어 시간 정도 자는 식으로 한 달 이상을 버티면서 작업을 계속했습니다.

당시 경제부총리가 김준성 씨였고 경제기획원의 예산정책과장이 고(故) 강봉균 과장(후일 경제수석, 재정경제부 장관)이었는데 기획원 쪽은 이 내용을 전혀 몰랐습니다. 강봉균 과장께서 재무부 예산을 총괄했는데 어디서 무슨 이야기를 들었는지 모르지만 뭔가 진행되고 있다는 걸 눈치채고는 저를 찾아와서 "대체 뭘 하고 있나? 나한테 힌트라도 줘야 할 것 아닌가?" 그러는 겁니다. 아무것도 모르고 있다가 나중에 무슨 일이 터지면 김준성 부총리에게 단단히 혼날 것 아니겠어요? 그분이 눈병이 나서 힘들 때였는데 저는 저대로 비밀엄수를 하라고 단단히 주의를 받았기 때문에 말해 줄 수 없었죠. 계속 모르쇠로 일관했는데 그 일에 대해 지금도 개인적으로 미안하게 생각합니다.

그 작업을 하는 도중에 나웅배 장관이 물러나고 강경식 차관이 재무부 장관으로 올라갔습니다. 한 달 넘게 작업한 내용을 기초로 6·28 조치와 7·3 조치가 발표된 것입니다. 그 발표문도 제가 썼습니다.

청와대 주도로 마련된 '6·28 조치'의 핵심내용은 "물가가 하락했으니 금리를 대폭 낮추겠다. 법인세율, 소득세율도 다 낮추어 경기를 활성화시키겠다"는 것이었다.

강경식 개각 며칠 전에 김재익 수석이 저에게 전화를 걸어 "곧 재무부 장관으로 내정될 것"이라고 언급했습니다. 세제개편 방안의 주요내용이 뭐냐? 잘 알다시피 그때 이미 안정화 정책의 성과가 나타나 물가가 한 자릿수로 안정될 때였습니다. 과거 인플레이션이 20% 이상 올라갔을 때는 명목금리가 높을 수밖에 없었는데 물가가 한 자릿수로 내려가니까 금리도 크게 낮추고 법인세나 소득세 세율도 함께 낮추어 기업부담을 경감하고 세제도 굉장히 복잡했던 것을 단순화하자는 것이었습니다. 김 수석이 저에게 "이 방안을 부총리가 발표할 수 있도록 다듬어 주면 좋겠다"고 합니다. 그러니까 6월 28일에 김준성 부총리가 발표한 것은 김재익 수석 주도로 작업한 내용이었습니다.

그런데 최종 발표는 경제기획원에서 부총리가 해야 하니 제가 경제기획국에 있던 실무자 한 사람을 재무부로 오라고 하여 정리하도록 했습니다. 그 친구에게 누구한테도 말하지 말라고 입단속을 하고 비밀리에 작업을 시켰는데 나중에 보니까 작업한 내용을 부총리께 얼추 미리 보고를 했더라고요(웃음). 아무튼 작업한 내용을 보니까 금리를 낮추고 법인세율을 낮추며 소득세율도 종합소득세 최고세율이 70%가 넘는 것을 다 낮추는 것이었습니다.

김재익 수석이 건네준 원안에는 '예금금리 6%, 대출금리 10%로 인하'로 명시되었다. 강력한 안정화 시책으로 경기가 침체일로를 걷는 상황에서 이철희·장영자 사건까지 터져 금융시장이 얼어붙자 경제상황과 정치상황을 일거에 쇄신하기 위해 대대적 금리인하와 법인세 인하 등 경기활성화 카드를 빼든 것이다.[19]

그러다 검토과정에서 금리를 한꺼번에 6%p나 낮추는 것은 금융시장에 미치는 충격이 너무 클 것이라는 실무진 의견에 따라 '예금금리는 8%로, 대출금리는 10%로 4%p 인하'하는 것으로 조정했다. 금리의 급격한 인하에 대해 한국은행 하영기

---

19 법인세를 20%로 인하하는 안은 나중에 재정경제위원회에서 무위로 돌아갔다.

총재가 금리를 한꺼번에 너무 낮추는 것은 경제적 충격이 크다는 이유로 1~2%p 정도 낮추는 것이 바람직하다는 의견을 개진했으나 받아들여지지 않았다.[20]

금리를 4%p나 한꺼번에 인하하는 것은 금융시장에 큰 충격을 주는 사건이었기 때문에 발표가 나오자 기업주들이 "이 발표가 정말 사실인지 다시 한 번 알아보라"고 실무자에게 확인시킬 정도였다.

1980년대 초반의 한국경제 상황에서 이루어진 '6 · 28 조치' 및 금융자율화 조치에 대한 KDI의 남상우 박사의 평가는 이렇다.

남상우 1980년대 초반에 국내 경기회복이 지연되고, 제2차 석유파동의 영향으로 세계경제가 좋지 않은 데다 원화가 강세여서 수출도 부진했습니다. 그런 상황에서도 금융정책이나 재정운영 면에서 강도 높은 안정화 조치가 몇 년간 지속되었습니다. 이 때문에 그간 위축되었던 업계나 기업들은 이제 좀 기지개를 펴고 싶었고, 정부도 경기활성화를 어느 정도 신경 안 쓸 수 없는 상황이 왔습니다. 안정화 노력은 지속적으로 유지해야 한다는 공감대가 있던 때니까 안정기조를 해치지 않는 범위 내에서 제한적인 경기활성화 조치를 취하기도 했습니다. 수출금융의 달러당 단가를 좀 올려서 수출기업의 자금난을 다소 완화해 주는 그런 정도였습니다.

그러다가 6 · 28 조치가 나왔습니다. 그때 큰 폭의 금리인하를 했고 그 이후에 은행 민영화와 같은 금융제도 개혁도 발표됐습니다. 민영화하면서 은행에 경영자율성을 조금 더 준다거나 은행의 감독기능을 다소 강화하다든가 하는 그런 후속조치들이 뒤따랐습니다.

6 · 28 조치로 명목금리가 크게 내려갔지만 물가상승률이 더 크게 내려가서 실질금리 면에서 상당히 높았기 때문에 사실 거시경제적으로 큰 문제가 없었습니다. 또한 당시 일반대출 금리를 14%에서 10%로 인하한 반면 정책금융 금리는 내리지 않았기 때문에 정책금융에 대한 혜택을 상당히 축소했다는 데는 의미가 컸습니다.

---

20 이장규, 2008, 《경제는 당신이 대통령이야》, 올림, 235쪽.

금융시장 선진화를 위해서는 금리자유화가 중요했는데 사실 금리자유화는 1980년대 중후반 정도까지는 거의 진전이 없었습니다. 금융자유화 조치로 은행과 제2금융권 금융기관 신설이 허용되고 정부가 최대주주이던 시중은행들이 민영화되면서 조금 자율화가 이루어지기는 했지만, 주인 없는 은행에 정부가 들어서서 여전히 주인 노릇을 했습니다. 행장이나 임원들의 선임 과정이나 여신운용에 있어서 정부 입김이 여전했고, 부실기업 처리를 할 때도 정부가 주도했습니다. 그러다 보니 1980년대의 금융개혁은 금융산업에의 진입규제가 완화되고 시중은행의 소유구조가 상당히 달라졌음에도 불구하고 이들의 경영행태 면에서 사실 큰 진전은 없었다고 평가됩니다. [21]

6·25 개각으로 강경식 재무부 장관 취임

6월 25일에 개각이 이루어졌다. 그리고 강경식 장관 취임 직후 "기획원이 재무부를 접수했다"는 세간의 소문을 확인시키는 인사가 줄줄이 이어졌다. 강경식 재무부 장관, 김홍기 차관, 이형규 재정차관보, 강현욱 이재국장까지 인사교류 명목으로 경제기획원 공무원들이 대거 이동하여 재무부의 금융 쪽 핵심보직을 채운 것이다. 기획원에 반발하거나 반대 목소리가 큰 재무부 인사들은 모조리 밖으로 내보냈다. 재무부의 맏형 격이던 이규성 차관보도 이때 전매청장으로 나갔다.

윤증현 김재익 수석은 나름대로 소신이 아주 분명한 사람이었습니다. 대한민국 경제를 근본적으로 바꿔야 한다고 주장하면서 경제안정화 정책을 시행했습니다. 그리고 자신이 주장하는 안정화·자율화 정책을 재무부에도 이식하겠다고 강경식 씨를 재무부 차관으로 보냈는데 마침 나웅배 장관이 6개월 만에 그만두니까 강경식 차관을 바로 장관으로 천거했던 것입니다. 김재익 수석이 비서관으로서 한계와 본분을 지키면서도 대통령을 잘 설득하여 경제정책을 대부분 자기 뜻대로 했습니다.

---

21 1980년 이후 정책금융을 줄이는 노력이 있었으나, 1982~1983년 정책금융 비중은 55.8%, 1987~1991년 정책금융 비중 역시 53.0%로 여전히 높았다.

자신과 견해가 맞지 않으면 사람을 다 바꿨어요.

각료 중에서 김재익 수석과 이론적으로 다툴 만한 사람은 나웅배 장관이었어요. 나 장관은 머리가 아주 좋고 경영학 전공 해외 박사학위를 취득한 데다가 민간기업을 거친 현실주의자였기 때문에 김 수석 입장에서는 자신이 구상한 정책을 추진할 때 버거운 상대가 될 수 있다고 생각했을 거예요.

김 수석은 재무부 개혁, 금융개혁을 급진적으로 추진하고 싶은데 나웅배 씨는 시장 경험이 있으니까 그렇게 가면 금융시장에 혼란이 와서 안 된다고 반대할 것이 뻔하다고 예상했던 거죠. "이미 민간경제가 상당한 규모에 이르렀기 때문에 과거처럼 정부가 나서서 일거에 시장을 뒤집는 것은 무리다. 각 경제주체들에게 숨 쉴 여력을 주면서 점차적으로 금융시장을 개혁해야 한다"는 것이 나 장관의 생각이었습니다.

이렇게 생각이 다르니 재무부 장관을 계속 시킬 수 없었겠죠. 그래서 김재익 수석의 정책 파트너가 강경식 차관이니 나 장관 후임으로 강 장관을 올린 겁니다. 강경식 장관이 취임하자마자 법인세와 금리를 다 낮추고 실명제를 한다면서 혁명적으로 나갔습니다.

홍은주 나웅배 장관 때 비서를 하셨고, 신임 강경식 재무부 장관이 온 뒤에도 장관 비서로 남아 이후 실명제 추진과정을 지켜보셨지요?

윤증현 그렇습니다. 제가 나 장관에 이어 강 장관의 비서관으로 있으면서 양쪽에 끼어 아주 괴로운 처지가 되었습니다. 재무부에서는 역적 취급을 받았고 강 장관은 강 장관대로 "민간에서 온 나 장관은 도와주고 같은 공무원 출신인 나는 왜 못 도와주냐?" 하면서 서운해했습니다. 할 수 없이 강경식 장관을 제가 6개월 정도 더 모셨습니다. 나중에 제 후임으로 금정연 과장이 왔습니다.

"공무원도 혁명합니까?"

강경식 장관 취임 직후 발표된 '6·28 조치'는 바로 1주일 후에 있을 '폭탄선언'의 전초전에 불과했다. '7월 3일의 충격'으로 불리는 '금융실명화 구상'이 잇달아 발표된 것이다.

6·28 세제개편 안을 받아든 강경식 차관은 김재익 수석에게 "6월 28일에는 금리와 법인세 인하조치만 일단 발표하고 소득세 부분은 내가 금융실명제와 금융소득 종합과세를 추가로 보완하여 1주일 후에 다시 발표하자"고 역제안했다고 한다.

강경식 제가 김재익 수석에게 "6·28 조치 때 발표할 내용에는 우선 법인세 부분만 넣는 것이 좋겠습니다. 소득세 부분은 1주일 후에 보완하기로 하고 이번에는 뺍시다. 대신 그 1주일 동안 제가 소득세제 개혁안에 금융소득 종합과세 방안을 추가하겠습니다. 그리고 금융소득에 대해 종합과세를 하려면 금융실명제가 실시되어야 하니 제가 이에 대한 구상을 해서 1주일 후에 소득세 개편안을 발표할 때 금융실명제를 추진하는 걸로 합시다"라고 역제안했어요. 금융실명제와 종합과세의 당위성에 대해서는 예전부터 서로 논의했기 때문에 김재익 수석이 적극적으로 동의했습니다.

홍은주 금융실명제 내용을 전두환 대통령에게 발표 전에 미리 보고하셨나요?

강경식 6·28 조치는 개각 전에 마련한 것이어서 전두환 대통령께 제가 직접 금융실명제를 설명한 적은 없고 김재익 수석이 대신 설명해서 재가를 얻었습니다. "금융실명제와 금융소득 종합과세 방안을 마련할 테니 소득세는 1주일쯤 연기해 주십시오"라는 제 이야기를 듣고 김 수석이 전 대통령께 금융실명제에 관한 설명을 쭉해드렸대요. "이러이러한 내용을 추가하고 보완하기 위해 1주일 연기했습니다" 했더니 즉시 오케이를 하더랍니다. 당시 김재익 수석이 대통령 가정교사나 다름없었고 사람을 설득하는 재주가 참 좋았습니다.

김재익 수석은 전두환 대통령에게 "각하, 현재 시중은행의 자본금이 약 700억 원입니다. 그런데 이번 장영자 사건에서 드러난 사기금액 규모가 6천억 원이 넘습니다. 또 서민들이 평생 벌어도 모을까 말까 한 돈을 장영자는 단 며칠 만에 탕진하기도 했습니다. 이건 단순히 개인비리가 아닙니다. 사회 시스템 전체의 문제입니다. 근본적 문제해결 방안으로 지하에서 유통되는 음성자금을 양성화해서 산업자금으로 써야 합니다. 그 방안이 바로 '금융실명제'입니다. 각하가 추구하는 정의사회 구현 차원에서도 금융실명제 실시는 꼭 필요합니다. 실명제가 실시되면 최악으로 치닫는 여론도 바뀔 것입니다"라고 설득했다. [22]

김진표 1982년에 이철희·장영자 사건은 장영자가 몇몇 기업들과 조흥은행을 상대로 어음사기극을 벌인 사건인데 해당 기업들도 큰 어려움을 겪었고 조흥은행은 아예 거덜이 날 정도로 피해를 입었습니다. 당시 장영자와 재혼했던 이철희 씨가 국정원 차장을 지냈고 민정당의 사무총장인 권정달 씨가 거기 깊숙이 개입한 것으로 언론에 계속 보도가 되니까 전두환 대통령이 정권 차원의 위기감을 느꼈을 것 아닙니까?

홍은주 당시 청와대 고위층 연루 의혹도 제기됐었죠.

김진표 정권의 뿌리를 뒤흔드는 친인척 비리사건에 직면하여 정치적 탈출구가 반드시 필요했고 이걸 어떻게 타개해야 하나 난감했을 텐데, 마침 김재익 경제수석이 "정권의 도덕성을 단번에 회복하는 방법이 있습니다. 지하자금에 꼬리표를 붙여 양지로 끌어내는 것입니다"라고 전두환 대통령에게 금융실명제 실시를 설득했습니다.

당시 김재익 수석이 주장한 안정화·자율화 등 시장친화 정책이 시민단체나 학계에서 큰 지지를 받았고 경제가 잘 돌아갔습니다. 그걸 전두환 대통령이 잘 알고 있었기 때문에 경제정책에 관한 한 김재익 수석에게 전권을 위임하여 이분이 당시

22 고승철·이완배, 2013, 《김재익 평전》, 미래를소유한사람들, 230쪽.

경제정책에 강한 리더십을 가지게 됐습니다. 전 대통령이 김 수석의 등을 두들기면서 "경제는 당신이 대통령이야"라고 했다는 이야기를 제가 김 수석으로부터 몇 차례나 들었습니다.

평소 신뢰하던 김재익 수석으로부터 금융실명제의 장점에 대한 설명을 들은 전 대통령은 좋은 아이디어라고 생각하여 금융실명제를 추진해 보라고 즉시 허락했다. 전 대통령이 금융실명제에 대해 아주 긍정적으로 생각하고 있었음을 보여주는 에피소드가 있다. 강경식 장관과 김재익 수석이 다 함께한 자리에서 전두환 대통령이 "혁명은 군인만 하는 줄 알았는데 공무원도 합니까?"라고 농담하며 "잘해 보라"고 격려했다는 것이다. 23

대통령 승인을 받은 후 강경식 장관은 1주일 동안 재무부 실무진을 시켜서 금융실명제에 대한 작업을 하도록 했다. 바로 그달 초에 '단계적 금융실명제'를 보고했다가 꾸중만 듣고 물러났던 강만수 이재 3과장이 이 작업의 핵심을 맡게 되었다. 이재 3과는 상호신용금고, 단자회사, 서민금융 등 비은행 금융 전반을 다루는 과로 사채시장 양성화 관련 업무도 여기서 다뤘기 때문이다.

강만수 과장은 "나는 직접적이고 전면적인 금융실명제를 반대했던 사람인데, 나보고 금융실명제 작업을 맡으라고 했다. 1970년 말에 시행된 부가가치세라는 사자 등을 타고 말도 못하게 정치적으로 혼이 났었는데 그때도 할 수 없이 금융실명제라는 황소 등을 타게 되었다"고 회고한다.

당시 강경식 장관이 재무부 실무진에게 요구했던 금융실명제 추진방안은 재무부가 과거에 금융의 실명화를 유도하기 위해 만들었던 "금융단 협정에 의한 금융실명제 실시, 「소득세법」 개정에 의한 비실명 예금에 대한 차등과세 확대" 등 단계적·간접적 실시방안과는 전혀 달랐다.

강 장관은 "모든 비실명 금융자산을 한꺼번에 전격적으로 실명화해야 한다"는 내용으로 큰 방향을 확정하고 '도강세(渡江稅)를 통한 지하자금 양성화' 등 구체적 지시를 내렸다.

---

23 〈주간조선〉, 1993. 8. 23.

강만수 강경식 장관은 "도강세, 즉 강을 건널 때 돈을 내는 것처럼 비실명에서 실명으로 전환할 때 과징금을 부과할 것, 금융실명제 법률로 추진할 것, 전면적으로 시행할 것" 등 자신이 생각하는 요지를 쭉 메모에 적어서 우리에게 확실히 지시했습니다. 재무부 실무진은 그전부터 금융실명제를 법으로 강제하기보다 금융단 협정을 통해 금융관행으로 형성시키고 비실명과 실명자금에 대해 차별적인 경제적 유인을 도입하여 단계적으로 양성화해야 부작용이 없다고 계속 주장했지만 받아들여지지 않았습니다. 당시 재무부 입장은 시장 실세금리가 30%가량인 상황에서, "제2금융권의 규제완화에 의한 영업활성화를 통해 실세금리를 단계적으로 인하하고, 비실명에 대한 차등과세를 확대하여 사채시장을 단계적으로 양성화하자, 상속세 조사뿐만 아니라 사채이자 소득에 대해서도 「예금·적금 등의 비밀보장에 관한 법률」의 예외로 하여 계좌조회를 허용하자는 것 등이었습니다.

은행, 증권, 보험 등 금융업계 입장도 재무부의 생각과 같았습니다만, 당시 청와대 김재익 경제수석이 장관, 차관, 차관보, 이재국장 등 모든 간부들을 경제기획원 출신들로 전면 교체한 상황이어서 업계나 실무진의 의견개진은 별 의미가 없었습니다. 당시 '7·3 조치'는 워낙 갑자기 지시를 받았기 때문에 아무 정신없이 작업했습니다. 발표 전날 보도자료도 비밀유지를 위해 이재 3과 직원들이 나누어 손글씨로 쓰고 청사진 복사기[24]로 밤새워 만들었습니다. 당시 복사는 청사진으로만 가능했고 속도가 느려 보도자료 카피를 만드는 데도 몇 시간이 걸렸습니다.

강경식 장관의 구상과 지시에 따라 급히 만들어진 보고서는 1982년 7월 3일 기자들에게 발표되었다.

주요내용은 "첫째, 1년 뒤인 1983년 6월 30일까지 은행과 단자회사, 증권회사 등 모든 금융거래는 주민등록증과 사업자등록증에 의한 실명거래만 허용한다. 둘째, 실명이 아닌 3천만 원 이하의 개인예금이나 기업증자 자금, 단자회사와 상호신용금고 출자자금 등 금융자산에 대해서는 자금출처조사를 면제한다. 기간

---

24 청색 안료(프러시안블루)를 사용해 바탕은 푸른색, 내용은 흰색 실선으로 표시되는 옛날 복사방식이다.

내 실명전환을 하지 않는 비실명예금 등에 대해서는 1983년 7월 1일부터 1986년 6월 30일까지 3년간은 과징금 5%를 부과하여 자금출처조사를 면제하며 1986년 7월 1일 이후에는 그간의 이자 50%를 제외한 후 동일조건으로 자금출처를 면제한다. 셋째, 금융실명제 시행 후부터는 분리과세되던 이자와 배당 등 모든 금융소득을 종합과세한다. 대신 종합소득세율은 방위세와 주민세를 포함하여 76.5% 수준에서 50% 수준으로 인하한다"는 것이었다.

기자들은 갑자기 금융실명제가 등장하자 뭐가 뭔지 모르는 어리둥절한 상태에서 일단 '7·3 조치' 발표 내용을 액면 그대로 받아 보도했다. 이때의 7·3 조치 발표에 대해 강경식은 "사실 이때만 해도 조치라기보다 구상 수준이었다"고 회고한다.

강경식 언론에서는 이것을 '7·3 조치'라고 이야기했는데, 사실 이보다는 '7·3 금융실명제 구상'이 옳은 표현입니다. 당시는 법안이 아직 만들어지지 않았을 때였고 "금융실명제를 추진하겠다"는 것을 구상 차원에서 발표했던 것입니다. 제가 보기에 지하경제 규모가 크고 문제니까 실명제를 해야 하는데 그럼 과거의 무기명·가차명 계좌의 돈을 어떻게 하는가? 실명으로 전환하면서 과징금을 내면 일체 과거를 묻지 않고 다 실명으로 전환하는 방향으로 구상했습니다. 과거를 불문에 부치는 대가로 내는 과징금에 기자들이 '도강세'(渡江稅)라는 이름을 붙였습니다. 만약 실명전환을 하지 않으면 그다음부터는 점점 더 강한 도강세를 내는 것으로 안을 만들어 장기적으로 완전히 양성화하기로 했습니다.

일단 그런 방향의 구상을 발표한 것인데 언론에서는 "그렇게 벌금을 조금 내게 하고 전부 양성화하는 것은 검은돈에 면죄부를 주는 것이 아니냐, 옳지 않다" 하는 반응이 주류를 이뤘습니다. 당시는 구상안이니까 그 정도로 넘어간 것이지 만약에 1993년처럼 대통령 긴급명령으로 했다면 나중에 그것이 결정적 흠집인 것처럼 아마 난리가 났을 겁니다. 어쨌든 그때는 이런 식으로 금융실명제를 가겠다는 것을 밝히고 이후 사회적 의견수렴을 해보겠다, 금융실명제를 전제로 해서 향후 금융소득 종합과세를 할 수 있는 세제개혁안을 만들겠다, 그런 정도의 구상 차원의 생각이었습니다.

당정협의 때 '대통령 결정사안' 강조

'7·3 구상'을 발표하기 전 대통령 재가를 받았는데, 김재익 수석이 "이런 내용이고 이렇게 갈 것입니다"라고 설명하니까 전두환 대통령은 별 질문도 하지도 않고 그냥 사인을 했다고 한다. 사전에 김 수석으로부터 충분히 설명을 들었기 때문에 이날의 보고는 사실상 추인(追認)의 성격이었던 셈이다.

1982년 7월 3일 아침, 강경식 장관이 주요내용을 설명하기 위해 당정협의차 국회를 찾았다. 당시는 전두환 대통령이 허용한 정책이면 무조건 통과되던 시절이다. 강 장관은 설명에 앞서 '대통령 결심사안'이라는 점을 강조했다.

뭔가 심상치 않은 내용에 깜짝 놀란 이재형 당대표 등 민정당 당직자들은 급히 재정경제위원회 소위 위원장인 김종인 의원을 설명회 자리에 불렀다. 학자출신으로 부가가치세 도입 등에 깊이 관여하다가 국회의원이 된 김종인(전 보건사회부 장관, 청와대 경제수석)은 당직자가 아니었지만 복잡한 금융과 세제 문제를 전문적으로 아는 사람이 당직자 가운데는 없어서 참석하게 된 것이다.

김종인 토요일인데 갑자기 당에서 당정협의회를 한다고 소집연락이 왔습니다. 무슨 일이냐고 물어보니까 '금융실명제와 세제개편 관련법안' 문제라고 합니다.

협의회에 가 보니 정부 측에서 김준성 부총리와 강경식 재무부 장관이 와 있었습니다. "금융실명제와 세제개편을 추진하겠다"면서 내용을 쭉 설명합니다. 그리고 '대통령 결정사항'이라고 아예 못을 박는 겁니다. 세제개편이야 언제라도 할 수 있지만 갑자기 금융실명제를 한다고 해서 무슨 내용인지 자세히 들어보니까 내용이 상당히 요란해요. "가차명예금을 전부 실명화하고 비실명 예금에는 과태료를 얼마 물리겠다"는 등의 설명을 하는데 그 핵심취지는 "지하 음성자금을 양성화해서 다시는 이철희·장영자 사건 같은 일이 벌어지지 않도록 하겠다"는 것이었습니다.

그런데 다른 당직자들, 이재형 당대표나 이종찬 원내총무, 권익현 사무총장은 물론이고 진의종 정책위의장이나 박태준 재무위원장은 설명을 쭉 듣고도 아무도 이야기를 안 합니다. 이것이 '대통령 결심사항'이라니까 감히 아무도 말을 못한 겁니다. 결국 참다못해 제가 "명분은 참 좋은데 뜻대로 되겠습니까? 우리나라 실정에서는 이것이 잘 안 될 것 같습니다"라고 했죠. 그런데 당직자도 아닌 제 말이 뭐 그렇게 중요하게 받아들여지겠어요?

모든 정책이 대통령 지시사항이라는 말 한마디로 단칼에 정리되던 시절이다. 대통령 재가를 이미 받은 터라 당정협의라기보다 사실상 통보에 가까웠고 강경식 재무부 장관은 이날 자신이 구상한 '7·3 금융실명제'를 그대로 언론에 발표했다. 그는 특유의 뚝심 있고 자신 있는 말투와 태도로 "모든 정책수단을 통해 지하경제를 없애겠다. 금융실명제를 실시하는 데는 예외가 없다"고 기자회견을 했다.

이날 문화공보부는 각 언론사에 "정부의 실명제 추진이 올바른 방향임을 국민에게 홍보하라. 일체의 비판은 허용하지 않는다"는 입장을 전달했다. 이 같은 보도지침 내용은 금융실명제 추진 뒤에 전두환 대통령의 강력한 지지가 있음을 보여주는 대목이었다.

바로 이틀 후 청와대에서 열린 수석회의에서 전두환 대통령은 "금융실명제는 혁명적인 것이다. 성공하면 선진국 대열의 의식구조를 갖추게 되므로 반드시 추진해서 성공시켜야 한다. 7·3 조치에 따른 충격을 최소화할 수 있도록 각종 정보보고와 도출되는 문제점은 경제수석에게 전달하라"고 지시했다.

이날 회의에서 김재익 수석은 "5%의 과징금만 내면 과거를 묻지 않기 때문에 돈 있는 사람들이 좋아할 것이고 검은돈이 지상으로 다 올라오게 될 것"이라고 발언했다. [25]

강경식 장관이 금융실명제 구상을 발표를 하고 나자 온 신문과 방송을 금융실명제가 완전히 점령했다. 그때까지 신문을 도배했던 이철희·장영자 사건은 흔적도 없이 사라졌다. 하루아침에 180도 국면전환이 된 것이다.

강경식 저는 그것이 굉장히 좋다고 생각습니다. 왜냐하면 이철희·장영자 사건을 가지고 온 나라가 떠들어 봤자 전혀 생산적이지 않기 때문이죠. 그런데 금융

---

25 이 부분은 이장규의 《경제는 당신이 대통령이야》(2008, 올림), 247쪽 내용을 재구성한 것이다.

실명제를 가지고 온 나라가 시끄러워지고 사람들이 관심을 갖고 말하게 된 것은 굉장히 생산적인 토론이라고 봤습니다. 어차피 해야 할 일이고 한 번쯤은 토론이 필요한 문제였으니까요.

그래서 국론이 비생산적 혼란에서 사회에 꼭 필요한 생산적 토론으로 바뀌고 이철희·장영자 사건의 국면전환이 된 것이 우리나라를 위해 매우 도움이 된다고 저는 생각했습니다. 금융실명제에 대해 시끄럽게 토론하는 것은 얼마든지 좋다, 우리가 꼭 시행해야 할 과제에 대한 토론이다, 이렇게 본 것입니다. 재계 의견도 들어야 할 것 같아서 제가 그때 대기업 회장들과 얘기를 나누었는데 제가 만나 본 분들은 의견이 반반으로 나뉘었어요. 반은 금융실명제에 대해 너무 성급한 거 아니냐는 의견이었고, 나머지 반 정도는 어차피 그걸 해야 한다니 적극적으로 갔으면 좋겠다는 의견이었습니다. 전경련 등 경제단체에서는 공식입장을 내놓지 않았습니다. 아무튼 언론에서만 크게 다뤘을 뿐 처음에는 누구도 공식입장을 내놓지 않았습니다. 갑자기 당한 것이어서 그랬겠지만 당에서도 처음에는 아무런 반대 목소리가 나오지 않았습니다.

「금융실명법」 착수 TF 구성

얼마 후인 7월 28일 7·3 구상의 후속조치로 '제2금융권 활성화 대책'이 나왔다. 단자사와 상호신용금고 등에 대해 자본금 기준만 맞으면 무제한 허용하고 자금출처조사도 면제한다는 내용이었다.

금융실명제에 대해서도 입법 작업이 시작됐다. 안공혁 증권보험국장(후일 대한손해보험협회 회장)을 반장으로 이재 3과의 강만수 과장, 진동수 사무관(후일 금융위원장) 등이 참여한 실명제 태스크포스(TF)는 실명거래 의무화의 적용범위, 실명거래 위반에 대한 벌칙 등 총 17개 조문의 「금융실명거래에 관한 법률」을 만들었다.

사인을 통해 거래하는 선진국들은 실명제가 관습적으로 굳어져 있었고, 실명제를 법제정을 통해 실시한 나라가 없었기 때문에 참고할 외국 법도 마땅치 않았다.

강경식 장관이 메모하여 넘겨준 내용을 기초로 법적 디테일을 보충하여 백지상태
에서 법안을 만들어 나갔다.

제도권 금융기관에 자금을 유치하기 위한 목적으로 1961년 제정된 이래 1980년
대 초까지 지속적으로 유지되었던 「예금·적금 등의 비밀보장에 관한 법률」은 폐
지하기로 했다. 강경식 장관은 이 법이 존치되는 한 무기명과 차명이 합법화되어
변칙증여나 편법상속을 단속할 수 없다고 봤던 것이다.

금융실명법 초안은 실명제 의무와 적용범위, 실명거래 위반 시 벌칙조항, 실명
전환 금융자산에 대한 세무조사 특례조항 및 과징금 규정, 부실기업 정리기금 설
치와 은행임직원 배임죄 특례 등 14개 본칙과 3개 부칙을 포함하여 총 17개 조문
으로 만들어졌다.

그런데 부처 간 협의과정에서 부실기업 정리기금은 경제기획원 예산실의 반대
로 없던 일이 되었고 배임죄는 법무부의 반대로 무산되어 결국 그 두 가지 사항을
제외한 11개 조문을 정부안으로 확정하여 국회에 제출했다.

금융시장의 민감한 반응

정치권은 7·3 금융실명제 발표 직후 한동안 침묵했다. 이철희·장영자 사건을
단숨에 덮을 정도의 묵직한 한 방인 금융실명제가 어떤 정치적 함의를 가지는지
잘 몰랐을 뿐만 아니라, 이철희·장영자 사건의 후유증으로 대대적 당직개편이
이뤄졌고 전두환 대통령이 실명제에 대해 워낙 강한 의지를 천명한 만큼 정면으로
반박할 분위기가 아니었던 탓이다.

재계도 일단 조용했다. 가차 없는 사정과 공포 분위기 속에서 기업이 정부에 감
히 정면으로 반박할 엄두를 내지 못할 때다. 전경련이 "부작용이 없도록 단계적으
로 실시하라"며 금융실명제를 사실상 수용하는 듯한 뜨뜻미지근한 반응을 내놨을
뿐이다.

침묵의 균형을 깬 것은 금융시장 측이었다. 1982년은 경제상황이 별로 좋지 못
할 때였다. 1980년 마이너스 성장에 이어 1981년에도 5.9% 성장에 그쳤으며 국

제수지 적자가 갈수록 누적되던 시점에 '7·3 구상'이 발표되자 갑자기 금융권에서 뭉칫돈이 무더기로 빠져나가기 시작했다. 10만 원권 수표가 대거 시중에서 사라지고 증시가 연일 폭락하면서 금융시장에 큰 혼란이 일어났다. 사채시장이 얼어붙어 중소기업 등이 돈을 구하지 못해 심각한 자금난을 겪었다. 부동산시장도 들썩거렸다.

발표 당일 암달러는 100달러당 8만 3천 원으로 3,500원이 오르고 주말이 지난 7월 6일 증시는 35개 종목이 하종가를 기록하는 등 202개 종목이 내렸고 주가지수는 169.0을 기록했다. 종합주가지수가 5.4%p 빠진 것이다. 무기명 거래가 대부분이었던 단자사에서는 하루 사이에 400억 원이 빠져나갔다. 명동 사채시장은 거래가 아예 끊기고 말았다. 부동산은 관망 속에 오름세를 나타냈으며 귀금속 역시 계속 오름세를 나타내 실물시장이 호황 징후를 타나냈다. 은행은 예금자의 발길이 뜸해졌다. 저축성 예금이 줄고 대기성 단기예금이 들락날락하며 불안한 분위기였다. 시중은행의 무기명예금은 금액으로 50% 정도인 것으로 추정되었다. 다만 특수은행인 국민은행, 중소기업은행, 주택은행은 90%가 실명예금이라 동요를 보이지 않았다.[26]

김진표 워낙 충격적인 조치였기 때문에 발표되자마나 난리가 나서 그동안 있었던 이철희·장영자 사건을 다 덮었습니다. 또한 금융실명제가 발표되니까 군부, 정치권 할 것 없이 다 반발했습니다. 민정당 등 여당뿐만 아니라 김준성, 나웅찬 등 당시 금융계를 쥐락펴락하던 핵심인사들이 크게 저항하기 시작했습니다.

---

26 강만수, 2005, 《현장에서 본 한국경제 30년》, 삼성경제연구소, 167쪽.

7월 중순부터 정치권 반대 시작

현실의 경제적 명분을 지렛대로 하여 가장 먼저 정치권이 본격적으로 움직이기 시작한다. 7·3 조치 발표 2주 후인 7월 15일에 군부 출신으로 여당 정치자금을 맡아 관리하던 권익현 사무총장이 금융실명제가 불러올 정치자금 타격을 우려하여 "자금의 해외도피나 투기재발이 우려되며 가뜩이나 자금공급이 수요보다 부족한 상황에서 현금이탈로 투자재원 고갈 등의 문제가 있으니 금융실명제를 보완할 필요가 있다"고 주장했다.

실명제에 대한 대통령의 의지가 강하다 보니 이때만 해도 실명제 자체를 반대한다기보다는 내용을 보완하자는 차원이었다. 구체적 보완 내용을 의논하기 위해 박태준 재무위원장이 소위의원들을 소집했다. 김종인 의원도 재무위 소위위원장으로 이 자리에 참석했다.

김종인 의원은 1974년부터 추진된 부가가치세 도입 때부터 김재익 식의 '경제정책 이상주의'에 대해 "현실감각이 없다"면서 비판하곤 했다.

김종인 그때는 전 대통령의 결심사항이라고 하면 뭐든 무조건 되는 때니까 7·3 조치 발표 이후에 금융실명제가 그대로 진행되는가 싶었습니다. 그런데 박태준 재무위원장이 저를 포함한 재무위원들을 다시 불러 모아 놓고 "구체적으로 한 번 더 이야기해 보자"는 것입니다. 제가 재무위원회 소위원장이고 이미 한차례 설명을 들었으니 다시 나서서 "경제현실에 비춰 볼 때 시기상조이고 어렵다"는 발언을 했습니다. 금융실명제를 하겠다는 근본적 취지가 뭡니까? 국가 입장에서는 금융소득에 대해 종합과세를 하겠다는 거지 다른 목적은 별로 없잖아요?

서양의 경우는 「금융실명법」이 없습니다. 예금할 때 본인이 다 직접 사인을 하니까 자동적으로 실명화가 되어 있었죠. 그런데 우리는 도장문화입니다. 실명제를 한다고 도장문화가 하루아침에 바뀌나요? 실명으로 하더라도 남의 주민등록번호 빌리고 도장 파서 예금통장을 차명으로 만들면 되는 겁니다. 지점장이 거액예금주가 해달라는 대로 도장을 잔뜩 파서 통장을 여러 개 만드는 것이 당시 현실이

김종인(金鍾仁)

1940년 서울에서 태어났다.
한국외국어대 독일어학과를 졸업하고,
독일 뮌스터대학에서 경제학 석사·박사
학위를 받았다. 1973~1988년 서강대
경제학과 교수, 2011년 한국외국어대
국제지역대학원 석좌교수, 2015년
건국대 경제학과 석좌교수를 역임했다.
1989년 보건사회부 장관, 1990년
청와대 경제수석 비서관, 제11대·
제12대·제14대·제17대·제20대
국회의원을 역임했다. 현재 미래통합당
비상대책위원장으로 있다.

었습니다. 우리나라는 고도경제성장 과정에서 자금수요가 자금공급보다 월등하게 큰 반면 예금이 부족하니까 은행들이 거액 사채자금의 예금유치에 혈안이 되어 있었어요. 오죽하면 경제개발과정에서 내자가 부족한데 예금이 잘 안 들어오니까 1961년에 「예금·적금 등의 비밀보장에 관한 법률」을 만들었겠습니까?

은행들이 검은돈이든 흰돈이든 제도권으로 끌어들여 예금유치를 하느라 절박한 상황인데 갑자기 무슨 실명제를 한다는 겁니까? 돈이란 일반적 속성상 빛을 싫어하고 그늘에 숨고 싶어합니다. 사실 서민들은 저축할 돈이 많지 않아서 실명으로 하든 하지 않든 별문제가 없었고 일부 돈 많은 사람들의 거액자금이 문제였습니다. 갑자기 실명제를 도입해서 부자들 돈이 한꺼번에 제도권 금융시장에서 다 빠져나가면 그 엄청난 산업자금 수요를 어떻게 대응하고 이로 인한 경제적 어려움을 어떻게 수습하자는 겁니까? 더구나 부동산투기가 엄청나던 시점이었습니다. 금융권에서 돈이 빠져나가면 부동산투기가 더 기승을 부릴 것이 뻔하죠.

저는 '이 사람들이 갑작스럽게 이렇게 해서 경제적·정치적 후폭풍을 어떻게 감내하려는가?' 하는 의구심을 가졌습니다. 그래서 "내가 볼 때 지금 상황에서 실명제를 어설프게 실시하면 가뜩이나 좋지 않은 한국경제가 진짜 큰일이 날 겁니다"

하는 의견을 냈습니다.

그런 식으로 분위기가 흘러가는 가운데 전두환 대통령이 김재익 수석에게 "김종인 의원이 반대하는데 이걸 어떻게 하려고 하는가?" 물었나 봅니다. 저와 김재익 수석은 개인적으로 서로 친한 사이니까 김 수석이 "제가 설득할 수 있습니다" 그랬던가 봐요. 하루는 김 수석이 저녁 무렵 우리 집에 찾아왔습니다. 둘이 만나서 이야기를 하다가 제가 거꾸로 설득했습니다. "우리가 다 알다시피 과거에도 청와대에서 사전준비 없이 대충 추진하다가 실패한 사례가 얼마나 많은가? 금융실명제는 갑자기 실시한다고 될 일이 아니다. 아무리 우리가 친해도 나는 동의 못한다"고 했죠. 그렇게 둘이서 합의를 못한 채 평행선만 달리다가 그냥 술만 마시고 헤어졌습니다.

결국 금융실명제가 발표되고 그 이후 금융시장이 크게 혼란스러워졌지만 이미 예견되었던 상황이 벌어졌습니다. 저야 핵심 당직자가 아니고 충분히 이야기할 만큼 했기 때문에 마침 휴가철이라 7월 말에 강원도로 휴가를 갔습니다.

"당에서 급히 찾고 있습니다", 경찰 수배령

김종인 의원이 휴가 중에 해변에 있다가 숙소로 돌아가려고 차를 운전하는데 갑자기 교통순경이 그의 차를 잡았다. 깜짝 놀라서 물었다.

"신호위반도 아닌데 왜 나를 잡습니까?"

"치안본부에서 이 차에 수배령이 내렸습니다."

"무슨 수배령입니까? 나는 죄진 것도 없는데요."

"그건 잘 모르겠고 당장 당대표에게 전화하라고 합니다."

사정을 알아보니 당에서 급히 김종인 의원을 수배했던 것이다. 휴가 갔다고 하는데 휴대전화도 없던 시절이라 어디 있는지 몰라 차량번호로 김 의원을 추적하라고 전국 경찰에 전달된 것이었다.

전화를 했더니 "전두환 대통령이 내일까지 실명제 보완책에 관한 당의 공식입장을 가져오라고 했으니 오늘 밤에 당장 서울로 돌아오시오"라는 것이었다. "제가 한밤중에 대관령 고개를 넘어서 돌아갈 자신이 없으니 새벽에 출발해 낮 12시까지 도착하겠습니다"라고 하고는 다음날 새벽에 출발해 당에 도착했다. 이재형 당대표가 휴가 중에 미안하다면서 "정책위의장과 오늘 청와대에 들어가라"고 했다. "정책위의장이 대통령에게 설명해야 하는데 내용이 어려우니 당신이 함께 가서 직접 설명하라"는 것이었다.

김종인 그래서 진의종 정책위의장과 제가 청와대 대통령 집무실에 들어갔더니 대통령과 정무수석 경제수석이 앉아 있었습니다. 제가 "실명제의 핵심은 이자배당소득을 합쳐 종합과세하는 것인데 원론적으로는 당연히 찬성한다. 그런데 우리 경제가 지금 종합소득세를 확대 실시할 수 있는 상황인가?"라고 문제를 제기했습니다.

전두환 대통령이 실명제에 대한 의지가 강했기 때문에 나름대로 답변 삼아 설명하시더라고요. 그래서 제가 "역사를 보면 '세금의 역사'는 곧 '혁명의 역사'입니다. 영국 명예혁명이나 프랑스 혁명이 그렇고 미국 독립운동의 기폭제가 된 보스턴 티파티가 그렇습니다. 우리나라에서도 박정희 대통령이 부가가치세를 무리하게 도입하려다 그 여파로 총선에서 지고 세상을 떠났습니다. 세금도입은 그 정도로 조세저항이 심각하고 정치적 파장이 큰 것이죠.

당시 부가가치세 대상자가 80만 명밖에 안 되는데도 그 난리가 났는데 금융실명제로 인한 종합과세 대상은 그보다 훨씬 많습니다. 금융소득 종합과세 대상이 거의 1천만 명 정도로 예상되기 때문에 부가가치세보다 훨씬 더 심각한 조세저항을 야기할 것입니다. 더욱이 컴퓨터 전산망도 갖추지 못한 상태여서 전국 은행이나 수많은 금융기관에 흩어져 있는 계좌들을 합산하여 과세할 능력 자체가 없습니다. 물리적으로 불가능할 뿐만 아니라 정치적으로도 부담이 큰 문제로, 조세저항이 강하면 정권이 흔들릴 수도 있습니다"라고 설명했습니다.

전 대통령이 그제야 감을 잡고는 "세금문제는 경제수석은 빠지고 정무수석이 당과 협의하여 결정하라"고 그럽니다. 그것으로 금융실명제에서 금융소득 종합과세가 없어지게 되었습니다. 저는 그때 이미 사실상 실명제가 사라졌다고 봅니다. 왜냐하면 이자 및 배당소득에 대해 종합소득을 하지 않는다면 금융실명제가 무슨 의미가 있습니까? 그런데 김재익 수석은 포기하지 않고 그 자리에서 저에게 "종합과세는 안 되더라도 일단 「금융실명법」이라도 만들어 달라"고 그래요. "실행하지도 않을 법을 어떻게 만드느냐?"며 그 자리를 떠났습니다. 사실 그 자리에서는 금융실명제 이야기는 별로 나오지도 않았습니다. 본질이 금융소득 종합과세인데 그게 빠졌으니까요.

제가 그 자리에서 전두환 대통령과 한참 논쟁했습니다. "실명제 한다고 하면 돈 많은 사람들은 다 실명제를 피해서 돈을 따로 관리할 능력이 있습니다. 차명도 실명이니까 차명으로 하면 됩니다. 그런데 핵심은 종합과세입니다. 돈은 빛을 싫어합니다." 대통령이 답변 삼아 자꾸 금융실명제의 당위를 설명하기에 심지어 제가 이런 말까지 했어요. "대통령께서는 왜 잘 알지도 못하는 사안에 대해 이렇게 확신하십니까?"

그랬더니 다음날 당에 제가 대통령에게 불경했다고 "김종인이 불경죄를 졌다"면서 청와대에서 전화가 왔더래요. 뭐, 할 수 없다고 생각했습니다.

야당은 실명제 반응 엇갈려

그 직후인 8월 3일, 여당인 민정당이 금융실명제 정책에 대한 보완방안을 제시했다. 방안의 핵심은 금융실명제를 도입하되 종합과세를 무기한 연기한다, 실명과정에서 드러난 비실명예금의 자금출처조사를 면제한다는 것이 핵심내용이었다.

금융실명제에 대해 야당은 의견이 엇갈렸다. 찬성하는 사람도 있고 반대하는 사람도 있었다. 반대하는 사람은 금융실명제의 갑작스러운 도입 배경을 의심했다. 군사정부의 강경탄압하에서 야당은 명맥을 유지하기도 어려운 상황이었다. 여당에는 정치자금이 대거 몰려들었지만 야당에는 "절대 누가 줬는지 밝히지 말아 달라"며 비실명으로 쥐꼬리만 한 정치자금이 들어왔을 뿐이다. 그런데 금융실명제를 실시하면 그나마도 모조리 막힐 우려가 있었다.

또 법의 내용이 공평하더라도 법의 집행이 모두에게 공평한 것은 결코 아니다. 실명제가 법으로 도입되면 검찰과 경찰 등 사정기관이 여당 자금은 그대로 둔 채

62

야당만 집중적으로 단속할 가능성이 높았다. 반면 금융실명제를 하면 여당이 더 큰 타격을 입을 테니 이를 반드시 도입해야 한다는 의견도 있었다.

김종인 사실은 정부가 금융실명제 이야기를 공식적으로 꺼내기 전에 재무위에서 야당 국회의원 한 사람이 금융실명제를 실시해야 한다고 제안한 적이 있었어요. 제가 "그러면 야당은 정치자금 한푼도 못 받게 될 것"이라고 농담한 적도 있는데 그 사람이 "여당이 더 크게 망할 테니 금융실명제를 해야 한다"고 농담 삼아 서로 이야기가 오간 적이 있었습니다.

그러나 금융실명제 발표 후 주가가 하락하고 단자회사 자금이 빠져나가는 등 파장이 커지자 야당은 금융실명제 법안의 상정 자체를 보이콧하기로 당론을 모았다.

8·11 공청회와 8·17 보완대책

재무위원장인 박태준은 재무부의 금융실명제 TF 실무자인 강만수 과장을 따로 불러 금융실명제의 문제점을 파악하기도 했다.

강만수 7·3 조치 발표 직후에는 야당만 반대했을 뿐 여당은 침묵하고 있었습니다. 금융실명제가 가진 숨은 뜻을 정확하게 알지 못했고, 전두환 대통령과 김재익 경제수석이 강력히 밀고 있었기 때문이었습니다. 그러다가 당시 실세였던 이종찬 원내총무가 처음으로 반대하기 시작하여 여당도 점차 반대로 돌아섰습니다. 금융실명제 TF 반장이던 안공혁 증권보험국장과 이종찬 총무가 친구 관계였던 것이 계기가 되어 실명제가 가진 현실적 문제점을 알게 된 것이 아닌가 추정됩니다.

하루는 국회 재무위원장이던 박태준 위원이 저를 호텔로 불러, 금융실명제에 대해 실무자 입장에서 가감 없이 얘기해 달라고 해요. 그래서 제가 일본 그린카드 문제, 독일 자본도피 문제 등을 예로 들어 급진적 금융실명제가 가지는 'political cost'를 설명했습니다. 그때 박태준 위원장이 금융실명제 실시에 따른 사회적 부담이 크다는 것을 깨달은 것 같았습니다.

민정당 중앙집행위원회가 8·17 보완대책을 확정하고 있다(1982. 8. 17).

정치권이 반대의 명분으로 내세운 것은 일본의 그린카드(Green Card) 법안 실패와
대만의 주식양도차익 종합과세 실패 사례 등이었다. 일본은 1980년 3월 일본판 금
융실명제인 그린카드 법안을 만들고 비과세저축을 제외한 모든 금융자산소득에
대해 종합과세하기로 했다. 그런데 실시방안이 발표되자마자 자금의 해외 유출이
시작됐고, 고가품과 미술품, 부동산 등에 대한 실물투기 부작용이 발생한 데다 금
융기관과 세무당국으로부터 업무량 과중 등의 저항에 부딪쳐 실시 시기를 1986년
이후로 연기하고 말았다. 대장성이 실명제를 행정지도하고 비과세 실명예금을 늘
려가는 쪽으로 방향을 선회한 것이다.[27] 대만도 금융실명제에 따른 주식양도차익
종합과세를 도입하려다 엄청난 혼란만 초래하고 결국 철회되고 말았다.

김종인 제가 실명제 때문에 일본에 갔는데 일본정부가 그린카드를 도입하려다가
실패하고 무기연장 중이었습니다. 그때 무슨 일이 있었냐면 그린카드제를 도입한
다고 하니까 돈이 다 해외로 도망친 거예요. 일본 재일교포들이 돈을 일본정부에
다 빼앗길 수 있다고 생각하여 현금을 모두 싸들고 나와 한국으로 들어왔습니다.

---

27 그린카드 법안은 한차례 연기됐다가 결국 철회됐다.

그렇게 해서 만들어진 은행이 신한은행이었습니다. 결국 소득세의 예상수입보다 돈이 지하로 빠져나가는 손실이 큰 문제가 되니 일본정부가 그린카드제를 무기한 연기하고 그것을 기획했던 국장은 보직을 해임했습니다. 이처럼 통제가 불가능하고 잘못하면 큰 사회적 비용만 치르는 정책은 함부로 추진하면 안 됩니다. 그런데도 실명제를 반대하면 마치 개혁의지가 없는 것처럼 몰아붙이고 심지어 저를 재벌 옹호자로 분류했습니다.

사안이 갈수록 시끄럽고 복잡해지면서 결국 1982년 8월 11일 민정당 중앙당사에서 금융실명제 관련 공청회가 열렸다. 여당의 정책위의장 진의종 의원, 재무위원장 박태준 의원, 그리고 재무위원 김종인 의원이 중심이 되고 이종찬 원내총무가 주도한 공청회였다. 토론자들은 KDI의 김기환 원장을 제외하고는 모두가 금융실명제 실시에 대해 공감한다면서도 이런 식으로 강행하기보다 제도나 법을 보완하면서 단계적으로 실시해야 한다고 주장했다.

강경식 당에서는 재계가 자꾸 반대의견을 이야기하고 자기들도 가만 생각해 보니 정치자금 모금에 불리한 것 같으니까 나중에 강하게 반대하기 시작했습니다. 당에서 공청회를 하겠다고 그러기에 "좋다, 공청회를 하자"고 했지요. 8월 11일에 공청회를 했는데 제가 책에 쓴 대로 참석자들이 다 반대의견 비슷한 목소리를 냈습니다. 그 공청회 이후에 여러 가지 내용을 정리해 당의 공식의견을 내놓았는데 "원금에 대한 도강세를 없애자, 그 대신 실명화하지 않을 경우에는 이자나 배당소득에 대해 단계별로 세율을 높이자, 그리고 금융소득에 대해서는 종합과세하지 말자"는 내용이었습니다.

제가 그 의견을 다 받아들였습니다. 도강세를 없애자는 것까지 받아들인 이유는 제가 구상한 금융실명제의 목적 자체가 과거에 이루어진 일을 징벌하자는 취지가 아니었기 때문입니다. 과거 제도하에서 이미 발생한 일은 소급할 필요가 없고 미래를 보자는 것이 제 생각이었습니다. 앞으로 실명제를 시행하기로 하고 과거는 일체 묻지 않고 덮어 버리겠다는 것이죠. '일단 실명제를 도입해 놓으면 세월이 지나면서 차차 정착할 테니, 장래의 경제질서에 큰 초석을 마련하는 작업이 아니겠는가' 하고 생각해서 당에서 제시한 절충안을 받아들였습니다. 금융소득을 종합과세로 합산하지 않는 것을 받아들인 이유도 어차피 시간 가면 나중에는 다 과세하게 될 것이다, 이렇게 생각해서 받아들였습니다.

공청회 직후 〈금융실명제에 대한 8·17 보완대책〉이 발표되었다. 일단 금융소득에 대한 종합과세를 철회한 것이 핵심이었다. 언론에서는 당이 요구한 것을 다 받아들였고 핵심인 금융소득 종합과세를 철회한 점을 들어 "백기 들고 항복"이라고 평가했다.

강경식 언론의 평가가 어떻든 저는 충분히 성공했다고 자평했습니다. "무기명거래 없애는 것을 검토하겠다"고 아젠다에 넣은 것 자체만으로 국회에서 난리가 났는데 불과 두 달 만에 이것을 정식 법안으로 만들었으니 그것만으로도 충분히 의미가 있다, 남는 장사라고 생각했습니다. 한쪽이 안 되면 반쪽, 반쪽이 안 되면 4분의 1쪽이라도 없는 것보다는 낫다, 결국 금융실명제가 정착할 것이기 때문에 일단 시작하는 데 의의가 있다고 본 것입니다. 그래서 저는 그걸로 일단 정리되는 줄만 알았죠.

청와대 두 허 씨 사정라인의 반대

금융실명제에 대해서는 당보다도 청와대 정무라인 수석비서관들이 더 강경하게 반대하고 나섰다. 당시 정무라인은 정권실세인 허화평 정무비서관과 허삼수 사정수석비서관 등이었다. 5공 실세로 유명했던 이른바 '쓰리 허 씨(許氏)'(허화평·허삼수·허문도) 가운데 허화평, 허삼수 씨는 육사 17기 동기인 데다가 군실세 조직인 '하나회' 멤버였고, 12·12 사태를 주도하여 전두환 대통령으로부터 "혁명동지이자 개국공신"으로 대접받는 핵심 권력실세였다.

이들의 권세가 어느 정도였느냐 하면 허화평의 경우 대통령 집무실이 있는 본관에 자신의 방을 마련해 놓은 반면 정작 대통령을 가장 가까이서 모셔야 할 비서실장 방은 따로 떨어진 신관에 자리 잡게 만들었다. 그래서 장관들은 대통령 결재를 받으려면 비서실장이 아니라 허화평을 먼저 만나야 했다. … 그럴 정도로 주체의식이 강하다 보니 이들은 김재익을 노골적으로 무시했다. 백완기 고려대 명예교수의 회고에 따르면, 김재익은 허화평 수석이 주재하는 주간 정례 수석비서관 회의에 참석도 못한 적이 많았고 심지어 회의 도중에 쫓겨나는 수모를 당한 적도 있었다. [28]

그런 그들이 금융실명제에 대해 발표 전까지 아무런 사전 통보도 받지 못했으니 자존심이 무척 상했을 것이다. 이들은 절차상의 문제를 들어 김재익에게 거칠게 항의했다. 이학봉이 중간에 서서 "실명제는 각하의 뜻이고 경제정의를 실현하자는 것인데, 혁명의 주역인 두 분이 왜 반대합니까?"라며 만류했지만, 두 허 씨는 "네가 뭔데 감히!"라면서 김재익에게 거칠게 항의하고 폭언을 퍼부었다고 한다. [29]

그런데 사실 김재익과 쓰리 허 씨 간의 악연은 금융실명제 이전 안정화 시책에서부터 시작됐다.

강경식 저와 김재익 수석이 안정화 시책을 추진할 때에도 비슷한 정치적 갈등이 있었습니다. 김 수석이 전두환 대통령에게 안정화 시책을 설명했습니다. 1980년에 제가 기획차관보로 있으면서 차기 제5차 경제사회발전 5개년계획을 준비할 때였습니다. 안정화 시책을 각 부분 계획까지 다 반영해 만들고 전 대통령께서 이걸 10회에 걸쳐 검토하고 들여다보는데, 오전 시간을 전부 다 비우고 총량계획부터 부문계획까지 전부 다 보고받았습니다. 그분이 경제 공부를 정말 열심히 하고 부문계획 같은 걸 다 보고받았기 때문에 경제에 대한 이해도는 아주 높았습니다. 나중에 우리가 금융실명제를 토론할 때 웬만한 경제전문가들은 그분 앞에서 한소리 했다가는 "내가 알기론 그게 아닌데?" 하면서 거꾸로 교육할 정도의 수준이었습니다.

28 이장규, 2008, 《경제는 당신이 대통령이야》, 올림.
29 고승철·이완배, 2013, 《김재익 평전》, 미래를소유한사람들, 233~234쪽.

당시 안정화 계획에 대해 정무라인 쪽에서는 "저 백면서생들이 경제실정을 모르는 이야기를 한다. 우리나라 경제가 엉망이 될 것이다"라는 식으로 거세게 반대했습니다. 그 반대를 견디면서 김재익 수석이 대통령을 설득하여 결국 5차 계획을 완성했고 시간이 지나면서 대통령이 안정화 시책 효과에 대해 확신을 갖게 되었습니다. 금융실명제를 할 때는 과거에 한국경제를 위협했던 고물가가 한 자릿수로 잡힐 정도로 그 효과가 입증되었던 것입니다. '물가 한 자리 숫자'란 말도 실은 전두환 대통령이 하신 거예요. 당초 우리는 10% 이상으로 가자고 했는데 대통령이 한 자리 숫자로 목표를 세우라고 했습니다. 그때 사실 경제기획원에서도 한 자릿수가 될 수 있을지 굉장히 회의적이었어요.

막상 시간이 지나고 안정화 시책이 효과를 내니까 한 자리가 되고도 남았습니다. 그럴 정도로 급반전되는 상황이었습니다. 그런데 금융실명제 때 보니 그때 안정화 시책을 반대했던 진영에서 이번에도 반대하는 쪽이었습니다. 그러니까 금융실명제를 반대하는 사람들이 주로 쓰리 허 씨 쪽에 가서 하소연했을 것으로 짐작했습니다.

금융실명제를 둘러싸고 청와대 안팎에서 '총성 없는 전투'가 발생했다. 허삼수·허화평 수석 등 신군부 실세와 김태호 행정수석 등은 "이렇게 말썽 많은 법안을 그냥 추진하려고 하느냐? 법안 자체를 철회하라", "정치적으로 큰 문제가 생기면 당신이 책임지겠는가?"라며 김재익에게 압력을 넣었다. 당시 두 허 씨는 김재익과 강경식이 추진하는 금융실명제를 관료사회가 군부세력을 몰아내려는 '친위 쿠데타'로 간주했다고 한다.[30] 김재익은 특유의 조용한 어투로 "이건 각하의 의지입니다"라는 말을 반복하며 버텼다.

한편 청와대 밖에서는 강경식 장관이 당과 정치권의 반대를 정면 돌파하기 위해 TV 토론회와 기자회견을 자처하고 연일 언론과의 인터뷰를 쏟아냈다. 국민들에게 금융실명제의 당위성을 알려 지지를 받고 기정사실화하기 위한 전략이었다. "세간

30 사공일·남덕우, 《80년대 경제개혁과 김재익 수석》, 삼성경제연구소, 189쪽.

에서 충격을 많이 받은 것 같은데 이는 충격이 아니라 혁신이다. 실명제를 반대하는 것은 사실상 이적 행위"라는 발언도 서슴지 않았다. 그가 기자들로부터 강경식(姜慶植)이란 이름 대신 '강경식'(强硬式)이란 별명으로 불린 계기가 된 발언이었다.

'실명제 장고(長考)'에 들어간 9월 국회

그러나 강경식 재무부 장관의 강력한 언론 드라이브만큼이나 정치권과 청와대 정무라인 수석들의 반대도 본격화되고 강고해지기 시작했다.

심지어 정부 내부에서도 준비가 안 된 상태에서 금융실명제를 전격 실시하는 것에 반대하는 사람들이 적지 않았다. 장관들 중에서는 노태우 내무부 장관이 일찌감치 당의 반대의견에 합류하고 있었다. 또 재무부 실무자들은 "금융실명제를 굳이 법으로 강제하는 나라는 없다. 범죄로서의 가차명계좌는 「자금세탁방지법」을 만들어 단속하면 되고 비실명예금에는 단계별로 최고세율의 무거운 과세를 하여 알아서 실명으로 전환하도록 유도하는 편이 경제의 충격도 줄이고 실익을 얻을 수 있다"는 생각이었다. 상공부 등 다른 경제장관들은 금융실명제가 경제에 미칠 영향을 생각하여 아직 시기상조라는 입장이었다.

9월 들어 금융실명제 반대의견이 당내에 전방위적으로 확산되기 시작했다. 이제는 8월에 당정이 합의했던 내용조차 안 된다는 분위기가 형성됐다. 9월 정기국회가 시작되었는데 한편이 되어야 할 당정 간에 냉랭한 기류가 흘렀다.

김종인 9월 정기국회가 열려 재무위에서 1차적으로 세법심의부터 시작하는데 제가 세법소위위원장이었습니다. 정부에서 6·28 조치 때 발표한 내용을 포함해 6개 세법안을 가져왔는데 당시 레이거노믹스 영향을 받아 그런지 소득세 인하, 법인세 인하 등이 포함돼 있었습니다. 그런데 예산을 보니 그 전해보다 적자가 2천억 원 늘어난 5천억 원이었습니다. 안정예산이 원칙인데 그런 식으로 가져온 거예요.

"당신들도 생각해 보라. 어떻게 이게 가능한가?"라면서 제가 정부안을 다 뒤집었습니다. 법인세를 50% 정도 낮추자는 것을 5%만 줄이고 소득세와 상속세,

증여세율을 모두 낮추자는 걸 못 낮추게 해서 예산적자를 5천억 원에서 2천억 원 정도로 줄였습니다. 그때 처음으로 여야가 만장일치로 예산통과를 시켰습니다. 그랬더니 "대통령 결재까지 이미 다 받은 걸 어떻게 일개 국회의원이 뒤집느냐?" 고 난리가 났어요. 그때는 대통령 결심사항이라면 국회에서 자동 통과되던 시절 이니까요.

처음에는 금융실명제를 강도 높게 가야 한다며 "도강세 조금 받자고 검은돈에 면 죄부를 주려고 하느냐?"고 비판했던 언론도 정치권이 자꾸 대응논리를 내놓게 되 자 현실론을 들어 금융실명제를 비판하는 입장으로 돌아섰다. 적극적으로 금융실 명제를 지지하는 쪽은 극소수가 될 만큼 언론 쪽에서도 분위기가 달라지는 것을 시시각각 느꼈다고 강경식 장관은 회고한다. 재무부 안에서는 당시 금융실명제와 금융종합세제 실시를 전제로 한 세제개혁 작업이 이미 착수된 시점이었다.

강경식 그때 국내 세제가 복잡했습니다. 1970년대 말 제2차 석유파동이 났을 때 그야말로 나라가 파산 지경이니까 국내 소비를 줄여야겠다고 하여 세금을 올릴 수 있는 건 다 올렸었거든요. 특별소비세를 예로 들면 보석 같은 사치품은 100%, 200% 과세했고 관세도 아주 복잡다단했습니다. 앞으로는 그런 복잡한 세제를 가 지고 경제를 운영한다는 것은 말이 안 된다고 생각하여 당시 세제개혁은 세제를 점 점 단순화하고 낮춰가는 식으로 큰 틀을 바꾸는 작업에 주력했습니다.

또 기업에 대한 과거 조세혜택도 바꾸기로 했습니다. 예를 들면 1970년대에 중 화학공업 사업들이 엄청난 세제특혜를 받지 않습니까? 그런 세금면제 혜택들을 다 없애기로 했어요. 실제로는 기업들의 저항으로 한꺼번에 다 못 없애고 몇 가지 혜 택은 남겼지만 거의 대부분 없앴습니다. 이제 산업별 세제지원 대신에 새로 기능 별 지원을 도입하여 연구개발, 인력개발 등에 대해서는 전략산업이든 서비스산업 이든 구분하지 않고 법인세 혜택을 주는 것으로 제도를 바꾸었습니다.

세율도 낮추기로 했습니다. 한때는 소득세가 최고세율 70%에 이런저런 세금 을 계속 더 붙여 최고 90%까지 된 적도 있습니다. 그래서 제가 재무부 실무자들에게 "난 세금 이론을 잘 모르지만, 아무리 나라에서 세금을 걷는다고 해도 50% 이상 넘는 건 아니지 않느냐? 최고세율을 전부 50% 미만으로 하고 세제도 단순화하거나 없애는 쪽으로 하자"고 주장하여 거의 대청소를 하다시피 세제개혁을 추진했던 겁니다. 당시 세제개편이라면 세율을 올리는 것이었습니다. 상속세, 소득세를 최고 90%까지 받는다고 얘기하는데 세율만 높았지 실제로 세금은 별로 안 들어오는 거예요. 누가 세금을 냅니까? 탈세하거나 해외에서 들어올 때도 숨겨 들어오지 높은 세율대로 세금 낼 사람이 누가 있겠어요?

이건 완전히 법률상, 세법상에만 있는 세금이지 실재하지는 않는 세금이니 실현가능한 세율로 낮추고 그 대신에 세금을 안 내는 경우는 없애자는 것이 큰 방향이었습니다. 징세비용을 생각했을 때 어느 정도의 면세점은 설정하더라도 공평하게 과세하고 차등 없는 세제로 가야겠다는 구상을 실현시키는 세제개혁을 추진했습니다. 세제개혁을 그런 식으로 대대적이고 종합적으로 단행했습니다.

그런 방향으로 세제개혁을 하기 위해서는 금융실명제가 가장 중요한 과제였습니다. 세법은 한번 고치면 오래가기 때문에 어떤 정책보다 영향이 크고, 돈과 관련되는 사안이기 때문에 전부 다 민감합니다. 가능한 한 정책당국자의 개별적 판단을 배제하고 시장에서 자동적으로 작동하는 제도로 가야겠다고 생각한 겁니다. 그런데 그때나 지금이나 정치인들은 자기가 선거에 당선되고 표를 얻는 것이 가장 중요한 문제지요. 금융실명제에 대해서도 자기 표와 어떻게 관련되느냐 그런 것에만 관심 있는 경우가 많아요.

홍은주 당에서는 금융실명제가 불리하다고 판단했던 모양이죠?

강경식 당시 선거를 바로 앞두고 있었는데 정치를 하려면 정치자금이 필요하잖아요. 그런데 실명제를 시행하면 정치자금을 마련하기 굉장히 어려워지는 것 아니냐는 걱정이 상당히 있었던 것 같습니다. 당시 선거를 바로 앞두고 있었는데 제가 그때 그런 논의를 할 때 이 사람들의 반대를 줄이기 위해 이렇게 얘기했습니다. "이 금융실명제는 세제개혁입니다. 다른 아무것도 아닙니다. 어떤 의미에서 세제개혁이냐 하면 소득이 있는 사람은 세금을 내야 한다는 겁니다. 소득이 있으면 이런 소득, 저런 소득 구별 없이 같은 세율을 적용하는 것이 과세 원칙 아닙니까? 그러니 배당이나 이자 같은 금융소득이 있으면 세금을 내도록 하자는 겁니다. "

홍은주 당시 10만 원권 자기앞수표 논란도 있었는데요.

강경식 그때 사업하는 사람들이 10만 원권 수표를 많이 썼습니다. 자기앞수표를 현재의 5만 원권 이상으로 많이 썼는데 수표 자체는 이자가 붙지 않잖아요? 그래서 제가 "자기앞수표는 금융실명제의 관할 밖입니다" 그랬죠. "세무서에서 금리가 붙지 않는 요구불예금을 들여다볼 이유가 전혀 없기 때문에 10만 원권 자기앞수표로 정치자금이 오가는 것은 솔직히 금융실명제와는 관련이 없습니다"라고 얘기하면서 반대진영의 반발을 줄이려고 노력했습니다.

그런데 그건 제 생각이었고, 사실 그 논리가 받아들여지지 않은 이유가 있었습니다. 정치자금을 마련하는 기업 입장에서는 요구불예금을 어디선가 마련해야 하겠죠. 받는 쪽은 괜찮더라도 마련하는 쪽에서는 실명제 때문에 그 자금조성이 문제가 되는 그런 측면이 있어서 계속 반대했던 것 같습니다.

공전되는 금융실명제 회의

하루는 청와대에서 「금융실명법」 관련하여 수석회의를 하는데 참석해 달라는 연락이 왔다. 강경식 장관이 청와대에 들어가 보니 김준성 부총리가 와 있었고, 김재익 수석, 허화평 수석, 허문도 수석, 허삼수 수석, 김태호 수석, 이학봉 수석이 모여 있었다. 그런데 분위기가 묘했다. 그동안 갈등의 두 당사자였던 허화평 수석과 김재익 수석은 어쩐 일인지 처음부터 끝까지 한마디도 하지 않았다. 두 사람의 수석 사이에서 비교적 중도적 입장이었던 이학봉 수석도 침묵을 지켰다. 이날 회의에서는 허삼수 수석이 계속 반대논리를 개진했다.

강경식 허삼수 수석이 기존과 똑같은 얘기를 되풀이하기에 제가 답변하고 설명하다가 나중에는 화가 나서 그랬죠. "정 그럴 것 같으면 당신들이 재무부 장관을 바꾸시오. 나를 바꾸면 당신네들 뜻대로 할 수 있는 것 아니겠소?" 제가 이렇게 얘기하니까 그걸로 토론 끝이죠. 그 이상 뭐를 더 얘기합니까? 저는 조금도 양보할 생각이 없었으니까요.

이런 상황에서 재무부는 진의종 정책위의장이 종합한 당의 의견을 대폭 수용하여 금융실명제 법안을 마련해 국회로 보냈다. 국회 재무위에서 법안심사를 시작했는데 도무지 진도가 나가지 않았다. 오히려 대규모 자금의 제도권 금융기관 이탈 및 해외도피, 증시침체 등에 의한 기업 자금난 우려와 경기후퇴, 실물투기 우려 등을 들어 법안 자체를 재무부가 자진 철회해야 한다는 의견이 더 강하게 나왔다.

그런 상태로 시간이 흘러 10월 중순 무렵이 됐다. 청와대에서 다시 강경식 재무부 장관에게 당정청 회의가 있으니 빨리 들어오라는 연락이 왔다.

강경식 청와대 집무실에 들어갔더니 전두환 대통령, 권익현 사무총장, 이종찬 원내총무, 허화평 정무수석, 김재익 경제수석까지 다섯 분이 앉아 있었습니다. 제가 들어가니까 당에서 오신 분들이 국회에 제안해 놓은 금융실명제 관련 법안을 철회하는 걸 강하게 건의하고 있었어요. 이 세 사람이 전두환 대통령께 "재무부에서 법안을 철회하는 걸로 해주십시오"라고 되풀이하고 대통령은 금융실명제 법안을 밀고 가자는 편이었기 때문에 날 오라고 부른 겁니다. 제가 "철회할 수 없습니다"라고 했죠. 그 후로도 한참 얘기가 오갔는데 결국 달라지는 건 없고 같은 이야기가 쳇바퀴처럼 돌 뿐이었지요.

그날 전 대통령께서는 지방에서 하는 행사에 참석하게 되어 있었습니다. "헬리콥터가 대기하고 있습니다, 행사시간이 다 됐습니다"라고 알리는데도 이야기가 계속되니까 대통령은 30분쯤 더 기다리라고 하더라고요. 그러고도 안 끝나니까 더 이상 출발을 늦출 수 없다고 먼저 자리를 뜨시면서 "나는 떠나야 하니 당신들끼리 앉아서 잘 이야기해 보시오" 하고 가셨어요. 대통령께서 가셨으니 더 얘기하나마나 아니겠어요? 제가 거기에서 뭐 더 할 이야기가 있었겠습니까? 결국 거기서 헤어지고 가는데 그게 이른바 두 허 수석과의 마지막 의견조율이었습니다.

운명의 날이 된 10월 29일

허화평, 허삼수 두 사람을 주축으로 한 정권실세들의 반대는 완강했다. 두 허 씨는 "정권이 위험하다"면서 군사정부 2인자 격이던 노태우 내무부 장관을 설득했고, 노 장관은 전두환 대통령과의 심야담판에서 "금융실명제는 안 된다"는 뜻을 전달했다. 여기에 당까지 결사적으로 반대하자 전두환 대통령의 마음이 점점 흔들리기 시작했다. 김재익 수석이 대통령의 마음을 돌려 보려고 마지막 설득을 시도했으나 이미 판세는 금융실명제 법안 철회 쪽으로 기울어 있었다.

윤증현 당시 청와대 정무라인의 쓰리 허 씨 위세가 대단했습니다. 김재익 수석에게 삿대질을 하면서 "당신이 경제만 알면 최고요? 이런 중요한 일을 두고 우리에게 사전협의도 안 하다니, 굴러들어온 돌이 박힌 돌을 빼려는 거요?"라면서 험한 말들을 했었던가 봐요.

지금 복기(復棋) 해 보면, 대통령 재가를 얻어 한참 실명제 법안이 진행되고 있는데 잘나가다가 정치권 반대에 부딪혀 결정적 고비가 왔습니다. 민정당, 청와대 보좌관인 허화평, 허삼수, 허문도 등이 실명제의 구체적 내용을 알게 되면서 "실명제를 하면 당에 필요한 정치자금은 어떻게 모으느냐?"는 문제를 고민하지 않았겠습니까? 청와대 내에서 김재익 경제수석은 이론적으로는 뛰어나지만 현실성은 좀 부족한 사람이라고 평가받았고, 김 수석과 정무라인의 쓰리 허 씨 사이가 좋지 않았습니다. 김 수석은 토요일이고 일요일이고 없이 일밖에 모르는 사람이었고, 온화한 성격이지만 자신이 옳다고 생각하는 일에는 외골수인 사람이었습니다.

김 수석은 대통령 재가만 있으면 금융실명제를 추진할 수 있다고 생각했을 텐데, 이후에 쓰리 허 씨와 권익현 민정당 사무총장이 안 된다고 대통령을 계속 압박한 겁니다. 전두환 대통령은 실명제를 해야 사회가 투명해진다고 김재익 수석으로부터 들었는데 쓰리 허 씨나 권익현 사무총장 애기를 들으니까 현실적 문제가 있는 것 같거든요. 그래서 9월부터는 실명제를 하지 않는 쪽으로 장고에 들어갔고, 결국 10월 들어 청와대 연석회의에서 전두환 대통령이 "김 수석과 강 장관이 조금 양보해서 상황이 호전될 때까지 뒤로 미룹시다"라고 합니다. 더 이상 어떻게 하겠어요? 실명제가 거기서 좌초하게 되었습니다.

금융실명제 좌초의 날

10월 28일 오후, 전두환 대통령이 마지막으로 의견을 듣기 위해 청와대로 김준성 부총리를 불렀다. 김 부총리가 "준비가 안 되어서 도저히 지금은 실명제가 어렵습니다"라고 답변한 것이 결정적이었다.
　　강경식은 이런 상황이 청와대에서 벌어지고 있는지를 몰랐다.

강경식　그날이 10월 28일 저녁이었는데 제가 저녁 모임을 하고 집에 들어가니까 "내일 아침(10월 29일)에 후생관에서 당정협의가 있으니 참석하라"는 연락이 와 있었습니다. 뭔가 심상치 않은 예감이 들어 김재익 수석에게 전화했더니 "내일 아침 그 회의에서 금융실명제 법안을 철회한다고 대통령이 말씀하실 것 같습니다. 그 자리가 마련됐을 때는 이미 전두환 대통령도 그에 대해 오케이 하신 걸로 생각됩니다"라는 거예요. 그래서 '아, 내가 재무부 장관 사표 낼 때가 됐구나' 하고 생각했죠.
　　그런 일이 있을 때마다 제가 의논했던 분이 김주남 전 건설교통부 장관입니다. 이분이 기획원 예산국장일 때 제가 그 밑에서 사무관을 오래 했습니다. 예산작업을 함께 하면서 밤샘을 밥 먹듯이 했죠. 가끔 시간 나면 주말에 양수리에 가서 술도 같이 마셨습니다. 그 이후 그분이 작고하실 때까지 형제처럼 지낸 사이입니다.
　　아무튼 그분에게 "제가 사표 내야 할 것 같습니다"라고 애기했더니 깜짝 놀라서 "대체 무슨 애기인가?"라고 물어요. 상황을 말씀드렸더니 "자네가 사표 내서 처리할 일이 아니고, 대통령께 마지막으로 다른 대안을 제시해 해결책을 찾는 것이 좋겠네" 그러십니다. "이런 상황까지 왔는데 다른 대안이 또 뭐가 있겠습니까?"라고 물었더니 "법은 통과시켜 놓고 시행은 늦추는 그런 방법이 있지 않겠는가? 제도를 일단 이식시키는 게 중요하네" 그러십니다. 그날 저녁에 의논해서 대안을 마련하고는 '이건 당정회의 전에 내가 대통령께 직접 말씀드려야겠다' 싶어서 청와대 부속실에 전화를 했죠.

홍은주 그때가 몇 시쯤 이었습니까?

강경식 아마 밤 12시쯤 됐을 겁니다. 조찬회의니 그전에 보고해야 하기 때문에 부속실에 전화했습니다. 손삼수 비서관에게 전화해서 "제가 내일 아침 8시 회의 전에 대통령을 좀 뵈어야겠다" 그랬더니 "잠깐만 기다리세요" 하더니 잠시 후 전화가 왔어요. "아침 7시까지 오십시오"라고 해 다음날 아침 7시까지 갔죠. 당시 대통령과 이런 대화를 나누었던 기억이 납니다.

대통령께 "금융실명제 법안을 철회하신다면서요?"라고 여쭈었더니 "그렇게 됐다"고 답변합니다. 그래서 제가 "금융실명제를 하지 않는 것은 좋습니다. 그러나 법안은 철회하시면 안 됩니다" 그랬더니 "왜 안 되는가?"라고 물어요. "국무회의를 통과해 대통령께서 재가하고 국회에 제출한 법안이나 안건을 철회하면 앞으로 대통령께서 국정운영을 하시기 어렵습니다. 앞으로 대통령께서 결정하신 것을 철회한다고 하면 사람들이 대통령 지시를 안 믿을 것 아닙니까?" 그리고 대안을 말씀드렸습니다. "법안을 철회하시는 대신에 국회에서 일단 통과를 시키고 시행을 뒤로 늦추는 걸로 했으면 좋겠습니다. 그러면 모든 문제가 다 해결됩니다." 그랬더니 금방 알아들으시고 "그런데 그런 식의 조건부로 법을 통과시키는 것이 가능할까?"라고 묻기에 "그건 이종찬 총무와 제가 의논하겠습니다"라고 했죠. "이 총무가 설득이 되겠소?"라고 대통령이 다시 물어서 "이 총무와 저에게 맡겨 주십시오"라고 했습니다.

그렇게 해서 「금융실명법」을 철회하지 않는 대신에 실시 시기는 "1986년 이후 대통령이 정한 시기에 시행한다"는 부칙이 확정됐다. 원래 부칙에 들어가 있던 「예금·적금 등의 비밀보장에 관한 법률」을 폐지하는 건은 그대로 시행하기로 했다. "부칙에 있는 건 그대로 실행하고 앞으로 비실명에 대해 차등과세하는 조항을 부칙에다 추가로 넣어서 통과시키겠다"고 하여 대통령의 동의를 받은 것이다.

강경식 제가 대통령에게 "오늘 당정회의 끝나고 참석자들을 전원 청와대 불러 아예 결말을 내주십시오. 대통령께서 당정회의에서 그렇게 결정해 주시면 국회에 가서 설득하는 것은 제가 책임지겠습니다"라고 말씀드렸습니다. 사실 대통령께서는 눈치가 '진짜 그렇게 될 수 있을까?' 그런 생각이었던 것 같은데 그래도 동의해 주었습니다. 그리고는 손삼수 비서관에게 그날 10시의 경제기획원의 경제동향 보고회의를 취소하고 대신에 청와대에서 당정회의를 소집하라고 지시했습니다.

저는 곧장 중앙청 후생관에서의 8시 당정회의에 참석했는데 반대의견이 많아 토론이 길어졌습니다. 그날 공교롭게도 대통령이 9시에 방한 중인 벨기에 경제장관과의 면담이 예정되어, 제가 배석하는 것으로 되어 있었습니다. 당정회의에서 저에 대한 성토가 한창인데 "오전 9시에 청와대에서 벨기에 경제장관 배석을 해야 합니다"라고 양해를 구하고 나왔습니다.

벨기에 장관 배석이 끝난 후 대통령을 따라 청와대 회의실로 다시 갔더니 아침 당정회의에 참석했던 사람들이 모조리 다 와 있는 겁니다. 아침 8시 조찬에 참석하지 않았던 국무총리와 이재형 당대표 등 두 분도 와 있었습니다. 대통령께서 "금융실명제에 대해 어떻게 생각하시오?"라고 김재익 수석과 저만 빼고는 참석자 한 사람 한 사람 짚어가면서 전원에게 다 물어보셨습니다. 전부 반대였습니다. 김준성 경제부총리도 반대했고요. 우리 두 사람 빼고 참석자 전원이 다 반대의견이라고 하니까 대통령께서 "알았다. 전원이 반대라니 금융실명제는 하지 않는 것으로 하겠다. 그 대신에 법안을 철회하지는 않겠다. 국회에서 통과는 시키고 그 대신 시행은 늦추는 것으로 그렇게 처리하기로 한다" 그렇게 결론을 내고는 회의를 끝냈습니다.

그날 상임위에서는 야당 의원들이 "금융실명제 할 겁니까, 안 할 겁니까?" 질의를 해 "법안을 그대로 통과시켜 주시면 시행하겠습니다" 이렇게 답변했더니 "정부가 법안을 철회하는 것으로 알고 있는데 이건 또 무슨 소립니까?"라면서 의원들이 어리둥절해했습니다. 아무튼 이종찬 총무와 "법안을 통과는 시키되 실시 시기는 연기" 하는 청와대 결정을 그대로 추진했고 야당에서도 이렇다 할 반대가 없었습니다.

정권실세 허 씨들의 실각

금융실명제 추진을 지탱한 유일하고 강력한 힘이던 전두환 대통령의 지지가 사라지자 금융실명제는 동력을 잃었고, 금융실명제의 두 주역인 김재익 수석과 강경식 장관은 사의를 표명했다. 장기간 큰 논란이 되고 당정청 간에 적지 않은 갈등과 파장을 남긴 금융실명제가 사실상 좌초되자 관가 주변에서도 두 사람이 다 물러나는 걸로 알고 있었다. 그런데 이상한 소문이 들렸다.

윤증현 당시 제가 강경식 장관실 바로 앞방에 앉아 있었습니다. 10월 29일 금융실명제 후퇴결정 연석회의가 끝나고 난 다음날 아침에 강 장관이 사표를 쓰고서 저에게 청와대에 사의를 전달하라고 했습니다. 그 사의표명을 받아들고 제가 청와대 비서실장실에게 연락했던가, 하여튼 우선 전화로 그쪽 라인에 연락한 것으로 기억합니다. 청와대에서 제 전달 사항을 심각하게 듣더니 "알겠습니다" 하더라고요.

그런데 이후 별 소식이 없다가 어느 날 청와대 쪽에서 저에게 "청와대가 난리가 났다"고 넌지시 연락이 왔습니다. "쓰리 허 씨가 다 경질되었으니 강 장관에게 보고하는 것이 좋겠다"라고요. '실명제 전쟁'에서 승리를 거둔 쓰리 허 씨가 갑자기 다 물러나야 한다는데 도대체 무슨 영문인지 알 수 없었습니다. 더 확인해 봐야 할 것 같아 그 자리에서는 일단 강 장관께 보고를 유보했어요. 강 장관과 김재익 수석이 쓰리 허 씨 팀한테 패배당하고 허 씨들이 승리를 거두었는데, 불과 며칠 만에 무더기로 다 날아간다고 하니 믿기 어려웠습니다.

결국 퇴근하는 강 장관께 "청와대에서 좀 이상한 연락이 왔습니다. 이철희·장영자 사건의 연장선상에서 청와대 내 갈등이 있었던 것 같습니다. 쓰리 허 씨가 모두 경질되는 내용이 곧 발표가 될 것 같습니다" 하니까 강 장관도 깜짝 놀랐습니다. 쓰리 허 씨 때문에 금융실명제가 물 건너간 것이나 다름없는데 그 친구들이 한꺼번에 다 날아간다고 하니 얼마나 놀랐겠어요?

홍은주 금융실명제 연기는 허 씨들의 손을 들어 주었으면서 왜 그렇게 갑작스럽게 경질했을까요?

윤증현 이철희·장영자 사건의 연장선상에서 전 대통령과 쓰리 허 씨 간에 갈등이 있는 것 같다는 어렴풋한 짐작만 들었습니다. 이철희·장영자 사건이 이순자 여사와 관계가 있는 점에 대해 허화평 씨가 문제삼았다는 이야기도 들리고요. 허화평 씨가 12·12 사태 때 큰 공을 세웠지만 너무 대통령처럼 행세하는 거 아니냐는 반감이 전 대통령에게 있었나 봐요.

그러고 나서 허화평 씨가 하와이로 떠났다는 이야기가 들렸습니다. 김재익 수석과 강 장관은 그대로 유임했습니다. 지금 다시 생각해도 그때 상황 돌아가는 것이 참 드라마틱했습니다.

전 대통령, 측근정치에 알레르기 반응

12·12 사태 주역으로 킹메이커를 자부하던 쓰리 허 씨는 이철희·장영자 사건 발생 이후 전두환 대통령에게 친인척을 정리해야 한다고 강하게 건의하고, 전 대통령이 신임하던 김재익 경제수석에게 거친 언사로 여러 차례 호통을 친 일 등으로 전격 경질된 것으로 알려졌다. 하지만 사실 그들은 그 이전에도 전두환 대통령에게 내심 견제대상이 되었던 것으로 보인다. 전 대통령은 금융실명제 사태 훨씬 이전인 5월에 이미 허화평 씨를 국세청으로 내보내려고 했으나 허 수석의 거부로 대신 안무혁 씨를 임명한 적이 있었다.

전 대통령은 전임 박정희 대통령을 죽음으로 몰고 간 '측근정치'에 대해 알레르기 반응을 보이면서 자신의 주변에 2인자가 득세하는 것을 싫어했다고 한다. 주변 사람들에게 "나는 두 가지 원칙이 있다. 첫째, 내 밑에 중간보스를 인정하지 않겠다. 둘째, 일은 소관업무 담당자에게 철저히 맡기고 권한과 책임을 부여하겠다. 공연히 남의 업무영역을 기웃거리는 사람은 가만두지 않겠다'라고 말하곤 했다. [31]

'일인지하 만인지상'(一人之下 萬人之上)으로 행세했던 권력실세들이 하루아침에 물러난 것은 큰 충격이었다. 당시 권력 주변에서는 "대통령에게 잘못 보였다간 우리는 파리 목숨"이라고 입을 모으며 바짝 숨을 죽였다고 한다.

두 허 씨가 물러나게 된 것은 기본적으로 "제5공화국 정권이 창업단계에서 수성단계로 이행하는 과정에서 발생한 당연한 조치"였다는 시각도 있다. "두 허 씨가 과도하게 권력을 행사하는 경우가 있었고, 국정 전반을 책임진 통치자의 입장에서 관료조직의 위계질서와 업무가 창업공신에 의해 번번이 흔들리는 것을 방치해서는 안 되겠다고 결심하게 되었을 것"이라는 분석이다. [32]

법은 통과되고 시행은 연기되다

이후 법안의 운명은 어떻게 되었을까? 금융실명제 법안은 1982년 말에 단서조항을 달아 국회를 통과했다.

진동수 처음에 17개 조문의 법안을 만들었는데 파워엘리트들 중에 이른바 두 허 씨가 주도적으로 거세게 반대했고, 당에서도 여러 정책라인에서 반대가 다시 일어나면서 실시를 연기 내지 유보하는 쪽으로 흘러갔습니다. 그런 흐름 속에서 나중에 법안이 17개 조문에서 본칙 11개 조문, 부칙 4개인 법안으로 축소되었습니다. 그 법안이 국회에서 통과는 됐지만 "1986년 이후에 대통령령으로 전산여건 등을 감안해서 정하는 날에 시행한다"는 식으로 처리되었습니다.

"1986년 1월 1일 이후 대통령이 정하는 시기에 시행한다"는 단서조항은 1986년에 시행된다는 것이 아니라 그 이후 언제 시행될지 모른다는 의미였다. 사실상 무기

---

31 노재현, 1993, 《청와대비서실》, 2권, 중앙M&B, 317쪽.
32 같은 책, 346쪽.

연기라는 뜻이다. 강경식 장관은 "전산여건 등을 감안해서"라는 단서조항에 대해 "종합과세를 하자는 것도 아니고 형식상의 금융실명제를 실시하는 데 있어 전산준비가 될 때 실시한다고 한 것은 그야말로 연기의 명분일 뿐"이라고 주장한다. 서양에서는 컴퓨터가 없던 시절부터 이미 실명제를 시행해왔기 때문이다.

강경식 금융실명제를 실시하기에 전산은 별문제가 없다고 봤습니다. 사실 제가 정부행정에서 컴퓨터 활용, 즉 전산화를 가장 먼저 추진했습니다. 제가 예산총괄과에 있을 때인 1969년에 예산작업이 끝나고 난 다음에 예산업무 전산화 작업을 추진했습니다. 그때 우리나라의 컴퓨터는 키스트(KIST)에 있었기 때문에 거기와 전화선을 연결해 예산업무 전산화를 추진했고 그 후 충청북도 행정전산화 작업도 했습니다.

당시 성기수 박사가 거기 원장이었습니다. 여러 전산화 작업을 같이 해본 경험이 있기 때문에 제가 7월 3일 실명제 구상을 발표하기 전에 성 박사와 미리 상의했습니다. 금융실명제 구상을 설명하고 "이런 것을 전산처리하려고 하는데 키스트에서 감당할 수 있겠습니까?" 물어봤더니 성 박사가 검토해 본 후 "문제없습니다" 그래요. 이미 키스트에서 대입 수험생들 시험지를 다 전산처리할 때였어요. "금융실명제보다 몇 배나 큰 규모의 대학입시제도 다 전산처리하는데 그걸 못하겠습니까?" 그럽니다.

실명전환 자체는 은행에서 할 일이고 그걸 전산처리하는 것, 즉 실명전환으로 생기는 이자소득을 은행의 내부 전산으로 집계해 과세할 수 있도록 국세청에 통보하는 것은 전선작업에 불과하니까요. 이미 국세청 나름대로도 전산작업을 하고 있었고요. 그러니까 금융기관 자료를 넘겨받아서 이름별로 이자나 배당을 합산하는 전산처리를 하여 국세청에 넘겨주면 그걸로 과세하면 되는 것이니까 문제가 하나도 없다는 것입니다.

전산화 문제를 이유로 실명제 반대가 심했습니다. 국회 재정경제위원회에서 성기수 박사를 불러서 국회의원들이 막 따졌어요. 성 박사가 거두절미하고 "가능합니다"라고 한마디를 하니까 그것으로 다 조용해졌습니다. 성 박사가 전문가 중의 전문가니까요. 제가 아무려면 전산처리 시스템도 점검하지 않고 금융실명제 구상을 발표했겠습니까?

김종인 의원 '불경죄'로 재무위 축출

법안은 무산되었으나 실명제 실시 반대논리를 개진했던 핵심 장본인인 김종인 의원 역시 무사하지는 못했다. 전두환 대통령에게 대놓고 실명제 반대논리를 편 것이 '불경죄'가 되어 대통령 특별명령으로 다음해 국회 재무위원회에서 밀려난 것이다.

김종인 제가 국회의원이 된 것은 하고 싶어서거나 월급을 받으려는 것이 아니고 "국회에 박사님 같은 경제전문가가 와서 정책심의를 해야 합니다. 꼭 와 주십시오"라는 요청 때문입니다. 그런데 그런 일을 당하니 기분이 상해서 국회의원을 그만두려고 했습니다. 이춘구 의원에게 "제가 국회의원을 그만둘까 합니다"라고 상의했더니 "그래도 국회의원 신분인 것이 다행인 줄 알아라. 당신 지금 국회의원 그만두면 진짜 큰 화를 당할 수도 있으니 2년만 꾹 참고 있어라" 그럽니다. 가만 들어보니 전 대통령이 진짜 저를 혼낼 것 같아 꾹 참고 있기로 했습니다.

그런데 1986년에 경제사정이 훨씬 좋아졌습니다. 1982년보다 훨씬 경제적 여건이 나아졌는데 이상하게도 정기국회 때 아무도 실명제를 실시하자고 하지 않는 겁니다. 강경식·김재익 라인이 주장했다가 두 사람이 일선에서 물러나니까 다른 사람들은 아무도 이야기를 꺼내지 않았습니다. 청와대에서도 아무 소리 없고 재무부도 일체 아무 이야기가 없어요. 그 이후로도 전 대통령 임기 내내 실명제 이야기가 단 한 번도 나오지 않았습니다.

홍은주 금융실명제로 인해 나중에 전두환, 노태우 두 전 대통령의 비자금이 만천하에 드러났습니다. 당시 전두환 대통령도 엄청난 비자금을 가지고 있었는데 왜 그렇게 「금융실명법」 제정과 시행을 지지했을까요?

김종인 전두환 대통령은 그때까지만 해도 금융실명제를 하면 자기가 정치자금, 기업자금 등 모든 돈의 흐름을 다 들여다볼 수 있는데 제가 반대해 못하게 됐다고 안 좋게 여겼습니다. 권력자는 자기가 영원히 권력이 있을 것이라고 착각해서 자신이 만든 법이 거꾸로 자신을 들여다볼 것이라고는 생각하지 않지요. 권력의 정점에 있으면 그런 심리가 되는 것 같습니다. 결국 1982년 금융실명제 이야기는 이철희·장영자 사건을 덮기 위해 시작했던 측면이 있다고 저는 봅니다.

세금은 금융과 다릅니다. 그런데 재무부 장관들이 대부분 금융하는 사람들이니까 세금을 금융하는 식으로 밀어붙여요. 부가가치세 도입 초기에도 제가 정치적으로 큰 홍역을 치를 것이라고 경고했는데 실제로 그런 일이 벌어졌잖아요? 금융정책 하는 식으로 조세정책을 하다가 난리가 났던 거죠.

그런데도 일단 사람들이 대통령을 움직여 의사결정을 하면 현실적 문제가 있어도 대통령에게 밉보일까 봐 아무도 이야기를 안 합니다. 만약 1982년에 정부가 하자는 대로 금융실명제를 했으면 정말 경제가 거덜 났을 거예요. 산업자금이 부족한 상태에서 실명제를 실시해 돈이 제도권에서 이탈하고 해외로 도피하거나 부동산으로 빠져나갈 경우 이를 통제할 수 있는 방법과 수단이 많지 않았기 때문입니다.

'명성사건'을 통해 본 실명제의 단면

1982년 「금융실명법」을 추진했던 핵심주역인 강경식 장관은 "전투에서는 패배했으나 전쟁에서는 이긴 싸움"으로 이때 일을 기억한다. 가장 큰 승리는 금융실명제의 필요성을 모든 국민들에게 알렸다는 것이다.

강경식 당시 결과에 대해 사실 저 개인적으로는 나름대로 만족했습니다. 그냥구상 차원의 발표였는데 처음엔 금융실명제라는 말도 못하게 했던 것인데 결국법까지 만들었으니까요. 또 부칙으로 「예금·적금 등의 비밀보장에 관한 법률」이 폐지됐고 단계별 차등과세를 할 수 있게 되어 간접적으로 실명제를 촉구하게됐으니 일종의 금융실명제 절충안이 통과되고 시행된 것이라고 봅니다. 제가 금융실명제가 사실상 시행에 들어간 것이나 마찬가지임을 확인한 것은 그 다음해인 1983년에 터진 '명성사건' 때였습니다.

'명성사건'은 '이철희·장영자 사건'에 이어 사채시장에서 벌어진 대형 기업사건이다. 1979년 회사 부도를 내고 쫓겨 다니던 김철호 씨가 어느 날 갑자기 '명성그룹'이라는 재벌그룹 회장으로 급성장했다. 김 씨는 대규모 레저타운 건설 등 무리한 부동산투기 사업을 벌이다가 1983년 6월 국세청의 전면적 세무조사를 받게 되었다. 조사 결과 김 씨는 상업은행 혜화동지점에 맡겨진 사채성 예금 1,138억 원을 변칙적으로 조달했던 것으로 드러났다.

　사건의 전말은 이렇다. 사채업자 가운데 큰손이 은행 지점의 직원과 짜고 여러 명의 사채전주들의 돈을 모아 은행에 맡긴 후 특정인(김철호)에게 빌려주도록 하고 은행은 정상적 은행금리 외에 가외 이자를 받아 사채업주들에게 전달했다. 은행이 사채자금 거래의 창구로 이용된 것이다. 이 사건으로 김 씨와 윤자중 교통부 장관이 구속됐고 명성그룹은 법정관리로 넘어갔으며 주인기 상업은행장이 경질됐다.

　사채의 거액전주들 가운데 상당수가 전직 고위관료, 전직 고위장성, 정치인들인 것으로 드러났다. 33 이때 보니 내용은 사채자금 거래였지만 형식적으로는 이미 실명 형태를 띠고 있었다. 실명이었기 때문에 수사결과 사채전주들의 정체가 다 드러난 것이다. 사채자금이 실명화된 이유는 재무부가 실명제 연기와 무관하게 1983년 7월부터 비실명 금융자산에 대한 차등과세를 단계적으로 확대한다고 발표했기 때문이다. 비실명이자나 배당소득에 대한 원천징수율은 1983년 15%에서 1985년 20%, 1989년 40%, 1991년에는 60%까지 계속 인상될 예정이었다. 무기명·가차명 예금에 대해 시간이 경과할수록 더 중과세한다고 발표되었고 국세청이 과세 목적으로 대규모 무기명계좌의 움직임을 특정하여 주목할 가능성이 높았기 때문에 지하자금이 상당부분 실명화되어 있었던 것이다.

강경식 명성사건이 터졌을 때 제가 보니까 제일은행 혜화동지점은 사채창구를 하나 설치한 것과 똑같은 상황이었습니다. 사채전주들이 사채를 은행에 예금하면서 누구를 지정해 그 돈을 빌려주라고 했던 것입니다. 그런데 사채를 맡긴 사람들이 하나같이 다 실명으로 예금을 했다는 사실을 발견했습니다. 가명이나 무기명

---

33 당시 정부 실세나 대통령 핵심 측근 이름이 오르내리고 정치권 개입설이 난무했지만 끝내 밝혀지지 않았다.

으로 한 사람이 없었습니다. 비실명이나 무기명 이자소득에 대해 차등과세를 한다니까 사채전주들이 손해를 안 보려고 벌써 실명화하기 시작한 것입니다.

1982년 금융실명제에 대한 평가

정치권 등의 반대로 무산

1982년 금융실명제는 사채시장과 불법비자금, 정치자금, 탈세목적 자금 등 음습한 지하경제를 양성화하고 투명한 경제를 만들어 나가기 위한 목적으로 추진되었다. 사채시장과 비실명, 무기명 거래를 악용한 불법거래를 줄여야 한다는 문제의식을 바탕으로 하여 깨끗한 부를 만들기 위한 전제조건으로 금융실명제를 제기한 것이다.

그러나 추진과정에서 정치권의 반대가 거셌다. 정치자금이 갑자기 끊길 것을 우려한 여당이 한목소리를 냈고, 금융실명제가 5공 정부에 부메랑으로 돌아올 것을 걱정한 청와대의 정무라인이 격렬하게 반대했다.

자금수요가 공급을 크게 앞서던 시절에 갑작스러운 금융실명제 실시로 증시가 폭락하고 은행의 돈이 부동산이나 귀금속 시장 등으로 빠져나갈 것을 우려한 경제장관들도 대부분 반대했다. 특히 김준성 경제부총리는 전두환 대통령에게 "지금 실명제를 해서는 안 된다"며 설득했다고 한다.

이에 대해 1982년에 금융실명제를 예고 없이 전격적으로 실시했다고 하더라도 당시에는 성공을 장담할 수 없다는 평가가 있다.

7·3조치 직후 나타난 주식시장, 외환시장, 부동산시장, 그리고 예금창구의 반응을 고려해 볼 때 당시 비실명 금융자산의 규모가 상당했고 우리 경제가 금융실명제를 받아들일 수 있을 만큼의 여건을 갖고 있지 않았다는 추론이 가능하기 때문이다. 물론 1993년의 긴급 재정경제명령 발표 때와 같이 비실명 금융자산의 인출금지, 거액현금 인출자의 국세청 통보, 그리고 강력한 부동산투기 억제정책 등

을 동시에 발표하여 자금이탈을 최소화한다면 어느 정도 부작용은 막을 수 있었 겠지만 1993년 때보다 훨씬 많은 노력이 필요했을 것이다. [34]

사회적 관심 높인 것이 주요성과

그렇다면 1982년 금융실명제 법안 작성에 참여했던 실무자들의 평가는 어떨까? 전두환 대통령 때 추진된 최초의 금융실명제 법안작업에 참여한 것을 비롯하여 이후 노태우 대통령과 김영삼 대통령에 이르는 세 차례의 금융실명제 작업반에 모두 참여한 진동수 전 금융위원장은 당시 분위기를 다음과 같이 전한다.

진동수 강경식 장관께서 아직 차관이던 시절 지하경제 양성화 부분을 검토해 달라고 해서 강만수 과장이 몇 사람을 데리고 검토해 보고한 적이 있었습니다. 이철희·장영자 사건 이후 장관이 되시면서 실명제를 실시해야겠다는 생각을 갖고 강만수 과장한테 방안 마련을 지시했습니다. 7·3 조치 때는 강만수 과장이 몇 사람만 데리고 일했는데 나중에 이 방안이 구체적 법안으로 되는 단계에서 제가 조인했습니다.

　강만수 과장이 핵심적 역할이다 보니 이재 3과 사무관인 제가 강 과장의 지시를 받고 구체적 법안을 만드는 작업을 했지요. 강경식 장관이 자신의 소신대로 금융실명제를 일단 발표부터 해놓고, 법안 마련을 위해 재무부 실무진을 투입했습니다. 그런데 금융실명제 추진 방식에 대해 소신이 강한 재무부 강만수 과장이 자꾸 반발하니까 안공혁 국장을 반장으로 해서 금융실명제 TF를 만들었습니다. 그 후 정치권에 의해 실명제가 무산되는 분위기가 되니까 다들 빠지고 실무자인 저만 주로 국회에 불려 다녔던 기억이 있습니다.

홍은주 당시 금융실명제 법안이 만들어졌다가 큰 정치적 반향을 일으키고 사실상 무산되는 과정을 지켜보면서 실무자로서 어떻게 생각하셨습니까?

---

34 기획재정부·고려대학교, 2015,《한국의 금융실명제 도입 경험》, 한국개발연구원, 35쪽.

진동수　1982년 최초로 추진된 금융실명제를 지금 복기해 보면 당시로서는 우리나라가 아직 여건이 갖추어지지 않았는데 다소 무리하게 밀어붙인 측면이 있습니다. 마침 이철희·장영자 사건이 발생하니 당시 경제기획원 출신들로서는 바로 지금이 금융실명제를 추진하기 아주 좋은 시기다, 대외적 명분이 있고 사람들도 설득하기 쉬울 것 아닌가 하고 생각한 것 같습니다. 그런데 사실 금융실명제가 금융의 모든 모순을 한꺼번에 다 해결하는 '만능 카드'는 아니었습니다. 금융거래를 투명하게 하고 공평과세 기반을 만들고 여러 가지 좋지 못한 거래로 인해 생기는 사건들을 해결할 수 있는 필요조건이지만 충분조건은 아니거든요.

그런데 강경식 장관께서 이상가(理想家)라고나 할까, 한마디로 '경제개혁의 선도자'입니다. 김재익 수석 역시 우리나라 경제정책에 획을 긋는 중요한 안정화 정책을 추진하셨고 시장기능을 회복시킨 훌륭한 분이죠. 하지만 두 분 모두 이런 큰 정책을 추진할 때 필요한 공감대를 형성하려는 노력이 다소 부족했던 것 같아요.

우선 국민의 금융거래 관행을 하루아침에 뒤바꾸고 특정 집단에 큰 영향을 미치는 제도를 입법화하려면 주요 지식층이나 경제계·정치계 주요 세력들과 미리 컨센서스 빌딩을 어느 정도 했어야 하는데 이걸 하지 않은 채 '깜짝 발표'를 했습니다. 7·3 조치를 발표하고 나서야 사람들이 "이게 대체 뭐지?" 할 정도로 정책에 대한 이해도가 낮았습니다. 정치인들도 잘 몰랐고 허 씨들도 잘 모르다가 나중에 큰일났다 싶으니까 이 사람들이 필요 이상으로 강하게 저항하여 일이 복잡해진 겁니다. 그 과정에서 혼란의 비용은 결국 국민들이 치르는 것이죠.

그리고 재무부가 반대하면 왜 반대하는지 그 이유까지 포함하여 설득하고 두 부처가 공감하는 법안을 만들었어야 했는데 당시에는 그럴 시간이 없다고 생각하신 것 같아요. 그래서 강경식, 김재익 두 분이 기획원 사람들을 대거 재무부로 데려와서 급진적으로 추진해 보려고 했지요.

예전 경제기획원은 우리나라 경제정책 수립의 중추로서 주로 거시정책을 세우는 부처였고, 재무부는 주로 미시적 금융시장을 들여다보는 부처예요. 경제를 잘하려면 미시, 거시 양쪽을 다 봐야지 한쪽만 보면 항상 위험성이 있습니다. 1997년 외환위기는 금융의 미시 안정성을 잘 몰라 거시적으로 당한 것이고 2008년에 겪었던 글로벌

금융위기는 거시적 안전성을 잘 몰라 미시적 금융부문에 위기가 발생했던 겁니다.

다만 법안을 준비하여 금융실명제에 대한 문제의식을 던지고 첨예하게 토론하여 사회적 관심을 모으며 국민적 지지를 얻은 것은 강경식 장관의 공이 크기 때문에 이를 인정해 줘야 한다고 생각합니다.

수많은 토론 과정에서 "금융실명제는 우리 사회에서 조세정의를 실현하고 향후 투명사회로 진화하기 위해 반드시 필요한 법"이라는 국민적 인식을 제고했다. 그래서 1987년 대선 때 모든 대선후보자들의 공약에 금융실명제 실시가 들어가게 되었다.

한편 법통과로 금융실명제가 언젠가 실시될 가능성이 있었기 때문에 이때부터 과세당국이 실명제에 대한 구체적 정책검토에 들어갔다. 정부가 국세청 전산망 확충에 과감한 투자를 추진한 것도 금융실명제 인프라 구축 차원에서 바람직한 일이었다. 또한 중산층 실명거래를 촉진하기 위해 가계종합예금, 저축예금, 세금우대저축 등 금리혜택을 주되 주민등록번호를 확인하는 금융상품을 많이 개발, 보급했다.

〈표 1-1〉 1989년 금융기관별 실명화율

(단위: 천 좌, 억 원, %)

기관		구 분	실명	비실명	합 계	실명비율
은행	예금 계정	계좌	62,142	1,163	63,306	98.2
		금액	443,000	7,878	450,878	98.3
	금전 신탁	계좌	2,361	47	2,408	98.0
		금액	189,981	578	190,559	99.7
상호신용금고		계좌	1,822	4	1,826	99.8
		금액	61,237	325	61,562	99.5
증 권		계좌	3,546	39	3,585	98.9
		금액	282,528	12,561	295,089	95.7
투자신탁		계좌	4,142	52	4,194	98.8
		금액	134,452	335	134,787	99.8
투자금융		계좌	170	4	174	97.7
		금액	169,119	2,631	171,750	98.5
종합금융		계좌	22	2	24	91.7
		금액	12,241	42	12,283	99.7
합 계		계좌	74,209	1,311	75,516	98.3
		금액	1,292,558	24,350	1,316,908	98.2

출처: 임원혁, 2000, 《한국의 경제개혁》, 한국개발연구원.

이로 인해 일반 국민의 실명거래 비중은 1983년 6월 75%에서 1989년 6월에는 〈표 1-1〉과 같이 종합금융사를 제외하고는 대부분 98%를 넘어섰으며,[35] 1993년 6월에는 98.6%로 크게 높아졌다. 다만 거액 금융거래의 경우는 여전히 비실명 비중이 높았다. 1991년 기준 총거래 계좌 가운데 비실명계좌는 91만 개나 됐고 대부분 거액이었다.[36]

35 임원혁, 2000, 《한국의 경제개혁》, 한국개발연구원, 63쪽.
36 실명계좌 가운데서도 차명이 적지 않은 것으로 추정됐으나 차명에 대해서는 파악할 방법이 없었다.

노태우 정부와
금융실명제

2

1987년 대선공약으로 등장한 금융실명제

직선제 개헌요구와 6·29 민주화선언

1987년은 한국의 정치·경제사에서 분수령이 된 해다. 1월 초에 치안본부 남영동 대공분실에서 서울대생 박종철 고문치사 사건이 발생했다. 이를 단순 사고사로 은폐하려했던 해당 기관의 음습한 시도가 의사의 증언으로 언론기관에 공개되고 국민적 공분이 들끓는 와중에 4월 전두환 전 대통령의 '호헌선언'이 나오자 대통령 직선제와 민주헌법 개정을 요구하는 시위가 전국적으로 확산되기 시작했다.

'호헌반대'를 외치며 6월 9일 연세대 정문 앞에서 발생한 학생시위에서는 이한열 사망사건까지 발생했다. 서울과 부산, 광주 등 전국 18개 도시에서 '민주헌법 쟁취'를 위한 대규모 집회와 행진이 지속되는 가운데 거리는 최루탄과 화염병이 난무했고 나중에는 사무실에 있던 회사원들까지 거리로 쏟아져 나와 시위대에 합류했다.

사태는 날이 갈수록 악화되어 6월 26일에 절정에 달했다. 이날 전국적으로 사상 최대 인원인 100만여 명이 민주화 시위에 동참했고 흥분한 시민들과 학생들은 밤늦게까지 경찰과 격렬한 대치를 계속했다. 당시 전두환 정부는 시위대를 진압하기 위해 한때 위수령을 고려했으나 1988년 올림픽을 앞둔 상황에서 정치적 부담이 있는 데다 미국의 반대로 미수에 그쳤다.[1]

사태수습을 위한 물밑작업 끝에 결국 이틀 후인 6월 29일 여당의 대통령 후보인 노태우 민정당 대표위원이 특별 시국선언을 발표했다. 이날 '6·29 민주화선언'에는 국민과 야당이 줄기차게 요구해 오던 "민주적 절차에 의한 직선제 조항과 경제 민주화 조항이 포함된 개헌을 수용한다"는 내용이 담겼다.

국민들은 이를 크게 환영했다. 격렬한 시위와 경찰의 강경진압으로 혼란했던 도심 거리가 모처럼 평화로워졌고, 다방 입구에는 가게 주인이 손으로 쓴 "오늘은

---

1 "6·29 민주화선언", 《한국민족문화대백과사전》, 한국정신문화연구원.

기쁜 날, 찻값이 무료입니다"라는 게시물이 붙기도 했다. 2

1987년 10월 27일 개헌안이 국민투표로 확정되면서 15년 만에 직선제 대통령 선거가 치러지게 되었다.

개혁 아이콘으로 떠오른 금융실명제

오랫동안 잠잠했던 금융실명제 시행이 다시 수면 위로 떠오른 것은 1987년에 이처럼 극적으로 돌아선 정치상황이 배경이 되었다. 국민들이 직접 대통령을 선출할 수 있는 직선제하에서 민주화와 정의사회를 실현할 수 있는 상징성 있는 경제공약이 금융실명제였다. "정치인의 입장에서 볼 때 금융실명제는 정경유착 및 부정부패를 통해 얻을 수 있는 직접적 편익을 감소시키지만 일반 국민의 기대에 부응하여 정치적 지지를 얻을 수 있는 기회도 제공"하기 때문이었다. 3

1982년에는 사채시장에서 떠도는 음성적 자금을 양지로 끌어내기 위한 목적으로 시도되었던 금융실명제가 1987년 하반기 대선국면에서는 민주화와 개혁을 상징하는 정치적 아이콘으로 부각된 것이다.

당시 대선에서 금융실명제가 갑자기 부각된 배경에 대해 언론인 이장규는 다음과 같이 설명한다.

> 봇물처럼 터져 나오던 경제민주화와 그에 따른 형평논리의 대두는 금융실명제를 누구도 거역할 수 없는 시대적 과제로 만들었고, 실명제를 반대하는 것은 마치 민주화에 역행하는 시대착오적인 것으로 치부되었다. 4

'금융실명제 반대 = 반개혁 세력'이라는 정치적 등식이 이미 고착화되었기 때문에, 1982년 금융실명제 추진 당시 금융실명제를 강하게 반대했던 노태우 후보 역시 1987년 대선 때는 금융실명제 실시를 주요 선거공약으로 내세울 수밖에 없었

2 "6월 이야기", 〈KBS 다큐〉, 2020. 6. 9.
3 임원혁, 2000, "금융실명제: 세 번의 시도와 세 번의 반전", 《한국경제개혁 사례연구》, 한국개발연구원.
4 이장규 외, 2011, 《경제가 민주화를 만났을 때》, 올림.

다. 노태우 후보는 정부의 각 부처 국장급 실무책임자들을 전문위원으로 위촉하여 459개의 공약집을 만들었는데, 여기에 '주택 200만 호 건설', '경부고속철도와 서해안고속도로 건설' 등과 함께 '금융실명제 실시'가 들어가 있었다. 마침 1987년 10월 KDI에서 "소득분배구조 개선을 통한 경제민주화를 위해서는 금융실명제가 실시되어야 한다"는 보고서가 나온 것이 계기가 되었다. [5]

노태우 후보의 대선전략은 "강한 실천의지를 담은 청사진을 만들어 국민 앞에 실천적으로 보여준다"는 것이었다. 그는 대선공약팀에 "지킬 수 없는 것은 공약으로 만들지 말라"고 지시한 데 이어, 공약집을 만들어 배포하고 난 후 대통령에 당선된 뒤 공약이 제대로 실천되었는지 확인할 수 있게 하겠다고 언론을 통해 공개적으로 약속했다. 프랑스의 지스카르 데스탱 대통령이 선거공약집을 만들어 사람들에게 나눠 주면서 "지켜보라. 나는 꼭 공약을 지키겠다"고 약속했던 것을 벤치마킹한 대선전략이었다. [6]

노태우 정부 양대 개혁과제, 토지공개념과 금융실명제

1987년 말 노태우 후보가 대통령에 당선되어 제6공화국 정부가 출범했다. 1988년 7월 30일, 경제기획원은 제6차 경제사회발전 5개년계획을 발표하면서 금융실명제와 금융소득 종합과세를 1991년 1월부터 실시하겠다고 천명했다.

정부 내에 금융실명제기획단과 토지공개념추진단이 만들어졌는데 경제기획원 문희갑 차관이 추진단장을 맡았다. 그는 10월 14일에 발표한 '경제의 안정성장과 선진화합경제 추진대책'에서 "1991년 초부터 금융실명제와 토지공개념을 양대 핵심 개혁과제로 추진하겠다"는 내용을 포함시켰다. 순서는 토지공개념이 먼저였다. 토지기록 전산화와 종합토지세제를 정착시킨 후, 금융실명제를 도입한다는 것이다.

---

5 문희갑 전 경제수석 인터뷰 내용에서 인용하였다(육성으로 듣는 경제기적 편찬위원회, 2014, 《코리안 미러클 2: 도전과 비상》, 나남, 535쪽).

6 실제로도 대통령 취임 후 《노태우 약속: 이렇게 실천한다》(민주정의당 정책위원회, 1987) 등의 책자를 만들어 국민들이 공약실천 사항을 알 수 있도록 했다(노태우, 2011, 《노태우 회고록》, 하권, 조선뉴스프레스, 397~398쪽).

이 대책은 전산화 작업, 관련법령의 제·개정, 사채시장 위축에 따른 자금경색 완화 등 보완대책 강구가 전제되어야 비로소 금융실명제의 완전한 실시가 가능하다고 밝혔다. 금융실명제 실시의 전제 작업으로 재무부 세제실 소득세제과는 농·수·축협조합의 출자금 및 예탁금 현황, 연도별 위탁자 계좌금액 현황, 여신관리자금 개요 등을 이 무렵에 구체적으로 검토하기도 했다. [7]

금융실명제 시행에 앞장섰던 사람은 문희갑 경제기획원 차관이었다. 5공 시절 전두환 정부 때 예산실장 등을 지낸 문희갑 차관은 경제기획원의 대표적인 급진성향의 개혁파 멤버 가운데 한 사람으로, 강경식·김재익에 의해 1982년에 추진됐다가 무산된 금융실명제를 노태우 정부 때는 실현시켜야 한다고 생각했다.

그해 12월에 단행된 노태우 정부 첫 경제팀 개각에서 조순 부총리, 이규성 재무부 장관과 함께 문희갑 차관이 경제수석으로 내정되었다. 문 수석은 1982년 금융실명제 실패가 사전준비가 부족했기 때문이라고 보고 취임하자마자 대통령을 설득하여 금융실명제 도입을 위해 발 빠르게 움직였다.

문 수석은 금융실명제 추진에 대해 다음과 같은 순서와 원칙을 세웠다고 회고한다.

① 대다수 국민에게 새로운 부담과 불편을 주지 않도록 2년간(1989~1990) 충분한 준비를 거쳐 1991년부터 시행하되 6개월간 실명전환 유도기간을 둔다.

② 종합과세 대상은 일부 상위 3~5%의 고소득자에 국한하고 대다수 국민에게는 종전대로 분리과세한다.

③ 개인의 사생활 노출은 최대한 피해야 하므로 개인의 금융거래에 관한 비밀은 철저히 보장하고 실명전환 자금에 대해서도 일정 범위 내에서는 불문에 부친다.

④ 실명제 실시에 따라 발생할지도 모르는 제반 부작용, 즉 부동산 및 골동품 투기, 자금 해외도피 등의 부작용을 최소화해 나가도록 미리 대책을 세운다. 토지공개념 도입 등을 통한 부동산투기 억제시책을 실명제 시기보다 앞서 1990년부터 추진한다. [8]

---

7 금융·부동산실명단, 1982, 1988, 1989, 1992, 1993, 〈경제의 안정성장과 선진화합경제 추진대책〉, 국가기록원 관리번호: BA0889015, 38쪽.

8 문희갑, 1992, 《경제개혁이 나라를 살린다》, 행림출판, 218쪽.

다만 금융실명제 시행에 따른 방법론에 대해 경제팀 세 사람의 입장은 약간씩 차이가 있었다. 문 수석이 행정력을 총동원한 정면돌파와 조기시행을 주장한 반면, 이규성 재무부 장관은 "금융실명제는 종합과세 등 세법정비를 통해 점진적으로 가는 것이 부작용이 덜하다"는 입장이었다. 조순 부총리는 '원론 찬성·각론 신중'의 태도를 보였다. 그는 금융실명제 시행에 찬성하여 취임 직후부터 언론에 금융실명제 시행의 당위성과 필요성을 역설하곤 했지만 문희갑 수석이 주장하는 속도나 방법론에 대해서는 우려를 표명하면서 금융과 경제의 현실적 측면을 고려해야 한다고 말하곤 했다.

당시 금융실명제 추진에 반대하는 사람들도 여전히 적지 않았다. 대통령이 후보시절 "반드시 지키겠다"고 약속했던 공약사항을 신임 문희갑 경제수석이 강한 의지를 가지고 집행하겠다는 데 반대할 명분이 없었기 때문에 대놓고 말은 못했지만, 여당은 여전히 미온적이었고 대통령의 사돈이었던 고(故) 최종현 전경련 회장(선경그룹 회장)도 막후에서 반대의견을 개진했다.

1982년 금융실명제 논란 때 반대논리를 제공했던 김종인 의원은 노태우 정부에서 보건사회부 장관이었다. 그는 이때도 현실적 여건을 고려해 볼 때 금융실명제 시행은 아직 시기상조라는 입장을 견지했다.

김종인 문희갑 경제수석이 여러 차례 금융실명제를 주장하고 대통령도 자신의 공약사항이니까 그럼 한번 추진해 보라고 해서 재무부에 실명제 TF가 만들어졌습니다. 그때는 제가 보건사회부 장관 시절인데 부총리 주재 경제장관회의에서 논의가 있을 때마다 반대의견을 개진하고 실무자들에게도 직접 이야기하고 그랬었지요.

노태우 대통령이 1982년 내무부 장관을 하면서 실명제에 반대한 유일한 국무위원이었습니다. 제가 노태우 대통령이 당대표일 때 여러 경제문제에 대해 자문해드린 인연도 있어서 노 대통령께 개인적으로 "금융실명제와 토지공개념, 토초세가 다 어려운 문제입니다. 하나하나가 다 수습하기 어려운데 왜 이렇게 한꺼번에 정치적 분란을 일으키려고 하십니까?"라고 제 의견을 말했습니다. 그래도 문희갑

홍은주 한양사이버대 교수가 김종인 전 청와대 경제수석과 인터뷰를 진행하였다.

경제수석이 실명제를 하겠다고 계속 주장하니까 기자들 만난 자리에서 노 대통령이 실명제 실시 이야기를 여러 차례 하시더라고요.

금융실명거래실시준비단 발족

새 경제팀하에서 금융실명제의 1991년 시행은 대세로 굳어졌다. 1989년 4월 12일, 대통령 주재로 국무위원과 경제단체장, 언론계, 학계 등 80여 명이 참석한 '경제사회발전 확대회의'에서 정부는 금융실명제와 토지공개념 실시 방침을 다시 한 번 확인하고 7월에는 '금융실명거래실시준비단'을 발족시켰다.

금융실명거래실시준비단은 정부부처 및 금융권 인사들로 구성되었다. 금융실명제는 금융소득 종합과세 업무와 가장 밀접했기 때문에 재무부가 주축이었지만 내무부와 법무부, 국세청 등 관련 행정기관들도 자체 준비대책위원회를 구성하고 금융실명제 실시에 대비한 법 검토와 함께 전산화시스템 보강 및 확충 작업에 착수했다. 은행, 증권, 보험, 투자금융, 투자신탁 등 10개 금융부문은 자체적 실명제 준비에 들어갔다.

금융실명거래실시준비단장은 재무부 이재국 금융정책과장을 지낸 윤증현이 국장으로 승진하여 맡게 되었다.

윤증현 당시 문희갑 씨가 경제수석으로 왔을 때였는데 이분이 실명제가 실시되지 않으면 대한민국 경제에 미래가 없다면서 실명제 추진을 강하게 밀어붙였습니다. 대통령 공약사항이니 재무부에 빨리 실명제준비단을 만들라는 청와대 지시가 떨어졌어요. 당시 조순 부총리나 이규성 재무부 장관은 실명제 실시를 위한 인프라를 구축해가면서 좀 천천히 진행하자는 입장이었습니다. 나웅배 전 부총리와 같은 생각이었죠. 그런데 문희갑 수석은 추진력 면에서 보자면 김재익 전 수석이나 강경식 장관보다 더 대단한 분이었습니다. 문 수석이 "실명제준비단을 하루빨리 만들고 국장급 중에서도 중진급의 무게 있는 사람을 앉히라"고 요구했다고 합니다.

당시에 문희갑 경제수석의 위세가 대단했다. 조순 부총리는 교수생활을 하다가 공직으로 와서 공무원 사회에 익숙하지 않았기 때문에 경제정책 결정과 추진의 열쇠는 문희갑 수석이 다 쥐고 있었다. 기자들이 "부총리가 힘이 세냐, 아니면 경제수석이 더 세냐?"면서 두 사람 사이에 경쟁을 붙일 정도였다.

　　원래 경제부총리가 전면에 나서고 경제수석은 뒤에서 대통령의 결정을 보좌하는 그림자 역할을 해야 하는데 그 반대상황이 된 것이다. 성향상으로도 문희갑 수석은 그림자 역할에는 잘 맞지 않는 사람이었다. 강한 추진력을 가진 그는 5공 시절 안정화 정책의 선봉에 서서 군인들과 싸워가며 군예산 동결과 흑자예산 등을 정착시킨 사람이다. 추진력과 돌파력이 강한 만큼 성격이 아주 강해서 기획원 예산실장 시절에도 '문핏대'라는 별명으로 불리곤 했다.

윤증현 당시 문희갑 경제수석이 강연도 다니고 기자들도 많이 만나고 정책의 전면에 나서면서 위세가 대단했습니다. 실명제준비단장을 정할 때 원래는 기획원 국장을 내정하려고 했던 것 같은데 기획원 국장들이 전부 다 "그 자리에 절대 못

가겠다"고 고사했었나 봅니다. 1차 때 고생만 하다가 실패했었고 호랑이 같은 문희갑 수석이 청와대에서 금융실명제를 주도하고 있으니까 아무도 안 하겠다고 그랬던가 봐요.

누구를 내정해야 하나 고민에 빠져서 간부회의를 열었다고 합니다. 그 자리에서 "국장들은 아무도 안 간다고 하니까 차라리 과장 중에서 능력 있는 사람을 발탁해서 국장급 준비단장을 시키면 오히려 더 잘할 수도 있지 않을까?"라는 대안이 나왔고 누가 저를 거론했다고 합니다. 그렇게 해서 제가 국장으로 승진하여 금융실명거래실시준비단장으로 가게 되었습니다. 사실 당시에 저도 가기 싫었습니다. 정식 조직도 아니고 일은 엄청나게 고달플 것이 분명하기 때문에 정말 내키지 않았지요. 그러나 일개 공무원이 조직의 명을 거역할 수 없으니까 가기로 결심했습니다.

그런데 윤증현 단장은 취임 후 첫 만남부터 문희갑 경제수석과 부딪쳤다. 토지공개념과 금융실명제 추진에 의욕이 컸던 문 수석이 금융실명거래실시준비단장을 무게감 있는 사람으로 시켜 달라고 요구했는데 재무부에서 과장을 승진시켜서 보낸다고 하니까 재무부에 대한 불만이 컸던지 인사하러 온 윤 단장의 면전에서 불만을 토로한 것이다.

윤증현 이규성 재무부 장관에게는 불만을 직접 말하기 어려우니까 저를 통해 조준하는 겁니다. 어제까지 과장이던 제가 국장으로 승진하여 온다니까 "재무부가 실명제를 하겠다는 생각이 있기는 한가?"라고 제 면전에서 묻는 겁니다. 문 수석은 '문핏대'라는 별명답게 보통사람이 아닙니다. 예를 들면, 부하직원의 긴장을 풀어주지 않아야 제대로 일한다고 늘 긴장상태로 끌고 가는 스타일입니다. 그런데 반대로 저는 그런 분위기를 못 견디는 성격입니다.

제가 문 수석에게 "제가 직급을 갖고 일하니까 일하는 거 보시다 맘에 안 드시면 그냥 해임하십시오"라고 말했어요. "재무부에서 저를 나름대로 기대할 만한 사람으로 평가해서 보냈을 텐데 어떻게 첫인사를 이렇게 합니까? 저는 특별시행령에

윤증현(尹增鉉)

1946년 경남 마산에서 태어났다.
서울대 법학과를 졸업하고,
미국 위스콘신 대학에서 공공정책학·
행정학 석사학위를 받았다. 1971년
행정고시에 합격해 공직에 입문했다.
재무부 증권국장, 금융국장, 재정경제원
세제실장, 금융정책실장을 거쳐
1998년 아시아개발은행 이사, 2004년
금융감독위원회 위원장, 금융감독원장,
2009년 기획재정부 장관, 2010년
국무총리 직무대행을 역임했다.
현재 윤경제연구소 소장으로 있다.

따라 저에게 부여된 일을 할 테니 일을 가지고 다시 말합시다"라고 맞받아쳤어요. 첫 만남부터 싸운 거지요. 재무부가 저를 금융실명거래실시준비단장으로 보냈다고 하니까 '재무부가 날 무시하는 것 아닌가?' 이렇게 문 수석이 생각했었던 것 아닌가 싶습니다.

실명제준비단, 금융과 세제 5개 반으로 구성

우여곡절 끝에 금융실명거래실시준비단이 5개 반으로 꾸려졌다. 금융실명제는 금융거래를 실명화하고 이로 인해 발생하는 시장변화에 대응하는 금융적 측면과 모든 금융소득을 다른 소득과 합산해 종합과세하는 세제적 측면 등 두 가지 측면이 있다.

1982년 금융실명제 법안은 정치권의 반대로 금융소득 종합과세 부분이 빠졌기 때문에 재무부 이재국이 주도했지만, 1989년에 추진된 금융실명제는 "충분한 사전준비를 거쳐 금융소득 종합과세와 동시에 실시한다"는 원칙을 가지고 진행되었기 때문에 세제 쪽에서도 적극적으로 참여했다.

1982년에 "1986년 1월 1일 이후 대통령령이 전하는 날"로 시행시기를 밝힌 실명제 법안이 국회를 통과한 후 세제실에서는 이미 1986년 1월부터 금융실명제를 통한 종합과세를 시행하기 위해 나름대로 준비하고 있었다. "실명제의 본질은 결국 종합과세다. 실명제가 일단 시행되면 그 후엔 세제실이 다 일해야 한다"고 생각했던 것이다.

이 때문에 1989년의 금융실명거래실시준비단은 금융반, 증권반 외에 세제반, 세정반 등 세금관련 2개 반이 추가되어 금융과 세제가 균형을 이뤘고, 여기에 총괄반이 더해져 모두 5개 준비반이 꾸려졌다.

준비단은 실명제 실시에 대해 다양한 논의 끝에 다음과 같은 4단계 추진 원칙을 세웠다.

① 1989년 6월~1990년 상·하반기: 금융실명제 실시 준비단계로 실시 이후 예상되는 문제점과 대응책을 강구하고, 금융거래 방식과 금융상품의 개선방안 등을 연구한다. 또한 금융실명제 시행과 동시에 금융소득 종합과세를 시행하게 되므로 금융기관과 국세청 등 관련기관 전산화, 세제개편 추진방안 등을 연구한다.

② 1990년 4~12월: 「금융실명거래에 관한 법률」을 제정하고 소득세, 상속세 등 각종 세법과 관련법들을 개정한다. 또한 금융실명제 및 종합과세에 대한 예행연습을 실시하여 예측 가능한 문제점을 선제적으로 발굴하고 보완한다.

③ 1991년: 금융실명제 및 금융자산소득 종합과세를 전면 실시한다.

④ 1991년~1992년: 피드백 과정으로서 실시 후 금융실명제 효과를 분석·평가하고 시행과정에서 드러난 문제점을 보완한다.

1차 금융실명제에 참여했던 진동수 사무관은 이때 과장으로 승진하여 준비단의 총괄반장을 맡았다. 김규현 과장이 금융반장, 김용덕 과장이 증권반장, 방영민 과장이 세제반장, 이종규 과장이 세정반을 책임졌다.

진동수 당시에 제가 월드뱅크(IBRD)에서 근무하다가 한국에 귀국하면서 금융실명거래실시준비단 총괄반장으로 오게 되었습니다. 준비단은 처음에 심형섭 국장이 임시단장으로 계시다가 윤증현 단장이 정식단장으로 오셨습니다. 단장 밑에 저를 총괄반장으로 해서 5개 반을 만들었는데, 5개 반에 공무원들뿐만 아니라 민간이나 주요기관에서도 파견을 받아 38명의 준비단을 구성했습니다. 그때 비밀작업이 아니니까 과천에 국민은행 건물 2층을 정식으로 빌려서 시작했습니다. 38명의 유능한 분들이 모여 많은 토론과 조사를 하고 금융실명제와 관련하여 있을 수 있는 모든 경우의 수를 다 검토했습니다. 금융시장, 제도, 조세, 대외문제 등 모든 가능성을 염두에 두고 종합적으로 여러 이슈를 토론하고 나름대로 디테일하게 점검했죠.

최규연(후일 조달청장, 상호저축은행 중앙회 회장)은 당시 금융반 주무사무관이었다. 은행과 사무관을 거쳐 감사관실 사무관으로 가 있었는데 어느 날 윤증현 국장과 진동수 과장이 불러서 준비단에 조인한 경우였다.

최규연 저는 당시 김규현 과장이 이끄는 금융반에서 일했습니다. 김규현 과장이 금융지식이 아주 해박하고 실무에 밝을 뿐만 아니라 아이디어가 많은 분이어서 덕분에 제가 일을 많이 배웠습니다. 그때 제가 금융반에서 했던 주업무가 뭐였느냐면 금융거래의 유형과 방법, 절차, 금융상품 유통과정 등을 모조리 조사하는 것이었습니다.

　자금이 누구로부터 나와 어떻게 순환되는지 살펴보고, 금융시장 순환도 전체를 들여다봤습니다. 각 요소별로 점검해서 나중에 실제로 실명제를 시행할 때는 어디서 실명 체크하면 가능한지를 조사했지요. 그래야 루프홀이 안 생기니까요. 비실명으로 빠져나가는 것을 잡아야 하니까 금융거래의 속성부터 금융거래가 어떤 식으로 진행되는지를 다 조사한 것입니다. 당시 금융거래 유형이 무기명, 차명, 가명, 실명 등이었는데 유형별 검토를 많이 했습니다. 또한 해외사례를 많이 조사하고 참조했으며 경제환경을 고려한 국내외 비교 스터디도 했습니다.

해외 각국의 금융실명제 연구

금융반이 해외사례를 조사한 결과, 미국과 유럽 선진국들은 우리나라와 금융거래의 역사·문화·발전 방향이 전혀 달라 법안에 참고하기 어려웠다.

미국, 영국, 프랑스 등 서방 선진국들은 서명문화와 금융관행, 종합과세 등으로 실명제가 정착되어 있었다. 아시아 지역에서도 서방의 영향을 받은 홍콩과 싱가포르에 실명제가 정착되어 있었다. 일본은 그린카드 법안 실패 이후 금융실명제를 실시하지 못한 채 대장성 행정지도나 실명비과세 예금 보급 등에 주력하고 있었다.

미국의 경우 금융기관에 거래계좌를 열기 위해서는 사회보장번호나 운전면허로 본인증명을 하고 직접 서명해야 하기 때문에 차명은 몰라도 비실명은 있을 수 없었다. 또 미국의 국세청 격인 IRS(Internal Revenue Service)가 배당내역과 금융기관 이자지급 내용을 보고받아 매년 개인이 신고한 금융소득과 크로스체크한다. 명실상부한 금융실명제와 금융소득 종합과세를 시행하는 것이다.

서독의 경우 1977년에 제정된 「조세징수법」에 의해 실명제를 정착시켰다. 금융기관은 매년 의무적으로 이자나 배당내역을 관할 세무서에 보고하도록 되어 있었다.

프랑스는 「수표관계 범죄의 예방 및 처벌에 관한 법」에 의해 무기명계좌나 가명계좌는 허용되지 않고 있었다. 불문법인 영국은 경제성장과 상거래 발달과정에서 수표문화가 형성되어 자금이체에 은행계좌 이용이 일상화되어 있었다.[9]

다음은 한 언론이 정리한 주요 선진국들의 금융실명제 내용이다.

---

9 문희갑, 1992,《경제개혁이 나라를 살린다》, 행림출판, 224쪽.

주요 선진국의 금융실명제 방안

1. 미 국

모든 은행이 실명거래를 원칙으로 하고, 개설계좌 납세번호 및 사회보장번호가 예금주와 일치하지 않거나 누락되어 있을 경우 금융기관에 건당 50달러의 과태료를 부과한다.

은행 등에 계좌를 개설할 때나 인출할 때 개인의 경우 운전면허증이나 사회보장카드 등으로, 법인은 납세번호와 함께 예금인출권자의 서명으로 실명임을 확인한다. 외국인의 경우는 여권사본 등을 반드시 제출해야 한다. 유가증권의 거래도 위탁매매 계좌를 개설할 때 은행계좌 개설 때와 같은 방법으로 실명임을 확인해야 한다. 특히 주식은 거의 모두 기명식으로 되어 있기 때문에 반드시 실명이 파악되도록 되어 있다.

이에 따라 금융기관은 계좌별로 지급된 이자내역을, 그리고 각 회사는 주주들에 대한 배당금 지급내역을 국세청(IRS)에 보고하도록 돼 있다. 금융기관은 금융거래에 관한 정보의 외부유출 및 내부이용이 법률로써 금지되어 있지만 감독기관이나 법원 등 국가기관의 요구가 있을 경우 예외적으로 관련정보를 제공할 수 있다.

금융거래에 대한 과세방법을 보면 이자소득에 대해서는 원천징수하지 않고 기타 소득을 합산하여 종합과세한다. 주정부 또는 시정부가 발행한 채권이나 이자지급액이 10달러 이하일 경우 이자소득세에 대해서는 과세를 면제한다.

2. 독 일

미국, 프랑스, 영국처럼 관행으로 실명거래가 정착되어 있는 것이 아니라 「조세징수법」으로 가명계좌와 제3자 명의 차명계좌 개설을 금지한다.

계좌를 개설할 경우 신원확인 의무가 법률(조세징수법)로 규정되어 있다. 개인의 경우 성명, 생년월일, 주소 등이 기재된 법적으로 유효한 신분증명서를 제출해야 하고 예외적으로 여행증명서나 운전면허증도 인정된다. 법인은 사업자등록증이나 상업등기부 등본 사본을 제출해야 한다.

금융기관이 계좌를 개설해 주면서 신원확인 의무를 위반했을 경우 세금포탈 방조행위로 간주돼 제재를 받게 된다. 고객의 금융거래 관련정보는 엄격히 보호되도록 규정되어 있으나 예외적으로 고객의 동의가 있거나 또는 금융감독관청이나 세무당국, 그리고 법원의 요청 시에만 해당 계좌의 거래내역을 제공할 수 있다.

특히 세무당국의 금융거래 내역에 관한 조사는 제한적으로 허용되어 고객의 성명, 계좌번호, 금액을 동시에 볼 수 없고 복사도 불가능하게 되어 있다. 세금경감을 포함한 세제상의 이익이 주어질 때를 제외하고는 납세의무자의 계좌번호 요구가 불가능하다.

그러나 유가증권의 장외거래에 대해서는 법적으로는 과세대상으로 규정해 놓고 있지만 실제로 장외거래 현황은 파악되지 않고 있는 실정이다.

금융거래에 대한 과세제도를 보면, 모든 예금과 고정금리부 채권의 이자소득에 대해 원천징수하지 않고 연간소득 정산 때 종합과세하고 있다. 지난 1989년 1월 1일부터 이자소득에 대한 원천징수제도를 실시했으나 자본의 해외유출 증가 등 부작용이 심해 1989년 7월 1일부터 폐지했다.

이자소득에 대한 비과세 대상 금융상품을 보면 전환사채 등 주식관련 채권, 비거주자 발행 채권, 연이율 0.5% 이하의 당좌예금, 주택저축예금, 이자금액 10마르크 이하의 소액 예금, 그리고 정당, 노조, 연·기금, 병원 등 법률로 정해진 공익법인이 수익자인 예금이자 등은 비과세된다.

3. 영 국

은행계좌의 경우 반드시 실명으로 거래하는 것이 관행으로 정착되어 있다. 그러나 실명보다 더 잘 알려진 배우, 작가, 등은 은행이 추후 추적이 가능할 경우에 한하여 가명 계좌 개설을 예외적으로 허용한다.

또 CD(양도성 예금증서)나 CP(기업어음)의 경우 대리인 등의 명의로 계좌개설이 가능하나 이 경우 해당 계좌의 실수익자의 성명 등을 밝혀야 하고 세금도 실수익자의 소득으로 신고해야 한다.

계좌개설은 운전면허증을 비롯한 신분증명서의 제시를 요구하도록 은행업무 지침에 규정되어 있고, 유가증권 거래 시에도 개인의 신용보증서와 은행 계좌번호를 반드시 요구토록 되어 있다. 또 모든 수표에는 수취인 성명이 기재되고 은행은 수취인 성명과 일치하지 않을 경우 수표입금을 받지 않으므로 은행계좌를 통해 수표 수령자의 신원 추적이 얼마든지 가능하다.

금융거래에 관한 과세내용을 보면, 이자를 받을 때 23.5%에 해당하는 이자소득세를 선납하고 나중에 종합소득세를 따질 때 미리 납부한 세액을 정산하는 방법을 채택하고 있다. 비과세대상 금융상품은 액면가 1만 파운드까지의 국민저축채권의 이자와 연간 70파운드 이하의 국민저축예금 이자로 규정되어 있다.

4. 프랑스

실명에 의한 금융거래가 관행으로 정착되어 있다. 다만 지난 1975년부터 수표발행을 위해 계좌를 개설할 때는 본인여부와 주거지 확인을 수표관계 범죄의 예방 및 처벌에 관한 법률에 따라 의무화하고 있다.

계좌를 개설할 때는 개인의 경우 운전면허증, 여권, 국민증, 수렵허가증(외국인은 여권, 체류증, 노동허가증) 또는 성명과 주소지가 기재된 공공요금 고지서 등으로 실명 여부를 확인하고 법인은 사업자등록증, 정관, 대차대조표, 관보에 기재된 법인설립공고, 대표자신분증 등으로 확인한다.

고객의 금융거래 관련정보는 보호되는 것이 원칙이지만 동일 금융기관 간, 감독기관, 법원 등 국가기관 등의 요구가 있을 경우 예외적으로 자료를 제출할 수 있다. 세무당국에 대해서는 계좌의 개설, 폐지, 변경 내용을 매월 보고토록 조세관련 법규에 규정돼 있다.

개인의 경우 이자를 받을 때 원천과세 또는 종합과세 여부를 선택할 수 있고 법인은 모두 종합과세제도를 채택하고 있다. 이자소득세가 비과세되는 금융상품은 국고채권, 8만 프랑 이내의 저축금고 통장예금, 3만 프랑 이내의 저소득자 통장예금, 3만 6천 프랑 이내의 수공업자 통장예금, 주택부금 등이 있다.

출처: 〈연합뉴스〉, 1993. 8. 13.

'됫박론'과 '대망론'

실명제준비단장을 맡은 윤증현 단장은 고민에 빠졌다. 새로 추진하는 금융실명제는 1982년 법안과 어떻게 달라야 하는가? 어떻게 추진해야 반대를 최소화하고 시장에서의 혼선과 부작용을 최소화할 수 있을까?

그는 실명제 추진 기본원칙으로 '됫박론'과 '대망론'(大網論)을 폈다. 금융실명제는 일부 거액 자산가들의 불법거래와 탈세를 막기 위한 것이지, 수없이 많은 일반 국민들의 상거래를 불편하게 만들기 위한 것이 아니므로, 일단 시작할 때는 그물코가 넓은 그물(大網)을 쳐서 문제가 되는 큰 물고기만을 집중적으로 잡아야 한다는 생각이었다.

또 금융전산망이 제대로 구축되어 있지 않고 행정력이 부족한 상태에서 지나치게 촘촘하게 그물을 치면 법망을 회피하는 방법을 아는 사람만 빠져나가는 등 법 집행상의 불평등이 야기된다고 봤다.

윤증현 금융실명제를 추진하는 데 있어 기본철학이 있어야 하잖아요? 저는 실명제 실시요강의 근본을 두 가지 이론으로 정했습니다. 첫째, 됫박론입니다. 쌀을 소매상에서 풀 때 한 되에 담는데 되를 탁탁 쳐도 양쪽 모서리에는 쌀이 항상 조금씩 남아 있게 돼요. 한 번일 때는 얼마 안 되지만 하루 종일 수십 번 왔다갔다하면 상당한 양이 되지요. 저는 이 정도 여유는 두어야 시장경제가 돌아간다고 생각했습니다. 완전히 정착되기 전까지 최소한의 숨 쉴 여지는 줘야 한다고 봤어요. 투명하게 한다고 마지막 쌀 한 톨까지 구석구석 너무 긁으면 누가 장사하고 사업하려고 하겠어요? 그 정도도 용인해 주지 않으면 누가 부도위험을 지고 사업에 의욕적으로 도전하겠습니까? 실명제 실시 때문에 피해를 본다고 생각하는 기득권자들에게 최소한의 여지는 좀 남겨 둬야 초기 저항을 최소화할 수 있다는 생각이었습니다.

둘째, 실제 대상인 수요자 입장에서 본 '대망론'이었습니다. 그물코를 넓찍하게 하여 큰 고기만 잡아내고 일반 국민들은 실명제라는 그물이 있는지 없는지도 의식하지 못하게, 불편하지 않게 하겠다는 거예요.

금융실명거래실시준비단은 재무부가 만들었고 구성원도 재무부 금융국과 세제실 사람들이었지만 강력한 의지를 가지고 추진한 사람은 문희갑 경제수석이었기 때문에 실제로는 청와대 직할 부대 성격을 지녔다. 재무부 장차관에게는 정식 보고도 하지 않은 채 문 수석이 윤 단장을 청와대로 불러 진행과정을 직접 챙기곤 했다. 선명하고 급진적 개혁을 선호했던 문 수석은 금융현실을 고려하여 준비단이 마련한 방안이 마음에 들지 않는다며 늘 큰 소리를 내곤 했다.

윤증현 제가 처음에 뒷박론과 대망론을 첫 페이지하고 두 번째 페이지에 써서 보고서를 만들어 문 수석에게 가져갔습니다. 경제발전 단계에 비추어 우리나라가 아직 이 정도 상황이니 일단 금융실명제를 실시하는 데 의의를 두자고 했습니다. 이런 요지였습니다. "일본도 그린카드제를 시도하다가 결국 못했고 실명제를 제대로 하고 있는 나라가 몇 나라 안 됩니다. 처음부터 우리나라에 금융이 있었던 게 아니고 금융산업은 해외에서 들어온 것입니다. 그러니 저항을 최소화하고 부작용을 줄이기 위해 일단 시작을 하는 것이 가장 급선무입니다. 지금 너무 원론적으로 강하게 밀어붙이면 시작부터 정치적 저항에 부딪쳐 또 못하게 됩니다."

그랬더니 문 수석이 저에게 "당신 나한테 협박까지 하는 거냐?"고 험한 이야기를 하는 거예요. 이분이 참 성격이 급해서 저와 많이 싸웠습니다. 경제수석 바로 밑 비서관으로 대학 5년 선배가 있었습니다. 이환균 비서관(후일 재무부 차관보, 건설교통부 장관)인데 이분 성격이 참 합리적이고 부드러운 분입니다. 제가 진행과정을 보고하러 청와대 수석실에 가서 큰 소리가 날 때마다 중간에서 "윤 국장, 경제수석에게 좀 공손하게 얘기하면 안 되냐?"면서 뜯어말리곤 했습니다.

나중에 실명제 작업이 어느 정도 진행된 후 실명제를 위한 전체 프레임을 만들어서 그 요강을 재무부 장차관에게 보고하고 마지막에 조순 부총리에게 갔습니다. 부총리께서 보고를 다 들으시더니 "자네 이름이 뭔가?"라고 물으시더라고요. 사실 전 그때까지 조순 부총리를 잘 몰랐습니다. "윤증현입니다" 그랬더니 내 두 손을 잡으면서 "실명제준비단에 훌륭한 국장을 데려다 놨네. 꼭 이대로만 하시오"라고 격려해 주셨습니다. 그리고 "이 방안이 문 수석한테 통과될 수 있겠는가?"라며 걱정도 하시더라고요. "제가 가서 설득해야죠"라고 했더니 꼭 이대로만 하라고 격려하셨습니다.

그런데 문 수석에게 우리가 마련한 실명제 방안을 들고 갔더니 아니나 다를까 그야말로 박살이 났습니다. "당신이 실명제 실시단장이야, 불(不) 실시단장이야? 이걸 실명제라고 가져왔어?"라고 깨는 겁니다. 이렇게 싸웠는데 미운 정 고운 정 이 들었는지 나중에는 문 수석이 "거침없이 소신껏 경제수석에게 치받는 공무원은 당신밖에 못 봤다"고 말하기도 했어요.

10만 원짜리 보증수표 논란

문희갑 수석과 재무부 실명제준비단 사이에 갈등의 정점이 된 사건이 10만 원권 수표를 둘러싸고 터졌다. 1982년 「금융실명법」은 이자가 붙지 않는 10만 원권 자기 앞수표를 실명제 대상에서 배제했다. 금융실명제 실시 이유가 금융종합소득에 과세하기 위한 것인데 10만 원권 자기앞수표는 이자가 없는 요구불예금이니 실명제 대상이 안 된다고 본 것이다. 그랬더니 실명제 이야기가 나오자마자 당시 10만 원 권 자기앞수표가 시중에서 많이 자취를 감췄다.

그걸 목격했던 문희갑 수석은 "투명성을 강화하고 비실명을 없애서 자금원을 노출시키고자 하는 것이 실명제인데 우리나라는 은행이 발행한 자기앞수표(보증수표) 제도를 이용하여 얼마든지 비실명거래가 가능하고 사회통념도 이를 당연한 것으로 여기기 때문에 정부주도로 법적 장치를 마련해야 한다"[10]면서 "10만 원권 자기앞수표가 금융실명제 실시의 걸림돌이니 아예 없애야 한다"고 주장했다.

이에 대해 재무부는 "한국에는 고액권 화폐가 없다. 10만 원권 수표가 사실상 고액권 역할을 하고 있는데 10만 원권 수표까지 없애라는 것은 기업인들과 상인들에게 사업을 하지 말라는 이야기나 다름없다"며 완강하게 반대했다.

---

10 문희갑, 1992, 《경제개혁이 나라를 살린다》, 행림출판, 225쪽.

윤증현 문 수석 생각은 "10만 원권 보증수표를 그냥 놔두면 뇌물 주는 수단으로 쓰이고 보증수표가 사실상 고액권으로 여러 가지 비리를 양산하는 주범이 될 텐데 이걸 없애지 않고 어떻게 실명제를 한단 말이냐?"는 것이었습니다. 그래서 제가 "돈을 정책으로 다루는 사람은 금융시장에서 어떤 반응이 일어날지 시장을 염려하셔야 합니다. 우리나라처럼 현금거래가 많은 나라에서 인플레이션 영향이나 사회정책적 측면에서 고액권을 못 만들고 있는데 10만 원권 수표까지 없애면 안 됩니다"라고 반대했습니다. 그랬더니 "윤 국장, 당신 꼴도 보기 싫다. 당장 실명제 담당국장 자리 바꿔야겠다"고 고함을 질렀습니다. 제가 거의 쫓겨나다시피 나왔습니다.

그런데 실물을 아는 사람은 다 알잖아요. 10만 원권 무기명식 정액수표를 없애 보세요. 이건 실물경제 거래에 엄청난 충격이 될 게 뻔합니다. 당시 수표가 기명식과 자기앞수표 같은 무기명식 정액권 두 가지 종류가 있어요. 예를 들면 건설업자가 입찰 들어갈 때 입찰보증금이 1,550만 원이면 수표를 1,550만 원을 만들어 갑니다. 그건 수취인 이름이 적혀 있는 기명식입니다. 현찰로 1억 원, 2억 원을 뭉텅이로 싸들고 갈 수 없으니까 그걸 수표로 만들어 가면 은행에서 확인해 주는 식이죠. 그런데 그런 걸 다 없애면 가령 입찰보증금을 내기 위해 현금다발을 싸들고 다녀야 하는 것 아닙니까?

그러던 어느 날 문 수석이 모 호텔에서 열린 조찬강의를 갔었다고 합니다. 기업인들이 엄청 몰렸었는데 그 자리에서 "이번 실명제 실시와 함께 보증수표가 없어진다"고 하니까 금방 동대문·남대문 시장상인들에게까지 소문이 쫙 났습니다. "우리더러 사업을 어떻게 하라는 거냐?"면서 준비단 업무가 마비될 정도로 전화가 폭주했습니다. 과장이 저에게 "어떻게 대처해야 합니까?"라고 묻기에 이렇게 말했죠. "그 전화 받는다고 왜 고생하는가? 우리는 없앤다고 한 적 없고 없앨 생각도 없다고 얘기하시오. 그건 청와대 생각이고 경제수석이 나와 설명한 거니까 청와대에 물어보라고 하시오."

그다음부터는 청와대 전화가 불통되고 난리가 난 겁니다. 경제수석실에 전화했다가 연결이 안 되니까 다른 곳으로도 전화를 해대서 청와대가 난리가 난 거예요. 문희갑 수석이 얼마나 혼이 났는지 "내가 이런 저항을 받아 본 게 처음이다"라고 했답니다. 그런데 가만 생각하니 전에 제가 말렸던 것이 떠올랐던지 다시 연락이 왔어요. "보증수표 때문에 난리가 날지 자네는 어떻게 알았는가?" 물어요. "수석님만 모르고 다 알고 있었습니다. 이환균 비서관한테도 한번 물어보십시오"라고 말했더니 "그럼 나한테 제대로 얘기해 준 것은 자네밖에 없었네" 하더라고요. 그때부터 문 수석이 저를 믿기 시작하여 호흡이 잘 맞았고 실명제 진행이 잘되기 시작했습니다.

실명제 시행 후 대처방안 마련

금융실명거래실시준비단은 금융거래 실명 및 종합과세를 위해 필요한 법적·행정적·제도적 장치를 마련하고, 실질적 실명제 정착을 위한 거래관행을 보완하며, 금융시장에서 현실적으로 발생할 수 있는 각종 문제점에 대한 선제적 대처방안을 마련했다.

첫째, 예적금 등의 실명확인은 은행 등 금융기관 창구의 약관 및 서식을 사전에 개편하여 주민등록증이나 운전면허증 등으로 확인하도록 했다.

둘째, 금융소득을 보고받아 종합소득에 반영하기 위한 법과 제도를 마련하기로 했다.

셋째, 자기앞수표 사용을 축소하는 대신 가계수표와 신용카드, 지로 등 비현금 결제수단을 다양화하는 방안을 마련하여 지속적으로 시행하기로 했다.

넷째, 채권과 증권, 장외 직거래 유가증권 등에 대한 실명화 방안을 자세히 담은 〈유가증권거래의 실명화 방안〉을 확정했다.[11] 유가증권은 발행시장과 유통시장으로 구성되는데, 이 모두에 금융기관이 직접적으로 개입하여 발행, 인수, 매매를 담당하고 있었고, 원리금 및 배당금 지급 역시 금융기관이 직접지급 혹은

---

11 금융·부동산실명단, 1989, 〈유가증권거래의 실명화 방안〉, 국가기록원 관리번호: BA0889018, 44쪽. 이 문건에는 별첨으로 주요 채권의 발행 및 잔액현황, 강제 첨가소화 국공채 현황, 관계 법령이 포함되어 있다.

지급대행을 하고 있었다. 〈유가증권거래의 실명화 방안〉은 실명화 실시에 앞서 무기명 국공채의 최초 매입자에게 지급되는 이자의 경우 비실명거래를 인정할 것인지에 대해 검토한 후 "유통과정에서는 어쩔 수 없더라도 이자가 지급되거나 원금이 상환될 때는 실명대상에 포함시켜야 한다"고 원칙을 정했다. 단, 종합과세액에 준하는 정도의 장기저리국공채에 대해서는 비실명거래를 일부 허용하기로 했다.

또한 주식의 경우는 금융기관이 기업공개 주식을 최초 인수하거나 취급대행을 할 때 실명을 확인하고, 증자나 신주를 발행할 때에도 공모증자 및 실권주 공모 시에 청약사무 취급기관에서 실명거래를 유도하며, 주식매매 시에도 거래소 및 점두시장을 통한 거래나 장외 직거래에서 주문표를 통해 실명을 확인하도록 확정했다.[12]

실명제준비단이 만든 각종 금융실명제 실시방안과 추진일정은 7월 12일 재무부 차관을 위원장으로 하고 각 부처 차관보와 국장급 10여 명 및 금융기관 인사 13인으로 구성된 '금융실명제 추진 실무대체위원회'에 보고되어 확정됐다.

금융실명제가 바로 코앞에 닥쳐온 만큼 각 부문별 금융기관들도 자체 대책위원회를 구성하여 실무적 검토에 들어가는 등 착착 준비가 진행되었다.

---

12 금융·부동산실명단, 1989, 〈금융실명제가 금융시장구조에 미칠 영향과 실명제 실시방향〉, 국가기록원 관리번호: BA0889018, 44쪽; 금융·부동산실명단, 1989, 〈유가증권거래의 실명화 방안〉, 국가기록원 관리번호: BA0889018, 44쪽.

'금융실명제 연기론' 다시 부상

감지된 이상기류

그런데 1989년 말부터 이상기류가 감지되기 시작했다. 재계와 정치권에서 실명제 실시 연기를 주장하는 목소리가 커지기 시작한 것이다. 1986년에서 1988년까지의 3저호황의 여파로 1989년 경기가 악화된 데다 증시폭락이 계속되어 여론이 크게 악화된 점이 실명제 연기론의 불씨를 다시 지폈고 반대론자들은 경기악화와 증시 폭락 원인으로 금융실명제를 지목했다.

경제에 미치는 악영향에 대한 우려를 불식시키기 위해 1989년 12월 금융실명거래실시준비단은 〈금융실명제 실시에 따라 예상되는 문제점과 부작용에 대한 보완대책〉이라는 78쪽 분량의 보고서를 냈다. "이미 98%가량의 높은 실명화율이 진행되어 있으므로 실무적 혼란이 크지 않고 금융시장의 양적 성장이 지속된 데다 국민저축률이 투자율을 상회하기 때문에 실물경제에 미치는 영향이 크지 않으며 단계적, 점진적으로 실명제를 정착시킬 것이므로 부작용도 별로 없을 것"이라고 강조하는 내용이었다.

금융실명제 시기상조론을 입증하는 사례로 일본이 그린카드제를 도입했다가 실패하고 서독이 원천징수제도를 도입했다가 실패한 사례 등이 많이 인용되었다. 이에 대해서는 "일본의 경우 그린카드제를 도입하면서 개인별 납세번호 제도를 새로 부여함에 따라 국민의 사생활 침해 우려가 제기되어 실패했으나 한국은 이미 주민등록번호가 정착되어 마찰 요인이 있을 것이 없다. 독일의 경우 이자소득에 대해 지나치게 높은 원천징수 세율을 부과했기 때문에 조세저항으로 실패한 것이지 금융실명제와 무관하다"는 대응논리를 밝혔다. [13]

1990년 새해가 밝았다. 재무부 신년보고는 금융실명제 실시를 기정사실화하고 제도의 기본방향을 설명하는 데 초점이 맞춰졌다.

---

13 이 보고서 내용은 《한국의 금융실명제 도입 경험》(기획재정부·고려대학교, 2015, 한국개발연구원) 40쪽 재인용.

금융실명제에 있어서는, 첫째로 기존 금융자산의 실명전환에서 기존 경제질서에 의 영향을 최소화한다는 것이다. 실명전환에서 경과조치를 마련하여 본인 명의로 실명화 시에는 구제책을 마련하여 미성년자 명의의 과다한 예금 등 조세포탈이 명확한 경우를 제외하고는 사실상 과거를 묻지 아니하고 장기저리국공채에 대하 여는 비실명거래를 허용하는 방안을 적극적으로 검토한다는 것이다.

둘째로 금융거래의 비밀보호장치를 대폭 강화하여 국민의 불안을 해소하고 자 유로운 경제활동을 보장한다는 것이다. 금융거래 자료를 제공할 수 있는 경우를 엄격히 제한하며 특히 종합과세를 위한 자료제출 시에도 원본에 대한 정보는 제 외하고 이자·배당소득 관련자료에 한정하도록 한다는 것이다. 금융시장은 매우 민감한 시장이므로 금융저축의 감소와 자금흐름의 왜곡이 일어나지 않도록 제반 시책을 강구하고 자금의 해외유출방지책, 부동산투기 등 실물투기를 억제하기 위 한 시책을 철저히 시행한다는 것이다.

금융자산소득의 종합과세에서는 고액 금융자산소득을 중심으로 종합과세하고 그 밖의 금융자산소득은 분리과세를 허용하며, 주식양도 및 저축성 보험의 차익 에 대하여도 증권시장의 시황 등을 고려하여 실시 여부를 결정하되 과세할 경우 고액소득자를 중심으로 과세하는 방안을 강구한다는 것이다.

금융실명제의 실시만으로 효과적 종합과세와 탈세방지는 이룰 수 없으므로 세 제를 보강하고 조세행정을 강화한다는 것이다. 우선 세제 면에서는 '생활수준에 의한 소득추계과세제도'를 도입하기로 한다. 이는 프랑스, 이탈리아 등에서 시행 되고 있는 제도로서 외형상 나타난 소비생활수준이 소득세의 납부실적에 비추어 월등히 높을 때 생활수준에 의하여 소득을 추계하여 과세하는 제도이다. 이 제도 는 소득을 과소하게 신고하여 탈세하는 것을 방지하기 위한 제도이다. 이와 더불 어 세금 없는 부(富)의 세대 간 이전을 방지하기 위하여 상속·증여재산의 평가 방법을 개선하고 외국에 비하여 짧은 상속세 부과 제척기간을 개선하기로 한다. 한편 조세행정 면에서는 대도시 지역은 소단위 세무서 체제로 개편하여 납세자별 소득상황을 철저히 파악하고 업무의 전산처리 체계를 강화하기로 한다.

이를 7·3 조치의 금융실명제 구상 내용과 비교해 보면 실명전환 과정에서 과거 의 축적과정을 불문에 부치는 점에서는 같다. 그러나 장기저리국공채에 대하여는 계속 비실명거래를 인정한다는 점과 금융소득의 종합과세를 고액소득을 중심으로 한다는 점에서 보다 완화된 내용을 담고 있다. 금융거래의 비밀보장을 강화함으로써 금융거래의 위축방지 또는 활성화를 보다 감안하였다.[14]

그런데 노태우 대통령의 뜻이 실명제에 부정적으로 나타나기 시작했다. 1990년 1월 10일 연두 기자회견과 1월 16일 경제기획원 및 재무부의 신년 업무보고에서 금융실명제에 대해 '신중한 추진'을 강조한 것이다.[15]

'신중한 추진'에서 '추진'보다는 '신중' 쪽에 방점이 찍혔다는 분위기가 읽히면서 "실명제가 무기한 연기될 수 있다"는 소문이 들리기 시작했다. 경기악화와 주가폭락 등 시장상황이 급격히 나빠지면서 실명제를 반대하는 실세그룹들이 그 원인으로 금융실명제를 지목하고 본격적으로 대통령을 설득했다는 소문이었다.

진동수 연초부터 실명제준비단에서 저희가 열심히 마무리 작업을 하고 있는데 "실명제를 실시하지 않는 쪽으로 기울고 있다"는 이상한 소리가 자꾸 들리기 시작했습니다. 그래서 반대논리를 제공하시는 핵심인물인 김종인 보건사회부 장관을 제가 직접 찾아가 "실명제가 현실적 부작용이나 문제가 없도록 그림을 잘 그렸습니다. 저희가 책임지고 선제적으로 잘 준비하여 절대로 큰 문제가 발생하지 않도록 방안을 만들어 제시할 터이니 이번에 꼭 실명제를 실시하도록 도와주십시오"라고 부탁하고 내용을 자세히 설명해 드렸습니다. "이걸 지금 와서 그만두기엔 정치적 비용이 너무 큽니다" 그랬더니 그분이 "자네가 현실을 잘 몰라서 그러네. 그리고 정치적 비용은 자네 같은 주니어 공무원이 걱정할 일이 아니네"라고 딱 잘라 말하는 겁니다.

윤증현 금융실명제에 대한 분위기가 영 좋지 않게 흐르는 것 같아서 하루는 제가 문 수석에게 가서 "주변을 좀 둘러보십시오. 상황이 이상합니다. 지금 상당히 완화된 내용으로 가고 있는데도 실명제가 시행도 못할 그런 상황으로 가는 것 같습니다"라고 말씀드렸습니다. 그랬더니 "아닌 밤중에 무슨 소리냐?"고 의아해했어요.

---

14 "재무부 신년 주요업무계획", 1990. 1. 16(이규성, 2020, 《소이논집: 장관 시절》, 박영사 재인용).
15 육성으로 듣는 경제기적 편찬위원회, 2014, 《코리안 미러클 2: 도전과 비상》, 나남, 354쪽.

홍은주 한양사이버대 교수(가운데)가 윤증현 전 기획재정부 장관(왼쪽)과
인터뷰를 진행하였다. 이정미 KDI 정책플랫폼팀장도 배석하였다.

홍은주 문 수석이 청와대 안에 있으면서도 정작 돌아가는 정치적 분위기를 잘 몰
랐던가 봅니다.

윤증현 외골수 성격의 사람들이 주변을 둘러보는 것이 좀 약해요. 당시 대통령 측
근 가운데 최종현 전경련 회장, 김종인 보건사회부 장관, 정영의 증권감독원장 등
이 실명제를 가장 반대했던 핵심 세 사람이었습니다. 반대진영 사람들이 가끔씩 저
에게 와서 실명제 작업이 잘 돌아가는지 떠보곤 했는데 제가 어느 시점에 딱 감이
오는 거 있죠. 정영의 씨는 당시 증권감독원장을 했었는데 "실명제 잘 돌아가냐?"고
저에게 묻기에 "원장님께서 왜 거기에 관심이 많습니까?"라고 되물으니 "정부가 시
장을 다 망치려고 그러냐? 실명제 그거 하면 절대로 안 돼" 하더라고요. "증권시장
도 어차피 한 번은 겪어야 할 과정이고 단계적으로 연착륙할 수 있도록 충분히 검토
하고 있습니다"라고 잘 설명했는데도 정영의 씨가 계속 강한 반대론을 폈습니다.

재계에서는 당시 전경련 회장이 최종현 씨였는데 그분이 마침 대통령의 사돈
아닙니까? 사돈인 전경련 회장이 나서서 "이대로 실명제 하면 나라가 큰일납니다"
라고 계속 설득했겠지요. 그러니까 노태우 대통령이 마음을 바꾼 것 같습니다.

나중에는 노 대통령이 금융실명제를 계속 주장하는 문희갑 수석을 만나지 않았어요. 3월에 청와대를 떠날 때까지 두세 달간 대통령 독대를 못하니까 당연히 실명제가 더 진척이 안 되는 겁니다. 문 수석이 대통령의 동향 후배이고 쭉 같이해왔는데 그냥 나가라고 할 수는 없으니까 마땅한 퇴로를 찾던 중에 보궐선거를 치르게 됐어요. "거물급 후보가 필요하다"는 명분에 따라 문 수석을 대구의 지역구 국회의원 후보로 내보냈습니다.

이에 대해 문희갑 당시 수석은 실명제 시행 반대세력을 결집시킨 결정적 계기가 된 것이 1989년 말 '토지공개념 3법'[16]의 국회통과였다고 회고한다. [17]

경제계를 포함한 사회 일각에서는 '논란 많은 금융실명제나 토지공개념 제도가 설마 이뤄지겠나?'라고 생각하는 사람들이 많았다. 그런데 막상 '토지공개념 3법'이 국회에서 통과되어 시행에 이르자 '이러다가 진짜 금융실명제가 시행되어 빼도 박도 못하게 되는 것 아니냐?'는 우려가 번지면서 재계를 비롯한 기득권층에서 반대 로비를 강력히 벌이게 되었다.

금융실명제 반대 경제팀 입각

금융실명제 추진의 사령탑인 문희갑 수석의 퇴진과 함께 노태우 정부 새 경제팀에는 금융실명제 시기상조론을 계속 주장해오던 이승윤 경제부총리, 정영의 재무부 장관, 김종인 경제수석 등이 들어섰다.

김종인 수석은 자신이 수석으로 내정됐을 때 "금융실명제 연기를 청와대 입성의 조건으로 내걸었다"고 말한다.

김종인 1989년에 경제가 어려워지니까 노태우 대통령이 저에게 1990년 1월 말쯤 경제수석으로 들어오라고 연락이 왔습니다. 처음엔 제가 경제수석을 하지 않겠다고 했습니다. 사실 서운한 일이 좀 있었거든요. 노 대통령이 후보시절에 "내가 대

---

16 「택지소유상한에 관한 법률」, 「개발이익환수에 관한 법률」, 「토지초과이득세법」 등 3개 법을 뜻한다.
17 육성으로 듣는 경제기적 편찬위원회, 2014, 《코리안 미러클 2: 도전과 비상》, 나남, 356쪽.

통령이 되면 당신이 청와대 들어와서 해야 할 일이 많다. 여러 가지 정책들을 준비해 보라"고 해서 제 나름대로 경제정책을 철저히 준비한 적이 있었는데 자꾸 직언을 해서인지 대통령 당선 후에는 저를 슬슬 피하는 눈치였습니다.

나중에 알게 된 사실인데 노 대통령이 저를 피한 이유가 있었어요. 1987년에 뉴욕증시에서 블랙먼데이(Black Monday)가 발생했잖아요? 그러니까 당시 청와대와 행정부 경제팀이 "세계경제가 'D(deflation)의 공포'가 있다. 대공황 가능성이 있으니 우리 경제를 팽창으로 가져가야 한다"고 노태우 당대표에게 자꾸 그런 식으로 이야기했다고 합니다. 그런데 저는 절대로 경제를 팽창정책으로 가면 안 된다고 강조하니까, 노 대통령이 청와대 들어가기 직전에 "당신과 생각이 다른 사람들이 많더라" 그럽니다. 결국 노 대통령이 5공 시절의 경제각료들을 그대로 물려받았습니다.

그러다가 시간이 많이 흐르고 진짜로 경제가 어려워지니까 그제서야 저에게 경제수석을 들어오라고 해서 "안 가겠습니다"라고 했더니 대통령이 벌컥 화를 냅니다. 할 수 없이 "제가 가서 도와는 드리겠습니다. 그런데 재무부 장관이나 부총리를 누구를 시킬 겁니까?" 물었더니 누구누구 이름을 거명합니다. "제가 그 사람들과는 일을 같이 못합니다" 했더니 "나중에 명단을 조정할 테니 일단 들어오라"고 그래요. 제가 "1주일 이내에 지금 상황에서 할 수 있는 것과 할 수 없는 것을 문건으로 만들어 드릴 테니 그걸 읽어 보고 저를 부를지 말지 판단하십시오" 그랬습니다. 제가 그 문건에 '지금 할 수 없는 것' 목록에 금융실명제를 넣었습니다.

그때가 1990년 2월 무렵이었는데 그걸 보고는 이분이 "당신이 알아서 하라"고 해서 3월 19일에 청와대로 들어갔습니다. 그전에 다시 전화를 해서 "전에 언급한 사람들과는 진짜 같이 일 못하겠나?" 묻기에 "진짜 못합니다" 했더니 제가 추천한 분들로 부총리와 재무부 장관을 바꿨더라고요. 제가 그렇게 청와대에 들어가서 가장 먼저 한 일이 실명기획단을 없앤 것이었습니다.

홍은주 1982년과 1989년, 두 차례나 왜 일관되게 금융실명제를 반대하셨나요?

김종인 1982년 상황은 국내저축이 부족해 만성적 자금부족에 시달리고 있었고 외채를 조달하려고 급급할 때인데 저축에 부정적인 일을 해서는 안 된다고 봤습니다. 1989년에도 우리나라 세제역량이 종합소득세를 과세할 준비가 안 되어 있다고 봤습니다. 실명제가 이름이나 명분은 참 그럴듯해요. 과세투명성 확보, 거래투명성 확보, 듣기에는 다 좋은 일이죠. 또 은행에 돈을 많이 맡겨 둔 부자들에게서 세금을 더 걷고 과징금을 징수한다고 하니까 여론조사를 하면 국민 모두가 다 찬성합니다. 그런 명분법은 누구나 찬성할 수밖에 없습니다. 그러니까 당시 저에게 "재벌 편을 든다", "반개혁적이다" 이런 공격이 들어왔습니다.

그런데 개발도상국은 우선 먹고살 수 있는 여건이 충족되어야 합니다. 세금으로 걷어갈 수 있는 금융소득 자체가 있어야 하는데 아무것도 없는데 쓸데없이 세금만 부과하면 당장 시장혼란이 발생하고 자칫하면 혁명이 일어납니다.

칼도(Nicholas Kaldor)라는 영국 캠브리지의 유명한 경제학자가 있었어요. 이 사람이 아프리카에 경제 자문을 했는데 "아프리카 사람들은 일을 잘 안 하니까 세금을 많이 걷으면 위기감 때문에라도 더 열심히 일할 것"이라고 한 겁니다. 그렇게 세금을 많이 거두니까 꼭 혁명이 납니다. 그래서 이 사람 딸이 나중에 〈파이낸셜 타임스〉 기자가 되어 아프리카 경제를 취재했는데 그 제목이 '파파스 레볼루션'(Papa's Revolution)이었습니다. 자기 아버지가 자문한 나라는 모두 혁명이 났으니까요. 제가 1970년대에 한국에 돌아와서 부가가치세부터 정책에 참여했는데 한국은 세금에 대한 조세저항의 기본개념과 이론이 없어요. 세계의 모든 혁명의 역사는 조세저항의 역사입니다. 권리장전인 마그나카르타, 명예혁명, 미국 독립운동의 기폭제가 된 보스턴 티파티 사건 등 모두가 가렴주구 식으로 세금을 멋대로 걷어가서 국민들이 반발하여 발생한 사건입니다.

그리고 어떤 제도를 도입할 때는 통제를 할 수 있어서 실질적 효력을 내야 합니다. 요즘은 컴퓨터가 발달했지만 1982년이나 1989년에는 IT가 거의 발달하지 않아서 비자금이나 불법자금 수수를 추적하는 것이 불가능했어요. 또 가명이나 무기명은 몰라도 차명을 통제할 수 있는 수단이 없었습니다. 다시 한 번 강조하지만 모든 정책은 무작정 시행하는 것이 능사가 아닙니다. 통제가 가능한 행정인프라 구축이 전제되어야 합니다.

홍은주 "정책은 통제 가능해야 한다"는 부분을 좀더 자세히 설명해 주시겠습니까?

김종인 예를 들어 독일에서 금융실명제가 실패했다고 하는데 내용을 잘 들여다보면 금융실명제가 실패한 것이 아니라 금융소득과세에 대한 통제가 실패한 것입니다. 독일은 서명으로 금융거래를 하는 나라니까 금융실명제는 이미 되어 있었어요. 그런데 전산화가 잘 안 되어 있으니까 예금으로 인한 이자·배당 소득세를 과세를 못했습니다. 금융실명제를 하면 뭐합니까? 전산화는 안 되었는데 예금에 대한 비밀보장이 강하니까 세무서가 설령 의심이 가더라도 은행이나 증권사에 가서 금융자료를 받을 수 없습니다. 그러니 각자가 자신신고를 해야 하는데 누가 자진신고를 하겠어요? 한마디로 금융실명제의 핵심은 과세당국이 금융소득을 합산하여 과세할 능력이 있는지 없는지가 중요하죠.

그리고 또 한 가지, 제가 당시 사람들에게 "권력은 유한하다. 그런데 실명제를 가장 지키지 못할 사람이 누구인지 잘 봐라. 바로 대통령이다"라고 경고도 했습니다. 스스로 지키지 못할 실명제를 왜 국민들에게만 시키느냐는 겁니다. 대통령들은 누구나 자기만은 실명제의 예외라고 생각해요. 그때 노 대통령이 금융실명제의 정치적 함의에 대해 깊이 생각 안 하고 문희갑 수석이 하자는 대로 따라갔던 것입니다.

제가 더 큰 문제로 봤던 것은 1986년에서 1989년까지 경상수지 흑자가 330억 달러 정도였는데 이 돈이 부동산으로 몰려 투기붐이 엄청나게 일어났습니다. 실제로 제가 청와대 들어가서 보니 기업들이 약 130억 달러를 토지투기에 집어넣은 겁니다. 그런데 여기에 더해 금융실명제 한다면 어떻게 되겠어요? 부동산 때문에 안 그래도 난리가 나서 토지공개념 이야기 나오고 토초세 이야기가 나오는데 만약 그 돈이 부동산으로 다 몰려가면 그걸 어떻게 잡습니까?

1989년 하반기 이후 온 나라가 증권파동에 휩싸였다. 농부가 트랙터를 타고 시위에 나서고 주부들이 증권사 객장과 증권거래소를 점거하는 사태가 발생했으며 온 언론이 증시부양 대책을 촉구하던 시점이었다.

김종인 제가 1990년 3월 19일에 경제수석이 되었을 때, 당시 코스피(KOSPI) 지수가 841이었습니다. 이미 1989년 말부터 온 나라가 난리가 났었고 제가 들어간 이후에도 증시부양을 하지 않는다고 욕을 많이 먹었습니다. 제가 들어갈 때 대통령에게 "절대로 매일매일의 주가를 저에게 묻지 마십시오"라고 해서 약속을 받았습니다. 그런데 코스피 지수가 500선까지 무너지자 대통령이 걱정되니까 "이거 정말 괜찮겠느냐?"고 그래요. 그런데 저는 걱정하지 않았죠. 우리나라는 기업들이 경영권 때문에 보유주식을 절대로 시장에 내놓지 않아서 하락에 한계가 있다고 봤습니다. 결국 470에서 반등하게 되고 깡통계좌들만 정리된 겁니다.

홍은주 당시의 통계를 보니까 주가는 크게 하락한 반면 전국의 평균 지가(地價) 상승률은 1987년 14.7%였던 것이 1988년에 27.5%, 1989년에 32%에 이르렀습니다. 특히 도시지역의 경우 부동산 가격 폭등이 상당히 심각했습니다. 이때의 증시폭락과 부동산투기 과열이 금융실명제 때문이었다고 생각하셨나요?

김종인 그렇습니다. 저는 금융시장에서 돈이 빠져나가 현금화되거나 부동산으로 가는 것을 당시 시스템으로는 감당할 수 없다고 봤습니다. 금융실명제가 작동하려면 그걸 피해 달아나는 돈을 통제하고 부작용을 억제할 수 있어야 합니다. 오늘날 금융실명제가 어느 정도 가능한 건 고속전산망과 컴퓨터의 발달, 관련제도의 보완 등이 이루어졌기 때문입니다. 저는 사실 지금도 실명제가 100% 정착되었다고는 생각하지 않습니다. 아무튼 전산망이 종으로 횡으로 잘되어 있어서 제대로 과세를 하고 탈세나 수상한 돈의 자금흐름을 추적할 수 있어야 합니다. 1977년에 도입되어 비싼 사회적·정치적 비용을 치른 부가가치세도 사실 2000년대 중반 들어서 컴퓨터와 초고속인터넷망이 가동하면서 비로소 제대로 자리 잡게 된 겁니다.

4·4 대책서 금융실명제 유보 선언

1990년 3월 19일에 단행된 개각에서 부총리가 된 이승윤 경제부총리는 부임하자마자 실명제 실시를 유보하는 것이 좋겠다는 생각을 기자들에게 내비쳤다. 깜짝 놀란 금융실명거래실시준비단 실무진은 실명제를 완화된 형태로라도 도입하여 다른 보완조치와 병행할 것을 내부적으로 주장했지만 받아들여지지 않았다. 이승윤 부총리는 취임 한 달 후 수출둔화와 제조업 투자부진의 타개에 역점을 둔 경제활성화 정책을 마련하여 '4·4 종합대책'을 발표했는데, 여기에 "금융실명제 실시의 무기한 유보"가 포함됐다. "자유경제 체제에서 기업의욕이 회복되지 않으면 지속적 성장과 이를 토대로 한 형평증진 및 분배개선도 어려우므로 기업의욕을 심각하게 위축시키고 있는 금융실명제의 실시계획을 유보한다"는 것이었다. [18]

1989년 경제성장률은 7.6%로 떨어졌다. 사실 7.6%도 낮은 경제성장률이 아니고 과거 몇 년간 과도한 활황이 지속됐기 때문에 안정화 및 조정 국면의 경로를 택하는 것도 정책적 선택이었으나 신경제팀은 결국 경제활성화를 선택했다. 1986년에서 1988년까지 평균 13%의 고도성장을 거듭했으니 기저효과 때문에 상대적으로 불황의 깊이가 더 크게 느껴지던 시점이었다.

4·4 종합대책은 실명제 추진 중단의 또 다른 이유에 대해 새 경제팀은 "과거 3저호황을 우리 실력인 것으로 착각하여 제도개혁이 충격을 충분히 흡수할 수 있을 것으로 오판했다. 그러나 실명제 실시로 인해 자금이 부동산으로 이동하여 부동산투기가 심화되었고 증시자금이 위축되었으며, 단기 투기성 예금이 증가하는 등 자금의 단기 유동화 경향이 심화되었다. 자금의 해외유출 가능성 및 과소비 우려가 높고, 세무조사나 자금출처조사 우려 때문에 기업의 투자심리 위축 등도 우려된다"고 설명했다.

경제팀은 금융실명제를 유보하는 대신 "실명제의 본래 목적인 형평과세를 구현하기 위하여 비실명거래자의 금융자산소득에 소득세 최고세율을 적용하고 상속세 및 증여세, 양도소득세를 강화할 것"임을 천명했다.

---

18 경제기획원, 1990, 《경제백서》, 29쪽(이규성, 2020, 《소이논집: 장관 시절》, 박영사 재인용).

이승윤 부총리(왼쪽에서 두 번째)가 12개 부처 장관들과 함께
4·4 종합대책을 발표하고 있다(1990. 4. 4).

김종인 경제수석이 청와대에 들어가서 가장 먼저 한 일이 실명기획을 없앤 것이
었다. 노태우 대통령 초기 2년 동안 계속 기정사실화되었던 금융실명제가 하루아
침에 다 사라진 것이다.

1990년 4월의 금융실명제 유보 선언에 대해 문희갑 경제수석은 "경기가 침체되
어 금융실명제 유보가 불가피하다는 논리는 어불성설"이라면서 그보다는 3당합
당[19] 등으로 여당의 힘이 커져 경제개혁에 대한 국민의 여망보다는 기득권의 이
해에 더 귀를 기울이게 됐기 때문이라고 비판한다.

실명제 실시가 왜 결국 결실을 보지 못했는가? 그것은 첫째 3당합당 이후 여소야
대의 4당구조가 여대야소의 양당구조로 바뀐 후 기득권층 옹호를 위한 논리가 경
제개혁을 실천해야 한다는 논리를 압도했기 때문이다. 당시 당정 간에는 그동안
민주화의 열기 속에서 너무 인기위주로 벌였던 경제정책을 재점검한다는 미명하
에 경제개혁은 지금까지의 과감한 방식을 탈피하여 점진적으로 추진하며 경제에

---

19 1990년 1월 22일 여당인 민주정의당과 야당인 통일민주당, 신민주공화당이 민주자유당으로 합당한 사건이다.

미치는 충격을 최소화해야 한다는 식으로 재벌과 기득권층의 목청이 커지면서 개혁의지가 변질되어 갔다. 언론도 실명제 실시는 이의가 없으나 아무리 목적이 좋아도 그 시기나 방법이 옳아야 하는데 경기가 나쁘고 기업활동이 위축되어 있으니 2~3년 연기하는 것이 어떤가 하는 식으로 태도가 모호했다. [20]

금융실명거래실시준비단 해체수순

당시 경제기획원에서 문희갑 수석을 도와 열심히 금융실명제를 추진했던 한이헌 기획국장과 김인호 기획차관보 등은 실명제 유보와 함께 다른 보직으로 갈 수밖에 없었다. 재무부 실명제준비단 역시 갑작스런 무기한 연기통보에 침통한 분위기 속에서 준비단 해체 수순을 밟았다.

윤증현 제가 그때 너무 화나서 이승윤 경제부총리를 복도에서 만나도 인사도 하지 않았습니다. 그랬더니 그 양반이 저에게 "윤 국장, 아무리 뜻이 달라도 내가 부총리인데 인사는 하고 지나가야 할 거 아냐?"라고 한 적도 있었습니다.

실명제 실시가 무산되고 준비단이 해산되었으니 파산한 배의 선장은 죽든지 가장 마지막에 내리는 법 아닙니까? 제가 힘닿는 데까지 파견 나왔던 후배 공무원들은 대부분 다른 자리를 찾아 주거나 복직시키고 마지막 기자회견을 하고 자리를 떠났습니다. 저에게 외국으로 파견 나가라고 하더라고요. "제가 지금은 외국 갈 형편이 안 됩니다"고 했더니 정영의 장관이 안 됐다고 생각했는지 나름 배려해서 재무부 세제국장으로 돌아가게 되었습니다.

허탈했던 것은 실명제준비단에 있었던 사무관들도 마찬가지였다. 바로 엊그제까지 "선진경제, 선진국가로 가기 위해 반드시 실명제를 해야 한다"고 주장하다가 갑자기 실명제를 해서는 안 되는 이유를 설명하자니 논리가 궁색했고 한입으로 두 말을 해야 하는 처지가 난감했다.

---

20 문희갑, 1992, 《경제개혁이 나라를 살린다》, 행림출판, 237~238쪽.

홍은주 한양사이버대 교수가 최규연 전 조달청장과 인터뷰를 진행하였다.

당시 최규연 사무관은 경제정책을 수립하는 공무원이라면 적어도 일관성이 있어
야 하지 않는가 회의를 느꼈다고 한다.

최규연 실명제 실시 유보를 밝힌 '4·4 경제활성화 조치'와 함께 정영의 장관이
재무부 장관으로 왔습니다. 이분이 사무관들과 식사를 같이하는 자리를 마련했는
데 그때 제가 총리실에 파견 나가 있었습니다. 공무원들이 다 비슷하게 겪는 고충
이겠지만 '내가 지금까지 내내 실명제 해야 된다고 돌아다니다가 어느 날 갑자기
돌아서서 실명제 유보해야 한다고 강의하고 돌아다니는 것이 말이 되나?' 허탈한
생각이 들었습니다. 축구를 하다가 갑자기 골대가 반대쪽으로 바뀐 셈이니까요.

그런데 정 장관께서 사무관들을 모아 놓고 점심식사를 하는 자리에서 "공무원이
경제정책과 관련해 나름대로 철학을 가져야 한다"고 하시는 겁니다. 그래서 "제가
지금까지 금융실명제를 해야 한다고 돌아다니다가 졸지에 금융실명제가 유보되면
서 금융실명제는 하면 안 된다고 강의해야 하는 상황에 빠졌습니다. 정책철학을 가
져야 한다고 하셨는데 이런 경우에는 어떻게 해야 합니까?"라고 공개적 질의를 한
적이 있어요.

홍은주 정영의 장관이 뭐라고 답변하십니까?

최규연 정영의 장관이 명답을 하시더라고요. "공무원은 위에서 시키는 대로 하면된다."(웃음) 여담이지만 나중에 제가 모 신문에 "공직자와 영혼"이란 제목으로 칼럼을 썼어요. 공직자가 나름대로 철학과 영혼을 갖는 것은 좋지만 철학이 다르다는이유로 제각각 딴소리를 내기 시작하면 그건 그것대로 국민이 혼란에 빠지고 국정이 무너지는 것 아닙니까? 법이 공무원의 정치활동을 금하는 이유도 정치적 입장이다르다는 이유로 공무원이 각기 다른 목소리를 내지 못하도록 하기 위한 것이죠.

오랜 공직생활을 거치면서 제가 그렇게 생각을 정리하기는 했지만 당시는 금융실명제를 준비하던 실무자 입장에서 참 아쉬웠습니다. 정말 많이 준비했는데 갑자기 하루아침에 무산되어 버렸으니까요.

KDI, 금융실명제 대규모 설문조사

금융실명제가 곧 실시될 것으로 생각하여 그에 따른 여러 가지 문제를 적시하고대응방안을 수립하기 위한 연구가 한창이었던 국책연구기관들도 갑작스러운 실명제 무산 소식에 놀랐다고 한다.

당시 KDI의 거시금융팀장이던 남상우 박사의 회고다.

남상우 1987년 대통령 선거 때였는데 노태우 후보가 금융실명제를 하겠다고 공약했고 대통령에 취임한 지 얼마 안 되서 1991년부터 실명제를 실시한다고 정부에서 공식 발표를 했어요. 그리고 1989년부터 재무부에 금융실명거래실시준비단까지 만들어지니까 금융실명제에 바짝 다가선 느낌이었습니다. 우리도 좀 연구해야겠다 싶었습니다. 그런데 연구를 하려면 우선 금융실명제를 실시하면 사람들이 어떻게 반응할지 알아야 한다고 생각했습니다. 곧 실명제를 도입하는 분위기였으니까 사람들에게 "금융실명제가 실시되면 어떻게 할 것인가?"에 대해 조사한 후에 적정한 보완책이나 대응책을 마련해 실명제 실시 설계에 도움이 돼야겠다고 생각했죠.

그래서 고려대 경제연구소에 의뢰하여 금융실명제에 대해 사람들이 어떻게 생각하는지, 만약 실시되면 사람들이 어떻게 반응할 것인지에 대한 인식 내지 의견 조사를 했어요. 금융기관 종사자들 368명, 일반 저축자들 787명 등 1,100명 넘는 대단위 규모로 설문조사를 했습니다.

1989년 8월 고려대 경제연구소에 연구용역을 줘서 실시한 '금융실명제에 대한 인식 및 실명제의 영향에 관한 의견조사' 결과, 대체로 금융실명제가 저축의욕을 저하시킬 것이라고 응답했다. 고액저축자의 경우 금융실명제가 실시되면 은행저축보다 부동산이나 주식, 수익증권으로 이동하여 대체자산을 보유하겠다고 답변했다. 증권시장의 경우에도 실명제 및 주식매매차익에 대한 과세가 증시를 위축시킬 것이라는 반응을 나타냈다. 다만 이자, 배당종합과세를 실시하는 반면 증권양도차익을 비과세 한다면 예금이 증시로 대거 이동할 것이라는 예측도 나왔다.

이 조사는 또 금융실명제 실시에 따른 보완조치로 소액저축자들은 해외자금도피를 억제해야 한다는 견해가 지배적이었던 반면 고액저축자들은 부동산투기 억제가 가장 중요하다고 응답했다고 밝혔다.[21]

남상우 설문조사 내용을 기초로 해서 금융실명제를 어떤 방식으로 실행하고 보완하는 것이 바람직한가를 모색하고자 연구했습니다. 그런 방향으로 정책협의를 시작한 지 1주일쯤 지난 후 갑자기 기획원에서 전화가 왔어요. "금융실명제를 구체적으로 실시논의까지 하는 건 좀 부담스럽다. 그냥 실명제의 영향이나 또 그것이 시장에서 어떻게 반응을 할 것인지에 초점을 맞춰 정책협의회를 했으면 좋겠다"는 겁니다.

홍은주 그 전화가 온 시점이 언제였습니까?

남상우 개각 직후였습니다. 제가 알기로 이승윤 장관이 부총리로 내정되신 직후 기자들에게 실명제에 대해 한번 재검토해 봐야겠다는 언급을 하셨다고 합니다.

---

21 남상우, 2003, 《금리자유화와 금융실명제 도입》, 한국개발연구원, 200쪽.

그래도 그게 정확히 금융실명제를 하지 않겠다는 이야기는 아니라고 생각했는데, 갑자기 기획원에서 "실시를 전제로 이야기하지 말라"고 하니까 갑자기 김이 빠진 상황이었죠. 금융실명제 실시를 전제로 KDI가 정책협의회를 준비하고 있었는데 정부가 갑자기 실시하지 않는다고 방침을 발표해 버리니까 할 수 없이 정책협의회의 제목과 내용을 바꾸어야 했습니다.

당초 협의회 제목은 '금융실명제의 파급영향과 실시논의'였는데 이미 실시유보를 결정한 정부는 이를 별로 반기지 않았습니다. 그렇다고 이미 계획된 협의회를 취소할 수 없어서 제목은 '실시논의'를 빼고 단순히 '금융실명제의 파급영향'으로 변경했죠. 내용도 금융자산보유 분포현황, 외국의 금융실명제 및 금융자산소득 과세제도, 시중 자금흐름 및 실명제에 대한 인식조사 결과를 살펴보면서 향후 금융실명제 논의에 참고가 되도록 하는 정도로 바꿉니다. 그냥 설문조사만 발표하기는 뭐해서 실시논의에 대한 의견을 강요하진 못하고 이 단계에서 그래도 보완책을 강구해서 하는 게 좋으냐 아니면 연기했다가 나중에 하면 좋으냐 하는 논의는 조금 했어요.

금융실명제를 시행하는 걸 염두에 두고 연구했던 사람인 저로서는 실망이 컸습니다. 그래서 "실명제를 한다고 하여 이미 돈이 상당히 빠져나간 상황에서 이걸 다시 되돌린다고 하면 괜히 사회적 비용만 부담하는 것이다. 경제상황이 안 좋은데 거기다가 실명제까지 하면 더 나빠질 것이고, 경제성장 잠재력을 약화시킬지도 모른다는 식의 주장이 있는데 되돌린다고 해서 경제활성화가 된다는 생각도 하기 어렵다"는 주장을 좀 건조한 톤으로 보고서에 넣었습니다.

1990년 10월에도 KDI는 "현재 금융자산소득은 일률적으로 15% 분리과세되어 역진적이며 비실명으로 인한 세원포착의 어려움 때문에 상속증여세 탈세가 용이하기 때문에 금융실명제 실시의 당위성이 요구된다. 더구나 향후 자본시장 개방으로 외국인의 직접 증권투자가 이뤄질 경우 투자현황 파악, 한도관리 및 적절한 규제가 필요한데 비실명거래가 허용된 상황에서는 이 같은 파악이나 규제가 불가능하다"고 지적하고 금융실명제 실시의 불가피성을 역설하는 보고서를 냈다.[22]

22 이재웅, 1990, 《금융실명제의 실시논의와 보완대책》, 한국개발연구원.

노태우 정부 금융실명제에 대한 평가

금융실명제에 대한 정치적 리더십 결여

1982년 금융실명제는 이철희·장영자 사건으로 정통성이 흔들린 전두환 대통령이 이를 만회하기 위하여 강한 추진의지를 보였는데도 불구하고 미비한 경제적 여건 때문에 후퇴했다.

반면 1989년 금융실명제는 거의 완전한 실무적 준비를 갖추고도 최고통치자의 의지부족으로 좌절된 경우라고 볼 수 있다. 노태우 대통령은 1982년 금융실명제 때 대놓고 반대했다. 금융실명제 실시로 불법정치자금 추적이 시작될 경우 껄끄러워질 수 있기 때문에 경기불황을 명분으로 삼아 금융실명제를 유보한 것이다.

형식상으로는 1990년 3월에 새로 들어선 이승윤 부총리, 정영의 재무부 장관, 김종인 경제수석 등 새 경제팀이 금융실명제를 후퇴시킨 것으로 되어 있다. 하지만 내용상으로는 금융실명제를 반대하던 사람들을 새 경제팀으로 임명한 것이 대통령이므로 금융실명제 유보는 노태우 대통령 본인의 결정이라고 봐야 할 것이다.

또한 금융실명제를 언제부터 실시하겠다고 미리 예고한 상황에서 준비에 오랜 시간이 걸린 것도 패착의 한 원인이었다. 실무진이 여러 가지 현실적 부작용을 상정하여 대책을 마련하고 법적 절차를 갖추느라 시간이 걸리자, 주가가 폭락하는 등 금융시장이 크게 흔들렸고 재계와 정치권 등 반대세력이 결집할 명분을 제공한 것이다.

1993년 금융실명제 초석이 된 1989년의 준비

1989년에 실무진이 기울였던 오랜 연구검토와 노력이 완전히 무위로 돌아갔던 것은 아니다. 1989년에 준비했던 금융실명제의 핵심내용이 1993년 금융실명제 때 많이 수용되었기 때문이다. 1993년 금융실명제 때 불과 두어 달의 짧은 시간 내에 모든 준비를 상당히 완벽하게 할 수 있었던 것도 1989년에 이미 실무적 내용검토

가 상당부분 끝나 있었기 때문이다. [23]

방대한 종합세제 검토자료가 재무부 세제실로 이관되어 연구되었고, 1989년 금융실명거래실시준비단 총괄반장이던 진동수 과장과 금융반에 있었던 최규연 사무관이 1993년 금융실명제 작업 때도 직접 참여했기 때문에 금융시장에 대한 실무적 내용도 많이 수용되었다.

최규연 1989년에 우리가 실명제 실시를 위해 할 수 있는 준비는 거의 다 했습니다. 이후 1993년 김영삼 대통령이 지시한 지 두 달 만에 긴급명령으로 금융실명제가 전격 도입될 수 있었던 것도 1989년에 사실상 대부분의 준비가 다 되었기 때문입니다. 제가 나중에 김영삼 정부 때 실명제 실시부터 시행까지 3년간 관련업무를 했는데 1989년에 준비했던 것을 거의 대부분 참조했다고 해도 과언이 아닙니다.

1993년 금융실명제 긴급명령 발표 직후 재무부와 타 부처의 법적·실무적 점검을 위해 만들어진 '금융실명제 실시 중앙대책위원회', 금융실명제의 실무적 추진을 위해 발족된 '금융실명제 실시단', '금융업권별 대책기구' 등 조직 역시 1989년에 실명제 시행을 전제로 구상했던 조직과 거의 유사했다.

금융실명제 1992년 대선이슈로 다시 등장

금융실명제는 언제 다시 시행될지 모르는 상태에서 1990년 초 두 번째 좌절을 겪고 수면하로 내려갔다. 금융실명제가 다시 거론된 시점은 그로부터 2년이 경과한 1992년 14대 대통령 선거 때였다. 그해 10월 여당 김영삼 후보를 비롯한 주요 대선후보들은 금융실명제와 금융소득 종합과세를 조기에, 혹은 취임 첫해에 실시할 것이라는 뜻을 밝혔다.

1992년 12월 제14대 대통령에 당선된 사람은 김영삼 후보였다. 김영삼 대통령 당선자가 공약에서 "조기에 금융실명제를 실시하겠다"고 약속했기 때문에 김 대통

---

23 1993년 금융실명제는 철저한 보안을 위해 KDI 박사 3명과 재무부 실무진 등 총 14명이 준비했다.

령 취임 전 이미 정부차원의 금융실명제와 종합과세에 대한 검토가 이루어졌다.

새 정부 취임 직전인 1993년 2월 9일 국무총리 행정조정실 제2조정관실은 '21세기를 향한 경제사회 발전구상(중간보고) 검토 요청'이라는 문서를 재무부 기획관리실장에게 보낸다.[24] 여기에는 재산세 강화와 소득 및 분배 개선, 토지공개념 확대 등의 내용 외에 "금융실명제와 종합과세제의 단계적 실시, 부작용 예방을 위한 보완조치" 등의 내용이 포함되어 있었다.

이 기록물은 1989년에 만들어진 금융실명거래실시준비단의 보고서를 인용하여 "금융실명제가 실시되면 현재의 종합소득에 더해 금융자산소득과 기타 금융소득을 새로운 종합과세 대상으로 하여 1992년 소득세 신고자 88만 명의 9배 가까운

〈표 2-1〉 1992년 대통령 선거 시 각 당의 금융실명제 공약

구분	금융실명제 공약
민주자유당	금융실명제를 조기에 실시한다. • 지하경제의 폐단을 해소하고 정경유착의 근거를 단절하기 위해 금융실명제를 조기에 실시한다. • 금융실명제 실시에 따르는 경제적 충격을 최소화하도록 그 방법과 시기를 합리적으로 조정. 선택한다. • 금융실명제 실시를 위한 사전 보완조치를 완벽하게 연구한다.
민주당	금융실명제를 1993년까지 실시한다. • 1차적으로 1993년 말까지 100%에 가까운 실명화를 실현한다. • 다단계에 걸쳐 금융자산을 종합과세한다. • 실명화에 따라 상속세를 강화한다.
국민당	금융실명제를 차기정부 출범과 동시에 즉시 실시한다. • 부정하고 음석적인 지하경제에서 비롯되는 사회적 부정부패를 근절하고 검은돈을 척결한다. • 조세형평성 제고와 음성자금의 제도권 금융 흡수로 자금배분의 효율 극대화 • 불로소득 및 재산의 상속과 증여를 정확히 과세하여 경제력의 집중완화와 상속의 탈세방지

출처: 금융실명제 실시단, 1994, 《금융실명제 실시 1주년 백서》, 재무부, 15쪽.

---

[24] 이 문건은 행정조정실이 한국개발연구원 등 5개 주요 국책연구기관에 장기 비전과 효율적 대응정책에 대한 연구작업을 의뢰하여 종합한 내용이었다.

'깨끗한 정치'를 슬로건으로 내세운 14대 대선에서는 금융실명제가 뜨거운 이슈로 떠올랐다(1992. 11. 29).

800만 명으로 신고대상자가 증가할 것이고, 사업자·근로자를 포함하면 약 1,200만 명으로 납세자가 증가할 것이며 주식양도차익에 대한 과세도 가능할 것"이라고 분석했다. 그러나 소득세제의 전면개편에 앞서 사전신고 안내시스템을 구축하고 완전히 새로운 전산시스템을 구축해야 할 것이며, 입법과정에서는 역시 전산시스템에 대한 역할이 반드시 검토되어야 한다고 당부했다.

'금융실명제 실시에 따른 문제점'에서는 "금융실명제 실시에 따른 부작용의 예방과 여건조성을 위해 비실명이자에 대한 차등과세 강화가 필요하며, 신용카드 사용 확대 등을 통하여 실명거래 관행을 축적하고, 토지초과이득세 시행 등 부동산에 대한 투기방지 대책을 마련하며 상속증여세제 보완 및 음성 탈루소득에 대한 과세 강화, 국세 전산화를 정책적으로 추진하는 노력이 사전적으로 필요하다"고 강조했다.

그리고 금융실명제 실시 여부 및 시기를 정하는 문제는 이제 막 시작된 김영삼 정부의 손에 넘겨졌다.

김영삼 정부의
금융실명제
긴급명령

3

긴급명령으로 시행된 금융실명제

목요일 저녁의 충격, 실명제 발표

1993년 8월 12일, 목요일 저녁 7시 45분 무렵. 퇴근길 버스 속 시민들은 하루의 피곤과 한여름 무더위에 지쳐 나름대로의 생각에 빠져 있거나 차창 밖으로 스쳐지나가는 도시 풍경을 바라보고 있었다.

그런데 갑자기 방송에서 긴장한 아나운서의 안내멘트가 흘러나왔다. 대통령이 직접 긴급명령 특별담화문을 발표한다는 것이다. 대체 무슨 일일까? 후덥지근한 더위에 지쳐 있던 퇴근길 시민들이 깜짝 놀라 라디오에 귀를 기울였다.

같은 시간, 각 가정 TV 화면에도 저녁 7시 45분 '대통령 긴급명령 발표'라는 큼지막한 자막이 떴다. 이어서 김영삼 대통령이 청와대 본관을 배경으로 특별담화문을 낭독하는 장면이 나타났다. 김영삼 대통령 취임 직후부터 하나회 숙청과 군 개혁, 권력형 비리 사정착수 등 큼직큼직한 개혁작업들이 연일 터져 나왔던 터라 "이번에는 대체 무슨 일일까?" 궁금해하면서 사람들이 TV 앞으로 몰려들었다.

대통령 특별담화가 있다는 방송예고를 보고 집권여당 당직자들이 황인성 총리에게 전화를 걸었다. 적어도 총리는 뭔가 알고 있지 않을까 해서였다. "갑자기 무슨 특별담화입니까?"라고 물었으나 "나도 뭔지 잘 모른다"는 총리의 답변이 되돌아왔다.

이윽고 시간이 되자 김영삼 대통령이 특별담화문을 읽는 목소리가 방송에서 들리기 시작했다. 김 대통령은 특유의 느리면서도 확신에 찬 말투로 "오늘부터 금융실명제를 실시한다"는 폭탄선언을 했다.

친애하는 국민 여러분!
드디어 우리는 금융실명제를 실시합니다. 이 시간 이후 모든 금융거래는 실명으로만 이루어집니다. 금융실명제가 실시되지 않고는 이 땅의 부정부패를 원천적으로 봉쇄할 수 없습니다. 정치와 경제의 유착을 근원적으로 단절할 수가 없습니다. 금융실명거래의 정착 없이는 이 땅에 진정한 분배의 정의를 구현할 수가 없습니다.

우리 사회의 도덕성을 합리화할 수가 없습니다. 금융실명제 없이는 건강한 민주주의도 활력 넘치는 자본주의도 꽃피울 수가 없습니다. 정치와 경제의 선진화를 이룩할 수가 없습니다. 금융실명제는 신한국 건설을 위해 그 어느 것보다 중요한 제도개혁입니다. 금융실명제는 개혁 중의 개혁이며 우리 시대 개혁의 중추이자 핵심입니다. …

비실명 금융자산에 대해서는 자금출처조사가 있을 수 있습니다. 다만 그 목적은 비리수사가 아닌 조세징수에 한정됩니다. 금융실명제 실시로 인하여 지하경제가 사라지고 검은돈이 없어지는 깨끗한 사회가 될 것입니다. 정치인과 기업인 공무원 등 모든 국민이 자신들의 부에 대해 떳떳하고 정당해질 것이며 깨끗한 부가 자랑이 될 것입니다. 모두가 땀 흘려 일하면 일한 만큼 보상받는 사회가 될 것입니다. 역사적 제도개혁으로 나라를 구한다는 각오로 협조해 주기 바랍니다.

한마디로 "이 시간 이후, 즉 방송이 끝나는 시점부터 곧바로 「금융실명거래 및 비밀보장에 관한 법률」(금융실명법)이 대통령 긴급명령으로 실시된다"는 것이다. 대통령 특별담화문은 '부정부패의 원천적 봉쇄', '정치와 경제의 유착 단절', '역사적 제도개혁' 등 정치개혁적 성격을 강조했고, 경제적 목적으로는 '지하경제와 검은돈이 없는 사회', '분배정의 실현'을 언급했다.

김 대통령은 또 "과거에 만들어져 있던 「금융실명거래에 관한 법률」이 그 내용에 있어 금융실명제의 참다운 의미와 실효성을 반감시키고 있다는 사실을 발견했다"라고 밝혀 현 정부가 발표하는 금융실명제 긴급명령은 1982년에 제정되었던 금융실명제와는 다른 내용임을 강조했다.

국회를 통한 법개정 대신 긴급 재정경제명령으로 금융실명제를 시행하려는 배경에 대해서는 "국회에서 공개적 논의를 통해 법률을 개정하자면 예상되는 부작용이 너무 크다. 과거 금융실명제 실시 문제가 논의될 때마다 금융시장이 동요하고 경제 안정이 위협받는 것을 보아왔기 때문이다"라고 설명했다. 그리고 "헌법 제47조 제3항에 의거하여 긴급명령을 심의하기 위한 임시국회 소집을 요청한다"고 덧붙였다.

전두환, 노태우 두 전직 대통령 때 여러 가지 명분을 내세워 두 차례나 후퇴했던 금융실명제를 자신이 긴급명령으로 시행한다고 국민들에게 선언하는 자리였다. 이날 TV 화면 속 김영삼 대통령은 그 어느 때보다 환한 얼굴이었다.

김영삼 대통령 금융실명제 특별담화문 전문

저는 이 순간 엄숙한 마음으로 헌법 제76조 제1항의 규정에 의거하여,
'금융실명거래 및 비밀보장에 관한 대통령 긴급 재정경제명령'을 발표합니다.
아울러, 헌법 제47조 제3항의 규정에 따라, 대통령의 긴급명령을
심의하기 위한 임시국회 소집을 요청하고자 합니다.
금융실명제에 대한 우리 국민의 합의와, 개혁에 대한 강렬한 열망에 비추어
국회의원 여러분이 압도적 지지로 승인해 주실 것을 믿어 의심치 않습니다.

친애하는 국민 여러분!
드디어 우리는 금융실명제를 실시합니다.
이 시간 이후 모든 금융실명제는 실명으로만 이루어집니다.
금융실명제가 실시되지 않고는, 이 땅의 부정부패를 원천적으로 봉쇄할 수 없습니다.
정치와 경제의 검은 유착을 근원적으로 단절할 수가 없습니다.
금융실명제의 정착이 없이는 이 땅에 진정한 분배정의를 구현할 수가 없습니다.
우리 사회의 도덕성을 확립할 수가 없습니다.
금융실명제 없이는 건강한 민주주의도, 활력이 넘치는 자본주의도 꽃피울 수가 없습니다.
정치와 경제의 선진화를 이룩할 수가 없습니다.
금융실명제는 신한국의 건설을 위해서, 그 어느 것보다도 중요한 제도개혁입니다.
금융실명제는 개혁 중의 개혁이요, 우리 시대 개혁의 중추이자 핵심입니다.

국민 여러분!
제 이름 석자로 예금하는 이 제도가 실시되기까지
우리는 참으로 긴 세월 동안 방황하였습니다.
역대 정권에서는 금융실명제를 약속했습니다.
그러나 법을 제정하고서도 이를 실시하지 못했습니다.
여소야대 시절에도 금융실명제를 이루어 내지 못했습니다.
시간이 갈수록 금융실명제의 실시는 그만큼 어려워졌습니다.

저는 이미 오래전부터 금융실명제의 필요성을 절실히 느껴왔습니다.

작년 대통령 선거 때는 가장 우선적인 공약으로 국민 앞에 약속했습니다.

대통령 취임 이후 새 정부에서는 기필코 조속히 실시해야 하겠다고 결심했습니다.

관계장관으로 하여금 조심스럽게 준비하도록 하였습니다.

그 시기와 방법을 놓고 검토를 거듭했습니다.

이러한 과정에서 저는 「금융실명거래에 관한 법률」은 그 내용에 있어서

금융실명제의 참다운 의미와 그 실효성을 반감시키고 있다는 사실을 발견했습니다.

그렇다고 국회에서 공개적인 논의를 통해 법률을 개정하자면,

예상되는 부작용이 너무도 큽니다.

과거 금융실명제의 실시문제가 논의될 때마다 금융시장이 동요하고

경제의 안정이 위협받는 것을 우리는 보아왔습니다.

고심한 끝에, 대통령 긴급명령으로 국회에서의 법개정 절차를

대신하지 않을 수 없었던 것입니다.

오늘의 긴급명령은 명실상부한 금융실명제에 대한 국민의 열망을 반영하고 있습니다.

바로 오늘, 이렇게 대통령 긴급명령으로 실시할 수밖에 없었던 저의 충정을

국민과 국회의원 여러분께서 깊이 이해해 주시리라 믿습니다.

국민 여러분!

금융실명제는 성실하고 정직하게 살아가는 국민에게는 아무런 영향이 없습니다.

자신의 명의로 정상적인 금융거래를 해온 절대다수의 국민에게도 변화가 없습니다.

실명에 의하지 않은 금융거래는 소정의 기한 내에 실명으로 명의를 전환하면 됩니다.

금융소득에 대한 종합소득과세는 국세청의 전산망이 완성되는 대로 실시될 것입니다.

그러나 주식양도차익에 대한 과세는 주식시장 여건을 감안하여

저의 재임기간 중에는 실시하지 않을 것입니다.

철저한 비밀보장을 위한 절차요건을 최대한 강화할 것입니다.

금융실명제로 인한 사생활 침해나 자유로운 경제활동의 위축이 없도록 하겠습니다.

실명으로 전환되는 금융자산에 대해서는 자금출처조사가 있을 수 있습니다만,

그 목적은 비리의 수사가 아닌, 조세징수에 한정될 것입니다.

그럼에도 불구하고, 긴급명령의 실시에는 금융거래의 동요 등
다소의 부작용이 나타날 수 있습니다.
신경제 5개년계획의 실천과 경제의 활력을 위하여,
정부는 예상되는 부작용에 대한 만반의 대책을 마련하고 있습니다.
부동산투기와 해외로의 자금유출을 막기 위한 대응체재를 가동시킬 것입니다.
중소기업의 자금사정 악화에는 특별 긴급지원으로 대처할 것입니다.
금융시장 안정화를 위해 한국은행에 비상대책반을 설치 운영할 것입니다.
그리고 각종 분야별 대책 총괄하는 기구로 '중앙대책위원회'를 설치 운영할 것입니다.

국민 여러분 !
금융실명제 실시를 위한 대통령 긴급명령은 깨끗한 사회로 가기 위해
필수적인 제도개혁입니다.
지하경제가 사라질 것입니다. 검은돈이 없어질 것입니다.
금융실명제가 정착된다면, 정치인 기업인 공무원 등 모든 국민이
자신들의 부에 대하여 떳떳하고, 정당해질 것입니다.
이제 깨끗한 부는 부끄러움이 아니라 자랑이 될 것입니다.
그리고 국민 모두가 땀 흘려 일하면 일한 만큼 보상받는 사회를 실감할 수 있을 것입니다.
금융실명제는 신한국으로 가는 데 반드시 넘어가야 할 고빗길입니다.
재도개혁에는 아픔이 따를 수밖에 없습니다.
그러나 인내와 애국적인 열정으로 아픔을 극복해야 합니다.
지금부터 저는 국민 여러분과 더불어, 그리고 국회의원 여러분과 함께
금융실명제라는 우리 시대의 과제를 슬기롭게 추진해 나가고자 합니다.
국민과 국회의원 여러분께서는 역사적인 제도개혁으로
나라를 구한다는 각오로 적극 협조해 주시기 바랍니다.
우리 모두가 개혁의 주체가 됩시다. 그럴 때 우리의 개혁은 반드시 성공할 것입니다.
이러한 이유로 대통령인 저는 헌법 제47조 제3항에 의거하여 국회 임시회의의 집회를
1993년 8월 16일부터 20일까지 5일간 열 것을 요구하는 바입니다.
감사합니다.

1993년 8월 12일
대통령 김 영 삼

YS, 주요 공직자 재산공개 요구

3당합당 전까지 오랜 야당생활을 하며 군사정권으로부터 탄압받았던 김영삼 대통령은 군개혁, 정치개혁, 부정부패 개혁 의지가 누구보다 강했다. 1993년 2월 25일 취임하자마자 자신이 미리 생각해 두었던 정치개혁 및 금융실명제 과제들을 전광석화(電光石火)처럼 추진하기 시작했다.

우선 취임 이틀 후인 2월 27일 첫 국무회의를 주재한 자리에서 김 대통령은 "우리가 먼저 깨끗해져야 한다"면서 자신과 부인 손명순 여사 명의 재산을 공개하고 다른 주요 공직자들도 재산공개를 할 것을 주문했다. 또한 전두환·노태우 전직 대통령 때 만들어진 12개나 되는 안가(安家)를 철거하라고 지시했다.

다음은 김영삼 대통령의 회고록 내용이다.

안가에서 재벌회장들을 불러 술자리를 할 때 돈을 많이 낸 순서에 따라 좌석위치가 달라졌다는 이야기를 한 기업인으로부터 전해 들었다. 과거 쿠데타로 정권을 잡은 자들은 이처럼 부도덕한 방법으로 기업들 돈을 거둬 천문학적 정치자금을 조성했고 기업인들은 돈을 바치는 대가로 각종 특혜를 얻어내는 것을 당연하게 생각했다. 이 돈으로 군부를 통제하기도 했고 대통령 하사금이란 명목으로 정치인과 정부 기관장, 여당과 야당인사들까지도 매수하는 수단으로 삼았다. 나는 이 같은 충격적인 이야기를 전해 들으면서 정경유착의 고리를 끊지 않으면 나라가 망한다고 생각했다.[1]

김 대통령은 이 같은 생각을 대외적으로 선언하기로 하고 3월 4일 청와대출입기자와 오찬을 나누는 자리에서 "취임 이후 나에게 축하금을 건네는 사람도 있었으나 단 한 푼도 받지 않았다. 대통령이 부정한 돈을 받으면 부패의 고리는 끊어지지 않는다. 앞으로 5년간 대통령에 재임하는 동안에 어떤 사람으로부터도 돈을 받지 않을 것이다. 떡값이 아니라 찻값도 받지 않을 것이다"라고 다짐했다. 국무위원들에게도 "앞으로 청와대에서 대단한 음식을 먹지 못할 것이다. 칼국수 아니면 설렁탕만 먹게 될 것"이라고 했다.

---

1 김영삼, 2001, 《김영삼 대통령 회고록》, 상권, 조선일보사, 82쪽.

군내 사조직 '하나회' 해체작업

김영삼 대통령은 또 오랫동안 군(軍)을 막후에서 움직여온 군내 사조직(私組織) '하나회'²를 전격적으로 해체시키기로 결심하고, 3월 8일 오전 7시 30분 권영해 국방부 장관을 청와대로 불러 조찬을 먹으면서 군 핵심요직에 대한 인선을 즉시 지시했다.

김 대통령은 이날 하나회 출신인 육군참모총장과 기무사령관을 전격 해임시키고, 오전 11시 30분 비(非) 하나회 출신인 김동진 연합사부사령관을 육군참모총장으로, 김도윤 기무사참모장을 기무사령관으로 임명했다.

그리고 이날 오전에 신임 두 사람을 불러 통보한 후 군으로 돌아가 곧바로 취임식을 갖도록 지시했다. 하나회 출신 장성들의 조직적 반발을 우려하여 빨리 기정 사실화한 것이다. 국방부 장관과의 아침식사에서 시작하여 불과 4시간 만에 전광석화처럼 이뤄진 충격적인 군인사였다.

당시 '하나회'는 사실상 군조직과 인사를 쥐락펴락하는 실세조직이었다. 최초로 군이 아닌 민간에서 대통령이 나온 시점이었다. 미국, 일본, 유럽 등 해외언론은 민간 대통령이 군을 개혁하거나 장악하기 어려울 것이라고 보도했다. 김 대통령은 하나회를 와해하기 전에는 대통령 임무를 제대로 수행할 수 없을 것으로 생각했다고 한다. 그는 "정치군인과 동거하거나 군을 마음대로 하지 못할 것이라면 차라리 대통령을 그만둔다는 각오였다. 개혁은 사안에 따라 점진적으로 갈 것인지 아니면 최대한 신속하게 처리할 것인지를 잘 판단해야 한다. 하나회 해체의 경우 언제라도 세력을 규합해 저항할 개연성이 높기 때문에 이들에게 시간적 여유를 주지 않고 전격적으로 숙청을 단행하는 것이 최선의 선택이었다"고 회고한다.³

한 달 뒤 4월 2일에는 군의 실세 3사로 불리던 수방사와 특전사 사령관을 전격

---

2 하나회는 1963년에 전두환, 노태우, 정호용, 김복동 등 육군사관학교 11기생들의 주도로 만들어진 사조직으로, 육군사관학교 각 기수별로 몇 명씩을 가입시켰다. 전두환·노태우 정부를 거치는 동안 군인사를 사실상 주도하는 핵심 비밀실세로 자리 잡았다.

3 김영삼, 2001, 《김영삼 대통령 회고록》, 상권, 조선일보사, 94쪽.

교체했다. 4월 8일에는 2군사령관, 3군사령관, 육군참모차장, 합참전략기획본부장 등을 모조리 비(非) 하나회 군인으로 바꾸었다. 모두가 그동안 '하나회'가 장악하고 있던 군 요직이었다.

동시에 군의 조직적 동요나 반발을 막기 위해 군 고위층에 대한 대대적 사정(司正) 작업에 착수했다. '성역'으로 여겨지던 방위력 개선 사업, 즉 '율곡사업'에 대해서도 군납 및 무기구입 비리감사에 착수했다.

YS의 개혁법안 1호 「공직자윤리법」

군개혁과 동시에 정치개혁도 착수했다. 3월 18일 장관급 29명이 자의 반 타의 반 재산공개를 했고, 22일에는 김종필 민자당 대표 등 여당 의원 161명이 재산을 공개했다. 재산공개 결과 민자당 현역의원 3명이 의원직을 사퇴했으며, 2명이 자진탈당, 1명이 제명 조치됐다. 추가 5명에 대해서는 공개경고가 이뤄졌다.

공직사회에 큰 파문을 일으켰던 '자발적' 공직자 재산공개 이후, 이를 법적으로 뒷받침하는 「공직자윤리법」 개정안이 5월 20일 임시국회에서 통과됐다. [4]

다음으로 부패와의 전쟁을 선포했다. 4월부터 감사원, 국세청, 검찰, 경찰 등 사정기관을 총동원하여 금융, 교육, 언론, 군부 등 각 부문에 대해 권력형 부정부패 및 비리 척결작업을 시작했다. 그 결과, 공직부정과 연루된 공무원 242명이 자리에서 물러났다.

집안에서 벼슬아치나 고위공직자가 나면 "부귀(富貴)를 다 가졌다"는 말이 저절로 따라다니던 시절이다. 김영삼 대통령은 이때 "공직자는 명예와 부를 동시에 가질 수는 없다. 명예를 가지기 위해서는 부를 포기해야 한다"고 강조했다.

이 모든 개혁작업이 취임 후 불과 두 달 만에 전격적, 동시다발적으로 단행된다. 강도 높은 부패척결 작업과 개혁법안 도입에 국민들은 환호했다. 94.8%의 국민이 "대통령이 잘하고 있다"면서 높은 지지를 나타냈다.

---

4 최초의 법제정은 1981년 12월에 이루어졌다. 김영삼 대통령의 개혁법안 1호에 해당되는 법으로, 이 법의 통과 후에 1급 이상 공직자 1,160명의 재산이 공개됐다.

정치권과 재계의 검은돈 내사

김영삼 대통령은 정치권과 재계 사이에 흐르는 검은돈과 비자금에 대해서도 수사하도록 검찰에 지시했다. 4월 말 검찰은 영수증을 위장 정리하는 등의 수법으로 비자금을 조성해온 동화은행에 대한 수사에 착수하여 강도 높은 수사를 벌인 결과 제6공화국 고위공직자 3명에 대한 뇌물수수 관련 진술을 받아내는 데 성공했다.

그러나 진술만으로는 한계가 있었고 실제 정치자금이 전달된 경위를 추적하는 작업이 쉽지 않았다. 여러 단계의 돈세탁을 거쳐 전달된 돈을 받은 정치인들이 또 다시 6~7차례 이상 가차명계좌를 활용한 다단계식 세탁과정을 거쳤기 때문이다. 이들이 얼마나 정교하게 자금세탁을 했는지 당시 언론은 이렇게 보도했다.

> (6공 정치인들은) 이미 몇 차례 세탁이 되어 전달된 돈을 다른 정상적 수표와 뒤섞어 가명계좌로 은행에 입금시킨 뒤 이를 곧장 소액수표로 인출했다가 다시 정상적 수표와 함께 타 은행의 가명계좌에 분산 입금시키는 방식을 동원했다. 이 정도의 돈세탁 과정은 시간이 오래 걸리긴 하지만 추적이 불가능하지는 않다. 문제는 여러 차례 돈세탁을 거친 이 돈이 마지막으로 사채시장이라는 '블랙홀'을 거친다는 것이다. [5]

당시 사채시장은 은행을 중간거점으로 형성되어 있었다. 융통어음이 많이 거래됐던 1980년대 초까지만 해도 사채시장 하면 명동을 의미했으나 이철희·장영자 사건 이후 당국의 규제로 기업의 융통어음 발행이 줄어들고 비실명 금융소득에 대한 과세강화로 공금융기관이 역설적으로 사채시장의 연결장소가 된 것이다. 사채시장의 돈을 은행과 연결시킨 것은 1984년에 정부가 금융기관이 부족한 자금을 유치할 수 있도록 발행을 다시 허용한 CD였다. [6] 큰손 사채전주들은 CD를 대거 매입하는 방식으로 금융기관에 돈을 맡기고 은행에 특정인을 지정해 돈을 빌려주도록 했다.

가령 사채자금이 필요한 (주)가나다 기업이 중개업자 홍길동에게 자금중개 요청을 했다고 가정하자. [7] 거액전주들은 대부분 신분노출을 꺼리기 때문에 직접 A기업

---

[5] "동화은행 비자금 수사사건", 〈연합뉴스〉, 1993. 5. 20.
[6] 정부는 1970년대에 금융기관의 CD 발행을 두 차례 허용한 적이 있다.

의 자금담당자를 만나지 않는다. 이들은 중개업자를 통해 거래조건을 확인한 후 자신이 보유한 특정 은행의 CD 번호를 알려 주어 A기업이 그 지점에서 돈을 빌려갈 수 있게 한다.

고액전주를 유치하고 CD를 많이 파는 것이 은행지점장의 성적표가 되던 시절이다. 은행지점들은 거액 사채자금거래의 거점역할을 자임했다. 당시 은행이 발행한 CD의 80~90% 이상이 사채전주들 손에 들어가 있는 것으로 추정되기도 했다.

사채거래에 사용되는 용어는 "A기업, 표 한 개, 15반, 4모떼기, 다마" 하는 식으로 간첩의 접선암호처럼 난해했다. 다마는 돈을 빌려주는 전주를 뜻하고 표는 어음을 의미한다. 한 개는 1억 원 단위라는 뜻이고, 15반은 금리가 월 1.55%라는 뜻이다. 모떼기의 모는 할·푼·리·모에서 나온 것으로 4모는 0.04%의 수수료를 뗀다는 뜻이다. 사채시장에서 거래되는 어음에는 매출인과 매입인이 배서를 하지 않고 어음장 한구석에 난수표 같은 숫자와 기호가 적혀 있을 뿐이라 손이 몇 차례 바뀌면 거래추적이 불가능해진다.

그만큼 사채시장에서 철저히 돈세탁이 되고 있으니 추적하기 어려울 수밖에 없다. 결국 동화은행이 중간거점이 된 비자금 수수사건을 수사하던 검찰도 전체 돈의 흐름을 추적하는 데는 역부족이었다.

YS, 새로운 금융실명제 구상

사채시장을 이용한 정치 비자금과 검은돈의 커넥션을 뿌리 뽑기 위해서라도 대통령 후보 당시 주요 공약으로 내세운 금융실명제 실시가 무엇보다 시급한 시점이었다. 김영삼 대통령은 1982년에 통과된 실명법과는 전혀 다른 성격의 금융실명제를 구상하게 된다. "도강세만 조금 내면 돈의 과거를 묻지 않겠다"는 과거의 금융실명제와는 달리 "철저하게 과거를 묻고 정치와 경제의 검은돈 커넥션을 단절시키겠다"는 정치개혁적 금융실명제를 구상한 것이다.

---

7 이하 사채시장과 사채자금 거래에 관한 자세한 내용은 "명동 사채업자가 작심하고 털어놓은 거대한 사채시장의 정체"(《신동아》, 2004. 7. 1) 참조.

깨끗한 사회를 열망하는 시민들이
금융실명제 실시 촉구 대회에
참여하고 있다(1992. 7. 18).

　금융실명제는 1992년 대통령 선거 당시 모든 후보들의 공약이었다. 전 국민을 대상으로 표를 구하는 대통령 후보들은 자신의 깨끗한 이미지를 강조하고 개혁성향을 내세울 수 있는 도덕적 이슈에 천착하게 된다. 그런데 일반적인 경제개혁 이슈는 복잡하고 현학적이어서 대국민 소구력이 약하다. 이에 비해 '경제정의와 조세정의 실현', '부정부패와 불법자금 차단'을 명분으로 내세운 금융실명제 실시는 대통령 후보에게 개혁적이고 투명한 이미지를 창출할 수 있는 매력적인 아젠다였다.

　김영삼 대통령 역시 후보시절부터 금융실명제 실시를 강하게 마음먹고 취임 초반에 시행하기로 결심했다고 한다.[8] 과거 금융실명제가 두 차례나 무산되었기 때문에 김 대통령 당선 직후부터 언론은 "대선공약이던 실명제를 할 것인가, 말 것인가?", "한다면 언제 어떤 내용으로 할 것인가?"를 묻는 보도를 계속했다.

　과거 10여 년간 금융실명제의 필요성에 대해 일종의 '사회적 교육'이 이루어진 상태였기 때문에 실명제 시행은 국민들 사이에서 높은 공감대가 형성되어 있었

---

8 "실명제 숨겨졌던 뒷이야기들", 〈중앙일보〉, 1993. 8. 27.

다. 김 대통령 취임 초 여론조사에서도 94%의 국민들이 실명제 실시에 찬성하는 것으로 나타났다.

개혁성향 시민단체들은 "개혁의 완성을 위해서는 대통령 공약사항인 금융실명제를 하루빨리 실시해야 한다"는 의견을 냈다. 이에 대해 언론에서는 "부정한 검은돈 거래는 기존의 세법이나 형법으로도 충분히 단속할 수 있는데 군이 경제적 충격이 큰 실명제를 도입해야 하는가?"를 묻는 형태의 지상(紙上) 토론을 벌이기도 했다.

비밀리에 금융실명제 타진

김영삼 대통령은 취임하자마자 3개월에 걸쳐 이 사람, 저 사람의 금융실명제에 대한 반응을 떠보았다.

김 대통령이 금융실명제에 대해 초기반응을 떠보았을 때 경제팀의 반응이 달랐다. 지근거리에 있던 박재윤 경제수석이 "지금은 경제가 어려우니 경기가 확실하게 회복된 뒤인 1994년쯤 하는 것이 좋겠습니다"고 답한 반면, 이경식 기획원 부총리와 홍재형 재무부 장관은 금융실명제의 조기실시에 적극적으로 찬성하는 입장을 개진했다.

이에 대해 김 대통령은 후일 회고록에서 "나는 임기 중 실시만을 밝혔을 뿐 구체적 시기를 언급하지 않은 채 의견을 들었다. 많은 사람들이 경제사정의 어려움을 들어 2~3년 뒤에나 실시하자고 주장했다. 그런 사람들과는 더 이상 실명제에 대해 언급하지 않았다. 나는 실명제 같은 충격적 조치는 경제가 나쁠 때 하더라도 잃는 것이 적다고 생각했다. 이경식 부총리와 홍재형 재무부 장관은 실명제에 대한 내 생각에 적극 따라 준 사람들이었다"고 적었다. [9]

홍재형 장관(후일 경제부총리, 국회부의장)은 "이미 오래전부터 나는 금융실명제 시행에 찬성하는 입장이었다"고 회고한다.

---

9 김영삼, 2001, 《김영삼 대통령 회고록》, 상권, 조선일보사, 168쪽.

홍재형(洪在馨)

1938년 충북 청주에서 태어났다. 서울대 상과를 졸업하고, 서울대에서 행정학 석사학위를, 충북대에서 명예 경제학 박사학위를 받았다. 1963년 재무부 외환국 사무관을 시작으로 1988년 제7대 관세청장, 1990년 한국수출입은행장, 1991년 한국외환은행장, 1993년 재무부 장관을 거쳐 1994년 경제부총리 겸 재정경제원 장관을 역임했다. 이후 제16대·제17대·제18대 국회의원, 국회 부의장을 지냈다.

홍재형 1982년 하반기에 실명제가 뜨겁게 토론되고 있을 때, 저는 관세국장으로서 관세 전면개편 작업을 하고 있었습니다. 금융실명제가 당장 제 일은 아니었지만 당시 워낙 뜨겁게 그 문제가 논의되니까 한번은 식사 자리에서 제가 이재국 동료에게 "금융실명제 어때?"라고 물었더니 "그거 지금 하면 나라경제가 큰일난다"고 그러더라고요. 그때만 해도 일이 워낙 바빠서 그런가 보다 했죠.

그런데 1983년에 제가 청와대 김재익 수석 밑의 경제비서관으로 발령이 나는 바람에 금융실명제 시행 문제가 갑자기 제 문제가 됐습니다. 김재익 수석과 이 문제에 대해 직접 토론하지는 않았지만 실명제에 대한 기대가 워낙 컸기 때문에 이분의 허탈감이 상당했습니다. 그러던 중 제가 비서관으로 간 지 채 1년도 안 된 1983년 10월에 아웅산테러사건이 터졌고 김재익 씨도 돌아가셨습니다. 집권 중반기에 들어서니 전두환 대통령도 이제 실명제를 하기 싫은 거예요. 나중에 전 대통령 비자금이 나왔잖습니까? 그런 문제들 때문인지 아마 하지 않기를 속으로 바랐을지도 모르죠.

그때 제가 청와대에 2년 반 동안 근무하면서 "금융실명제가 이렇게 뜨겁게 논의되었고 언제 다시 할지 모르는데 나라면 이걸 어떻게 접근해야 할까?"라고 나름대로의 철학과 생각을 정립하려고 고민을 많이 했습니다.

홍재형 장관이 금융실명제 실시가 반드시 필요하다고 생각하게 된 원인 중 하나가 이미 1970년대 중후반에 재벌기업의 상속세 탈세 등으로 대한 국민들의 반기업·부정적 정서가 아주 높았다는 점이다. 기업들의 문어발식 확장, 기업집중 문제들이 사회적 문제로 많이 제기되었다.

홍재형 그때 당시 우리나라 국민들의 반기업 정서가 아주 높았습니다. 우리 사회는 청빈을 사회적 미덕으로 인정하고 존중하는 교육을 받는데, 기업인들이 탈세나 투기, 정경유착 등 다른 방법을 통해 돈을 벌었다고 생각하기 때문에 깨끗한 부유층, 즉 청부(淸富)라는 개념이 없었어요.

미국에서는 돈을 많이 번 사람이 존경받는데, 우리나라 국민들은 재벌이나 기업인들을 아주 부정적인 시각으로 보곤 했습니다. 우리가 처음에는 군이 조치를 취하지 않아도 재벌 1세에서 2세, 3세로 넘어가면 결국 상속세가 부과되기 때문에 자연스럽게 기업집중이 깨질 것이라고 봤는데, 가차명 계좌를 활용해 사전증여가 돼 버리니까 이게 안 되는 겁니다. 저 개인적으로도 대기업들이 상속세를 거의 안 내고 자녀에게 상속되는 걸 많이 보면서 조세정의와 형평성 측면에서 문제가 있다고 봤습니다.

'우리나라도 미국처럼 기업인들이 존경받으려면 어떻게든 탈세관행을 없애는 것이 중요하다'는 생각을 줄곧 하면서 공무원 생활을 했던 것이 제가 나중에 금융실명제나 부동산실명제를 적극적으로 추진하게 된 계기가 됐습니다. 근로자층이나 중산층이 "우리는 이렇게 열심히 일해서 세금을 내는데 저 사람들은 투기나 탈세로 돈을 버니까 불공평하다"라고 불만이 커지면 사회가 불안해지고 흔들립니다. 결국 뭔가 조치를 취할 수밖에 없는 상황이 오지 않았나, 그런 생각을 많이 했던 겁니다.

대기업이 투기를 하고 상속증여세를 탈세하고, 정치권이 불법자금을 받아도 처벌받지 않고 잘살면 국민들이 상대적 박탈감을 느끼잖아요? 국민들이 박탈감 느끼지 않고 정말 열심히 일할 수 있는 분위기를 만들려면 사회가 깨끗하고 안정되어야죠. 앞으로 우리 경제가 선진국 수준으로 발전하려면 기업들의 돈거래가 투명해져야 하고, 깨끗한 정부, 깨끗한 정치권이 되어야 한다고 생각했습니다.

둘째, 우리나라가 남북통일을 이루기 위해서는 통일 비용도 고려해야 하고 복지분야 예산도 늘려야 하는데 새로운 세원을 어디서 발굴할 것인가? 국민들의 금융소득이 올라가는 추세이기 때문에 결국 금융소득 쪽에서 세금을 제대로 걷어야 한다고 봤습니다.

셋째, 당시 개방화가 크게 진전되고 있었습니다. 자본자유화를 하는데 외국인 주식보유비율이 몇 퍼센트냐를 측정하려면 실명제를 해야 합니다. 만약 증권 가차명이 허용되면 외국사람들이 멋대로 국내 우량기업 주식을 대량으로 매집하여 문제를 일으킬 소지도 있었습니다.

나중에 제가 외환은행장으로 갔을 때 외환은행 본점이 을지로입구에 있었는데 바로 옆에 유명한 명동 사채시장이 있었습니다. 그때도 여전히 사채시장 규모가 엄청나게 크고 사채자금 유치가 은행지점장의 주요업무 가운데 하나였습니다. 그러다 보니 자주 사채관련 금융사고가 일어나곤 했죠. 그걸 보면서 결국 우리나라가 장기적으로 보면 실명제를 하지 않을 수 없다고 늘 생각했죠.

YS, 금융실명제 조기시행 지시

김영삼 대통령은 회고록에서 '개혁은 첫 6개월 안에 끝내지 않으면 영원히 못 한다'는 생각을 가지고 있었다고 밝혔다. 금융실명제는 그 개혁의 최우선 순위에 올라 있었다.

군개혁이 한창이던 4월 18일 아침 7시, 김 대통령은 이경식 부총리를 청와대 조찬에 불렀다. 조찬 자리에서 김 대통령은 "정경유착을 뿌리 뽑고 참다운 민주주의와 자본주의 정착을 위해 반드시 실명제가 필요하다. 금융실명제를 조기에 추진했으면 좋겠다"고 지시했다.

김영삼 대통령은 각료들과의 조찬 독대를 즐겨 하여 그전에도 이 부총리와 자주 만났기 때문에 주변에서는 별다른 의심을 하지 않았다.

김 대통령은 이날 자신이 이경식 부총리에게 다음과 같이 당부했다고 회고한다.

이날 나는 이 부총리에게 몇 가지를 이야기했다. 첫째, 금융실명제를 빨리 진행하지 않으면 사정과 공직자재산공개 등 내가 추진해온 정치개혁 작업이 물거품이 되기 쉽다. 둘째, 실명제는 시행 후 후유증 치유에만 1년가량 소요될 것이므로 실명제를 더 늦추면 집권 후반기에 다른 큰일을 하기 어렵고 경제적 성과를 거두기 어렵다. 셋째, 통상적 입법절차를 밟아서는 제대로 된 실명제를 만들기 어렵고 따라서 대통령 긴급명령으로 해야 한다. [10]

김영삼 대통령은 금융실명제 추진 사실이 외부에 알려질 경우 전에 그랬던 것처럼 정치적 반대에 부딪힐 것을 우려하여 이경식 부총리에게 철저히 비밀리에 작업해 달라고 주문했다.

대통령 지시를 받은 이 부총리는 기획원이나 재무부 공무원, 기업인, 정치인 등을 만나서는 먼 훗날을 위해 대비하는 것처럼 말하면서 폭넓게 의견수렴을 했다. 또한 비밀리에 부총리 자문관으로 와 있던 KDI 양수길 박사에게 실명제 시행을 위한 사전검토 작업을 맡겼다.

김진표 이경식 씨는 처음부터 비밀리에 전격적으로 하자는 입장을 대통령께 개진했던가 봐요. 이경식 부총리가 대통령으로부터 비밀엄수를 지시받았기 때문에 기획원 공무원은 단 한 사람도 모르게 KDI의 박사들에게 작업을 맡긴 것입니다.

당시 상황을 이경식 부총리로부터 실명제 비밀작업 지시를 받았던 양수길 박사는 이렇게 이야기한다.

기획원이나 재무부 라인을 동원하는 경우 동료나 출입기자에게 언제고 탐지되게 마련이고 따라서 보안이 유지될 수 없었다. 반면 나는 기획원 조직 내의 외톨박이요, 정책담당자가 아닌 만큼 부총리 집무실을 자주 드나들어도 눈여겨보는 사람이 없었다. 따라서 실명제 같은 비밀작업에 대한 보좌역을 수행하기에 안성맞춤이었다. [11]

---

10 김영삼, 2001, 《김영삼 대통령 회고록》, 상권, 조선일보사, 168쪽.
11 양수길, "금융실명제", 월간조선 편, 1993, 《한국현대사 119 대사건》, 조선일보사.

남상우(南相祐)

1946년 경기도 대이작도에서 태어났다. 서강대 국제통상학과를 졸업하고, 미국 MIT 경영대학원에서 경영학 박사학위를 받았다. 1971년부터 KDI에서 연구원 생활을 시작해 선임연구위원, 부원장, 국제교류 협력센터 소장을 거쳐 2010~2014년 KDI 국제정책대학원장을 역임했다. 또한 경제기획원 장관 자문관, 세계은행 이코노미스트, 아시아개발은행 연구소 선임연구원, 베트남 기획투자부 자문관 등으로 활동한 석학이다.

부총리로부터 비밀작업을 의뢰받은 양수길 자문관은 KDI의 금융팀장인 남상우 박사와 이 문제를 의논했다.

남상우 제가 KDI 금융팀에 있었을 때인데 경제기획원 부총리 자문관으로 가 있었던 양수길 박사로부터 전화가 왔습니다. "금융실명제에 대해 비밀작업을 해야 할 것 같다. 누구하고 했으면 좋겠냐?"고 물어보더라고요. 최근에 김준일 박사가 금융실명제 연구를 많이 했으니까 김준일 박사가 참여하면 좋겠다고 추천했습니다. 저는 금융실명제 작업 이야기를 그때 처음 접했습니다.

나중에 들어 보니 대통령께서는 그전부터 금융실명제를 꼭 해야겠다고 생각하셨던 것 같습니다. 저와 김준일 박사는 처음에 금융실명제 비밀작업 이야기를 들었을 때 사실 반신반의했습니다. "금융실명제 추진을 왜 부총리가 하나? 재무부가 하든지 경제수석이 해야지" 하는 의문을 가졌었죠. 나중에 소문을 들어 보니 박재윤 수석은 금융실명제에 소극적이어서 제외되었고, 재무부는 소관부처라 금방 기자들에게 소문이 날 것을 우려하여 초기작업이 이 부총리에게 맡겨졌다고 합니다.

KDI의 금융실명제 보고서, 'overnight' 시행 강조

이경식 부총리가 KDI에 금융실명제 비밀작업을 맡긴 것은 KDI가 1992년 말에 낸 금융실명제 보고서에 "금융실명제를 하려면 전격적으로, '오버나이트'(overnight)에 해야 한다"는 요지가 포함되어 있었는데, 이것이 김영삼 대통령이 구상하던 전격적인 금융실명제 구상에 맞았기 때문인 것으로 알려졌다.

남상우 1982년이나 1989년에 추진된 금융실명제는 사전에 법안을 마련하고 국회 공청회를 거치면서 국민적 합의를 얻어서 국회를 통과시키는 과정을 거쳤습니다. 그러다 보니 자꾸 반대에 부딪혀 무산되곤 했습니다. 그런데 KDI에서 김준일 박사가 1992년 말쯤에 "금융실명제는 예고 없이 전격적으로 오버나이트로 실시해야 한다"고 보고서를 낸 적이 있습니다.[12] 이경식 부총리께서 취임하신 후 그 보고서 내용을 읽고 그 방식이 일리가 있다고 생각하셔서 대통령께 그렇게 보고를 하셨던 것 같습니다. 대통령께서도 이미 그렇게 구상하고 계셨던 것 같은데, 아무튼 그런 연유로 우리에게 금융실명제 작업미션이 떨어졌습니다.

"금융실명제는 '오버나이트'로 가야 한다"는 보고서가 KDI에서 나오게 된 경위는 이렇다. 1992년 대통령 선거 당시 대선에 출마한 주요 후보들이 모두 금융실명제를 하겠다는 공약을 발표하자 KDI는 누가 되든 당장은 아니더라도 금융실명제가 실시될 것이라고 생각해 금융실명제 연구에 착수했다.

실명제 연구 미션은 KDI 금융팀에 막 합류한 신임 김준일 박사에게 떨어졌다. 그는 그동안 재무부와 KDI, 다른 연구소, 기업 등에서 만든 금융실명제 관련 자료들을 모두 읽고 종합적으로 검토했다.

"지하의 검은돈을 양성화하고 투명한 경제와 사회를 이룩하며 공평과세와 분배 정의 실현을 위해 반드시 금융실명제를 해야 한다"는 보고서가 대부분이었지만 "해서는 안 된다"는 보고서도 있었다. 특히 민간 경제연구소에서 낸 보고서들은

---

12 김준일, 1993, 《금융실명제의 단계적 추진 방안》, 한국개발연구원.

한마디로 "실명제를 하면 나라가 망한다"는 내용이 많았는데 반대논리를 요약하면 다음과 같다.

첫째, 고액 금융자산을 보유한 고소득층의 경우 자신의 금융자산 정보가 유출되는 데 대한 심리적 불안감이 크다. 특히 주식의 위장분산을 통하여 주식 보유한도를 초과하여 주식을 보유하던 기업 대주주가 초과보유가 곤란해짐에 따라 경영권 유지에 대한 적지 않은 불안감을 가지고 있다. 이 같은 고소득층의 돈이 빠져나갈 가능성이 있다.

둘째, 당시 비실명 금융자산 규모는 약 7조 원(예적금 4조 원, 주식 3조 원), 실질적 비실명자산 규모는 약 20~25조 원 수준으로 추정되는데, 만약 금융실명제가 실시되면 이 돈이 금융시장에서 다 빠져나가 산업자금 공급경로에 장애가 발생한다. 또한 해외로의 자금유출 가능성도 우려된다.[13]

셋째, 사채시장 위축으로 신용이 낮아 은행 등에서 대출받거나 어음할인을 받기 어려운 중소기업의 자금사정에 상당한 타격이 우려된다.

김준일 금융실명제를 실시해야 한다는 당위성 자체에는 아무 의문도 없었지만 "실명제가 시기상조"라고 주장하는 보고서를 쭉 읽어 보니 여기에도 상당한 논리와 점검해야 할 주요사항들이 있다고 봤습니다.

가장 큰 문제는 금융실명제 논의 과정에서 돈이 무더기로 이탈하여 경제위기와 금융시장 혼란이 발생하는 것이었습니다. 그런데 가만 보니까 모든 부작용은 실명제 실시 이전에 발생하는 것이었습니다. 금융시장은 선제적 관리(forward looking) 방식이잖아요? 금융실명제를 한다고 미리 예고하면 자금이 이탈하는 것이 당연한 이치죠. 그래서 보고서를 쓸 때 "비밀리에 철저히 사전준비를 하되 실시 자체는 하룻밤 사이에 전격적(overnight)으로 할 수밖에 없다. 그 외에는 답이 없다"고 결론을 냈습니다.

---

13 1990년 당시 실명제준비단은 비실명 금융자산의 50%, 증권 10%, 은행·기타 4% 수준에 해당하는 약 10~15조 원의 자금이 공금융권에서 이동할 것으로 추정했다.

이경식 부총리가 김영삼 대통령에게 금융실명제 관련 보고를 하고 있다(1993. 7. 1).

새 정부 출범 직후 한국경제를 이끌게 된 수장은 이경식 경제기획원 장관 겸 부총리였다. 신임 부총리에게는 관행적으로 KDI가 경제 전반을 보고하게 예정되어 있었는데 이 부총리 측에서 일반적 거시경제 외에 금융실명제에 대한 KDI의 입장을 함께 보고해 달라는 주문이 왔다. 이때는 거시경제동향이 주된 보고내용이었고 금융실명제는 별로 중요하게 언급되지 않았다.

  그런데 며칠 뒤에 갑자기 경제기획원에서 김준일 박사에게 잠깐 부총리실에 와서 다시 한 번 금융실명제를 보고해 달라는 요청이 왔다. 김 박사는 이 부총리에게 금융실명제에 대한 자신의 검토내용을 자세히 보고한 후, "금융실명제와 관련된 모든 문제는 실시하기 전에 생긴다. 따라서 비밀리에 준비했다가 전격적으로, 오버나이트에 해치우는 것이 핵심이다"라는 결론을 다시 한 번 강조했다.

김준일 저는 보고서에서 '오버나이트'에 전격적으로 실시해야 한다고 개념적으로만 말씀드렸는데, 이경식 부총리가 이걸 대통령께 '긴급명령'이라는 법적 용어를 사용하여 구두로 말씀드렸다고 합니다. 이 부총리가 박정희 대통령 때 청와대 경제수석실에서 김정렴 비서실장을 모시면서 8 · 3 조치를 시행한 적이 있었거든요. 그러니 이분 머릿속에는 긴급명령이라는 단어가 금방 떠올랐겠죠. 이 부총리가 그걸 구두로 말씀드리니까 김 대통령이 씩 웃더니 헌법법전을 가져와서 자신이 표시한 부분을 보여주는데 그게 긴급명령에 관한 페이지더라는 것입니다.

이 점에 대해 김영삼 대통령은 자신이 직접 법전을 검토했다고 회고한다.

> 나는 실명제 추진방법을 강구하기 위해 그동안 직접 헌법을 샅샅이 뒤져 보았다. 헌법을 외우다시피 연구한 끝에 헌법 제76조 '대통령 긴급명령권' 조항을 찾아내고 이에 의거하여 금융실명제를 실시하겠다고 결심했다. 긴급명령은 국회의 법률과 똑같은 효력을 가지는 것이었다. 준비기간은 2개월로 잡았다. 대신 성장률이 1～2%p 하락하고 시행 직후 증시가 몸살을 앓을 것도 각오했다. [14]

김영삼 대통령은 이 회고록에서 "중요한 것은 최대한 빨리 어떤 일이 있어도 비밀을 지키며 어떤 예외도 절대 배제한다는 것이었다"고 강조한다. 이에 따라 김영삼 대통령은 이경식 부총리에게 ① 철저한 보안을 지키면서 ② 금융실명제 방안을 두 달 안에 신속하게 마련하며 ③ 금융실명제 시행에 있어 어떤 예외도 두지 않는 방향으로 하라는 3대 방침을 지시했다.

KDI, '위장 투자연구소'에서 비밀작업

양수길 · 남상우 · 김준일 박사 등 세 사람의 KDI 박사들은 그동안 쭉 준비해온 자료들을 참고하여 금융실명제 추진의 기본틀과 내용을 만드는 작업에 착수했다. 이경식 부총리가 "철저히 비밀유지를 하라"는 대통령의 지시를 몇 차례나 강조했기 때문에 KDI 원장에게도 말을 꺼내지 못한 채 작업을 진행했다.

---

14 김영삼, 2001, 《김영삼 대통령 회고록》, 상권, 조선일보사, 169쪽.

김준일 처음 얼마간은 KDI 내에서 일했는데 그때 제 방에 여러 동료 선후배 박사님들이 들락날락하던 때라 비밀유지에 가슴 졸일 때가 많았습니다. 가령 제 방 문 앞에 손님이 오면 컴퓨터 쪽으로 오지 못하도록 무조건 컴퓨터 작업을 끝내고 가능한 한 컴퓨터와 멀어지도록 유도하곤 했습니다.

하루는 부총리가 대통령에게 가져갈 3쪽짜리 요약 보고서를 출력하는데 그때는 레이저프린터가 아니라 도트프린터라 시간이 오래 걸렸습니다. 보고서가 출력되는 동안 기다리고 서 있는데 갑자기 제 뒤에서 백운기 박사님이 프린터를 넘겨다보면서 "지금 뭐하세요?" 물어요. 정말 깜짝 놀라 가슴이 덜컥 내려앉는 경험을 했었죠.

또 보고서를 부총리에게 전달할 때 아무한테나 전달시킬 수 없어 광화문의 지금 KT 앞에서 간첩처럼 비밀 접선하기도 했습니다. 아직도 여러 가지 에피소드가 생생하게 생각나네요.

아무리 생각해도 KDI 내에서는 비밀유지가 어려울 것 같아 양수길 박사가 묘안을 냈다. 대치동 휘문고 앞에 친구가 소유한 금자탑이라는 평범하게 생긴 3층 빌딩의 2층에 방 하나를 빌려서 '위장 연구소'를 만든 것이다. 친구에게 "연구소를 하나 설립하기 위해 교수들과 작업해야겠다"면서 사무실을 빌려 '국제투자연구원'이라는 가짜 간판까지 만들고 밖에 턱 걸어 두니 제법 그럴듯한 위장 연구소가 만들어졌다. 중고가구와 의자, 집기를 사오고 컴퓨터는 각자가 쓰던 것을 가져왔다. 유일하게 새로 구입한 것이 서류작업의 흔적을 없애기 위한 파쇄기였다.

KDI, 금융실명제 10대 쟁점 정리

박사 세 사람밖에 없는 아주 단출한 팀이었지만 속도감 있게 작업이 진행되었다. 작업을 시작하기 전에 금융실명제의 방향을 10대 핵심 쟁점별로 정리하여 이경식 부총리에게 보고했다.

남상우 10대 쟁점은 실명제 안을 본격적으로 만들기 전에 확인이 필요한 기본 원칙에 관한 것이었습니다. 첫째, "실명제를 하겠다고 발표하는 시점과 실제로 시행하는 그 사이에 시차를 둘 것이냐, 둔다면 얼마를 둘 것이냐?"는 것인데, 이 문제는 예고 없이 시행하는 것이 시장에 충격도 덜 줄 테니 오버나이트로 가는 것이 좋겠다고 정리했습니다.

둘째, "금융실명화를 하는 데 있어 은행예금만 할 거냐 아니면 유가증권과 주식, 보험을 포함한 모든 금융자산에 대해 다 할 거냐? 무기명채권은 어떻게 할 거냐?"는 이슈가 있었습니다. 우리는 모든 금융자산이 예외 없이 실명화되어야 한다고 생각했습니다. 금융자산 중에 어떤 것을 예외로 남겨두면 모든 돈이 거기로 확 몰린다든가 하는 쏠림현상이 발생할 텐데 그건 바람직하지 않은 것으로 판단했기 때문입니다. 일단은 모두 다 그물망에 잡히도록 해서 꼼짝 못하게 하는 것이 초기 충격은 좀 있더라도 오히려 신속하게 금융권의 안정을 가져올 것이라고 생각했습니다. 여기에 대해서는 김영삼 대통령께서 "은행예금뿐만 아니라 모든 금융자산을 다 실명화해야 한다"고 단호하게 말씀하셨다고 이경식 부총리로부터 전해 들었습니다.

그리고 "실명대상을 얼마나 포괄적으로 할 것이냐?", "금융소득 종합과세를 처음부터 할 것이냐, 아니면 유예기간을 둘 것이냐?", "주식양도차익에 대한 과세도 바로 할 것이냐, 아니냐?" 등에 대해 대통령의 의견을 확실히 받기로 했습니다. 한편 이자와 배당 등 금융소득의 종합소득 합산과세 문제에 대해 KDI는 법개정이 필요하고 현실적으로도 어려우니까 시간을 좀 두어 차등과세하는 것이 좋겠다는 방안을 생각했습니다.

KDI 팀이 작성한 연구내용에 대해 이경식 부총리가 보완지시를 내리고 그 지시를 반영해 고친 최종안을 들고 청와대에 들어가 대통령을 독대하여 보고하는 일이 몇 차례 계속됐다.

금융실명제를 실시하기 전에 고려해야 할 몇 가지 중요한 관점에 대해 핵심 쟁점별로 KDI가 강한 시나리오에서 약한 시나리오까지 두세 가지 옵션을 만들어 보내면 대통령이 최종적으로 브이자로 체크했다. 그걸 이경식 부총리가 가지고 돌아왔는데 대통령은 항상 가장 강도 높은 조치에 체크했다고 한다.

홍은주 구체적으로 어떤 사례들이 있었습니까?

남상우 가령 실명화를 하면 과거 법규위반 사실이 많이 드러날 텐데 그것을 어떻게 처리할 것이냐는 문제를 다루었습니다. 예전에는 재형저축처럼 정부가 예금을 유치하고 중산층을 육성하기 위해 우대금리를 주는 저축들이 많이 있었어요. 개인별로 몇백만 원까지밖에 가입하지 못하도록 한도를 두었는데 그런 우대금리 혜택을 받으려고 일반 직장인이나 중산층이 가족이나 친구, 친척 등 다른 사람 이름으로 저축하는 경우가 많았습니다.

이런 것이 다 있을 수 있는 일인데 실명화하여 드러나면 모두 법규위반이잖아요? 중소서민들이 우대금리 조금 더 받겠다고 다른 사람 이름으로 저축한 것까지 일일이 따질 것인가 하는 문제가 있었습니다. 사실 KDI 입장은 "일일이 과거를 소급하지 말고 미래지향적으로 넘어가는 것이 좋겠다"는 것이었습니다. 만약 소급하더라도 어느 정도의 패널티를 부과하고 넘어가자고 그랬습니다. 그런데 이 문제를 대통령께 가져갔더니 "어떤 예외도 두지 말라"고 상당히 강한 지시를 내리셨다고 합니다.

또 금융시장의 자금이탈을 막고 탈세를 방지하기 위해 장기 무기명채권을 발행할 것이냐 말 것이냐는 문제가 있었습니다. KDI는 이에 대해 "지하자금을 생산적인 데다 쓰고 금융실명제를 연착륙시키기 위해 그런 것도 검토할 수 있겠다"고 생각했습니다. 그런데 대통령은 그것도 역시 딱 잘라 안 된다고 하셨습니다.

무기명·비실명 계좌를 가진 사람의 실명전환 의무기간을 얼마로 할 것이냐는 문제에 대해서도 의견이 달랐습니다. KDI는 원래 한 달로 했었는데 그 안을 대통령께 가져갔더니 "뭘 한 달씩이나 필요한가? 그동안에 돈이 빠져나가지 않겠나? 2주일로 줄이시오"라고 지시해서 그렇게 확정했습니다.

160

그러던 어느 날, 이경식 부총리가 KDI 박사 세 사람을 한자리에 불러 모았다. 무슨 일인가 궁금해하는 이들에게 이 부총리가 보여준 금융실명제 방안 보고서의 커버 페이지에 김영삼 대통령의 친필사인이 큼지막하게 적혀 있었다. 드디어 대통령의 최종재가가 떨어진 것이다.

홍재형 재무장관, 비밀리에 금융실명제 자체검토

금융실명제의 주무부처는 재무부였기 때문에 만약 실명제를 법제화한다면 재무부가 총대를 메게 되는 것이 당연했다. 1982년에 제정된 「금융실명법」에 따라 세제실에서는 1986년부터 언제든 금융소득 종합과세가 실시될 수 있다고 생각하여 꾸준히 검토해 오고 있었다. 다만 시행시기에 대해 기자들이 물어올 때면 재무부 간부들은 아직 대통령의 의중을 모르는 상태라 "공론화 과정을 거쳐 적정한 때에 시행한다"는 정도의 입장을 견지했다.

김진표 당시 세계가 불경기였고 국내도 경제가 좋지 않았을 때였습니다. 김영삼 대통령 초기에 재무부 간부회의에서 금융실명제가 논의된 적이 있었습니다. 그런데 대체적으로 "시간을 좀 두고 공론화 과정을 거친 후 국민적 지지를 얻어 국회에서 정식으로 법통과를 시키자"는 정도의 분위기였기 때문에 대외적으로 그런 입장을 유지하고 있었죠.

그런데 김영삼 대통령을 가까이서 보던 홍재형 재무부 장관은 그의 성격을 잘 알기 때문에 정부 출범 이후 언제든지 금융실명제를 실시할 수 있다고 판단하고 재무부 장관에 취임하자마자 3월부터 비밀리에 실명제에 대한 내부검토에 들어갔다. 홍 장관은 매주 일요일마다 김용진 세제실장과 윤증현 금융국장, 임지순 소득세제과장 등을 불러 실명제에 대해 보고받았다.

다음은 임지순 당시 소득세제과장(후일 국세공무원교육원장)의 회고다.

임지순 당시 제가 소득세제과장으로 있을 때인데 김영삼 대통령 취임 직후 3월쯤이었던 것으로 기억합니다. 홍재형 장관께서 금융실명제에 대해 뭔가 복안이 있었는지 저를 불러 금융실명제에 관해 파악해서 보고해 보라고 지시하셨습니다. 그래서 그동안 재무부가 준비했던 각종 자료들을 다 찾아서 조사하고 손으로 필사하여 자료를 일목요연하게 정리했습니다. 제가 찾아보니까 1982년의 금융실명제 자료와 1989년에 준비단이 마련했던 자료가 많이 있었습니다. 또한 1992년 대선 때 모든 후보들이 금융실명제를 한다고 하니까 그때 재무부에서 해외사례를 조사한 자료도 다양하게 축적돼 있었습니다.

그걸 전부 취합하여 실명제의 역사와 시행과정에서 예상되는 문제점, 이에 대한 대책, 외국 사례 등 주제별로 나누어 보고했습니다. 외부에는 비밀로 해야 하니까 일요일에 장관실로 가서 몇 차례 보고했는데, 처음 보고하러 갔더니 그 자리에 김용진 실장과 윤증현 국장께서 와 계셨습니다. 이때는 정식으로 뭘 하려던 것이 아니라 사전적으로 내부검토를 하는 단계였죠. 사실 실명제의 핵심은 금융이었고 세제실이 관련된 업무는 금융소득 종합과세뿐인데, 실명제가 워낙 뜨거운 감자가 되다 보니까 금융실명제를 세제실 업무로 미루는 경향이 좀 있었어요. 그래서 그랬는지 아무튼 세제실에 있던 제가 금융분야까지 포함하여 실명제에 대한 종합보고를 하게 됐습니다.

임지순 과장은 또한 홍 장관의 지시를 받아 은행과 증권, 보험 등 각 업권별로도 현황파악 및 의견수렴에 착수했다.

임지순 실명제 작업에 본격 착수하기 전에 제가 은행, 증권, 보험 등 금융업권별로 임원들을 만나 실명제에 대해 설명도 하고 의견수렴도 했습니다.

재미있는 것은 업권별로 반응이 다 달랐다는 거예요. 은행 임원들은 당시만 해도 별 관심이 없었습니다. 왜냐하면 실명제가 시행되고 종합과세가 될 때는 자기가 그 자리에 있을지 없을지 모르니까요. 그런데 생명보험 등 보험사는 사실상 장기저축 성격의 보험료를 관리하고 오너가 있으니까 아주 철저히 챙겨요. 디테일

임지순(任智淳)

1947년 서울에서 태어나
서울대 상과대학을 졸업했다.
1972년 행정고시에 합격해
공직생활을 시작했다.
재무부 소득세제과장, 국세심판소
행정실장, 상임심판관, 국세청
국제조세국장, 간세국장을 지내며
국세행정 전문가로 인정받았다.
2000년 국세공무원교육원장을
역임하였다.

한 사항까지 저에게 물어보고 점검하는 겁니다. 그런 식으로 업권별 의견수렴을
계속했습니다.

시간이 좀 지나면서부터 임지순 소득세제과장 외에도 백운찬 소득세제과 사무관
(후일 기획재정부 세제실장, 관세청장)이 추가 검토작업에 참여했다. 김용진 세제실
장이 백 사무관을 불러 "금융실명제가 언제 될지 모르지만 미리 좀 준비하려고 하
는데 당신이 세제실로 와서 일하라"고 했다.

백운찬 제가 처음에 국세청에 있다가 1988년에 재무부 증권국으로 발령이 났어
요. 1993년 김영삼 정부가 출범했을 때는 제가 금융국 증권발행과에서 3, 4년 정도
일한 시점이었습니다. 그런데 홍재형 장관이 어느 날 "금융도 알고 세금도 아는 실
무자를 한 사람 빨리 찾아보라"고 김용진 세제실장께 지시했던가 봐요. 재무부 내
에서 세제실과 금융국 간에 인사교류가 별로 없었기 때문에 금융을 하는 사람은 세
금을 잘 모르고 세금을 하는 사람은 금융을 잘 몰랐습니다. 그런데 제가 세무서에
서 오래 근무하다 왔고 금융업무도 몇 년 동안 했으니까 양 분야가 걸쳐 있는 실명

제를 연구할 인력으로 리크루팅 대상이 되었던 것 같습니다. 세제실로 발령 나기 전에 금융실명제를 검토하는 업무를 맡는다는 것은 알고 갔습니다. 그래서 4월 말, 5월 초쯤에 소득세제과로 발령 났는데 옛날에는 재무부에서 금융국이 더 인기가 있었습니다. 증권발행과에서 소득세제과로 발령 나니까 주변에서 다들 제가 뭘 잘못한 줄 알더라고요(웃음).

금융국에 1982년과 1989년에 이미 준비된 실명제 보고서 내용이 많았는데 그걸 제가 소득세제과로 모두 가져갔습니다. 그때만 해도 기자들이 각방에 무시로 출입하던 때입니다. 제 자리 옆에 캐비닛에 금융실명제 관련 서류를 숨겨 두고 실명제 내용과 실시할 경우 예상되는 문제점이 무엇인지 정리하는 작업을 한동안 계속했습니다.

백운찬 사무관은 실명제 실시를 위한 환경적 준비가 어느 정도 되어 있는 상태라고 판단하고 그렇게 위에 보고했다고 한다. 마침 과거 실명제가 두 차례 유보되면서 비실명 금융소득에 대한 차등과세가 지속적으로 강화되었고, 실명거래만 가능한 중산층 대상 금융상품이 보급되었으며, 신용카드와 가계수표 사용 확대 등 실명대체 결제를 위한 관련제도가 꾸준히 정비된 상태라 시기는 무르익었다고 봤다.

또 증권시장을 안정시킬 수 있는 기관투자자들을 육성하고 금융자산이 부동산으로 빠져나가지 않도록 택지소유상한제나 토초세 도입 등 부동산 관련 규제도 도입돼 있었다.

홍재형 장관, 금융실명제 조기시행 건의

재무부가 꾸준히 비밀리에 내부검토를 하고 있는데, 5월 중순 무렵 김영삼 대통령이 홍재형 재무부 장관을 청와대 오찬에 불렀다. 김 대통령은 원래 칼국수를 먹거나 설렁탕에 깍두기 국물을 부어 빠르게 식사를 끝내는 스타일이었는데 이날은 분위기가 좀 달랐다. 약주까지 내오도록 하고 특별히 긴 시간에 걸쳐 식사하면서 금융실명제와 관련하여 "금융실명제를 한다면 언제가 좋겠는가?"라고 물었다.

홍 장관은 "금융실명제를 할 거라면 취임 첫해에 하는 것이 좋겠습니다"라고 답변했다.

홍재형 금융실명제 실시의 가장 큰 걸림돌이 정치권의 반대이기 때문에 대통령 취임 첫해, 비토그룹을 강하게 제압할 수 있을 때 해야 한다고 봤습니다. 마침 취임 초반 김영삼 대통령이 정치권과 군부에 대해 강도 높은 일련의 사정과 개혁작업을 추진하고 있었기 때문에 분위기가 상당히 형성되어 있었어요. "모든 공직자들과 국회의원들은 전원 재산등록을 하라"고 하여 돈이 엄청나게 많은 사람들 명단이 나왔습니다. 일부 국회의원들은 자리에서 물러날 정도로 다 드러나게 됐죠. 군부에 대해서도 율곡비리 수사 등으로 강도 높은 사정을 실시했습니다. 그리고 김영삼 대통령이 "나는 절대로 기업으로부터 정치자금을 한 푼도 받지 않겠다. 그 돈이 있으면 기업들은 기술개발과 투자에 써 달라"고 선언하기도 했습니다. 싸늘한 사정 바람에 정치권이나 군부의 기강이 확 잡혔습니다.

이럴 때 개혁을 하면 좀 쉽게 추진할 수 있잖아요. 기업들의 투자측면에서도 미래에 대한 불확실성을 빨리 제거하는 편이 경제에 좋다고 봤습니다. 당시 기업가들이 이 정부가 금융실명제를 할까 말까 눈치보면서 투자를 망설이고 있었거든요. 그런 불확실성이 계속되는 것보다 차라리 불확실성을 조기에 없애야 한다는 게 저의 생각이었습니다. 그래서 이른바 '목욕탕 수리론'을 말씀드렸습니다. 보통 손님 없는 여름에 목욕탕 청소나 수리를 하잖아요. 지금처럼 경제가 나쁠 때 오히려 이걸 먼저 수술하고 개편하고 나면 경제가 더 빨리 좋아질 수도 있다고 봤습니다.

그러자 김영삼 대통령은 "만약 실명제를 연내에 실시한다면 구체적으로 언제가 좋겠는가?"라고 물었다. 홍 장관은 "8월 중 여름철이 좋겠습니다"라고 답변했다. 왜 여름에 하자고 대통령에게 권했을까?

그가 사무관 시절에 고정환율을 바꾸는 작업을 주로 여름에 했었다. 국내저축이 부족한 시절에 기업들이 외국에서 차관을 많이 들여와 공장을 짓고 기계설비를 했기 때문에 정부의 환율변동 고시가 기업과 경제에 큰 영향을 미치던 시절이었다. 경제가 전반적으로 느려진 여름철에 환율을 고시하는 것이 경제에 미치는 충격을 최소화할 수 있다는 경험칙이 있었다.

홍 장관은 대통령에게 "선진국의 경우도 사람들이 대부분 휴가를 간 여름에 경제조치를 시행하는 경우가 많습니다"라고 설명했다.

홍재형 시점을 여름으로 하자는 것과 함께 당시 김영삼 대통령에게 제가 말씀드린 것이 또 한 가지가 있습니다. "실명제를 실시할 때 처벌의 강도가 중요한데 너무 세게 하면 안 됩니다. 우리나라 사람들의 돈에 대한 관념이 문제인데 돈은 양지를 좋아하지 않아서 그늘로 자꾸 들어가려 하기 때문입니다. 또 우리나라의 네모난 쌀뒤주에서 쌀을 풀 때 바가지가 둥그렇게 되어 있어서 다 퍼내고 나도 구석에 쌀이 조금씩 남아 있죠. 그런 식으로 좀 여유 있게 가야 합니다, 처음부터 너무 강하게 하시면 안 됩니다" 그렇게 말씀드렸어요. 그리고 "실명제 실시 지시는 부총리를 통해 내려 주시면 제가 일하기 편하겠습니다"라고 건의했습니다.

그 후 한동안 대통령이 별다른 이야기가 없었으나 감으로 봤을 때 곧 지시가 내려올 것이 분명하여 금융실명제 내부검토를 계속했다.

홍 장관은 '금융실명제를 실시하려면 보안을 철저히 유지한 채 비밀작업을 해야 할 텐데 이걸 어떻게 해야 하나?'라고 고민하다가, 김정렴 전 비서실장이 쓴 《한국경제정책 30년사》[15]라는 책에 화폐개혁을 비밀리에 추진했던 이야기가 나와서 그것도 참고로 읽었다고 한다.

YS, 재무부에 실명제 법안 준비 지시

그러다가 6월 말이 됐다. 하루는 김영삼 대통령이 이경식 부총리와 홍재형 재무부 장관 두 사람을 청와대로 불렀다.

김 대통령은 홍 장관에게 "이경식 부총리가 KDI 박사들을 시켜서 금융실명제 방안을 만들었으니, 이걸 재무부가 받아 정식 법안으로 만드는 작업을 하시오. 그

---

15 김정렴, 1991, 《한국경제정책 30년사》, 중앙 M&B.

리고 이 작업은 철저히 비밀을 지키시오"라고 지시했다. 심지어 최측근인 대통령 비서실장과 주무인 경제수석에게도 비밀로 하라는 명령이 떨어졌다.

대통령은 왜 금융실명제를 경제수석에게 비밀로 했을까?

홍재형 금융실명제는 김영삼 대통령 공약사항이었기 때문에 다들 막연하게나마 언젠가는 해야 한다고 생각했습니다. 그런데 1992년 4분기와 김 대통령이 취임한 1993년 1분기는 경제성장률이 3.5%에서 4%로 아주 낮았습니다. 그 상황에서 김영삼 정부가 '신경제 100일 계획'을 시행했고 박재윤 경제수석 주도로 신경제 5개년계획을 수립했습니다. 박재윤 수석은 경제가 나쁘니까 1994년 이후 경제가 좀 안정된 다음에 실명제를 실시해야 한다는 입장이었던 것 같습니다. 대통령이 경제수석과는 자주 보니까 몇 번 물어봤을 거 아니에요? 넌지시 금융실명제 이야기를 꺼내고는 "어떻게 하는 게 좋을까?" 물었는데, 박 수석이 "지금은 시기가 적절치 않습니다. 경제상황이 나아지면 하는 것이 좋겠습니다"라는 입장이어서 제외되었던 것 같습니다.

금융실명제 실시에 대해 이경식 부총리와 저는 가능한 한 빨리 해야 한다는 생각이었는데, 박재윤 경제수석은 우리 경제체질이 감당할 수 있을 때 수술해야 한다는 '외과의사 수술론'을 주장했습니다.

KDI, 금융실명제 초안 홍재형 장관에게 보고

이날 대통령의 지시로 KDI가 연구하던 금융실명제 추진방안의 내용이 주무부처인 재무부에 넘겨졌다. KDI 팀은 홍재형 재무부 장관에게 직접 내용을 설명해 달라는 이야기를 전해 듣고 6월 28일 여의도 기술신용보증기금 대국회용 장관 집무실로 갔다.

내용을 미리 검토했던 홍재형 장관은 실명제의 강한 성격에 많이 놀랐다고 회고한다. 홍 장관은 이전에 대통령에게 "금융실명제에 따른 처벌의 강도는 좀 여유를 두시지요"라고 건의했었는데 막상 KDI 보고서는 아주 강도 높은 성격이었다.

홍재형 부총리로부터 전해 받은 KDI 초안을 제가 미리 좀 읽어 보니까 내용이 생각보다 아주 강했습니다. 아마 비실명자금은 뭔가 꺼리는 게 있고 문제 있는 돈이니까 국고환수나 예금동결 등 징벌적 방향으로 가야 경제정의에 부합한다는 김영삼 대통령의 의중이 많이 반영되었던 것 같습니다. 실명제 실시 목적이 검은돈과 비자금 척결 쪽에 초점이 맞춰졌으니 경제현실과 거리가 멀고 다른 세법과도 균형이 맞지 않았습니다. 김 대통령 입장에서는 기왕에 강도 높은 개혁을 추진하는 마당이니 선명성을 강조하려 했던 것으로 추측됩니다.

이날 KDI 팀의 설명회 자리에는 김용진 세제실장(후일 행정조정실장, 과학기술처장관)이 배석해 있었다. 김용진 세제실장은 금융실명제 내용이 급진적인 점에 대해서는 다소 놀랐지만 긴급명령에 의해 전격 실시한다는 사실에 대해서는 '역시 YS답다'고 생각했다고 한다.

김용진 1992년에 모든 대선후보들이 금융실명제를 시행한다고 했거든요. 제가 김영삼, 김대중, 김종필, 3김 모두에게 1시간 이상씩 금융실명제 관련세제를 설명해 드리고 오찬을 같이한 적이 있습니다. 김영삼 대통령은 제가 세제국장 말년에 정책강의를 한 후 식사에 초대를 받아 이야기한 적이 있는데, 인상은 부드럽고 부잣집 아들 같지만 내적으로 대단한 결기와 카리스마가 있다고 봤습니다. '이분은 한다고 하면 진짜 하겠구나' 싶은 인상을 그때 받았습니다. 금융실명제를 대통령 긴급명령으로 실시한다고 하니 '이게 이분이 추진하고 싶어하는 방안이구나' 이렇게 납득했습니다.

홍은주 금융실명제를 국회를 통한 정식절차가 아니라 긴급명령으로 가는 방안에 대해 어떻게 평가하셨는지요?

김용진 그 방식이 적정하다고 생각했습니다. 1982년 금융실명제가 정치적 과정을 거치면서 어떻게 무위로 돌아갔는지 지켜봤기 때문입니다. 정식 입법절차를 밟

김용진(金容鎭)

1939년 경북 상주에서 태어났다.
서울대 문리대를 졸업했고, 서울대에서
행정학 석사학위를 받았다. 1966년
행정고시에 합격해 재무부 세제국장,
세제실장, 제12대 관세청장을 거쳐
재무부 차관을 지낸 조세행정 전문가다.
은행감독원장으로 활동했고,
국무총리행정조정실장 시절 노사관계
개혁추진위원회 실무위원장으로
부처 간 이견을 조율하고 노동관계법
개정안을 마련했다. 1996년
과학기술처 장관을 역임했다.

는 한 호랑이를 그려도 결국 국회에 가서 고양이가 될 것이라고 봤습니다. 처음에 안을 만들어서 국장회의, 차관회의, 경제장관 회의, 국무회의를 거쳐 국회로 가서 또 한 3개월 논의하다 보면 법안이 묻혀 버리는 수도 많고, 호랑이를 그렸는데 쥐도 못 잡는 늙은 고양이가 될 수 있다고 늘 생각했었습니다. 그게 각종 개혁안이 입법현실에서 부딪히는 일반적 현상입니다. 이를 방지하기 위해 당시 긴급명령을 선택했습니다.

우리가 그전에 검토해 봤더니 긴급명령이 아니라도 금융실명제를 시행할 수 있는 방법은 두어 가지 있었어요. 우선, 재무부가 금융단 협의를 거쳐 은행, 증권, 보험 등이 동시다발로 업계 자발적으로 실시하면 되는 겁니다. 재무부 장관의 지휘하에 금융단이 날짜를 정해 한날한시에 동시에 실명제를 실시하면 모든 금융기관이 동일한 조건이 되거든요. 우리나라는 이미 1968년에 박정희 대통령이 주민등록증제도를 만들었는데, 당시 이 제도 도입의 목적은 안보, 국방, 주민관리 차원의 사회적, 정치적인 것이었지요. 이 제도가 만들어져서 금융실명제나 세제 등 투명한 제도를 도입할 수 있는 사회적 인프라와 여건 자체는 이미 갖추어져 있었습니다. 그런데 이 방식이 선택되지 않았던 것은 금융권과 기업들이 결사적으로 반대했기 때문입니다. 당시 금융기관들, 특히 은행 입장에서는 예금 많이 들어오고 대출 많이 해주면 되지 굳이 가차명을 가릴 유인이 없었습니다.

둘째, 심야 국무회의를 해서 전격적으로 대통령령을 아침에 발표하는 방법도 있었습니다. 1982년 12월 통과된 「금융실명법」에는 "정부는 전산능력의 보완 등 그 시행을 위해 행정준비를 해야 한다. 그리고 1986년 1월 이후 정부가 대통령령으로 정하는 날 시행한다"고 되어 있잖아요? 그러니까 할 생각만 있으면 시행할 수는 있었습니다. 그런데 이 방식의 문제점은 만약 그날 통과가 안 되면 내용이 시장으로 다 흘러나가서 큰 시장혼란이 일어난다는 점입니다. 김영삼 대통령이 선택한 긴급명령으로 가면 이런저런 문제들이 발생하지 않고 단숨에 해치울 수 있습니다.

홍은주 KDI가 만든 금융실명제 추진방안을 보고 어떤 실무적 판단을 하셨습니까?

김용진 제가 그 자리에서 홍 장관께 우선 큰 것 몇 가지만 지적했습니다. 첫째, 실명전환 의무기간 2주는 물리적으로 불가능하다는 것입니다. 우선 은행이나 증권, 보험사 등 주요 금융기관만 하더라도 전국에 수없이 많은 지점들이 있습니다. 금융기관이라고 하면 보통 주요기관만 생각하는데 실은 신협과 마을금고, 우체국 등이 전국 방방곡곡에 광범위하게 퍼져 있습니다. 또 일선에서 실명전환을 유도하는 사람들은 금융사 직원들이니까 먼저 이 직원들부터 교육해야 하거든요. 적정한 교육을 미리 하지 않으면 전환과정에서 마찰이 생겨 원래 목표와 달리 국민적 반발을 일으킬 수 있습니다. 그러니 2주 안에 하는 것은 불가능했습니다.

둘째, 실명전환 기간 내에 실명화하지 않은 돈은 국가가 몰수하도록 돼 있었는데, 이는 자본주의 사회의 사유재산권이라는 헌법정신을 위배한다는 것입니다. 벌금을 추징하는 것이라면 몰라도 비실명자금이라고 해서 무턱대고 죄다 몰수하는 것은 위헌소지가 있었습니다.

셋째, 실명화되는 자금의 출처조사 면제대상과 금액에 대해 10대부터 50대까지 연령대별로 액수를 아주 세부적으로 나누도록 돼 있었는데 그것도 불가능하다는 것입니다. 은행 등 수많은 금융기관이 있고, 각 금융기관별로도 지점이 전국에 수십 개가 있는데, 같은 금융기관의 어느 지점에 누구 돈이 얼마 있는지도 모르는 상황에서 계좌별로 인별합산하는 것이 기술적으로 불가능했습니다. 인별합산을 추진하기 위해 금융실명제를 하자는 것인데 금융실명제를 하기 위해 인별합산을 먼저 하라는 건 순서가 뒤바뀐 것이죠.

홍은주 그 짧은 시간에 참 많은 생각을 하셨군요.

김용진 재무부 세제실이 1986년부터 금융소득 종합과세를 위해 금융실명제 실시를 늘 염두에 두었기 때문에 자료를 들여다보고 생각할 기회가 많았거든요. 학계에서는 한승수·최광 교수 등이 세제발전심의위원회에서 이 주장을 많이 했습니다. 반면에 금융기관이나 기업들은 금융실명제를 반대했죠.

당시 금융실명제를 반대하던 사람들은 경제유기체론이라고 해서 체력이 약한데 큰 충격을 주면 경제가 견디지 못할 것이라는 의견을 가진 분들이 많았습니다. 그런데 저는 어떻게 해도 경제 자체가 죽는 법은 없다고 봤습니다. 얼마나 부작용이 크냐의 문제인데 저는 가장 적절한 시기는 오히려 경제성장이 낮을 때라고 봤습니다. 만약 높은 경제성장 국면에서 금융실명제 때문에 혹시라도 하락하면 그 책임을 금융실명제가 다 뒤집어쓰지만, 경제가 좋지 않을 때 하면 차라리 감내할 수 있다고 봤습니다.

재무부, 과천에 비밀작업 아지트 마련

7월 초중반에는 금자탑 빌딩에서 재무부와 KDI가 이경식 부총리, 홍재형 장관의 주재하에 공동으로 토론과 회의를 하였다. 그리고 그 내용을 정리하고 가다듬은 보고서를 7월 20일에 이경식 부총리와 홍재형 장관이 청와대에 들어가 대통령에게 보고했다. 금융과 세제의 현실적 측면을 고려하여 수정한 보고서였다. 이미 대통령이 사인했던 내용을 일부 고치게 된 이유에 대해서는 홍재형 재무부 장관이 하나하나 근거를 가지고 설명하여 대통령이 흔쾌히 동의했다.

한편 홍재형 장관은 이미 그 이전인 7월 12일 청와대에서 대통령으로부터 금융실명제 법안화 작업 지시를 받고, 실명제 작업에 참여할 핵심멤버의 인선을 어떻게 할 것인지, 김영삼 대통령이 강조하는 보안문제를 어떻게 해결할 것인지 고민했다.

홍재형 1989년의 금융실명제반은 금융팀이 주축이고 세제팀이 보완적으로 합류했는데, 1993년 작업 때는 세제팀을 주축으로 하고 금융팀을 합류시켰습니다. 실명제가 향후 세금이나 세제와 관련이 많고, 조세형평성을 따질 때 실명으로 하여 세금을 낸 사람과 세금을 안 내고 비실명인 사람들을 구분하니까 가장 중요한 것이 세금문제라고 봤거든요.

김용진 세제실장을 단장이자 책임자로 하고, 김진표 심의관에 이어 임지순 소득세제과장과 백운찬 소득세제과 사무관을 합류시켰습니다. 1989년에 실명제 작업을 했던 사람들이 아무래도 경험이 있을 것이므로 진동수 과장과 최규연 사무관, 임동빈 관세정책과 사무관 등도 영입했습니다. 컴퓨터 작업을 위해 국세청 주사급 직원인 백승훈(7급), 최회선(8급) 씨도 참여시켰고, 입법과정에서 법제처 방기호 법제관이 들어왔죠. 맨 마지막에 실무검토를 위해 국민은행 김혜영 과장도 부총리가 일을 시키기 위해 부른다면서 차출하여 포함시켰습니다.

홍재형 장관은 김용진 세제실장과 김진표 세제실 제1심의관을 불러 실명제 작업 추진에 대한 대통령의 의지를 설명하고 비밀리에 법안화 작업과 시행에 따른 구체적 대응방안을 마련할 것을 지시했다.

1차 실명제 추진 시 소득세 관련 비밀작업을 했던 김진표 심의관은 그동안 국장으로 승진했다가 외부에 파견 나가 있었는데 이 작업을 위해 재무부 총괄 심의관으로 불려왔다. 김용진 실장과 김진표 심의관은 세제분야에서 과장과 사무관, 국장과 과장 등으로 오랫동안 함께 손발을 맞춰 일해 온 사이였다. 무슨 생각을 하는지 서로가 표정만 봐도 잘 알았다.

진동수(陳棟洙)

1949년 전북 고창에서 태어났다.
서울대 법학과를 졸업하고, 미국
보스턴대학에서 경제학 석사학위를
받았다. 1975년 행정고시에 합격해
공직에 입문한 뒤 재무부 해외투자과장,
재정경제원 산업자금담당관, 대통령
금융비서관, 금융감독위원회 상임위원,
재정경제부 국제업무정책관 등을
지냈다. 2005년 제23대 조달청장,
2006년 재정경제부 차관, 2008년
한국수출입은행장, 2009년
금융위원회 위원장을 역임했다.

금융분야에서는 진동수 당시 해외투자과장이 불려왔다. 1982년 실명제 추진 때 이재 3과 사무관으로 법안작업을 했고, 1989년 실명제 추진 때는 총괄반장을 했기 때문에 3차 실명제 추진 때 또 불려온 것이다.

진동수 하루는 홍재형 부총리가 불러 장관실로 갔는데 저한테 무슨 종이를 주고 사인을 하라는 것입니다. 보니까 금융실명제 비밀유지 각서였습니다. 저는 그때 해외투자과장이라 국내 금융업무와 무관했는데, 1982년에 실명제 법안을 입안하고 2차 때는 실명제 총괄반장을 지냈다고 저를 부른 겁니다.

1989년 금융실명제의 핵심주역인 윤증현 국장이 작업반에서 빠진 이유는 당시 이분이 증권국장이었는데 정부가 증권시장에 정책개입을 하던 시절이라 기자들이 윤 국장 동정을 수시로 살폈기 때문입니다. "언제 금융실명제를 시행할까?" 해서 기자들이 날카롭게 촉을 세우던 때였는데, 만약 윤 국장이 금융실명제로 자주 자리를 비우면 기자들이 금방 눈치챘겠죠. 그래서 윤 국장 등 금융분야 핵심 보직자들이 빠진 듯합니다. 아무튼 비밀유지 각서를 쓰고 바로 그날 저녁부터 금자탑 빌딩에 가서 KDI팀을 만나 보고서를 기초로 금융현실과 법논리를 보완해 가다듬기 시작했죠.

1993년 금융실명제 실무작업이 극비리에 진행되었던 과천 주공아파트 5단지(1993. 8. 14).

본격적인 법안화 작업팀이 구성된 데 이어16 홍재형 장관과 김용진 실장, 김진표 심의관은 작업장소의 선정부터 행동준칙까지 디테일한 고민을 했다.

　우선 어디서 작업하느냐가 문제였다. 김진표 심의관이 "처남이 군포시장을 하는데 시장관사가 넓으니 그 공간을 이용하면 어떻겠습니까?"라고 의견을 냈는데 김용진 실장이 반대했다. '군포시청 공무원들이 저 사람들 뭐하는 사람들인데 우리 청사를 드나드느냐고 의심할 경우 금방 들통난다. 무엇보다 장소가 과천과 가까워야 한다'는 생각이었다.

김용진　세제실 사람들이 얼마나 눈치가 빨라요? 밤낮 일을 시키던 제가 갑자기 일 안 챙기고 정시에 퇴근한다고 하면 단박에 '이거 무슨 일 있구나!' 생각할 것 아니겠어요? 더구나 7, 8월은 세제실이 가장 바쁠 때이고 당시 토초세가 한창 문제가 되던 시점이었으니까요. 그러니 빨리 퇴근할 거리가 아니라 유사시 필요하면 한낮이라도 제가 잠깐 밖에 바람 쐬러 나가듯이 갔다 올 수 있는 거리여야 한다고 봤습니다.

16　김영삼, 2001, 《김영삼 대통령 회고록》, 상권, 조선일보사, 170쪽.

그래서 두 달 작업이 예정돼 있었는데 과천 아파트를 일부러 4개월 임대로 얻었습니다. 다급한 작업처럼 보이지 않게 오래 작업하는 것처럼 꾸미기 위해서였죠.

백운찬 당시 과천 주공아파트 5단지에 전세 나가기까지 시간이 좀 있는 빈 아파트가 한 채 있다고 해서 두세 달 계약하자고 했더니 무엇 때문에 구하느냐고 물어보더라고요. "교수들에게 통일문제 연구를 맡겼는데 보고서 작성이 급해서 그런다"고 설명하고 집주인한테 달라는 대로 돈을 다 주겠다고 했습니다. 당시 평균 월세의 두 배쯤 주고 아파트를 구해 사람들이 다 모여서 합숙 작업을 시작했습니다.

김진표 과천 아파트는 50~60평 정도로 꽤 큰 편이었는데 비밀이 샐까 봐 예산을 쓸 수가 없잖아요? 할 수 없이 이경식 부총리와 홍재형 장관, 김용진 세제실장, 저, 이렇게 네 사람이 각각 500만 원씩 내서 2천 만원을 만들어 그걸로 아파트 월세도 내고 컴퓨터와 프린터 등 사무집기도 사서 일단 작업을 시작했습니다. 이것은 나중에 실명제가 발표된 후 예산에서 돌려받았죠.

과천으로 유턴한 '위장 해외출장'

과천 아파트에서 숙식을 같이하면서 비밀리에 금융실명제 작업을 하는 사람으로는 임지순 소득세제과장, 임동빈 사무관, 그리고 금융분야 최규연 사무관이 리크루팅되었다.

재무부 금융실명제 추진 수뇌부들은 작은 실금에서도 둑이 무너질 수 있다고 생각하여 비밀유지의 디테일까지 고민했다고 한다. 그래서 "금융실명제를 장기적으로 연구하기 위해 임지순 과장과 임동빈·최규연 사무관 등을 해외출장을 보내겠다"고 기자들에게 연막을 쳤다.

금융실명제 연구조사를 하러 사무관들이 몇 달 해외출장을 간다고 한 것은 실명제는 빨라도 내년에야 될 것이라는 인상을 기자들에게 풍기기 위한 목적이었다. 출장 대상 세 사람 가운데 임지순 과장은 3월부터 금융실명제 보고를 하면서 내용을 알고 있었지만, 임동빈 사무관과 최규연 사무관은 아무것도 모른 채 장기 해외 출장을 가는 걸로 알고 좋아했다고 한다.

한국조세재정연구원(KIPF: Korea Institute of Public Finance) 설립을 위해 외부로 파견 나가 있다가 금융실명제 추진을 위한 재무부로 복귀한 김진표 국장이 이들을 기자실로 데려가서 출장인사도 시켰다.

김진표 금융실명제 작업을 시작할 때 홍재형 장관께서 저를 여기에 참여시키기 위해 세제실 총괄국장으로 오라고 하셨습니다. 제1심의관이 조세담당 총괄국장인데 간접세 및 재산세 담당인 제2심의관이 대학 동기였지만 저보다 고시가 좀 빨랐습니다. 김영삼 대통령 취임 초부터 금융실명제 이야기가 나와서 다들 재무부의 움직임을 주시할 때였는데 제가 1차 실명제 추진 때 참여했던 데다 KIPF에 파견 나가 있다가 갑자기 총괄국장으로 오게 됐으니 사람들이 실명제에 관해 뭔가 진행되고 있는 것 아니냐고 의심할 수도 있는 상황이었습니다.

그래서 실명제에 대해 기존에 재무부가 대외적으로 견지하던 원칙, 즉 "준비를 잘 갖춰 두었다가 적절한 시점이 왔을 때 시행한다"는 것을 공식 입장으로 계속 강조했습니다. "그러기 위해 연구팀을 만들고 해외에 출장 가서 해외사례를 조사할 예정이다. 실명제를 하는 나라와 안 하는 나라를 두루 조사해야겠다"고 철저하게 연막을 치고 제가 최규연·임동빈 사무관 등을 기자실로 데려가서 인사까지 시켰습니다. "이 사람들이 바로 장기 해외출장을 가서 금융실명제를 연구할 사람들입니다"라고 소개했습니다. 정식으로 보도자료를 냈고 실제로 최규연·임동빈 사무관도 출국 하루 전날까지 장기 해외출장인 줄 알았습니다.

해외사례 연구팀으로 선정된 세 사람에게는 영국, 프랑스, 벨기에, 미국, 4개국을 돌며 2개월 동안 금융실명제 실태조사를 한다는 명목으로 정식 출장을 신청하도록 했다. 출장비와 비행기표까지 모두 정식으로 신청하고 혹시 해외 주요도시 주재 공무원이나 금융기관 직원이 공항으로 마중 나올까 봐 첫 기착지는 하와이로 정했다.

176

김진표 사실은 좀더 정교하게 위장하기 위해 실무진을 진짜 하와이에 보내려고도 생각했어요. 하와이로 보냈다가 1주일 만에 비밀리에 귀국시키려고 했는데 그날 아침 김영삼 대통령이 이경식 부총리와 홍재형 재무부 장관, 두 분을 불러 작업들 서두르라고 하는 바람에 못 갔습니다. 당초 우리는 8월 15일 이후, 9월 초쯤으로 생각하고 거기에 맞게 일정을 세우고 있었는데 대통령이 그 이전으로 서둘러 달라고 해서 해외에 나가는 시늉만 하고 비밀 아지트로 곧바로 데리고 들어간 거죠.

최규연 제가 경제협력국 경제정책과에 있었을 때인데 김용진 세제실장이 저한테 연락해서 "실명제 실무조사를 위해서 해외조사를 좀 해야겠으니 출장을 가라"고 하는 겁니다. 알겠다고 하고 열심히 출장준비를 했는데 해외출장 떠나기 바로 하루 전날에야 "해외출장을 위장하여 실명제 작업에 참여해야 한다"고 얘기해 주더라고요. 옷과 짐을 여행용 캐리어에 담은 다음 집을 나와서 과천청사에 들러 일부러 다른 직원들 보라고 작별 인사도 했습니다. 거기서 공항 가는 것처럼 차 타고 나갔다가 과천 비밀작업 장소로 유턴한 뒤에 바로 작업에 들어갔습니다.

최규연 사무관과 함께 과천 아파트에 입소한 임동빈 사무관은 당시 증권국에서 자본시장 관련 업무를 담당하고 있었지만 그 전에 오랫동안 세제업무를 담당한 경험이 있었고 선후배와 동료직원들로부터 업무능력에 대한 신뢰가 매우 컸기 때문에 세제관련 작업의 실무자로 발탁되었다.[17]

임지순 최규연·임동빈 사무관은 모르고 있었지만, 저는 3월부터 금융실명제 검토작업을 했으니까 해외출장이 아니라는 걸 미리 알고 있었죠. 과천 아파트로 가면서 가족들에게 구체적인 이야기는 못하고 한 달 정도 급히 합숙해서 일해야 한다고 말하고, "내가 잘 있을 테니 그동안 연락이 없어도 걱정하지 말라"고 이야기하고 집을 나왔습니다.

---

17 임동빈 사무관은 실명제 실시 후 교통사고로 갑자기 타계했기 때문에 그의 증언을 듣지 못한 것이 아쉬움으로 남는다.

홍은주 한양사이버대 교수가 김용진 전 과학기술처 장관(전 재무부 세제실장)과 인터뷰를 진행하였다.

과천 아파트에 도착한 세 사람에게 김용진 세제실장이 "자네들은 여기가 런던이라고 생각하고 잘 도착했다고 집으로 전화하게. 보름 후에는 파리, 한 달 후에는 벨기에 브뤼셀이라고 생각하고 집에다 1주일에 한두 번씩 전화해서 가족들도 모르게 하게"라고 했다. 또 "만약 이 내용을 유출할 경우 어떠한 책임도 감수하겠다"는 보안각서를 받았다.

김용진 이 각서는 제가 지금도 보관하고 있는데 국가기록원에 제출할 생각입니다. 그리고 모든 사람이 한자리에 다 모였을 때 제가 "YS의 성격, 정치철학, 과거경력을 생각해 볼 때 이분이 한다면 하는 분이다. 무서운 분이라고 생각한다. 우리가 보안에 생명을 걸고 국가에 대한 마지막 봉사로 생각해야 한다"고 당부했습니다.

두 명의 국세청 전산인재 추가 합류

과천 아파트에서 숙식을 같이하는 실명제 준비 멤버에 두 사람의 국세청 전산 주무관들이 추가로 합류했다. 그때만 해도 컴퓨터를 사용하는 사람이 드물 때다. 법안 마련부터 법안 내용에 대한 해설 및 교육자료 작성까지 전부 컴퓨터로 작업해야 하는데, 과천의 재무부 팀원 가운데는 최규연 사무관을 제외하고는 워드프로세서 작업을 원활하게 할 수 있는 사람이 많지 않았다. 세무 실무를 잘 아는 사람들 가운데 워드프로세서 작업을 신속하게 잘할 수 있는 국세청 공무원이 필요하다고 봤다.

홍 장관 등은 국세청에서 전산요원 시험에서 1등에서 5등까지 상위 입상자 명단을 확보하여 그 가운데 백승훈, 최회선 두 사람을 선발해 실명제 팀에 영입하기로 했다. 백승훈·최회선 주무관은 당시 국세청에서 전산과 워드프로세서 기능 확산을 위해 실시했던 전산기술 대회에서 연차적으로 1등을 하고 세무대학 성적도 아주 뛰어난 실력파들이었다.

부총리 일을 돕는 줄 알고 온 두 사람을 백운찬 사무관이 용산 전자상가로 데려가서 "당신들이 원하는 컴퓨터를 사라"고 한 후 그걸 운반하여 과천 아지트로 데려왔다. 과천 아파트에서 비로소 금융실명제 작업에 참여하게 되었다는 점을 설명하고 "국가적으로 중차대한 작업이니 정말 엄중한 각오와 노력이 필요하며 무엇보다 비밀유지가 중요하다"고 강조했다. 집에는 갑자기 해외출장을 가는 걸로 전화하라고 했다.

그런데 전산직 주무관 가운데 한 사람이 결혼한 지 며칠 안 되는 신혼이었다. 경제부총리의 일을 돕는다고 해서 별생각 없이 왔는데 갑자기 아파트에서 한 발자국도 못 나간다고 하지, 집에는 신부 혼자 있는데 언제 돌아갈지 기약은 없지, 무엇보다 "비밀이 새 나가면 감옥에 갈 수도 있다"고 겁을 주니까 숙식팀 동료에게 이런저런 걱정을 토로하기도 했다고 한다.

나중에 법안이 만들어지고 난 후에는 법안심사를 위해 법제처에서 재무부 담당 방기호 법제관이 뒤늦게 합류했다.

금융실명 법안의 주요쟁점

금융실명제 법안화 작업과 실무작업

과천 재무부 팀은 법안화 작업과 동시에 금융실명제 시행에 따른 현실적 행정수요 문제와 시장상황에 대한 구체적 대책 마련에 착수했다. 1989년 준비단은 온갖 조사를 다 해서 책자까지 만들었는데, 1993년 작업 때는 그런 시간적 여유가 없었다. KDI 자료를 기초로 하여 곧바로 긴급명령 초안을 정리하고 대통령령 및 업무지침 작업에 들어갔다.

임지순 우리가 7월 중순 무렵 과천 아파트에 들어가서 한 달이 채 안 되는 기간 동안 법안화 작업과 모든 실무행정 작업을 집중적으로 했습니다. 이 기간 동안 법안화와 함께 실명제 시행에 따른 실무적 행정조치, 각종 서식, 교육자료 등을 마련한 것입니다. 그리고 경제단체와 금융기관에 어떻게 연락하고 어떻게 교육할 것인가, 대통령과 부총리 담화문은 어떻게 작성할 것인가 등에 대해 각자 업무분장을 하여 디테일하게 준비했습니다. 실명제 시행에 임박해서는 국무회의 소집 당일의 액션플랜과 일정 등을 의논했죠.

최규연 금융분야에서 당시에 많이 고민했던 것은 "금융기관 창구에서 실명확인을 할 때 기존의 비실명·가명예금을 실명전환하는 방법론, 즉 금융실명 확인절차에서 누가, 어디서, 어떻게 확인해야 하는가?" 하는 내용이었습니다. 한편 금융종합과세는 나중에 따로 법을 만들어 할 수밖에 없었기 때문에, 세제 쪽에서 한 일은 비실명을 실명으로 전환할 때 과세를 얼마 한다, 이런 원칙을 정하고 다른 세법과의 형평성 차원에서 확정하는 것 등이었습니다. 임지순 과장과 저, 임종빈 사무관, 세 사람이 숙식을 같이하면서 한 보름 동안 그런 일들을 정신없이 했습니다.

낮에 우리가 작업해 놓으면 저녁에 세제분야는 김용진 실장, 금융 쪽은 진동수 과장 등이 와서 확인한 다음 고쳐 주곤 했습니다. 나중에 그 기간 동안 우리가 한 일을 살펴보니 정말 많았습니다. 숙달된 사람 몇 명만 있어도 단기간에 진짜 많은 일을 할 수 있구나 하는 생각을 그때 했어요. 법체계상으로는 긴급명령부터 시행령, 시행규칙, 금융기관 업무정지 지침, 법을 금융기관에 시달하고 시행하는 절차까지 준비를 거의 다 했습니다. 내용은 이미 1989년에 많이 연구된 것이 있으니까 다행이었습니다.

실명제의 수많은 쟁점 고려

재무부 작업팀은 우선 실명거래의 정의와 대상 및 범위를 고민했다. 실명의 정의에 대해 상식과 관행, 법령규정상 문제, 대법원 판례까지 광범위하게 고려했다. 차명도 실명으로 볼 것인가, 만약 차명을 실명으로 인정하지 않는다면 현실적으로 차명을 잡아낼 방법이 있는가, 차명을 불법으로 규정할 경우 이를 법원이 인정할 것인가 등의 문제를 살펴보았다.

또한 실명의 범위에 있어 금융소득이 발생하는 금융자산만을 실명대상으로 할 것인가, 금융소득이 발생하지 않는 자기앞수표나 환거래 등도 포함할 것인가 하는 문제도 확정해야 했다. 무기명채권과 증권을 실명화하는 과정에서 금융기관을 기피하려는 자금을 흡수해 국민경제에 유익한 공익사업에 활용할 수 있는 방안은 어떻게 마련할지 숙고했다.

둘째, 금융거래에 대한 비밀보장 범위 문제를 고민했다. 법률 등에 의해 자료를 제공해야 하는 경우는 어느 범위인지, 부당한 자료제공 요청에 대한 거부권을 부여할 것인지를 결정해야 했다.

셋째, 기존 비실명 금융자산의 실명전환을 위한 경과조치를 어느 정도 허용할 것인가의 문제이다. 실명전환 유예기간 내에 실명화하지 않은 금융자산에 대해 어떠한 제재를 가할 것이며 실명화된 금융자산에 대한 자금출처조사를 어느 범위에서 허용할 것인가를 결정해야 했다.

기존 비실명 금융자산에 대한 또 다른 쟁점은 어떤 금융자산에 대해 실명 예외처리를 해줄 것인가 하는 문제였다. 당시 무기명 CD를 발행하여 지하자금을 산업자금화하자는 이야기도 있었는데 김영삼 대통령이 선택한 것은 예외 없는 실명이었다.

김진표 실무작업 과정에서 세법과 관련하여 가장 큰 이슈는 기 발행된 무기명증권 처리 문제였습니다. 이미 발행된 무기명증권도 신고를 받을 것인가, 말 것인가를 두고 토론하다가 일정액까지는 신고하지 않아도 되게 하자는 의견이 나왔는데 김영삼 대통령이 예외 없이 모조리 신고를 받으라고 단호하게 결정을 내렸습니다. 김 대통령이 당시 정치권 유력주자들이 선거 때마다 무기명채권으로 엄청난 거액을 주고받는다는 이야기를 듣고는 "이걸 모조리 신고를 받아서 정치권의 불법정치자금의 연결고리를 끊어야 한다. 이것이 금융실명제의 첫 번째 목표다"라고 강하게 지시해서 결국 다 신고받기로 했습니다.

지하자금을 양성화하여 실물경제 자금으로 쓰일 수 있도록 돈의 탈출구를 좀 열어 주기 위해 무기명 CD를 발행하는 안도 고려했는데 이것도 역시 못하게 했습니다. 금융실명제가 물론 경제적 목적도 있지만, 김 대통령이 정치인이기 때문에 정치권 불법자금을 차단하는 정치개혁을 하려는 것이 이분의 주요 목적 가운데 하나였어요. 금융실명제 시행에 있어 가장 중점으로 고려한 것이 검은 정치자금 흐름을 막는 것이라고 여러 차례 강조하는 것을 제가 들었습니다.

그 밖에 실명제 실시로 자금이 비생산적으로 낭비되거나 이탈할 가능성이 컸기 때문에 기존 경제질서에의 영향 최소화 대책을 마련했다. 금융권과 사채시장 위축에 따른 중소기업 대책 마련, 자금의 해외유출 억제, 부동산 실물투기 방지, 증시하락 대책, 금융저축 증대, 실명기피자금에 대한 대응책 등이 종합적으로 강구되었다.[18]

---

18 이 내용은 1989년에 이미 한차례 연구된 바 있다. 금융·부동산 실명단, 1992, 〈금융실명제〉(1993-3), 국가기록원 관리번호: BA0889058, 218쪽.

금융소득 종합과세 방안 검토

또 다른 쟁점은 실명제 실시의 실효성을 확보하기 위한 금융소득 종합과세를 어떻게 가져갈 것인가 하는 점이었다. 실명제와 종합과세를 동시에 시행할 경우 종합소득세 납세 인원 및 세부담의 대폭 증가, 행정부담 가중 등으로 전 국민에게 상당한 부담을 줄 것이 분명했다.

이에 따라 금융실명제와 금융소득 종합과세를 동시에 실시할 것인지, 아니면 금융실명제를 먼저하고 실명거래 관행이 정착된 후 종합과세를 실시하는 단계적 분리방안을 채택할 것인지가 각각 장단점별로 검토되었다. 이 문제는 1989년 금융실명제 추진 때 이미 한차례 고려되었던 문제였다.[19]

첫째, 모든 금융자산에서 발생하는 이자와 배당소득, 주식양도차익을 동시에 종합과세하는 방안은 응능부담의 원칙에는 부합되지만 행정비용이 과다하고 자본시장이 장기 침체되고 부동산 가격이 폭등할 우려가 있었다.

둘째, 이자배당소득만 종합과세하고 주식양도차익은 분리하여 원천과세 하는 방안은 금융자산이 차별과세되는 문제점과 증시에 미치는 악영향이 여전히 크다는 문제점이 지적되었다.

셋째, 이자배당소득이 고액인 경우만 종합과세하고 주식양도차익은 유예하는 방안에 대한 검토가 있었다. 고액금융소득자에게만 중과하는 것은 국민정서에 부합하며 행정부담이 적고 주식양도차익을 과세유예하는 것은 시장에 악영향이 없다는 장점이 있는 반면 금융실명제 실시의 의미가 축소된다는 문제점이 있었다.

---

19 금융·부동산 실명단, 1992, 〈금융실명제〉(1993-3), 국가기록원 관리번호: BA0889058, 82쪽.

금융실명제 긴급명령 최종확정[20]

여러 논란 끝에 최종적으로 확정된 금융실명제의 주요내용은 다음과 같다.

첫째, 이 법은 "금융회사 등은 거래자의 실지명의로 금융거래를 하여야 한다"고 하여 실명확인 주체를 금융기관으로 적시하고, '실지명의'라 함은 주민등록표상의 명의, 사업자등록증상의 명의 등 대통령령이 정하는 명의를 말한다"고 정의했다(제2조 제4호). 즉, 누구든 금융회사에 주민등록증이나 사업자등록증만 가져가면 이를 실지명의로 인정한다는 뜻이었다.

둘째, 실명의무가 있는 금융회사는 은행 및 「자본시장과 금융투자업에 관한 법률」에 따른 각종 금융기관,[21] 상호저축은행 및 농업, 수협, 신협, 새마을금고, 체신관서, 그 밖에 대통령령으로 정하는 모든 금융기관을 예외 없이 포함시켰다(제2조 제1호).[22] 「보험업법」에 의한 모든 보험사도 실명의무 대상기관이었다.

최규연 실명제 대상 금융기관에 대한 에피소드를 하나 말씀드리죠. 보험사도 당연히 실명거래를 하게 돼 있었습니다. 1차 실명제 작업을 하셨던 강만수 장관께서 보험국장을 할 때였는데 제가 그 안을 가져가니까 "보험에 무슨 비실명이 있느냐?"고 막 야단을 치는 겁니다. 그런데 저는 그 당시 그렇지 않다고 생각했습니다. 손해보험은 당연히 실명이겠죠. 하지만 생명보험의 경우 우리나라는 다른 나라와 달리 유난히 저축성 보험이 많아서 비실명이 문제가 되리라고 봤습니다. 저축성 보험은 예금과 성격이 비슷합니다. 저축성 보험 비중이 높은 우리나라 보험산업의 특성으로 봤을 때, 예금에 준해서 시행해야 한다고 설명해 드렸습니다. 그래서 실명법에는 당연히 보험도 실명으로 가입해야 한다고 들어가 있습니다.

---

20 재무부, 1993, 〈금융실명제 실시를 위한 긴급명령의 배경과 주요내용〉, 국가기록원 관리번호: JA0000010, 42쪽.

21 투자매매업자, 투자중개업자, 집합투자업자, 신탁업자, 증권금융회사, 종합금융회사, 명의개서회사 등을 포함한다.

22 채권등록기관과 여신전문금융회사 및 신기술사업투자조합, 기술보증기금, 대부업자, 중소기업창업투자회사 및 중소기업창업투자조합, 신용보증기금, 산림조합, 신용보증재단, 한국거래소 한국주택금융공사, 소액해외송금업자 등 모든 금융기관을 포함시켰다.

셋째, 실명대상 '금융자산' 역시 예외를 두지 않았다. 예금, 적금, 부금, 계금(契金), 예탁금, 출자금, 신탁재산, 주식, 채권, 수익증권, 출자지분, 어음, 수표, 채무증서 등 금전 및 유가증권과 그 밖에 이와 유사한 것으로서 총리령으로 정하는 모든 금융상품을 다 포함하기로 했다(제2조 제2호).

이 밖에 금융실명거래 실시와 동시에 실명전환 이전의 자금인출 금지(제3조) 및 거액현금 인출자의 국세청 통보(제9조) 등의 조항을 넣었다. 또한 원칙적으로 일정액 이상의 실명전환 금융자산에 대해 자금출처조사를 하도록 했다(제6조).

비실명자산에 대한 징벌의 현실성

대통령의 처음 의지와 달라진 핵심조항은 비실명 금융자산에 대한 징벌적 처분의 수위였다. 대통령이 KDI에 지시한 내용은 "일정 기간 내에 실명전환하지 않으면 전체를 몰수한다"는 것이었으나, 재무부 팀은 이 내용이 비현실적이며 위헌소지가 있다고 보았다. 재무부팀이 비실명 시 과징금의 상한을 증여세 최고세율과 같은 60%로 제시하여 이 부총리를 설득했다. 다행히 나중에 대통령이 이 문제에 대해 쉽게 재가해 주었다.

김용진 비실명자산에 대한 전액몰수는 위험하다고 봤습니다. 1975년에 제정된 「물가안정 및 공정거래에 관한 법률」에 '부당이득세'라는 것이 있었습니다. 이건 뭐냐? 정부가 고시한 가격 이상으로 물건을 팔아서 기업이 이익을 내면 이걸 100% 정부가 가져간다는 것이었습니다. 그런데 당시는 현금거래가 대부분일 때라 별 실효성도 없었고 결정적으로 위헌소지가 있다고 해서 정부가 철회한 적이 있었습니다.

마찬가지로 미전환 예금이라고 해서 원금을 자동몰수하는 것 역시 위헌소지가 있기 때문에 징벌적으로 접근하려면 몰수라는 용어는 빼고 과징금 비율을 최고한도로 높이자고 했습니다. 100% 전액이 아닌 경우 헌법도 징벌적 의미에서 용인하기 때문입니다. 즉, 비실명으로 전환하지 않을 경우 과징금을 부과하는데 1년 지나면 과징금 10%, 2년 지나면 과징금 20%, 5년 후에는 최고 60%까지 과징금을 부과한 다는 겁니다. 이건 이 부총리가 저의 의견에 어렵게 동의해 줘서 확정됐습니다.

한편, 기간이 지나서도 실명전환하지 않은 상태에서 계속 이자와 배당을 받아 가는 경우는 어떻게 할 것인가? 이 문제는 기간 동안의 이자와 배당소득에 대해 90%까지 과세하자고 하여 받아들여졌습니다.

종합과세는 시행, 주식양도차익 과세는 유예

한편 이자·배당소득 등에 대한 종합과세는 「소득세법」을 개정해 1996년 1월부터 단계적으로 실시하기로 결정했다. 금융실명제를 먼저 하고 종합과세를 나중에 분리 시행하기로 한 것이다.

김진표 금융실명제를 먼저 하고 나중에 금융소득 종합과세를 하기로 하여 분리한 것은 실무적으로 당연한 결정이었습니다. 왜냐하면 그동안 무기명·가차명예금 이 워낙 많았기 때문에 세무공무원들이 어디서 어떤 금융소득이 얼마나 발생하는 지 잘 파악이 안 되어 있는 상태였고, 개인들도 자기들이 얼마만큼 이자나 배당을 받는지 잘 몰랐기 때문입니다. 모두에게 생전 처음 있는 일이니까 이를 파악할 시 간이 필요했습니다.

주식양도차액에 대한 과세는 주가폭락 시 발생할 수 있는 금융시장 혼란을 감안하여 신경제 5개년계획 기간 중에는 시행하지 않는 것으로 결론을 냈다.

주식양도차익에 대한 과세유예의 이유는 첫째, 예상되는 증시불안을 최대한 줄 이고 투자자의 심리적 안정을 유도하며, 둘째, 무기명이나 가차명예금이 부동산 보다 증시로 흘러가도록 유도하며, 셋째, 「금융실명법」 실시를 촉발시켰던 기업 들의 사채시장의존도를 낮추도록 하기 위한 다목적 포석이었다.

당시 기업들은 차입을 통한 만성적인 확장경영 행태를 나타내 부채비율이 천문 학적으로 높았다. 증시를 활성화시켜 부채의존도를 낮추고 재무상태를 개선하기 위한 고육책이었던 셈이다.

자금출처조사 예외금액 역시 상당한 논란 끝에 상한선을 당초보다 높였다.

김용진 KDI 원안은 세대별로 합산하고 나이별로 얼마까지 한다는 것이었습니다. 그런데 우리가 합산이 불가능해서 금융소득 종합과세를 못하고 있는데 그걸 세대별로 합산하여 자금출처 예외를 결정한다는 게 말이 안 되잖아요? 또 인별로도 여러 은행에 여러 가지 계좌들이 있을 텐데 이걸 합산하는 것도 불가능했습니다. 전산시스템이 뒷받침해 주지 않으니까요.

그러느니 차라리 자금출처 예외금액은 확 낮추되 합산이 아니라 그냥 계좌별로 가자고 했죠. 미성년자는 계좌당 1,500만 원 이하, 30세는 3천만 원 이하, 50세는 5천만 원 이하, 이런 식으로 가자고 결정했습니다. 가령 50세 이상인 예금주가 전환기간 동안 1억 원에 대해 실명으로 전환하면 5천만 원은 제외하고 남은 5천만 원에 대해 자금출처조사를 하는 겁니다.

실명제 시행기간은 두 달로 했는데 사실 두 달도 빠듯하다고 봤습니다. 해외에 나간 사람도 있고, 수술하거나 입원한 사람도 있고, 산속에 들어간 사람도 있잖아요? 또 대한민국엔 수없이 많은 지방 마을금고, 신협 등이 있죠. 여기까지 모조리 교육하고 관계부처 공무원들까지 교육하려면 그 작업만 최소 1주일이 걸립니다. 그래서 결국 두 달의 기간을 설정하고 혹시 모르니 추가적으로 한 달 더 여유를 두기로 결정했습니다.

여러 논의 끝에 최종적으로 확정된 재무부의 금융실명제 법안은 KDI가 마련했던 최초의 원안과 다소 차이가 있었다. 재무부의 한 멤버는 "학자들은 원리원칙에 입각하여 정책을 바라보지만 정책을 오래 한 사람들은 예상치 못한 시장혼란을 막기 위해 현실적이 될 수밖에 없다. 거기에 재무부와 KDI의 입장 차이가 있었다"고 설명한다.

이 시점에는 재무부가 실무적 내용을 주도할 때라 KDI 팀은 옆에서 자문만 하고 지켜볼 때가 많았다. 금융실명제의 구체적 제도화와 실무적 준비, 법규화 과정을 보니까 재무부 팀의 내공이 굉장했다고 김준일 박사는 기억한다.

김준일 제가 보니까 특히 김용진 세제실장의 세법 지식이 대단했습니다. 이분이 낮에는 재무부에서 일하다가 저녁에 퇴근해 실명제 사무실에 와서는 눈을 감고 우리가 쓴 내용을 쭉 읽어 보라고 합니다. 그러다가 뭔가 이상하면 중간에 끊어요. "그거 이상한데, 그거 딴 세법과 충돌되는 것 아냐? 무슨 세법 어디어디를 찾아봐" 하는데 세법을 찾아보면 정말 백발백중입니다. 제가 정말 감명을 받아서 "실장님 어떻게 그렇게 세법을 잘 아십니까?"라고 물어봤더니 "한국 세법은 누더기 세법이라 매년 바꾸는데 그걸 오랫동안 진두지휘하다 보니 알 수밖에 없게 됐다"고 하는 겁니다. 아무튼 기존의 법체계와 부딪치지 않도록 하고 대통령의 뜻도 최대한 살려서 제도화하는 작업을 그때 집중적으로 했습니다.

김용진은 국세청을 거쳐 세제국 주무계장과 과장을 거쳤고 국장 역시 9년 가운데 5년을 세제국에서 보냈다. 나중에 세제실장 3년 반까지 합치면 공무원 경력의 대부분을 세제실에서 있었던 셈이다. 그러다 보니 대한민국에서 세법조문을 가장 많이 만들고 수정한 사람 가운데 하나가 됐다.

1980년대 이후 시장기능을 중요시하는 기조가 정착되어 재무부의 두 가지 주요 정책수단 가운데 금융정책 비중은 줄어들고 조세정책 비중이 높아졌다. 그러다 보니 재무부 세제국장이나 실장은 사실상 국회에서 사는 것이 다름없었다. 재경 분야에서도 국회의 대정부질문의 50% 이상이 세제관련이고 특히 예산결산특별위원회는 전 부처 질의의 10분의 1 정도가 세제관련이었다.

장관이 바뀔 때마다 세제가 가장 복잡한 문제였기 때문에 세제실 공무원을 그대로 두고 싶어했다. 당장 국회 답변을 하는데 도움이 되기 때문이다. 그러다 보니 다른 부서에 가고 싶어도 못가고 세제실 붙박이가 되는 경우가 많았다.

국회 질의에서 국회의원들이 자꾸 내용을 따지면 김용진 실장은 별 반론을 하지 않고 "의원님 말씀하신 내용은 세법 몇 조 몇 항에 이렇게 되어 있습니다"라고 딱 잘라 답변하곤 했다. 오랫동안 세제분야에서 세법을 만들고 수정하다 보니 조문을 모두 외우고 있었던 것이다.

김용진 실무진이 만든 내용을 제가 검토한 후 다른 세법과 충돌이 없는지, 세법상의 이론은 어떤 방향이 되어야 하는지 등을 점검했습니다. 가령, 무기명예금을 금융실명 전환하는 경우 세율에 대해 제가 "그게 무기명으로 얼마나 오랫동안 있었는가? 가령 1983년 7월 1일 이전인가? 혹은 1985년 1월 1일 이전인가, 그 이후인가?"라고 묻습니다. 1983년 7월 이전은 가차명이나 실명이나 원천세율이 동일했습니다. 그 이후부터 1984년 12월 사이는 50/100을 가산하는 겁니다. 여기에 방위세, 주민세를 합산하면 12% 세율이 18%가 됩니다. 1985년 1월 1일 이후에는 100/100을 가산합니다. 이런 식으로 시기별로 차익과세가 달라지니까 그런 것들을 파악하여 조문을 만들라고 지시했습니다.

사실 1989년에 연구가 많이 진전되어 이론이나 자료가 충분히 축적돼 있었고 작업반이 이미 제 뜻을 다 잘 이해하고 있어서 조문을 만드는 데 큰 어려움 없이 진도를 나갔습니다.

금융시장의 현실을 고려하여 판단을 내려야 하는 금융분야에서는 KDI 원안을 현실적으로 보완하고 균형을 맞추는 데 있어 세제분야보다 고민이 더 컸다. 금융실명제가 실시될 경우 금융시장이 얼마나 민감하게 움직일지 알 수 없는 상황인데, 대통령은 금융실명제를 시행하려는 핵심목적이 "부정부패의 척결과 함께 부에 대한 정당성 회복"[23]이라고 방점을 찍었기 때문에 KDI 원안에서 강경 입장을 보였던 것이다. 아무튼 금융현실을 고려하고 최대한 대통령의 뜻도 살려서 법제화하는 방법을 그때 집중적으로 고민했다.

진동수 우리가 그때 고민을 많이 했습니다. 아무리 정의로운 외형을 가진 제도라도 실질을 들여다보면 반드시 누구에게 훨씬 더 불리하게 적용되는 부분이 나옵니다. 법과 제도가 내용상 아무리 옳더라도 수없이 많은 국민들에게 적용될 때 어느 일방이 현실적으로 억울한 측면이 없는지 두루두루 살펴야 하고 그걸 보완한 다음에 전면적으로 가는 것이 옳다고 믿습니다. 개혁방안을 마련하는 사람은 자기가

---

23 김영삼, 2001, 《김영삼 대통령 회고록》, 상권, 조선일보사, 167쪽.

그 개혁의 대상이 된다고 입장을 바꾸어서 역지사지(易地思之)로 한 번 더 생각해봐야 합니다.

당장 과세문제만 해도 그렇습니다. 응능부담의 원칙을 따라 종합과세를 해야 하지만 부유한 자영업자는 이리저리 다 빠져나가 상당부분 실효과세가 안 되는 데 비해 유리지갑이고 원천징수인 금융소득자, 피라미 근로소득자만 불리한 구조이죠. 이걸 통제할 방안을 고민해야 합니다.

또 당시에 매우 다양한 양태의 금융거래 유형이 있었거든요. 실명확인을 하는 데 있어 많은 경우의 수를 고려해 국민이 불편을 덜 느끼도록 합리적으로 설계해야 했습니다. 실제로 나중에 금융실명제를 시행하면서 보니까 정말 생각지도 못했던 거래유형이 많이 튀어나왔어요. 그래서 유권해석을 많이 했습니다. 재무부가 총동원되다시피 인력이 투입되었고, 실시단을 따로 만들어서 후속조치를 했는데도 여러 가지 경우의 수가 많아서 애를 먹었습니다.

자금출처조사 면제기준 액수를 5천만 원으로 정할 때도 우리가 나름대로 과세실익의 관점에서 감을 잡아 정했습니다. 예를 들어 1천만 원도 다 한다고 해봐야 과세에 따른 실익은 없고 국세행정만 복잡해지고 엄청난 행정력이 소요되어 가능하지도 않거든요. 이렇게 고민했음에도 불구하고 막상 실명제를 실시하고 나서 보니 여러 가지 문제가 발생하여 결국 인당 합산 2억 원으로 시행과정에서 완화되었습니다.

홍은주 금융실명제 긴급명령을 아주 짧은 시간 내에 완성시켰는데, 이는 1989년 금융실명제 추진 당시 준비했던 내용이 기반이 되었기 때문 아닙니까?

진동수 그렇습니다. 세법 같은 것은 워낙 김용진 실장께서 잘 아시니까 문제가 없었고, 나머지 여러 가지 문제들은 1989년 노태우 정부 때 실명제준비단에서 점검했던 풍부한 자료가 있었기 때문에 가능했던 거예요. 즉, 이전 노력이 축적되어 있었기 때문에 우리가 겨우 두세 달 동안 작업해서도 금융실명제를 긴급명령으로 만들 수 있었습니다. 역사가 갑자기 도약(jump-up)하는 것은 아닙니다.

그전에 워낙 많은 실무적 검토를 거쳤고 그걸 법안화하는 과정에서도 고민을 많

홍은주 한양사이버대 교수가 남상우 전 KDI 국제정책대학원장과 인터뷰를 진행하였다.

이 해서 그랬는지 다행히 실명제의 연착륙이 이루어졌습니다. 긴급명령으로 실명제를 하면 경제가 난리 날 거다, 돈이 다 빠져나가고 금융시장이 혼란스러울 거다, 그런 비판들이 쏟아져 나왔지만, 사후적으로 보면 심각한 일들은 별로 없었어요.

남상우 기본 골격은 대통령 지시에 따라 우리가 만들었지만 사실 우리는 논리를 연구하는 사람이니까 금융시장에서 벌어지는 실무적 문제나 세법상의 법리 등은 잘 모르잖아요. 재무부 팀이 전면에 나서면서 구체적 법안을 만들고, 실제 시행에 있어 수많은 실무적 디테일을 보완했습니다. 법안화 작업을 할 때부터는 업무의 중심축이 재무부 팀으로 완전히 넘어갔습니다. 저와 김준일 박사는 점차 손을 떼고 KDI로 출퇴근했고, 양수길 자문관만 금자탑 아지트에 계속 남아서 국내·국제 발표문, 대통령 발표문, 부총리와 재무부 장관의 기자회견 발표문 등을 작성했습니다.

다음은 당시에 재무부와 KDI 팀이 토론을 거쳐 결정한 금융실명제의 핵심내용을 요약한 것이다.

금융실명제 긴급명령의 주요내용

1. 긴급명령 발동요건의 충족여부

새로운 개념의 실명제 실시를 위해서는 기존 「금융실명거래에 관한 법률」의 폐지가 불가피 한데 과거 두 차례 경험한 바와 같이 국회를 통한 정상적 법개정은 음성자금의 대규모 이탈로 심각한 경제적 위기를 유발하고 금융시장이 불안해져 실명제 실시 자체가 어려울 것이다. 따라서 실명제는 예고 없이 실시한다. 국회 법개정을 거치지 않고 경제위기를 방지하면서 실명제를 실시할 수 있는 유일한 방법은 긴급명령뿐이므로 헌법상의 발동요건을 충족한다.

2. 실명거래의 의무, 대상 및 범위

금융기관과의 모든 금융거래, 즉 예적금이나 보험뿐 아니라, 자기앞수표, CD, 회사채 등의 발행과 지급 시 예외 없이 실명제를 적용하기로 한다. 그러나 금융실명의 의무가 금융기관에 부여된 만큼 금융기관을 통하지 않은 사인(私人) 간 거래는 금융실명 의무화 대상에 포함되지 않는다.

3. 기존 비실명 금융자산에 대한 조치

기존에 개설된 비실명계좌의 경우 최초의 차기 거래가 발생할 때 실명을 확인하며 실명이 아닌 경우는 인출을 금지하도록 한다. 기존의 비실명 CD나 채권을 실물로 보유하고 있던 사람이 최종적으로 매매나 원리금 상환을 금융기관에 요청한 경우 5천만 원 이상이면 국세청에 이를 통보하도록 한다.

4. 실명전환 의무기간

당초 KDI 안에서는 실명전환의 유예기간을 1개월로 하였으나, 노출회피 방안을 모색할 시간을 주어서는 안 된다는 대통령의 말 때문에 2주 내외로 바꾸었다. 최종안에서는 전국적으로 흩어져 있는 1억 6천만 개나 되는 계좌에 대해 가차명을 확인하는 것은 금융기관의 업무부담상 2주 내 전환이 물리적으로 불가능하고 해외 장기출장이나 여행자, 병원입원 등의 경우도 고려해야 한다는 현실론 때문에 2개월로 하고 필요시 1개월 연장 가능한 것으로 하는 방안이 확정되었다.

5. 유예기간 내에 실명전환하지 않은 자산에 대한 과징금

대통령의 강한 의지가 반영된 KDI 안에는 2년까지는 매년 원본의 10% 과징금을 부과하고, 2년 경과 시 추가로 10%를 부과함과 동시에 1년의 예고기간을 거쳐 원리금 전액을 국고에 귀속시키는 방법과 5년에 거쳐 매년 10%(합계 50%)의 과징금을 부과하고, 5년 경과 후에는 휴면계좌로 처리하는 대안이 제시되었다.

재무부 실무자들과 확정한 최종안은 6년에 거쳐 매년 10%씩 최대 60%의 과징금을 부과하기로 했다. 사유재산권 침해라는 위헌소지를 줄이기 위해 과징금이 증여세 최고세율인 60%를 넘지 않도록 한 것이다. 또한 실명화되지 않은 예금이나 주식에서 발생하는 이자와 배당소득에 대해서는 소득세 90%, 주민세 6.75% 등 96.75%를 중과하기로 했다.

6. 국세청 자금출처조사의 범위

KDI는 원래 1982년과 1989년에 마련된 금융실명제 안처럼 과거를 묻지 않고 자금출처조사를 면제하거나 경과세(pass tax) 납부 혹은 장기저리채권 매입분에 한해 자금출처조사를 면제하는 방안을 제시하였으나, 대통령은 이런 대안을 일축하고 자금출처조사 면제범위를 최소화하도록 지시했다. 이에 따라 마련된 KDI 안은 출처조사 면제범위를 인별합산 기준 미성년자 2천만 원, 20대·30대·40대 이상 세대주 각각 7천만 원·1억 5천만 원·3억 원(비세대주의 경우는 이의 50%)으로 축소했다.

그러나 재무부가 합류하면서 "흩어진 금융자산의 계좌를 전부 찾아내 인별합산을 하는 것이 현행 전산시스템상으로는 불가능하다"고 하여 최종안에서는 계좌별로 최대 5천만 원까지 자금출처조사 면제범위를 정했다. 미성년자 1,500만 원, 세대주·비세대주 불구하고 20대 3천만 원, 30대 이상 5천만 원까지 자금출처조사를 면제하기로 했다.

출처: 《한국재정 40년사》, 7권 중 남상우 박사가 정리한 내용 발췌, 재구성.

1982년 금융실명거래에 관한 법과의 차이점

그렇다면 1993년의 긴급명령에 의한 「금융실명법」은 1982년에 제정된 법과 비교하여 내용 면에서 어떤 차이가 있을까?

첫째, 1993년에는 실명전환 의무기간 중 비실명 금융자산의 인출(상환, 환금, 이자수취 등)을 금지하는 조항을 넣었다. 만약 이를 허용할 경우 노출을 꺼리는 자금이 급속히 이탈할 것이라고 봤던 것이다. 이 부분이야말로 금융실명제를 긴급명령에 의해 전격적으로 실시하기로 한 핵심 이유 가운데 하나였다.

둘째, 1982년에 실명전환된 금융자산에 대해 자금출처조사를 면제하기로 규정했던 데 비해, 1993년에는 계좌별, 연령별로 면제한도를 설정했다. 만약 전면 면제를 할 경우 이를 계기로 사전상속과 증여 등이 공공연히 이뤄질 우려가 있기 때문이다.

셋째, 1993년에는 의무기간 내에 실명전환하지 않는 금융자산에 대한 과징금 부담을 1982년보다 크게 인상했다. 1982년 안에서는 원금의 5%에 해당되는 도강세만 내도록 했고, 의무기간 종료 이후 실명전환에서 인출까지의 기간과 무관하게 동일한 액수가 설정되어 있었다. 그러나 1993년에는 실효성 있는 실명전환을 위해 기간이 길어질수록 매년 10%p씩 점증적으로 늘어나도록 했다.

넷째, 기 발행되어 실물로 보관하는 무기명채권이나 CD등을 금융기관과 거래할 경우 5천만 원 이상은 국세청 통보하는 조항을 신설했고 차명 금융자산의 실명전환 시 종전의 이자배당소득에 대해 소득세 추징 조항도 추가했다.

마지막으로, 가장 큰 차이점은 법의 명칭에서 자명하게 드러난다. 1982년 법의 명칭은 「금융실명거래에 관한 법률」이었고 「예금·적금 등의 비밀보장에 관한 법률」은 폐지하는 것으로 되어 있었다. 강 장관은 「예금·적금 등의 비밀보장에 관한 법률」로 인해 무기명 가명거래 관행이 생겼다고 본 것이다.

그런데 1993년 긴급명령 때의 법안명칭은 「금융실명거래 및 비밀보장에 관한 법률」로 명칭이 바뀌었다. 법 제4조에 "명의인의 서면상의 요구나 동의를 받지 아니하고는 그 금융거래의 내용에 대한 정보 또는 자료를 타인에게 제공하거나 누설하여서는 안 된다"고 하여 비밀보장을 약속했다. 금융재산 실명으로 밝히더라도 국가가 그 비밀을 지켜 주겠다고 약속한 것이다. 예외사항은 법원 영장이나 조세 법률에 따라 조사하는 경우 등 최소한의 범위로 제한했다.

김용진 당시 세제실장은 "1993년 「금융실명법」은 명칭에서부터 '금융실명제'와 '비밀보장'을 동격(同格)으로 하여 법제화한 것이 아주 중요한 의미를 갖는다"고 설명한다.

김용진 예적금 비밀보장의 예외조항(긴급명령 제5조)은 증권감독, 감사원 등 기타 법률이 정하는 경우 등으로 하고 일반 법집행기관은 법관 영장을 첨부해야 들여다 볼 수 있도록 했습니다. 금융실명제 법안이 국민들에게 혼란을 주거나 공포감을 줘서는 안 된다고 생각했기 때문입니다. 국민들이 수십 년간 별생각 없이 쭉 가차명을 해왔는데 정부가 어느 날 갑자기 법을 바꾸면서 "이 돈이 어디서 나왔는지 모조리 출처를 묻겠다"고 하면 불안한 것이 당연하죠. 국민들이 겁이 나서 혹시 예금을 무더기로 인출하여 금융시장이 혼란에 빠질 우려가 있기 때문에 국민들을 안심시키려고 비밀보장을 강조한 것입니다. 정부정책이 처음 도입될 때 국민들에게 혼란이나 불안을 줘서는 안 된다는 것이 저의 생각이었습니다.

예적금비밀보장법의 역사와 의미

1961년에 제정된 「예금·적금 등의 비밀보장에 관한 법률」은 해방 이후 한국경제와 금융시장 상황을 반영한다. 1950년대 한국경제는 만성적 자금부족에 시달렸다. 민간은행들은 사채시장의 뭉칫돈을 은행에 유치하기 위해 애썼다. 기명예금을 원칙으로 하였으나 밝은 곳을 싫어하는 거액자금의 속성을 감안하여 무기명 정기예금을 만들고 일정 기간 이상 맡겨 두면 더 높은 금리를 지급하기도 했다.[24]

1960년대 초 들어 경제개발 5개년계획이 수립되면서 자금유치의 필요성이 훨씬

---

24 한국은행에 남아 있는 무기명계좌 공식기록은 1952년 2월 1일이다(이규성, 2020, 《소이논집: 장관 시절》, 박영사 재인용).

더 높아졌다. 정부예산의 52%를 미국 원조에 의존하고 있었고 그 상당부분을 국방비에 써야 했기 때문에 경제개발을 위한 재정 투융자의 여유가 없었다. 1962~1966년간 평균 국내저축률은 GNP 대비 6.7%에 불과하여 평균 16.9%에 해당하는 투자지출을 감당하지 못했고 외국원조, 차관 등에 의존하는 상황이 장기간 동안 지속되었다.

정부는 경제개발에 필요한 투자자금을 조달하기 위해 거의 유일한 제도권 금융기관이던 은행저축을 강제 동원할 필요가 있었다. 이에 따라 1961년 7월 「부정축재처리법」에 따라 민간 대주주로부터 압류한 은행 주식을 처리하기 위한 「금융회사에 대한 임시 조치법」을 제정하여 은행을 사실상 국영화했다.

동시에 정부의 강력한 금융기관 장악을 두려워한 돈이 은행에서 빠져나가는 것을 막고 시장불안을 줄이기 위해 같은 해 7월 29일 「예금·적금 등의 비밀보장에 관한 법률」(법률 제668호)을 제정했다. 각종 권력기관이 금융기관[25]으로부터 금융정보를 취득하기 위한 요건을 엄격하게 제한한 법이었다.

이 법 제3조(정보의 제공 또는 누설의 금지조항)는 "금융기관에 종사하는 자는 예금, 적금 등의 명의인(금전신탁에 있어서는 기탁자 또는 수탁자)의 서면상의 요구나 동의를 받지 아니하고는 타인에게 그 예금, 적금 등에 관한 거래내용에 대한 정보를 제공하거나 누설하여서는 아니된다"고 하였다. 제4조 정보제공의 요구금지조항은 "누구든지 금융기관과 거래하는 자의 예금, 적금 등에 관한 비밀의 정보제공을 요구하여서는 아니된다. 단, 「민사소송법」이나 「형사소송법」에 규정된 절차에 의한 경우, 「국세징수법」 제24조의 규정에 의한 세금체납자에 대해 체납금액을 기재한 서면을 제시하여 그 체납자의 예금, 적금 등의 잔고액의 체납상당액초과 여부를 질문할 경우, 혹은 「상속세법」 제24조의 규정에 의하여 소관관서의 장이 서면에 의한 조사보고를 요구할 경우에는 예외로 한다"고 하였다. 그리고 조사대상도 특정 점포로 한정하였다.

1972년 8·3 조치 때도 정부는 시장불안을 줄이기 위해 예적금 비밀보장을 강

---

25 이 법 제2조에서 금융기관이란 한국은행법, 은행법과 기타법률에 의한 금융기관, 무진회사, 신탁회사 및 우편관서를 광범위하게 포함한다.

조한 적이 있었다. 실무진이 "권력기관들이 너나없이 금융기관의 예적금을 다 뒤지니까 불안해서 큰돈이 다 사채시장으로 빠져나갑니다. 그러니 그걸 뒤지지 못하게 해주십시오"라고 예적금 비밀보장을 강하게 건의하여 박정희 대통령이 받아들인 것이다.

1993년 금융실명제 작업 때도 재무부 금융팀이 "금융현실을 고려할 때 비밀보장에 관한 내용을 유지해야 합니다"라고 주장했다. 김영삼 대통령은 이 주장을 타당하다고 생각하여 받아들였다.

진동수 실명제를 하면 투명하게 금융거래 정보가 공개되는 거잖아요? 단순히 누가 어디에 예금을 얼마 해두었는지의 단순한 문제가 아니라 수많은 자영업자와 기업들의 과거 모든 상거래 과표자료까지 전부 드러납니다. 그렇기 때문에 과세를 정확하고 공평하게 할 수 있고 온갖 부정거래도 막을 수 있는 것입니다.

그런데 반면에 그걸 한번 뒤집어 생각해 보세요. 권력의 입장에서 보자면 개인이든 기업이든 누구를 손보려고 할 경우 옛날보다 훨씬 더 쉬워지는 것입니다. 사실 우리나라만큼 국가가 개인정보를 많이 갖고 있는 나라가 많지 않아요. "금융거래를 실명화하면 개인과 기업의 모든 정보를 정부가 다 갖게 되는데 그러면 그럴수록 더 선의의 거래자에 대한 비밀보장을 해줘야 한다. 과거 「예금・적금 등의 비밀보장에 관한 법률」에서 보장하는 정도 수준 내지 그보다 더 강화해 개인의 비밀보장을 해줘야 한다. 예를 들면 법관의 영장, 과세 목적 등 특정한 목적 외에는 함부로 누가 내 모든 금융거래를 들여다볼 수 없게 해야 한다"고 해서 그렇게 된 것이거든요.

시장현실 고려한 실명제 보완대책 마련

실명제 작업팀은 법안 확정과 함께 금융실명제 실시로 예상되는 시장혼란에 대한 보완대책도 동시에 마련했다.

첫째, 자금의 금융권 이탈에 대한 대책을 마련했다. 금융자금이 부동산 등 실물투기 부문으로 빠져나가는 것을 막기 위해 투기혐의자에 대해 세무조사실시 시행일 이후 부동산 거래에 대해서는 예외 없이 자금출처조사를 하고 필요한 경우 토지거래허가 대상지역 및 국세청 지정을 확대하기로 했다. 실명화에 따른 자금 이탈을 막기 위해 3천만 원 이상 현금과 자기앞수표 인출은 국세청에 통보하여 특별 관리하기로 했다.

재무부 집계에 따르면 1992년 말 기준 은행의 가명계좌 잔액은 1조 2,065억 원이었으며,[26] 전 계좌의 10% 정도로 추정되는 차명계좌는 27조 원 규모로 추정되었다. 증권사 가명계좌 잔액은 1993년 3월 말 기준 1조 1,500억 원이었다.[27] 무기명·가명 거래되는 CD는 20% 정도인 2조 8천억 원 수준이었고 여기에 무기명 국민주택채권 6천억 원을 포함한 유가증권 가명거래 규모는 약 33조 원, 시중통화량의 30%에 해당되는 것으로 추정되었다.[28] 작업팀은 이 가운데 일부라도 빠져나갈 경우 부동산투기와 금융시장 교란 등의 심각한 부작용이 나타날 수 있다고 봤다. 이를 막기 위해 10년 이상 저리의 이표채나 장기저축상품을 만들고 분리과세하여 자금출처조사를 꺼리는 거액의 돈이 공적 금융기관에 머물러 산업자금으로 쓰일 수 있도록 제도적 유인책을 내놨다.

둘째, 상거래나 개인송금을 위장하여 자금이 해외로 도피하는 것을 막기 위한 방안을 마련했다. 3천 달러 이상 해외송금자 명단을 특별 관리하고 해외부동산 취득자 전원을 조사하기로 했다.

셋째, 금융시장 및 금융기관 안정대책을 마련했다. 우선 통화를 탄력적으로 운영하여 금리안정화 대책을 마련하기로 했다. 금융시장 자금수급 동향을 점검하고, 돈이 빠져나가 자금부족에 어려움을 겪게 될 금융기관에 대해서는 유동성 지원을 확대하는 대책을 마련했다. 은행에 대해서는 한국은행이 환매조건부채권 (RP)으로 유동성을 지원하고, 증권회사의 경우 고객예탁금 인출 급증 시 증권금융의 시중은행에 대한 회전신용한도를 활용하여 지원하기로 했다. 투신사 및 증

---

26 계좌 수는 총 100만 9천 개다.
27 2만 5,900여 개 계좌의 금액이다.
28 "금융실명제 성공해야 한다", 〈한국일보〉, 1993. 8. 13.

권사의 은행차입금은 당분간 상환을 연기하고, 신용금고 등 제2금융권에 지급 애로가 발생할 경우 신용관리기금에서 단기자금을 지원할 계획을 세웠다.

넷째, 증권시장 안정을 위해 기관투자자의 매수확대 등 시장안정대책을 마련하고 증권거래차익에 대한 과세도 하지 않기로 했다. 부동산보다 자본시장으로 돈이 흐르도록 유인책을 제공하기로 한 것이다.

또한 기업들이 주식을 실명전환하여「상법」이나「증권거래법」,「독점규제 및 공정거래에 관한 법률」등을 위반하는 경우에도 대비하기로 했다. 1년 내에 당해 위반사항을 시정하는 경우 해당 법률에 의한 벌칙이나 행정제재 등의 적용을 1년간 면제하기로 한 것이다(긴급명령 제15조 제3항). 예를 들어, 실명전환으로「증권거래법」상 주식소유 상한규정인 상장 당시 비율 또는 10% 대량소유 규제의무를 위반하게 된 경우 1년 내에 위반사항을 시정하면 처벌받지 않도록 했다.

〈표 3-1〉 실명전환에 따른 타 법령 위반사례

구분	위반 시 제재조치	비고
1.「증권거래법」위반 • 주식소유제한 위반 - 상장 당시 10% 이상 소유자: 상장 당시 비율 - 일반주주: 10%(공공법인은 3%) 이상 소유 금지	500만 원 이하 벌금	「증권거래법」 제200조
• 주식내부자거래 위반 - 당해 법인의 임직원 등은 당해 법인 주식매매금지	3년 이하 징역 또는 2천만 원 이하 벌금	「증권거래법」 제188조 제2항
• 임원·주요주주의 주식변동사항 보고의무 위반 - 변동발생일 다음달 10일까지 보고	1년 이상 징역 또는 500만 원 이하 벌금	「증권거래법」 제188조 제6항
• 주식상장요건 미비 - 소액주주 분산비율: 30% 이상 - 자본금: 30억 원 이상	상장폐지 가능	「증권거래법」제89조 (증권거래소 상장규정 제37조)
2.「공정거래법」위반 • 계열기업 간의 상호출자제한 위반 - 직접출자: 전면금지 - 간접출자: 총자산의 40% 이내	3년 이하 징역 또는 2억 원 이하 벌금	「공정거래법」 제10조

출처: 금융실명제 실시단, 1994, 《금융실명제 실시 1주년 백서》, 재무부.

다섯째, 금융실명제 실시로 사채시장이 위축될 경우 극심한 자금난이 예상되는 중소기업과 영세기업에 대해서는 특별대책을 수립하기로 했다. 상공부에 금융실명제 대책반을 구성하여 중소기업과 영세기업을 지원하며 6개월 한시적으로 신용보증기관의 보증지원 제도를 두 배로 확대하기로 했다. 그 외에도 중소기업에는 은행을 통해 1차로 3천억 원 수준의 자금을 공급하고 한국은행에서도 지방 중소기업에 자금을 지원하기로 했다. 29

백운찬 당시 우리가 살펴보니까 실명제를 당장 실시한다고 할 때 가장 큰 현실적 문제는 지하경제가 없어지고 사채시장 규모가 줄어드는 것이었습니다. 중소기업들이 담보도 없고 신용도 낮아 금리가 낮은 은행에서는 돈을 빌릴 수 없으니까 명동 사채시장에 가서 담보 없이 높은 금리로 돈을 빌리거나 어음을 할인받는 경우가 많았습니다. 중소기업 대출금액의 30% 이상이 사채시장에서 고금리 대출로 빌리는 것으로 추정됐기 때문에 이에 대한 대책 마련이 필요하다고 봤습니다.

마지막으로 중장기적 시계에서 여러 가지 금융시장 선진화 대책도 마련했다. 실명제 시행 이후부터는 채권을 등록 발행하도록 하여 유가증권을 소유자가 직접 보유하지 않도록 하고, 더 근본적으로 장기 무기명채권을 통한 변칙적 상속이나 증여를 규제하기 위해 채권을 피상속·증여인 명의로 금융기관에 예탁한 경우 그 시점을 상속·증여시점으로 인정하는 방향으로 세법을 정비하기로 했다.

발행된 자기앞수표가 은행에 최종적으로 돌아오기까지는 무기명 금융자산이나 다름없다. 이 같은 비실명 결제수단에 대해서는 자기앞수표의 발행과 지급단계에서 실명을 확인하도록 하고, 향후에는 신용카드, 당좌수표, 지로 등 자기앞수표 수요를 줄일 수 있는 대안적 지급수단을 확대 보급해 나가기로 했다.

---

29 재무부, 1993, 〈금융거래 활성화 방안〉, 국가기록원 관리번호: BA0889110, 98쪽.

YS, 실명제 긴급명령 최종재가

금융실명제 법안 시안 및 시장과 행정 대응방안이 완성되자 이경식 부총리와 홍재형 장관이 7월 28일 청와대에 함께 들어가서 대통령에게 최종보고를 했다.

홍재형 이 부총리와 저, 두 사람이 먼저 합의하고 단일안을 만들어서 7월 28일 대통령께 보고드리면서 바뀐 내용을 설득했습니다. 가령 "2주로는 도저히 실명제 전환이 안 됩니다. 최소 두 달이 걸립니다. 또 무기명자산을 몰수하면 우리나라 헌법에 사유재산 보호조항에 걸려 위헌소지가 있습니다. 그러니 증여세가 60%니까 최대세율인 60%까지만 과태료로 떼야 합니다" 등 주요내용을 설명하니까 대통령도 납득하시고 "그렇게 하시오. 잘 만들었다"고 평가하셨습니다. 7월 28일 청와대 들어가서 부총리와 제가 앉아 있는데 대통령이 집무실에서 법전을 가져와 긴급명령과 관련된 내용을 우리에게 보여 주시더라고요.

이경식 부총리, 홍재형 장관으로부터 최종보고를 받기 전인 오전 9시 30분 대통령은 황길수 법제처장을 청와대로 불러들여 금융실명제 실시 방침을 알리고 "대통령 긴급명령에 따른 법조문을 만들어 오라"고 지시를 내렸다. 긴급명령으로 간다는 것은 처음부터 김영삼 대통령의 복안이었다.

"나는 실명제 추진방법을 강구하기 위해 그동안 직접 헌법을 샅샅이 뒤져 보았다. 헌법을 외우다시피 연구한 끝에 헌법 제76조 대통령의 긴급명령권 조항을 찾아냈고, 이에 의거하여 금융실명제를 실시하겠다고 결심했다. 긴급명령은 법률과 똑같은 효력을 가지는 것이었다."

이날 금융실명제 긴급명령 최종안이 확정되었고 발표에 따른 세부내용과 실시에 따른 추진계획도 함께 결정됐다.

사채시장서 거액 현금인출 움직임

한편 금융실명제 시행을 위한 최종작업이 비밀리에 진행되는 와중에 시장은 어떻게 움직였을까? 연초부터 언론에는 "금융실명제 전격 실시설이 나돌면서 증권시장에서 가명계좌가 감소하고 일부 거액 투자자금이 증시에서 빠져나가고 있다"는 보도가 가끔씩 나오곤 했다.

> 금융실명제 전격실시설이 나돌면서 일부 거액투자자금이 증권시장에서 빠져나간 것으로 풀이됐다. 증권관계 기관에 따르면, 지난달 말 현재 증권사에 개설된 주식 가명계좌 수는 2만 5,987개로 5월 말보다 219개가 늘어났으나 가명계좌의 현금 및 유가증권 잔고는 9,266억 원으로 200억 원이 줄어들었다. 가명투자자들이 보유한 유가증권을 매각하거나 인출해가기 때문에 주가상승에도 불구하고 계좌 잔고가 줄어들고 있는 것으로 풀이된다. 일부 가명투자자들은 여러 개의 차명 및 가명계좌를 이용해 보유주식을 분산시켰다가 매각 또는 인출하는 방법으로 계좌 추적을 피하고 있는 것으로 알고 있다고 이 관계자는 말했다. [30]

사채시장에서는 이미 한참 전부터 거액의 현금이 계속 빠져나가고 있다는 정보가 수사기관의 레이더망에 잡혔다. 그 계기가 된 것은 명동 모 금융사에서 거의 매일 1억 원의 현금이 빠져나가고 있다는 소식이었다. 내용을 파악해 보니 신원을 파악하기 어려운 사람이 200억 원을 맡겨 두었는데, 이미 한참 전부터 이걸 전부 현금으로 빼 달라고 했다는 것이다. 현금을 하루에 1억 원 이상씩 빼기는 어렵다고 하자 "그럼 그렇게라도 해주시오"라고 했단다. [31]

또 다른 금융사에는 1억 원짜리 CD를 25% 할인해서라도 팔아 달라는 주문이 들어왔다. CD는 금융기관이 발행하여 신용이 높고 상환기간이 짧아 금방 돌려받게 될 텐데도 25%나 할인해 현금화한 것이다.

---

30 "실명제 실시설로 가명계좌 잔고 줄어", 〈연합뉴스〉, 1993. 7. 5.
31 금융실명제 실시를 전후하여 금융시장과 사채시장에서 발생한 사건에 대해서는 〈주간조선〉(1993. 8. 26) 기사를 참조하여 재구성하였다.

사채시장이 금융실명제 비밀작업을 눈치챈 것은 아니었다. 김영삼 대통령은 대통령 후보 공약사항으로 금융실명제를 힘주어 강조했고, 또한 취임 직후 3주 만에 가진 3월 19일 경제특별담화 발표 때 "실명제를 반드시 실시하겠다"고 밝혔기 때문에 금융실명제는 1993년 초반부터 지속적으로 언론의 주목을 받았다. 실시하는 것은 기정사실화된 것이고 다만 '언제인가?' 하는 시기상의 문제일 뿐이었다.

여기에 각종 정치개혁 입법이 추진되자 금융기관에 '파킹'됐던 사채시장의 검은 돈들이 계속 꿈틀거렸다. 5월, 6월, 7월, 시간이 경과할수록 금융기관을 빠져나가는 현금이 증가했다. 김 대통령 취임 이후 현금으로 빠져나간 뭉칫돈이 정확히 얼마인지 누구도 제대로 파악하기 어려웠지만, 정보기관은 7월 말까지 이미 7조 원 가까운 현금이 금융시장을 이탈한 것으로 파악했다. 한국은행도 이 내용을 알고 우려하는 상태였다.

속속 현금이 빠져나가자 검찰이 거액을 현금으로 빼내가는 전주(錢主)들의 명단을 확보하여 내사에 들어갔다. 그런데 청와대에서 "경제에 부정적 영향이 우려되니 내사를 중단하라"는 지시가 내려왔다고 한다.

앞당겨진 실명제 시행일

그런 상황에 결정적인 일이 생겼다. 8월 3일자 월요일 모 신문에 "8월 초에 금융실명제 실시할 듯"이라는 제목으로 금융실명제에 대비해 채권이나 CD를 현금화하는 움직임이 나타나고 있다"는 기사가 1면 톱으로 실렸던 것이다. [32]

관련자들이 모두 화들짝 놀랐다. "이거 혹시 작업내용이 새 나간 것 아냐? 정말 큰일났다. 우리는 다 죽는 거다" 싶어 급히 내용을 알아보니 다행히 추측성 기사였고 정부가 준비하는 실명제와는 무관한 것으로 파악됐다.

임지순 우리가 원래 8월 중순이나 말쯤의 어느 날이 D데이라고 생각하여 작업속도를 조절하고 일정관리를 하고 있었죠. 그런데 8월 초에 〈경향신문〉에 금융실명

---

32 〈경향신문〉 1993. 8. 3.

제를 실시한다는 기사가 1면 톱으로 나서 발칵 뒤집혔습니다. 대통령이 크게 화를
내며 "어디서 샌 것인지 조사해 보라"고 했답니다. 우리는 아파트 안에서 신문도 안
보았으니 뒤늦게 알게 되어 김용진 실장의 주재하에 대책회의를 했습니다. 나중에
조사 결과, 실무진의 작업내용이 샌 것이 아니라 어디서 무슨 이야기를 들었는지
모르지만 순전히 추측성 기사라는 것이 밝혀져 천만다행이었습니다. 만약 어디선
가 비밀이 샌 것이었다면 YS 성격상 우리 모두가 참 어려웠을 겁니다.

그동안 철통같은 보안 속에 금융실명제가 진행되었는데 마지막 단계에서 엉뚱한
데서 일이 터져 불똥이 튈 가능성이 높아졌다. 김영삼 대통령은 우려감에 8월 5일
아침 이 부총리에게 전화를 했다.
  "언제쯤 최종안을 보고받을 수 있소?"
  "다음주 월요일인 9일에는 가능할 것입니다."
  대통령은 보고 이후 "전체 일정을 최대한 서두르시오"라고 주문했다.
  8월 9일 대통령에게 최종법안 보고가 이뤄졌다. 이날 보고에서 금융실명제 긴
급명령 발표 날짜가 당초 예정이었던 8월 말경에서 8월 12일 목요일 저녁으로 앞
당겨졌다.

임지순 실명제와 관련한 주요내용은 금자탑 빌딩에서 이 부총리와 홍 장관께서
만나 두 분이 의논하여 결정했습니다. 저희들이 과천 아파트에서 칩거하며 작업
하는 동안에도 몇 차례 그곳에서 두 분이 대책회의를 했는데 회의 결과 금융실명
제 발표시기를 앞당기기로 결정했습니다. 실무준비는 거의 다 되어 있었으니까
원래 8월 말쯤 발표하려던 것을 앞당기고 마무리 작업을 서두르기로 했는데, 그
날짜는 홍 장관께서 김용진 실장과 의논하여 결정하고 이 부총리께 전달한 것으로
알고 있습니다.

후일담이지만 왜 하필 8월 12일로 앞당겼느냐에 대해 무성한 정치적 추측이 오갔다.
홍재형 장관과 김용진 세제실장은 정치적 의미가 전혀 없었다고 강하게 부인한다.

홍재형 그 무렵 국회의원 보궐선거가 있었는데 대구에서 여당 후보가 무소속 후보에게 졌어요. 언론에서는 "국면전환을 하기 위해 의도적으로 8월 12일로 정한 것 아니냐?"는 추측도 있었습니다. 그런데 그건 절대로 아닙니다. 이 부총리와 제가 8월 9일에 최종보고를 할 때 이미 날짜를 12일로 확정하여 대통령께 건의했습니다. 왜냐하면 전국 은행 창구직원들 대상으로 교육을 해야 하거든요. 그러려면 은행 문을 닫아야 한단 말이죠. 그런 문제가 있어 D데이를 목요일로 정했습니다.

목요일 밤에 발표하고 다음날 금요일 오전에 금융기관 교육하고 오후에는 잠깐 일하고 문을 닫습니다. 그리고 토요일과 일요일에 일제히 추가 교육을 하여 월요일에 본격 시행하기 위해서는 목요일인 8월 12일이 좋다고 판단했죠. 우선 금융기관에 대한 통보가 가장 중요하니까 금융기관장들을 불러 모아야 할 것 아닙니까? 당시 사정이니 규율이니 하는 얘기가 많았기 때문에 금융기관 기강확립에 대한 회의를 한다고 8월 12일 저녁 7시에 은행장들을 포함해 증권·보험·단자 금고 임원들을 전부 제일은행 강당에 모이도록 사전에 통보했습니다.

김용진 당시 우리는 교육 등 실무적 목적으로 12일을 선호했습니다. 12일이 목요일이니까 오후에 발표하면 금, 토, 일, 3일간 시중 금융기관에 전달할 여유가 있죠. 근데 나중에 보니까 왜 하필 그날 발표했느냐고 말들이 많았어요. 그날 국회의원 보궐선거가 있었는데 4군데서 3 대 1로 야당에 참패했거든요. 정치적 참패를 뒤집기 위해 그날을 선택했다는 신문기사도 났고, 당시 많은 정치부 기자들이 그걸 대통령이 정했다고 생각했습니다. 그런데 사실 저는 그날 보궐선거가 있는지도 몰랐습니다.

20여 년 만에 다시 나오게 된 긴급명령

마무리 작업 단계에서 방기호 법제관이 법조문의 체계와 내용을 검토했다. 방 법제관은 "금융실명제 긴급명령안은 제16호"가 된다고 확인했다.

금융실명제 이전에 마지막으로 내려진 긴급명령이 1972년 8월 3일에 발표된 '경제안정과 성장에 관한 긴급명령 제15호', 이른바 '8·3 조치'였다. 무려 20여 년 만에 긴급명령이 다시 나오게 된 것이다. 1972년 이후 왜 오랫동안 긴급명령이 없었을까? 김용진 세제실장은 "유신헌법 이후부터는 국회가 무력화되어 긴급명령 대신 긴급조치가 많이 나왔기 때문"이라고 설명한다. 긴급명령과 긴급조치는 효과는 유사한데 한 가지 다른 점이 있다. 긴급명령은 다시 국회 심의를 거치는 데 비해 긴급조치는 「비상국무회의법」에 따라 국회 심의를 거치지 않아도 된다는 점이다.

법령의 주요내용과 체계에 대한 검토를 마친 다음에도 막바지 디테일에 신경을 쓰느라 정신없이 바빴다.

김용진 가령 법안에 시간까지 표시하는 경우가 별로 없는데, 「금융실명법」은 부칙 1조에 "이 법은 8월 12일 20시에 시행한다"고 시간을 명시했습니다. 그런데 꼭 20시가 안 될 수도 있잖아요? 그래서 부칙 2조에 "이 명령은 관보게재와 상관없이 방송이나 신문에 게재함으로써 효력을 발생한다"고 했습니다. 사실 이게 중요한 포인트였어요. 왜냐하면 일반적으로 모든 법령은 총무처 장관이 발행하는 관보에 게재하여 효력을 발생하는데 관보에 게재하려면 금융실명제 법안을 미리 총무처로 가져가야 할 것 아닙니까? 그럼 그 과정에서 정보가 미리 새 나갈 수 있습니다. 총무처를 거치지 않으려고 부칙을 하나 더 만든 거죠.

그리고 "재무부 장관이 정하는 바에 따라 한다"고 하여 은행과 증권은 13일 오전에는 거래하지 못하도록 하고 오후 2시부터 다시 문을 열게 했습니다. 다만 외환시장은 정상적으로 돌아가게 했습니다. 해외에 송금하는 사람들이 손해배상을 청구할 가능성이 있기 때문입니다. 국내 은행은 오후 2시부터 8시, 증권업무만 오후 2시부터 6시까지로 영업시간을 정했습니다. 제가 속으로 '8월 13일 오후에 주식을 사면

백운찬(白雲瓚)

1956년 경남 하동에서 태어났다.
동아대 법학과를 졸업하고, 동아대에서
법학 석사학위를, 미국 위스콘신대학에서
공공정책학 석사학위를 받았으며,
서울시립대에서 세무학 박사학위를 받았다.
1980년 행정고시에 합격해 공직에
입문한 뒤 국세청 세무서 과장, 청와대
행정관, 국회 전문위원, 국무총리실
조세심판원장, 기획재정부 세제실장을
거쳐 2013년 제26대 관세청장,
2015년 제29대 한국세무사회
회장을 역임했다.

돈 벌 텐데' 그런 생각도 했죠. 왜냐하면 주가가 그날은 엄청나게 하락할 것 아닙니까? 저는 한 열흘 정도면 시장이 정상화될 것이라고 봤거든요.

또 금융기관 임직원과 창구직원들을 교육하기 위해서는 자료를 미리 마련해야 하기 때문에 비밀작업을 할 때 아예 교육자료까지 다 만들어 두었다. 전국에 흩어진 금융기관에 동시다발로 보내야 하니 인쇄분량이 거의 트럭 한 대를 채울 정도였다.

그걸 위해 과천에 있는 인쇄회사 하나를 섭외했다. 재무부 단골 인쇄소였는데 그 회사가 지하에 있었다. 처음에 섭외할 때는 급한 정부문건을 밤새 인쇄해야 한다고 했다. 본격적으로 인쇄작업이 시작되면서부터는 인쇄작업자들에게도 비밀유지 각서를 받았다. 아무도 출입하지 못하도록 문도 잠그고 전화코드도 다 빼 버렸다. 방대한 인쇄물량을 소화하기 위해 밤새 인쇄기가 돌아갔다.

백운찬 국무회의를 하려면 안건을 만들고 인쇄를 해야 하잖아요. 그런데 긴급명령 내용이라 분량도 많고 장차관 및 정부부처에도 돌려야 하고 수많은 금융기관 교육자료도 만들어야 해서 프린터로는 할 수 없는 방대한 물량이었습니다. 그래서 인쇄소를 섭외했습니다. 낮에는 인쇄소에 사람들이 들락날락하니 할 수 없이 밤에 해야 했고, 밤에도 대외적으로 알려지지 않게 해야 하니까 지하에 있는 인쇄소 중에서 제일 가까운 범신사라는 인쇄소를 구했습니다.

그곳 사장한테 실명제 관련 인쇄라는 사실은 숨기고 정부문건을 빨리 만들어야 하는데 대외적으로 알려지면 문제가 될 수 있으니 집에 안 가도 되는 사람 5~6명 정도를 구해 달라고 부탁했습니다. 그리고는 문을 완전히 잠가 버리고 그 열쇠를 제가 가지고 있었죠. 화장실을 간다든지 하는 꼭 필요한 경우에만 열어 주며 출입을 통제했고 먹을 것도 제가 사다 주고, 이런 식으로 밤새도록 마무리 인쇄작업을 했습니다.

D데이, 그날 하루 생긴 일

긴장된 새벽

긴장된 분위기 속에서 새벽이 밝아왔다. 이날 오전 양수길 박사는 자신이 써서 미리 보냈던 대통령의 금융실명제 담화문 수정본을 전달받았다.

다음은 양수길 박사의 회고이다.

8월 12일 오전, 부총리를 통해 청와대로부터 대통령 담화문 수정본을 전달받았다. 초안을 완전히 재구성하여 힘이 넘치는 연설문으로 바뀐 상태였다. 나는 이를 즉시 인쇄에 넣고 인쇄된 연설문 200부를 그날 오후 3시 30분 김우석 의전비서관에게 전달한 후 정부 1청사에 있는 부총리 집무실로 향했다.

이경식 부총리는 집무실에서 금융실명제의 여파에 대해 우려와 기대가 섞인 소회를 토로했다.

"부총리께서 한동안 정치적으로 힘드시겠습니다"고 말하자, 이 부총리는 "부총리로 임명될 때 이미 나는 이것이 불가(佛家)에서 말하는 나의 업(業)이 될 것을 알았습니다. 개혁의 초기에는 항상 충격과 반발이 있게 마련입니다. 나는 이번 금융실명제 실시에 대한 책임을 회피하지 않고 어려움을 정면돌파할 것입니다"라고 말하고는 청와대 국무회의에 참석하기 위해 자리를 떴다.[33]

D데이 날 국무회의는 저녁 7시로 예정되어 있었고 대통령 발표 직후에는 기자회견과 금융기관 임직원 교육이 예정되어 있었다. 작업은 오후 늦게까지 계속됐다.

마지막까지 보안을 위해 살얼음 밟는 것 같은 조심을 거듭한 결과 비밀엄수가 되어 목요일인 이날 주식시장은 아무것도 모르고 전날보다 2.29%p가 오른 채 평온하게 끝났다.

갑작스러운 국무회의 통보

주요인사들에 대한 금융실명제 실시 통보는 저녁 6시에서 6시 30분 사이에 이루어졌다. 대통령이 대법원장과 국회의장에게 먼저 전화를 걸어 설명했고, 박관용 비서실장과 박재윤 경제수석도 이때쯤 통보받았다. 장관들에게는 "저녁 7시에 긴급 국무회의를 개최한다"고 통보하여 청와대로 소집했지만 무슨 내용인지는 알려 주지 않았다.

국무회의에 앞서 홍재형 장관은 총리실에 가서 경위를 설명했고, 김용진 실장은 최창윤 총무처 장관에게 가서 개요를 설명했다. 총무처 장관이 국무회의와 대통령 의전을 관장하고 관보(官報) 게재권을 가지고 있기 때문에 사전 설명을 했던 것이다.

언론사에는 저녁 6시 무렵 "7시에 국무회의가 있고 8시에 광화문 종합청사 대회의실에서 이경식 부총리와 홍재형 재무부 장관의 공동 기자회견이 있다"는 팩스를 보냈다.

어떤 내용인지에 대해서는 일체 언급이 없어 각 언론사가 갑자기 비상이 걸렸다. 당시는 인터넷이 없고 언론사에 가판이 있어 내일 조간신문이 오늘 밤에 나

---

33 양수길, "금융실명제". 월간조선 편, 1993, 《한국현대사 119 대사건》, 조선일보사.

여러 신문에서 김영삼 대통령의 금융실명제 실시 발표를 대서특필했다(1993. 8. 12).

오던 시절이다. 가판 마감을 위해 맹렬히 취재 전화기가 돌아갔다. 무슨 내용인지 아무도 속시원히 대답해 주는 사람이 없었지만 갑작스러운 저녁 국무회의와 부총리 · 재무부 장관 동시 기자회견이라면 금융실명제 외에 달리 감잡히는 것이 없었다.

어찌어찌하여 '금융실명제'에 관한 내용이라는 것을 파악한 대부분의 신문들이 그날 저녁 가판 1면 톱 제목을 '금융실명제 전격 실시'로 뽑았다. 큼지막한 제목만 있을 뿐 내용은 아무것도 없는 기사였다. 그나마 두 개 언론은 그마저도 파악하지 못해 '물을 먹었다.'[34]

한편 김용진 실장은 오후 5시쯤 과천에서 청와대로 출발하기 직전에 이환균 금융차관보에게 자세한 이야기는 생략한 채 "앞으로 한 시간 있으면 당신이 아주 바빠질 테니 준비하라"고 넌지시 암시해 주었다.

---

34 언론사에서는 낙종한 것을 '물먹었다'는 말로 표현한다.

국무회의 직전, 비상상황 발생

오후 6시 30분을 전후하여 장관들이 무슨 영문인지 모르는 채 속속 청와대에 들어왔다. 이윽고 7시 정각이 되었다. 국무회의에 대통령이 나오기만을 기다리는데 비상상황이 발생했다. 한참 전에 이미 도착했어야 할 금융실명제 국무회의 서류가 그때까지도 도착하지 않은 것이다.

초조해진 김용진 세제실장의 얼굴이 창백해졌다.

김용진 금융실명제 국무회의 안건 서류를 가져왔어야 할 백 사무관이 그때까지 연락두절이었습니다. 그때는 휴대전화도 없으니 연락도 안 되잖아요. 각료들 표정을 보니까 7시에 국무회의를 한다더니 왜 안 하느냐, 무슨 영문인지 모르겠다, 이런 얼굴들이었습니다. 제가 좌불안석이 될 수밖에요. 마치 영겁의 시간처럼 불안하기 짝이 없었습니다. 아마 그 12분이 제 인생에서 가장 긴 시간이었을 겁니다. 세제실 사람들은 정확성이 철저한 사람들인데 백 사무관이 왜 못 오는지 제가 전혀 이유를 모르니까요. 박관용 비서실장이 대통령께 "아직 준비가 덜 됐으니 집무실에서 기다리시지요"라고 말씀드렸습니다. 불안하고 초조한 상태에서 청와대 정문 CCTV만 쳐다보는데 15분쯤 되니까 청와대 정문이 열리면서 백운찬 사무관의 낡은 차량이 들어오는 겁니다. 천만다행이었습니다.

이 중요한 날 핵심 연락장교였던 백운찬 사무관에게 대체 무슨 일이 있었던 것일까? 백 사무관은 대통령이 실명제를 발표하기 전까지 말이 새 나가지 않도록 다른 직원을 시켜 인쇄소를 지키게 하고는 인쇄소에서 국무회의 배포용 안건을 가지고 청와대로 출발했다. 총무처에 먼저 들러서 청와대로 가야 하는데 하필이면 이날 비가 주룩주룩 많이 와서 남태령부터 이미 차가 막혔다.

백운찬 원래 국무회의가 열리면 국무회의 안건 주재를 총무처에서 하게 됩니다. 총무처에서 "몇 호에 의한 안건"이란 식으로 정해 주면 그걸 받아야 국무회의로

김영삼 대통령이 금융실명제 관련 긴급 국무회의를 주재하고 있다(1993. 8. 12).

갈 수 있으니까 보통 국무회의 안건은 1주일 전에 준비하는데 그날은 안건을 국무회의 현장에서 배포한다고 통보했습니다. 평소에는 임동빈 사무관이 법제처 법률번호나 총무처 안건번호 등을 관리하는 역할을 했었는데 그날은 임 사무관이 금융기관 교육용 서류를 챙기느라 정신이 없어서 제가 그걸 가지고 직접 총무처에 들렀다가 다시 청와대에 가는 걸로 됐단 말이죠. 그런데 총무처에 가 보니까 국무회의를 담당하는 공무원들이 아무것도 모른 채 전부 청와대에 가고 아무도 없는 겁니다.

국무회의 안건번호나 이후 국회소집 공문이라든지 이런 걸 다 총무처에서 근거를 가지고 만들어야 하는데 그걸 할 사람이 총무처에 아무도 없었던 거예요. 누가 할지 한참 찾다가 마침 차장이 한 명 있어서 그 사람을 시켜 억지로 만들긴 만들었습니다. 그러다 보니 국무회의 시간에 늦어 버린 것입니다.

총무처에서 절차를 밟아 가져가야 하니 시간이 늦어지는데, 나중에 들어보니 그 사이에 대통령이 두 번이나 "국무회의를 빨리 시작하자"고 이야기하셨답니다. 당시 대통령께서 엄청난 기대와 포부를 가지고 금융실명제를 추진했는데 그날 오후부터 실명제를 실시하게 되니까 기분이 좋아서 7시 이전부터 빨리 국무회의장에 내려가자고 하셨답니다. 비서실장 박관용 씨가 "아직까지 준비가 안 됐으니 조금만 더 기다리십시오" 그랬대요.

그런데 7시 15분이 지나도록 저는 안 오고 대통령은 내려가자고 자꾸 재촉하니까 청와대에서도 난리가 나서 제 차가 오면 빨리 입구에서부터 안내하라고 한 거죠. 제가 정신없이 도착해 보니까 입구부터 저를 안내할 경호원들이 대기하고 있더라고요. 그때만 해도 대통령 차 주차하는 자리, 장차관 차 주차하는 자리가 다 다르잖아요. 워낙 급하다니까 제 차를 대통령 차가 서는 자리에 세우고 자료를 내렸습니다. 간신히 준비가 되어 대통령이 내려와서 국무회의를 주재하게 됐습니다. 그렇게 늦었는데도 대통령께서 상당히 기분 좋게 국무회의를 시작했습니다.

지금 복기해 보면 조금 위험했던 일도 하나 있었습니다. 만약 제가 자동차 사고를 냈다든지 하면 큰일이잖아요? 그래서 운전하는 사람만이라도 다른 사람을 구해 맡겼어야 했었는데 그때는 그 생각까지는 못하고 제가 직접 운전했습니다. 정말 아찔한 일이었죠.

보안을 유지하는 데 총력을 다하다 보니 그 이후에도 가슴 졸이게 하는 절차적 문제들이 계속 발생했다.

김용진 백 사무관에게 자료를 받아 부랴부랴 국무회의에서 배포했는데 그 자료를 본 총무처 의정국장인 김종민 국장(후일 문화관광부 장관)이 "국무회의 안건에 1993년 제 몇 호 같은 의안번호가 없다"고 지적한 겁니다. 보통은 총무처에서 국무회의 안건 제 몇 호 이렇게 의안번호를 부여하는데 총무처에 비밀로 하여 여기를 안 거쳤으니까 의안번호가 없을 수밖에요.

"김 형이 의정국장이니 알 거 아니냐? 알아보고 확인해 달라"고 부탁했습니다. 김 국장이 총무처로 급히 전화해서 의안번호를 확인하여 우리가 수기로 적어 넣었습니다. 서류를 배포하고 난 후 김영삼 대통령께 비서실장이 나오시라고 말씀드리니까 다행히 아주 기분 좋은 얼굴로 걸어 나왔습니다. 그 귀공자 같은 얼굴이 활짝

퍼져서 제가 안도했습니다. 자신의 최대 치적이 눈앞에서 실현되기 때문인지 서류 도착이 늦어진 것에는 크게 신경 쓰는 것 같지 않은 표정이었습니다.

그리고 국무회의가 시작되었는데 일방적 통보니까 회의 자체는 15분밖에 안 걸렸습니다. 다만 그 자리에서 굳이 법제처장이 '긴급명령'은 포괄적이라면서 이름을 '긴급 재정경제명령'으로 하고 성격을 분명히 하자고 하여 동의했습니다. 사실 긴급명령이라고 해도 별문제가 없지만 굳이 그렇게 하자니 동의했습니다.

그런데 국무회의를 끝내고 나서 또 몇 가지 문제가 생겼습니다. 우선 '대통령령'에는 고유번호가 필요한데 법제처에 비밀로 하다 보니 이것이 또 없어요. 사실 이게 법 절차상으로는 최대 문제였다고 생각합니다. 마침 제 수첩에 법제처 차장 전화번호가 있어서 제가 즉시 김세신 법제처 차장에게 전화했습니다. 예전에 당에서 같이 전문위원을 해서 잘 아는 분이었는데 다행히 즉시 전화를 받아요. 아마 국무회의가 열려서 법제처장이 참석했으니까 혹시 몰라서 전화를 대기하고 있었겠죠. 김세신 차장에게 "김 형, 오늘 마지막 대통령령 안건번호가 무엇이었습니까?"라고 물었더니 "마지막이 19,536번"이라고 확인해 주었습니다. 그러니 금융실명제는 19,537번이 된 거죠.

그리고 또 하나의 작은 사고가 있었어요. 긴급명령은 반드시 국회가 휴회 중이라야 발동할 수 있습니다. 그러니까 법을 만든 후 국회에 이송해서 임시국회를 소집하고 국회의결을 거쳐야 합니다. 국회소집요구서에 국회이송안을 만들어야 하는 거죠. 사실 내용은 별것 아니고 "8월 16일부터 20일까지 임시국회를 개회하여 승인해 주시길 바랍니다"라는 건데 이걸 우리가 이미 과천에서 미리 만들어 두었거든요. 그런데 임동빈 사무관이 너무 많은 서류를 제일은행 강당에 보내고 정부에 보내면서 차와 트럭으로 여기저기 서류를 실어내다 보니까 정신이 없어 이걸 깜박 잊고 안 챙겨 보낸 거예요. 천려일실(千慮一失)이고 그 자리에서 차마 내색은 할 수 없었지만 가슴이 철렁 내려앉았습니다.

마음을 졸이면서 청와대에 도착해 간신히 국무회의 서류를 전달했지만 긴장을 풀지 못한 채 국무회의가 진행되는 동안 밖에서 기다리고 있던 백운찬의 설명은 이렇다.

백운찬 제가 밖에 서 있는데 국무회의 시작된 후 잠시 뒤에 김용진 세제실장님이 얼굴색이 확 변해서 밖으로 나와서 저한테 "비상국무회의 국회소집 공문이 어디 있나?"라고 물어보는 겁니다. 그런데 그 공문이 저한테 없었습니다. 평소 법제처에서 그 업무를 맡았던 사람이 임동빈 사무관인데 너무 정신이 없으니까 저한테 서류인계를 깜박한 것입니다.

그때 임동빈 사무관은 법제처에 있었습니다. 제가 인수인계를 못 받았다고 했더니 "지금 국무회의가 끝나가고 있고 회의가 끝나는 대로 빨리 공문을 가지고 임시국회로 뛰어가야 하는데 큰일났다"면서 "지금이라도 법제처에 갔다 오면 어떠냐"는 거예요. 그런데 그때만 해도 휴대폰도 없고 청와대에서 법제처까지 가면 아무리 빨라도 20분 정도 걸리니까 물리적으로 국무회의 끝나기 전까지는 안 되는 겁니다. 김 실장께서 "큰일났다"면서 회의장으로 다시 들어갔는데 그 뒤 얼마 안 돼서 대통령이 웃으면서 걸어 나오는 거예요.

홍은주 국무회의장 안에서 문제가 해결된 거군요. 어떻게 해결하셨습니까?

김용진 사실 내용상으로 복잡하지 않았기 때문에 우리가 회의장에서 즉석으로 국회이송안을 만들었습니다. "헌법 규정에 따라서 긴급명령에 의한 대통령령에 의해 임시국회를 소집한다"고 적어서 즉석에서 대통령 사인을 받은 겁니다. 부하직원의 실수이긴 하지만 사실 책임자인 저에게 사표를 내라고 해도 어쩔 수 없다고 각오하고 있었죠.

금융실명제 발표 때 방송사고 발생

우여곡절을 거쳐 세부절차가 끝나 김영삼 대통령이 특별담화문을 읽어나가기 시작했다. 그런데 머피의 법칙이 작용했는지 또 한 번의 사고가 났다. 이번엔 아주 중대한 사고였다. 대통령은 한참 담화문을 읽는데 남산으로 송신이 되지 않아 방송이 송출되지 않은 것이다. 이번엔 공보처가 난리가 났다. 공보처 장관이 하는

김영삼 대통령이 금융실명제 긴급명령 특별담화문을 발표하고 있다(1993. 8. 12).

수 없이 한참 읽고 있는 대통령에게 가서 "방송이 끊어졌는데 다시 한 번 읽어 주십시오"라고 머뭇거리면서 요청했다.

백운찬　국무회의가 끝나자마자 기자들한테 배포할 보도자료와 안건을 가지고 제가 춘추관(春秋館)으로 대통령을 따라 달려갔습니다. 그때는 이미 실명제 실시한다는 게 알려진 상태니까 춘추관에는 장관들과 기자들이 꽉 차있었습니다. 대통령께서 생방송으로 "국민 여러분, 지금부터 금융실명제를 실시합니다"라고 발표문을 쭉 읽는데, 방송이 안 나오는 겁니다. 대통령이 마이크 앞에서 특별담화를 읽으면 그 방송이 남산 송신소로 가서 방송사에 전달되어야 하는데 송신소와 연결되는 전원선이 빠져 있었던 겁니다. 방송이 안 나오니까 다들 놀라 줄을 찾고 난리를 쳐서 간신히 연결했습니다. 그래서 처음부터 다시 읽었습니다. 물론 밖에서는 아무도 모르는 일이었죠.

　대통령이 발표문을 다시 읽는 일까지 생겨 우리는 정말 큰일났다고 생각했었습니다. 대통령이 대국민 발표문 한 장을 거의 다 읽었는데 방송이 안 나갔다? 이건

금융실명제 실시를 선언하는
김영삼 대통령(1993. 8. 12)

큰일이잖아요. 실수가 연달아 발생해서 '이 일 끝나고 대체 우리가 어떻게 책임을 져야 하나?' 생각했는데, 대통령이 보안을 중시하여 발생한 일이라 어쩔 수 없다고 생각했는지 다 이해하고 기분 좋게 칭찬해 주고 무사히 지나갔습니다.

이날 김영삼 대통령은 흔연히 "그럼 또 한 번 읽지"라면서 다시 특별담화문을 낭독했다. 기술적인 방송사고는 별로 문제삼지 않은 것은 김 대통령의 대범한 성격 때문이기도 했다.

"친애하는 국민 여러분! 드디어 우리는 금융실명제를 실시합니다. 이 시간 이후 모든 금융거래는 실명으로만 이루어집니다. …"

실무진은 대통령의 금융실명제 선언 방송을 감격스러운 마음으로 지켜보았다고 회고한다.

김용진 원래 양수길 박사가 만들어 드린 대통령 담화문은 상당히 길고 경제관련 내용이 주를 이루었는데 이걸 아주 단문으로 짧고 힘있게 바꿨더라고요. 제가 들으면서도 이것 참 명문이구나 싶었습니다.

발표 직후 제 대학 후배인 김정남 정책기획수석이 저한테 와서 "선배님, 발표된 대통령 담화문 내용이 어떻습니까?"라고 넌지시 물어보는 겁니다. "누가 썼는지 간결하면서도 국민이 알기 쉽게 정말 잘 썼더라. 나도 그동안 기자 보도자료 많이 내 봤지만 오늘 새로운 경지를 봤다. 많이 배웠다"라고 칭찬했더니 기분 좋게 씩 웃으며 "제가 썼습니다" 그럽니다.

알고 보니 대통령이 8월 초에 불러 보안을 당부하며 양 박사가 쓴 발표문을 주면서 고쳐 보라고 했답니다.

방송 직후부터 금융실명제 긴급명령 발동

대통령의 방송 담화문 발표가 끝난 시간부터 금융실명제 실시 의무가 즉시 발동했다. 이날 긴급 재정경제명령 발동으로 1982년 통과됐던 「금융실명법」은 자동 폐지됐다. 김용진 실장이 대통령 발표가 다 끝나는 것을 지켜보고 급히 청와대를 나오려는데 홍인길 총무수석이 "그동안 수고했다"고 말을 걸어왔다. 김 실장은 위로의 말을 액면 그대로 들을 만한 상황이 아니었다. 국무회의에 서류가 늦게 도착한 것부터 시작해 방송사고까지 그 짧은 시간 동안 하도 많은 일이 일어나 심장이 조일 만큼 스트레스가 엄청났던 것이다. 다 끝났는데도 홀가분한 게 아니라 걱정이 앞섰다.

"절차상의 실수가 많았습니다. 저는 사표 낼 각오가 되어 있습니다."

"내가 보니까 대통령께서 아주 기분이 좋으시니 괜찮다. 염려 말아라."

홍 수석은 위로해 주었다.

김영삼 대통령은 회고록에서 "부정부패 척결과 함께 부에 대한 정당성 회복이 시급했다. 이를 위해 가장 시급한 조치가 금융실명제였다. 자금흐름을 투명하게 하고 금융거래질서를 정상화하는 작업이었다. 문민정부 출범 이후 사정개혁과 경제개혁의 우선순위 논쟁이 있었으나 금융실명제는 이 두 가지를 동시에 해결하는 개혁이었다. 금융실명제는 경제개혁의 첫걸음이자 정치사회 전반의 지속적 개혁을 지향하는 시금석"이라고 자랑스럽게 평가하였다.

그만큼 대단한 일을 마친 순간이니 사소한 절차상의 실수는 문제가 안 된다고 봤을 것이다.[35] 이날 여러 가지 사소한 실수가 벌어졌음에도 김영삼 대통령의 얼굴은 환하게 빛났다.

금융기관에 대한 금융실명제 교육

청와대에서 대통령이 금융실명제를 발표한 그 시간. 종로 제일은행 강당에서는 금융기관 핵심 관계자 600여 명이 대통령 발표를 깜짝 놀라 지켜보고 있었다. 8월 12일 증권시장이 끝나고 오후 5시에서 6시 사이에 금융기관장들에게 "제일은행에 금융특별정화교육을 받으러 7시까지 오라"고 재무부가 소집했던 것이다.

진동수 D데이가 되어 대통령 발표 직후에 금융실명제 내용을 금융기관장들에게 일제히 교육해야 하잖아요? 그런데 보안을 유지해야 하니까 금융실명제를 한다는 소리는 못하고 "은행·증권·보험사 대표와 재무부 간부급 이상이 필참해야 하는 금융특별정화교육을 한다"는 명목으로 제일은행에 다 소집했습니다.

사람들이 모인 가운데 먼저 TV를 켜고 대통령의 긴급명령 담화문 발표를 지켜본 다음에 금융실명제 실시를 위한 교육을 시작했습니다. 금융회사를 그 당시는 모두 금융기관이라고 했는데, 하여튼 은행들과 금융기관 임원들에게 "실명제 실시가 여러분들한테 크게 부담되는 것은 아닙니다. 평소에 하던 대로 하되 실명으로만 해주십시오"라고 당부했습니다. 그리고 "특히 창구직원들을 교육해서 창구에서 실명제 업무가 원활하게 진행될 수 있도록 각별히 신경 써 주십시오"라고 했습니다.

---

35 김영삼, 2001, 《김영삼 대통령 회고록》, 상권, 조선일보사, 167쪽.

금융실명제 시행에 발맞추어 현장 은행원들의 교육도 실시되었다(1993. 8. 13).

홍은주 제일은행에 오셨던 금융인들은 금융실명제 시행을 전혀 모르셨던 거죠?

최규연 그렇습니다. 현장에서 대통령 발표를 듣고서야 알게 된 것입니다. 임창열 차관보도 모르고 그 자리에 왔습니다. 금융기관 임원에 대한 소집명령을 금융특별 정화교육 명목으로 했기 때문에 "실명제 실시는 첫출발부터 가명이었다"라는 기사도 나왔습니다(웃음).

제가 제일은행 강당에 가서 보니까 저희가 예상한 것보다 훨씬 많은 분들이 참석해서 나눠 줄 자료가 모자랄 정도였습니다. 재무부 차관보에게 줄 자료도 없는 겁니다. 윗사람으로는 그때 재무부 백원구 차관만 발표 직전에 통보받고 제일은행에 오기 전에 잠깐 과천 아지트에 와서 내용을 보고받았습니다.

홍은주 금융기관 직원들 교육이 중요한데 어떻게 하셨나요? 지금 같으면 인터넷으로 하면 그만인데 그때는 인터넷이 거의 없을 때니까요.

최규연 전국 모든 금융기관과 지점에 금융실명제 지침을 배포해야 되는데 그때는 지금처럼 인터넷이 발달되지 않았어요. 그래서 어떤 식으로 했느냐? 제가 486 노트북으로 작업한 자료 파일을 그날 저녁에 각 금융기관에 보내고 금융기관들이 그걸 다시 내부 인트라넷을 통해 전국 각 지점으로 보내서 자료를 뽑도록 했습니다. 전산망이 없는 신협이나 새마을금고 등은 가까운 은행에 가서 자료를 받아 보라고 했습니다. 제가 1989년 금융실명거래실시준비단에 있을 때 컴퓨터를 배워 전산시스템에 대한 이해가 조금 있었기 때문에 다행히 그런 아이디어를 낼 수 있었습니다. 그렇지 않으면 인쇄된 서류를 들고 사람들이 전국 방방곡곡 금융기관 및 지점으로 뛰는 수밖에 없었겠죠.

그렇게 자료배포를 하고 금요일인 13일 오전부터 각 금융기관별로 교육을 시작했습니다. 당연히 금요일 오전 금융시장은 완전히 문을 닫았습니다. 그렇지 않으면 어음부도부터 시작해 모든 게 문제가 되니까요. 14일 토요일 오전도 영업정지를 하고 15일은 일요일이고, 이렇게 사흘간 교육했습니다. 주말 동안 실명제 교육을 다 마쳐야 월요일에 창구 열자마자 금융기관에서 바로 실명을 확인하지 않겠습니까? 지금 와서 이야기지만 금융기관 영업을 정지하면서 영업정지에 대한 장관의 승인은 한참 후에 받았습니다. 긴급명령으로 하려니까 그렇게 하는 수밖에 없었죠.

방송 통해 금융실명제 교육

12일 저녁 대통령의 발표가 끝난 직후부터는 모두가 다시 바빠졌다. 8시가 좀 넘은 시간에 이경식 부총리와 홍재형 재무부 장관이 광화문 정부종합청사에서 합동 기자회견을 열었다. 이 자리에서 이 부총리가 금융실명제 실시 발표문을 먼저 낭독하고 홍 장관이 기자들의 질의응답에 답했다.

김용진 실장은 곧바로 방송사에 가서 9시 뉴스 생방송에 출연하여 금융실명제 내용을 설명했다. 8월 13일에는 KBS 9시 뉴스가 끝난 직후인 10시에 진동수 과장이 방송에 출연하여 국민들과 금융기관 직원들을 대상으로 금융실명거래의 내용과 방법을 교육을 했다.

진동수 제가 그날 저녁에 KBS에 가서 방송으로 금융기관 직원들을 대상으로 방송교육을 했습니다. 그랬더니 뉴스 앵커가 저보고 선거 나가라고 농담하더라고요, 바로 당선될 거라고요(웃음). 왜냐하면 많은 국민들이 시청하고 있었고, 특히 모든 금융기관 직원들에게 시청하라고 미리 통지했으니까요. 금요일 오전과 토요일, 일요일 준비해서 바로 월요일부터 시행해야 하는데 직원들을 따로 교육할 시간이 없잖아요? 그러니까 모든 금융기관 직원들에게 다 TV를 시청하라고 미리 연락했습니다. 제가 교육자료를 굉장히 디테일하게 만들어서 "어떤 식으로 금융실명제를 하라"고 방송을 통해 교육했습니다.

국민 절대다수가 금융실명제 동의

금융실명제 실시 첫날인 8월 13일. 이날 아침 각 은행과 마을금고, 신협 등의 출입구에는 일제히 "금융실명제 실시로 오늘 영업은 오후 2시부터 저녁 8시로 조정됩니다"라는 손으로 급히 쓴 안내문이 내걸렸다.

금융실명제 긴급명령을 발표한 생방송의 충격으로 그 전날 저녁 온 나라가 밤새 술렁거렸다. 국민 생활에 큰 영향을 미치는 것인데 구체적 내용은 잘 모르니 관련 있는 사람들은 방송과 신문에 매달렸다.

허를 찔린 것은 언론도 마찬가지였다. 발표 다음날인 8월 13일 아침, 일간신문은 한결같이 '금융실명제 전격 실시'라는 제목을 뽑았다. 한 신문 사설은 "김영삼 대통령의 스타일로 미뤄 볼 때 하겠다는 의사가 확고한 이상 어느 시기엔가 눈 깜짝할 사이에 처리할 것으로 예측했다"면서도 갑작스러운 조치에 대한 부작용은 감내하고 대책을 마련해야 한다고 촉구하였다. [36]

한편 긴급명령 승인을 요청하는 공문은 12일 저녁 국무회의가 끝나자마자 백운찬 사무관이 직접 국회에 전달했다.

7페이지로 작성된 이 공문에 따르면, 김영삼 대통령은 "대통령은 내우·외환·

---

36 "금융실명제 전격 실시", 〈동아일보〉, 1993. 8. 13.

천재·지변 또는 중대한 재정·경제상의 위기에 있어서 국가의 안전보장 또는 공공의 안녕질서를 유지하기 위하여 긴급한 조치가 필요하고 국회의 집회를 기다릴 여유가 없을 때에 한하여 최소한으로 필요한 재정·경제상의 처분을 하거나 이에 관하여 법률의 효력을 가지는 명령을 발할 수 있다"는 헌법조항(제76조 제1항)에 의거하여, 대통령 긴급 재정경제명령을 발표하고, 심의·승인을 위하여 임시국회 소집을 요청했다.

문건은 "역대 정권이 금융실명제를 약속하고 법까지 제정하고도 실시하지 못했다"고 지적하면서 국회를 거치지 않고 긴급명령으로 갈 수밖에 없는 정당성을 강조하는 한편, "국민의 합의와 개혁에 대한 강렬한 열망에 비추어 국회가 압도적 지지를 해줄 것"을 요청했다.

대국회 공문은 또한 금융실명제를 통해 ① 부정부패의 원천적 봉쇄, ② 정경유착의 근원적 단절, ③ 분배정의 구현, ④ 사회 도덕성 합리화, ⑤ 건강한 민주주의·활력 넘치는 자본주의, ⑥ 정치·경제 선진화를 달성할 수 있다고 주장했다.[37] 동시에 금융소득 종합과세, 주식양도차익과세는 관련법이 만들어질 때까지 보류하며, 비밀보장을 위한 절차요건 강화, 자금출처조사의 조세징수 한도 내 집행 등을 약속했다. 한편 금융실명제로 인한 중소기업 자금사정 악화에 대한 특별긴급지원과 비상대책반의 설치·운용을 통한 혼란의 방지를 약속했다.

문건을 전달받은 국회는 다음주 월요일인 8월 16일 임시국회를 소집하여 처리에 들어갔다. 이날 오후 2시 24분 국회 본회의에 '금융실명거래 및 비밀보장에 관한 긴급 재정경제명령' 건이 상정되어 황인성 국무총리가 법안 내용을 설명했으며, 17일과 18일 이틀간 재무위 심의를 거친 후 19일 오후 본회의에서 표결에 부쳐 절대다수의 동의를 얻어 통과됐다.

홍재형 긴급명령 특별담화를 발표하고 난 후 정식으로 국회동의를 받아야 하니까 정기국회까지 기다리지 않고 바로 임시국회를 소집했습니다. 국회에서 기립투표

---

37 대통령비서실, 1993, 〈금융실명제 관련 긴급명령 발표〉, 국가기록원 관리번호: JA0000359.

를 했는데 한 사람만 빼 놓고 다 찬성했어요. 국민들이 대부분 찬성하는 것으로 나타났기 때문에 아무도 대놓고 반대는 못했던 것입니다.

금융실명제 발표 바로 다음날인 13일에 실시된 여론조사에서 국민들은 87. 1%가 금융실명제 지지를 표명했다. 나머지도 반대는 3. 3%에 불과하고, 잘 모르겠다는 응답이 대부분이었다. 천리안과 하이텔 등 PC통신에 개설된 청와대 게시판에는 환영일색의 글들이 올라왔다.

설립 당시부터 47회나 금융실명제의 조속한 시행을 촉구하는 성명을 냈고 공청회와 세미나도 10여 차례 개최했던 시민단체 경제정의실천시민연합(경실련) 역시 금융실명제 실시를 크게 환영한다는 성명을 발표했다. 다만 금융실명제의 실효성을 높이기 위해 부동산 과표현실화와 주식양도차식과세, 금리자유화 등을 시행해야 한다고 촉구했다.

국민들의 절대다수는 금융실명제 긴급명령을 찬성했으나, 사업자와 금융인, 일반인 등 세 그룹을 대상으로 실시한 '금융실명제를 가장 반대할 것으로 생각되는 계층'에 대한 설문조사 결과, 사채업자와 정치인, 대기업경영인 등이 대표적인 실명

〈표 3-2〉 금융실명제를 가장 반대할 계층

(단위: 명, %)

구분	사업자	금융기관 종사자	일반 저축자	계
사례수	(661)	(621)	(664)	200.0(1,946)
대기업경영인	31.5	27.4	23.8	27.8(541)
중소기업인	20.9	11.6	17.2	16.4(319)
정치인	33.7	5.4	58.9	50.3(979)
고위공무원	27.0	25.3	18.4	23.0(448)
사채업자	60.9	63.3	66.9	63.9(1,244)
봉급생활자	1.9	0.5	1.1	1.1(22)
자영업자	18.0	8.5	10.7	12.4(242)
일반서민	6.5	2.1	1.5	3.1(60)

주: 응답비중의 합계는 200%이다
출처: 안종범, 1994, 《금융실명제 정착을 위한 과제》, 한국금융연구원.

김영삼 대통령이 청와대에서 경제 5단체장을 접견하고 있다. 김 대통령은
금융실명제의 원활한 시행을 위해 경제계가 협조해 줄 것을 요청했다(1993. 8. 18).

제 반대 계층으로 꼽혔다.[38] 자영업자들의 반대도 적지 않았는데, 이는 금융실명제
실시로 세무당국에 과표가 고스란히 노출될 것을 우려해서인 것으로 분석됐다.

YS, 경제단체장 및 대기업에 협조요청

김영삼 대통령은 경제단체장 및 대기업 총수들을 잇달아 만나 경제계의 협조를 당
부했다. 8월 18일에는 경제 5단체장을 청와대 오찬에 초청하여 금융실명제에 대
한 자신의 의지를 설명하고, 대한상공회의소 회장에게는 중소기업 자금난에 대해
만반의 대책이 마련되었음을 밝혔다.

　재벌총수들과도 만났다. 김영삼 대통령은 회고록에서 "취임 후 나는 정치자금
을 한 푼도 받지 않겠다고 선언하고 의식적으로 재벌총수들을 만나는 것을 기피했
으나 이때는 이들을 만나 재계의 협력을 요청했다"고 밝혔다.[39]

---

38 안종범, 1994, 《금융실명제 정착을 위한 과제》, 한국금융연구원.
39 김영삼, 2001, 《김영삼 대통령 회고록》, 상권, 조선일보사, 173쪽.

또 총리, 부총리, 재무부 장관 등이 몇 개 팀을 편성하여 전국의 시, 도를 순회하며 공공기관과 금융기관에 실명제의 당위성을 홍보하고 지속적으로 국민들의 협조를 요청했다.

재무부 실무진은 금융실명제 교육을 실시했으며, 발표 다음날부터 수없이 밀려드는 문의전화에 일일이 유권해석과 답변을 해야 했다.

홍은주 금융실명제에서 '실명'은 개인의 경우 성명과 주민등록번호, 법인은 법인명과 사업자등록번호 혹은 납세번호 등이었습니다. 실명확인을 해야 하는데 멋모르고 은행에 주민등록증이나 사업자등록증을 안 가져온 사람이나 법인이 많았겠죠?

최규연 그런 경우는 할 수 없이 돌려보내는 수밖에 없었지요. 보도자료 배포와 교육, 임시국회 개최 등 모든 일정을 이후 14일 동안 한꺼번에 다 진행했습니다. 제가 체력이 그렇게 강한 사람이 아니라 탈진상태로 계속 교육하러 다니고 설명하러 다니느라고 고생했습니다. 당시는 금융실명제 유권해석을 할 때 잘 모르면 저에게 전부 물었으니까요. 분명하지 않은 유권해석은 진동수 과장과 상의하여 답변했습니다.

금융시장의 단기적 혼란

금융실명제 실시 발표 이후 금융시장에서는 우려했던 대로 주가가 폭락했다. 700%p가 조금 넘던 종합주가지수는 16일 월요일과 17일 화요일 이틀간 59. 27%p나 크게 하락하여 666. 67%p로 내려앉았다. 증시에 상장된 대부분의 종목이 하한가를 쳤고 채권거래도 대폭 축소되었다.

금융시장에서는 실세금리가 치솟았고 사채시장에서는 거래가 뚝 끊겼다. 실명제 발표 바로 다음날 신용 튼튼한 5대 그룹이 발행한 물대어음 1,600만 원짜리가 명동 사채시장에 나왔으나 거래가 이루어지지 않았다.[40] 고액 골동품이나 미술품 시장도 개점휴업 상태가 됐다. 이미 예견했던 상황이었으나 추가로 무슨 일이 벌

---

40 〈주간조선〉, 1993. 8. 23.

금융실명제 실시 후 주가가 급락하자 명동 대신증권 객장에 모인
투자자들이 매매전표를 뿌리며 항의하고 있다(1993. 8. 27).

어질지 몰라 재무부 팀들은 긴장 속에 금융상황 추이를 지켜봤다.

그날 이영탁 경제비서관이 "대통령이 고생한 실무진을 오찬에 부른다"고 김용
진 세제실장에게 연락이 왔다. 김 실장은 지금은 그럴 타이밍이 아니라는 생각이
들었다고 한다. "실명제 실시로 금융시장이 불안하고 기업과 정치인들이 다 비상
이 걸렸는데, 대통령께서 우리를 불러 잘했다고 격려하고 기념사진 찍고 그러면
혹시라도 오해받을 수 있으니 지금은 자제하는 것이 좋겠습니다"라고 설명했다.
이를 전해 들은 대통령도 그게 좋겠다고 해서 청와대 오찬은 두 달 후로 연기됐다.

한편 금융실명제 발표 1주일 후 한국금융연구원(KIF: Korea Institute Finance)
은 은행권, 비은행권, 거시경제 및 통화금융, 국제금융 등 4가지 측면에서 금융
실명제의 여파를 진단하는 보고서인 〈금융실명제: 현황과 대책〉을 작성했다. 금
융실명제 실시 1주일 동안 금융시장에서 벌어진 일을 종합적으로 요약한 보고서
였다. 다음은 그 주요내용을 정리한 것이다.

금융실명제 시행 1주일의 현황과 대책

실명제 실시 1주일간 민간은 일단 관망세를 나타냈다. 우려했던 대로 민간의 현금 보유가 증가하고 금융기관의 중개 효율성이 저하되었으며, 예금이 감소하고 CD 만기일이 지나도 은행에 계속 예치하고, 차명계좌 중 일부는 변칙적 방법을 이용하여 인출하면서 만료일 직전에 대량인출 가능성이 보였다. 사채시장의 퇴장과 비은행권 여신의 위축 등으로 대출신용이 증가하였고 위험도는 높아졌다. 부족운전자금의 23.2%를 사채시장에서 조달하고 있었던 중소기업의 경우, 도산할 가능성이 커졌다.

이에 대한 대응방안으로 세금우대상품 한도를 상향 조정하며, 은행 간 시장금리 연동 상품 도입을 허용하고 CD 발행단위를 축소하는 한편, 실명화하지 않은 차명계좌의 경우 그 기간 이후부터는 차명인의 소유를 법적으로 인정하며, 실명전환 시 소득세 소급 추징에 적용되는 과세대상 기간을 축소 조정할 것 등을 제안한다.

실명제 실시 직후 예금이 축소되어 중소기업 자금난이 커질 것으로 우려되는데 이에 대한 대응방안으로는 어음할인 대상업종을 확대하고 비적격업체에도 어음할인을 하도록 허용하는 것이 필요하다.

반면, 주식에 대한 선호도는 크게 증가하였다. 급락주가 반등하고 고객예탁금은 실명제 실시 하루 만에 2,600억 원이 증가하였다. 실명전환 기간 2개월 거액 투자자의 움직임을 주시하여야 할 것이며, 불확실성이 상존하고 있음을 경고한다. 주가변동에 따라 다음 3가지 안을 제시한다.

① 주가가 안정세를 유지하면 주식관련 신상품을 허용하고 투신사 보장형 수익증권의 만기연장 방안을 구체화하고 투신사의 국고자금 및 한국은행 특융자금의 상환을 연장하여야 한다.

② 주가가 다소 하락할 경우 신용융자 상환기간 연장 및 융자한도 확대, 기관투자자들에 대한 순매수 우위 제한을 강화하여야 한다.

③ 주가가 급락하면 증안기금 확대를 통한 주식을 매입하고 외국인 투자한도의 조기 확대를 모색하여야 한다.

채권금리는 실명제 실시 직후에 크게 상승하고 거래량은 금융실명제 실시 전의 70~80% 수준으로 하락하였다. 이에 대하여 단기적으로는 하반기 회사채 발행 물량을 조절하고 채권관련 상품을 조기 도입하고, 장기적으로는 공시제도의 개선, 전문딜러에 대한 자금지원 강화, 국공채 발행금리의 자율화, 채권 만기구조의 장기화를 유도해야 한다.

CD의 만기상환과 예금인출 증가가 예상된다. 이에 따라 중개어음 매입단위(5천만 원)를 고려하여 국세청 통보대책 기준금액을 인상하며 만기 CD의 은행 재예치 시 국세청 통보대상에서 제외할 것을 검토해야 한다. 투자금융, 종합금융 등의 위축이 예상되기 때문에 비은행금융기관 상품들의 최저단위가 대부분 3천만 원 이상인 점을 고려해 국세청 통보대상 기준금액의 인상을 검토해야 하며, 중소기업이 신용금고에서 어음할인을 쉽게 할 수 있도록 부동산 담보요건의 완화가 필요하다.

보험시장에서는 대량 해약이 우려되었으나, 단기적으로는 관망세가 유지되었다. 보험시장에서 자금이 이탈될 경우를 대비한 제도의 보완이 모색될 필요가 있다. 자금시장에 대한 불확실성이 커지면서 금융기관의 자금운용이 단기화되고 콜금리는 안정세였으나 회사채 수익률이 상승하였다. 자금운용의 단기화는 1993년 하반기로 예정된 2단계 금리자유화 시행과 맞물려 금리상승 혹은 금리변동 증대를 초래할 우려가 있다.

금융실명제에 대한 해외 반응은 우려와 기대가 공존하고 있는데 단기적으로는 금융시장의 혼란, 금리상승, 중소기업의 타격 등 혼란이 예상되지만, 장기적으로는 경제발전에 도움이 될 것으로 낙관하고 있다.

한국의 금융실명제 실시는 런던, 뉴욕 등 해외증시에도 영향을 미쳤다. 외국인 투자자들은 실명제를 장기적 호재로 생각하고 매수를 증가시켰다. 런던증시에서는 한국기업이 발행한 전환사채, 주식예탁증서 등 증권이 12일 5~15% 하락하였으나 13일부터 회복세를 보여 17일까지 5~7% 반등하였으며, 뉴욕증시의 코리아펀드도 회복하였다. 외국인 투자자들은 13일 40억 원, 14일 88억 원의 순매수를 나타냈다.

실명제 시행 두 달: 실적과 후속조치

실명제 시행 후 실명전환 의무기간인 두 달 동안 실명으로 전환된 가명예금은 2조 7,604억 원으로, 가명으로 파악된 예금의 97.4%가 실명전환됐다.[41] 실명제 실시 직후 '9월 위기설'이나 '10월 대란설' 등이 끊임없이 흘러나왔다. 사람들이 금융실명제를 회피하기 위해 현금인출을 많이 해서 시중 금고수요가 크게 늘어나고 있으며 CP 만기가 되는 10월에 난리가 날 것이라는 이야기였다. 그 두 달 동안 긴장 속에서 시장을 지켜본 결과, 현금사용이 늘어나 현금통화 비율이 다소 상승한 것 외에는 9월 위기도 10월 대란도 일어나지 않았다. 금융시장 혼란은 단기적 현상에 그쳤다.

홍재형   그 당시에 가장 우려했던 것이 금융부문에서 돈이 빠져나가 그게 부동산으로 유입되어 부동산투기가 과열되거나 자금이 해외로 유출되는 것이었습니다. 그리고 사채시장이 마비되어 금융긴축이 생기면 사채시장에 크게 의존하던 중소기업 자금사정이 어려워질 수 있다는 걱정을 많이 했습니다.

그런데 막상 시행하고 나서는 부작용은 예상보다 크지 않았습니다. 시행 직후에는 증권시장도 좀 불안해지고 10월 대란설 등 풍문이 나돌기도 했지만 주가급락이 빠른 시일 내 반등했고 채권, 통화 등 금융시장이 대부분 안정세를 회복했습니다. 물론 우리가 투기혐의자에 대한 세무조사 등 나름대로 대책반을 만들어 실시했고 한국은행에서 중소기업에 자금공급을 늘린다든가 지원하는 대책을 만들었으며 통화를 좀 풀었습니다. 그래서였는지 중소기업 도산도 없었고 자금사정도 대체로 양호했으며 시장에 큰 부작용 없이 실명제가 정착했습니다.

최규연   그때 사람들이 현금을 인출하여 장안에 금고가 날개 돋친 듯 팔린다는 이야기가 나오고 10월 대란설도 돌았습니다. 제가 당시 경실련에 가서 금융실명제를 설명하면서 "절대로 그런 일은 없을 것이다"라고 장담했습니다. 사무관 시절에 한국은행 현금수송을 하면서 현금이 얼마나 엄청난 부피인지 경험한 적이 있었거든요.

---

41 계좌별로 5천만 원 한도까지는 출처조사를 하지 않는다는 예외방침에 따라 거액 가명 예금주들이 은행과 투자금융회사(단자사) 등에서 예금을 쪼개는 편법이 일어나기도 했다.

한국은행이 금융실명제 실시에 따른 자금경색을 우려하여 추석자금을 방출하고 있다(1993. 9. 24).

을지연습을 하면서 대구지점으로 한국은행 본점에서 약 162억 원을 수송했습니다. 그 당시는 천 원짜리로 세뱃돈을 줄 때라서 천 원짜리 추석자금을 풀었는데 162억 원이 세 트럭이나 됐습니다. 천 원짜리로 3천만 원을 만들려면 무려 30다발이었어요. 천 원짜리를 100장 모아도 10만 원밖에 안 됩니다. 큰 트럭 한 대에 겨우 54억 원밖에 안 들어가더라고요. 현금은 생각보다 부피가 아주 크니까 가정용 금고에 얼마나 들어가겠어요? 그래서 현금이 다 빠져나가 가정용 금고에 들어갈 것이라는 10월 대란설은 아니라고 봤는데 결과적으로도 그런 일은 없었습니다.

당시 정부가 실명제 실시 후 3천만 원 이상의 현금인출에 대해 국세청에 통보하는 등 단속을 강화했다. 그러자 이 돈이 해외로 못 나가고 부동산으로도 흘러가지도 못한 채 장롱 속에서 다음 기회를 보고 있다는 분석이 나왔다. 증권거래 차익에 대한 과세가 훗날로 연기됐기 때문에 이 돈이 증시로 흘러들어올 가능성도 점쳐졌다. [42]
　다만 두 달의 실명화 기간 동안 추석이 끼어 있었던 걸 간과한 것은 천려일실이었다. 금융실명제 실시에 따른 불안과 혼란, 사채시장 위축에 따른 중소기업 자금

---

42 "금융실명제 실시 사전에 정보유출되지 않았나?", 〈주간조선〉, 1993. 8. 23.

난, 만기가 돌아온 CD의 상환증가 등으로 추석기간 동안 돈이 돌지 않는다고 중소기업들과 시장상인들은 비명을 질렀다.

할 수 없이 추석 때 돈을 풀기 위해 "실명전환 의무기간을 두 달로 하고 필요 시 한 달 더 연장할 수 있다"고 한 규정을 적용해 한 달을 더 연장하는 한편 시중에 통화공급을 늘렸다. 한국은행에 따르면 총통화(M₂)의 평잔증가율이 7월에 18.7%에서 9월에는 22%의 증가를 나타냈다.

실명제 위반한 은행의 행장 사표 받아

실명확인 의무를 금융기관에 부여했기 때문에 실명제의 성공여부는 은행창구에서 판가름 난다.

이에 따라 재무부는 실명전환 기간이 끝난 1993년 11월 2일 내부지침을 마련하였다. 개인의 경우 위반행위 경중, 고의성 여부, 위반금액 등을 고려하여 50만 원에서 500만 원까지 과태료를 부과하고, 법인의 경우 실명거래 의무 위반행위가 조직적이라고 판단되거나 지점장급 혹은 고위 임직원이 개입한 경우 과태료를 부과하기로 했다(긴급명령, 13조 및 14조).

이후 금융권별로 다양한 실명제 위반사례가 적발됐다. 은행의 경우 평소 거래가 많은 거래처의 부탁으로 계좌개설 시 실명확인을 철저히 하지 않은 사례, 도난당한 자기앞수표를 현금으로 지급하면서 실명확인을 하지 않은 사례, 대리인을 정확히 파악하지 않은 채 계좌개설을 허용한 사례, 외화환전 실적을 높이기 위해 암달러상이 제시한 여권사본으로 실명확인을 한 사례 등 비교적 단순한 사건이 많았다.

증권사의 경우 직원이 시세조종 세력의 사주를 받아 실명확인을 철저히 하지 않은 채 계좌를 개설해 주거나, 다른 사람 이름으로 자기거래를 한 사례 등이 적발되었다. 보험사의 경우 일선 영업점에서 보험계약 실적을 높이기 위해 기존 고객 이름을 도용하여 허위 보험계약을 한 사례 등이 보고됐다.[43]

---

43 금융실명제 실시단, 1995, 《금융실명제 실시 2주년 백서》, 재무부, 64쪽.

김영삼 대통령이 한 은행에 방문해 금융실명제 실시 현장을 확인하고 있다(1993. 8. 23).

 이들에 대해서는 단순한 과태료 부과로 그치지 않고 금융감독기관을 통해 위반한 개인뿐만 아니라 직장 감독자, 차상위, 차차상위까지 4명에게 연쇄 감독책임을 물어 견책에서 1개월 감봉까지 처벌을 병행했다. 1994년 2월부터는 실명제 위반행위가 6개월 내에 3회 이상 발생할 경우 고의·중과실과 부주의·경과실로 나누어 기관과태료가 부과됐다. [44]

 실명법을 중대하게 위반한 은행에 대해서는 행장을 경질하여 일벌백계(一罰百戒) 했다. 실명제 시행 5개월이 지난 시점인 1994년 1월 하순, 107억 원 규모의 대형 어음사기 사건이 발생했다. 그런데 이 과정에서 서울신탁은행의 한 지점이 실명제를 위반하고 이를 도운 사실이 밝혀졌다.

홍재형 이 사건에 대한 책임을 물어 은행장으로부터 사표를 받았더니 그 이후부터 은행들이 정신을 바짝 차려서 경각심을 갖고 창구에서 실명제를 잘 이행했습니

---

44 1995년 7월말 현재 총 58개 금융기관 임직원 204명에 대해 5억 6,100만 원, 20개 금융기관에 대해 1억 2,500만 원의 과태료가 부과되었다.

다. 사실 일선지점에서 벌어진 일이기 때문에 행장은 알지도 못했는데 그렇게까지 무거운 책임을 물어야 하나 고민했는데, 대통령이나 총리 쪽에서 사표를 받아야 한다는 분위기였어요. 아주 중요한 제도 정착의 시발점이었기 때문에 초반에 기강을 잡지 않으면 안 된다는 분위기였습니다. 실명제를 위반하면 행장까지 사표를 써야 한다는 사실이 알려지면서 그 후 바짝 기강이 잡혀 일선창구에서 더욱 더 확실하게 실명제를 시행했습니다.

금융실명제 보안에 얽힌 뒷이야기

"요즘 '그 일' 잘되어 갑니까?"

긴급명령으로 가기 위한 금융실명제의 관건은 작업의 보안과 비밀유지였다. 만약 내용이 긴급명령 발표 전에 새 나가면 사회, 경제, 금융 전체를 뒤흔들고 정치권의 집단반발을 불러올 우려가 있기 때문이다. 이 때문에 김영삼 대통령은 금융실명제 발표가 있을 때까지 비밀유지에 총력을 기울였다고 회고록에서 강조하였다.

> 금융실명제가 실시되리라고 예상은 있었지만 그렇게 빨리, 또 전격적으로 실행에 들어가리라고는 아무도 예측하지 못했다. 정부에서도 소수의 관계자만 알았다. 일의 성격상 절대보안을 요하는 문제였기 때문이다. 이날(1993. 8. 12) 나의 실명제 단행은 '목요일 저녁의 충격'으로 받아들여졌다. [45]

실명제 비밀작업이 시작된 이후 김 대통령은 이경식 부총리나 홍재형 장관을 부를 때 항상 독대를 했다. 이 부총리에게 전화를 걸어 준비상황을 물을 때도 "요즘 '그 일'이 잘되어 갑니까?"라고 할 정도로 보안을 강조했다. 실무진을 조찬에 불러서도 보안유지 각서를 쓰라고 했다.

45 김영삼, 2001, 《김영삼 대통령 회고록》, 상권, 조선일보사, 155쪽.

김진표 실명제와 관련하여 YS의 보안 관념은 아주 철저했습니다. 이경식 부총리, 홍재형 장관, 저, KDI 박사 등을 불러 조찬을 하면서도 "비밀이 새 나가면 사표를 쓰겠다고 아예 각서를 쓰라"는 거예요. 그래서 우리가 모두 보안유지 각서를 썼습니다. 실명제 작업을 시작한 이래 대통령이 불러 몇 차례 조찬을 했는데 우리는 긴장한 데다 대통령 말씀을 듣느라고 느리게 먹는데, 이분은 소식을 하면서 설렁탕이나 국에 밥을 말아 아주 빠른 속도로 드십니다. 우리가 몇 숟가락 못 떴는데 벌써 식사가 끝난 거예요. 그러니까 늘 배고픈 조찬이 되고 말았는데(웃음), 이때도 주로 실명제의 비밀유지를 강조하고 당부하는 말씀을 하시곤 했습니다.

YS의 철저한 보안 에피소드

실명제 작업과정에서 YS의 보안 관념이 어느 정도 철저했는지 짐작할 만한 여러 가지 에피소드가 있다.

한번은 재무부 실명제 팀이 이경식 부총리에게 "국세청에서 백승훈과 최회선을 데려와야 합니다. 이 두 사람을 데려올 수 있도록 대통령 비서실장에게 시켜 달라고 요청해 주십시오"라고 부탁했다. 부총리의 부탁을 들은 김 대통령이 펄쩍 뛰면서, "무슨 소린가? 비서실장을 통하면 비서실장이 이걸 알게 되지 않겠나? 내가 직접 할 테니 추경석 국세청장을 전화로 연결시키시오"라고 했단다.

다음은 이에 대한 김영삼 대통령 회고록의 내용이다.

보안유지를 위해 인원동원에 관련된 모든 결정은 내가 직접 내리다시피 했다. 한번은 작업팀에서 방대한 자료를 (전산으로) 타이핑할 인력이 필요하다며 워드프로세서 경진대회에서 수상한 국세청 직원들을 차출해야겠다고 내게 보고를 했다. 나는 곧 추경석 국세청장에게 직접 전화를 걸어 그 직원들을 부총리에게 보내라고 지시했다. 추 청장은 고위직이 아닌 직원파견을 내가 직접 지시한 것에 대해 매우 어리둥절해했지만 나는 시치미를 뗐다. [46]

---

46 김영삼, 2001, 《김영삼 대통령 회고록》, 상권, 조선일보사, 172쪽.

김진표 우리가 국세청 주무관들을 보내 달라고 요청하니까 대통령이 추경석 청장에게 전화해서 두 사람의 이름을 알려 주고 "이 두 사람을 경제부총리 방으로 보내라"고 하셨답니다. 대통령이 말단 주무관들을 콕 집어 부르니까 추 청장이 뭔가 이상하다고 생각했을 것 아닙니까? 두 사람 중 한 사람을 집무실로 불러 "혹시 자네들 무슨 일을 하게 되는지 이야기 들은 게 있나?"라고 물었답니다. "아무 이야기도 들은 것이 없습니다"라고 했더니 "가서 무슨 이야기인지 들어보고 나한테 이야기해 줄 만한 내용이면 이야기해 주시오"라고 당부했답니다.

주무관이 "알겠습니다" 하고 나갔는데, 그 순간 추 청장의 마음이 바뀐 거예요. YS의 철저한 보안 스타일을 아니까 국세청 건물을 막 나가려던 사람을 다시 불러 들여서 "아니다. 알게 되더라도 나한테 이야기하지 마라. 대통령께서 자네를 중요하게 쓰려고 불렀으니, 나는 물론이고 가족 누구에게도 이야기하지 않는 게 좋겠다"고 했답니다.

비밀유지 007 스파이 작전

금융실명제가 예민한 문제인 데다 대통령이 "사표 쓸 각오를 하라"고 단단히 엄포를 놓고 보안을 강조하다 보니 기획원과 재무부 내에서도 작업팀 외에는 아무도 실명제 긴급명령 작업을 눈치채지 못했다.

이경식 경제부총리는 실명제 실시 가능성을 묻는 기자들에게 "임기 중반 이전에는 시행되지 않겠나?"라며 연막을 피웠다. 실명제 발표 직전에는 토지초과이득세 문제를 언급하여 기자들의 관심을 다른 방향으로 돌렸다. KDI 박사들에게 실명제 작업을 시키면서 휘문고 옆 금자탑 빌딩에 위장 연구소를 차려 놓고 거기서 보고를 받았다. 김영태 기획원 차관은 물론 지근거리에서 보좌하는 강희복 비서실장에게도 비밀로 했다.

홍재형 장관 역시 철저히 비밀을 지켰다. 작업 초기 홍재형 장관, 김용진 실장, 김진표 국장, 진동수 과장 등 재무부 팀이 1주일에 두어 번씩 KDI 팀의 베이스캠프인 휘문고 앞 금자탑 빌딩에서 부총리 등과 만나 작업내용을 공유하곤 했는데,

이때도 007 스파이 영화처럼 각별하게 보안에 신경을 썼다.

실명제 시행 가능성 때문에 24시간 기자들의 주목을 받던 시절이다. 홍재형 장관은 살얼음판을 걷듯이 조심에 조심을 거듭했다.

홍재형 이경식 부총리는 대치동 휘문고 부근 건물 2층에 있는 사무실을 빌려 작업하던 KDI 팀에 들러서 작업내용을 보고받았고, 저는 과천 재무부 팀으로부터 보고를 받았습니다. 그런데 양쪽이 다 같이 만나 의견조율을 해야 할 때가 있을 것 아닙니까? 제가 KDI 팀이 있는 대치동 사무실에 가서 부총리를 만날 때, 그 앞에서 하차하지 않고 한참 전에 내려서 걸어가곤 했습니다. 부총리도 아마 딴 데서 핑계를 대고 내려 걸어오거나 택시를 타고 왔겠죠. 우리는 그런 식으로 비밀리에 만나 의견조율을 하곤 했습니다. 양쪽이 토론을 거쳐 우리 두 사람이 합의하고 단일안을 만들어 대통령에게 보고하곤 했습니다.

철저히 비밀을 지키다 보니 1989년 금융실명제의 핵심주역이던 윤증현 당시 증권국장은 실명제 작업이 진행되고 있다는 걸 전혀 몰랐다. 홍재형 장관이 재무부에 부임했을 때 그는 세제국장을 지낸 다음 증권국장으로 꽤 오랫동안 재직하고 있었다. 홍 장관이 가끔 불러 금융실명제에 대해 물었지만, 나중에 실시될 때에 대비하여 미리 준비하나 보다 했지 그게 바로 실명제 작업의 전초전이었다는 것은 전혀 눈치채지 못했다고 한다.

윤증현 1993년 초 김영삼 정부로 바뀌면서 홍재형 재무부 장관이 오셨는데, 하루는 홍 장관께서 저를 부르더니 "윤 국장이 1989년에 실명제를 준비하다가 그만둔 걸로 알고 있는데 내가 실명제 공부 좀 했으면 좋겠다. 혹시 자료 갖고 있으면 공부 좀 시켜 달라"고 부탁하는 겁니다. 그래서 제가 1주일에 두 번씩 한 달 동안 실명제 강의를 쭉 했습니다. 저는 그때까지만 해도 금융실명제가 먼 이야기라고 생각하고 있었습니다. 정권이 이제 막 바뀌었고 취임 초기 경제가 어려워서 할 일도 많으니까 실명제를 할 여력이 없을 것이라고 생각했죠. 홍재형 장관이 실명제가 나중에 실시될 경우에 대비하여 개인적으로 공부하고 싶은가 보다 짐작했죠. 그래서 왜 실명제를 해야 하는지, 외국 사례는 어떤 것이 있는지, 준비했던 것이 왜 무산됐는지, 실시하면 어떤 부작용이 있는지 등을 열심히 설명해 드렸습니다. 그러자 홍재형 장관이 "윤 국장 덕에 실명제를 잘 알게 됐다. 다음에 필요하면 또 부르겠다"고 하더라고요.

또 이런 일도 있었습니다. 제가 1990년에 실명제준비단을 해산하고 재무부에 돌아왔을 때 김용진 실장 밑에서 세제국장을 잠깐 지낸 적이 있었습니다. 하루는 김용진 세제실장이 "최규연 사무관이 어떤 친구야?"라고 물어봅니다. 세제실에 데려다 쓰려고 한다는 것입니다. 나중에 알고 보니 실명제 작업에 데려가려고 그랬던 거였는데 아무튼 제가 전혀 눈치채지 못했어요.

그리고 8월 초가 되었는데 제가 공무원 되고 처음으로 1주일 휴가를 받았습니다. 휴가니까 하루는 어디 사우나에 가서 오후 내내 잠을 자다가 집에 돌아갔더니 집사람이 "어디에 갔다가 이제 와요? 당장 사무실로 나오라고 집으로 여러 차례 전화가 오고 난리가 났어요"라는 겁니다. 그때는 휴대폰도 없을 때였습니다. 영문도 모른 채 무슨 일 때문인지 의아했는데 바로 그날 저녁 방송에서 김영삼 대통령이 실명제를 실시한다는 생방송 발표를 하는 겁니다. 대통령 발표를 듣고서야 '홍 장관이 몇 달 전 실명제 강의를 열심히 들은 것이 바로 이것 때문이었구나'라고 깨달았습니다.

김영삼 대통령이 발표문을 읽고 나자 기자들이 저에게 전화를 불티나게 했는데 제가 휴가라고 1주일간 연락이 안 되니까 다들 '윤 국장이 휴가 간다고 하고 그사이에 실명제 마무리 작업을 하는구나'라고 생각했던가 봐요. 얼핏 보면 딱 들어맞잖아요? 심지어 재무부 사람들도 그렇게 생각했다고 합니다.

그런데 제가 실명제에 전혀 관여하지 않은 것은 곧 드러났죠. 다음날 간부회의를 했는데 재무부 간부들이 실명제에 대해 다 알아야 할 것 아닙니까? 김용진 실장이 참석한 자리였는데 제가 실명제 시안을 보고 문제점을 하나 지적했어요. 그걸 듣더니 김용진 씨가 놓쳤더라면 큰일날 뻔했다면서 그걸 그 자리서 들고 법제처로 뛰어갔던 일이 있었습니다. 그때서야 다들 '윤 국장은 정말 여기에 참여하지 않았구나' 하는 표정들이었습니다.

과천 아파트의 '남북통일 작업'

재무부의 실명제 추진팀들은 기자들의 관심을 돌리려고 여러 가지로 대외적 위장을 위해 노력했다. 김용진 실장과 김진표 국장, 진동수 과장 등은 재무부에서 정상업무를 하며 끝까지 자리를 지키다가 퇴근 후에 과천의 비밀 아지트에 들러 작업하고 새벽에 퇴근했다.

임지순 과장과 최규연·임동빈 사무관 등은 해외출장을 간 것으로 되어 있었기 때문에 아파트에서 나오지 못한 채 사실상 '감방생활'이나 다름없는 갇힌 생활을 했다. 이들은 과천 아파트에 입주할 때 "현관문을 나설 수 없다", "창문가에 서면 안 된다", "전화를 삼가고 집에 전화할 때는 국제전화로 위장하라"는 등의 비밀엄수 준칙을 전달 받았다.

사무관 가운데 유일하게 외부출입이 허용된 연락장교는 백운찬 사무관이었다. 그는 아파트를 얻고 긴급전화를 놓고, 사무기기를 배달해 오고, 아파트 숙식팀의 세끼 식사를 모조리 해결하고, 필요한 물자를 조달하는 등 모든 문제를 전천후로 해결했다.

임지순 과천 아파트 비밀작업을 할 때 우리도 힘들었지만 백운찬 사무관이 표 안 나게 위장하면서 물자를 조달하느라 정말 고생 많았습니다. 가장 큰 애로사항이 세끼 식사를 모두 외부에서 반입해야 한다는 점이었습니다. 아파트에서 밥을 해먹을 수 없으니까 세끼를 전부 외부에서 배달해 먹으려니 정말 힘들었죠. 참다못해 밤늦게 차를 빌려 과천청사에서 멀리 떨어진 곳으로 닭도리탕을 먹으러 간 적이 딱 한 번 있었습니다.

김진표 과천 아파트 비밀작업팀이 밖에 나가 밥을 사먹을 수 없었던 게 아파트에 들어간 세 사람이 해외출장을 간 걸로 되어 있는데 잘못해서 누구 눈에 띄면 비밀이 다 탄로 나는 것 아닙니까? 그래서 백운찬 사무관이 외부에서 세끼를 다 조달해 들여와야 했는데 설렁탕, 탕수육, 짜장면도 하루이틀이죠. 다들 힘들어했어요.

특히 김치가 문제였습니다. 음식점 김치는 맛도 없고 조미료 냄새가 많이 나니까 할 수 없이 제가 집사람에게 부탁했어요. 집사람이 장모님 솜씨를 닮아 김치를 아주 맛있게 잘 담갔거든요.

　제가 물김치, 배추김치, 깍두기 등을 종류별로 여러 사람 먹게 많이 담가 달라고 하니까 아내가 해주기는 했지만 화가 나서 그때 저하고 1주일간이나 말을 안 하고 지냈습니다. 제가 하루도 빠짐없이 새벽에 집에 들어오는 데다 갑자기 김치를 잔뜩 담가 달라고 하니 당연히 화가 났겠죠. 제가 아내에게 남북통일을 위한 작업이라고 핑계를 댔습니다. "각 부처가 통일 이후 한반도 국가경영 정책을 분야별로 연구해야 하는데 이게 극비작업이오. 관련 교수들이 아파트에 모여 비밀리에 연구하는데 하루 세 끼 밥을 먹어야 하니 김치를 좀 담가 주시오"라고 했어요. 유명한 취영루 만두를 냉장고에 넣어 두고 김치와 먹으면서 아침 한끼를 해결하곤 했습니다.

실무진 사이에서 과천의 실명제 작업은 '남북통일 작전'으로 명명됐다. 1989년 11월 베를린 장벽이 허물어지고 이후 동독이 붕괴되어 독일이 갑자기 통일되면서 한국에서도 북한 붕괴에 대비한 여러 가지 사회적 토론이 한창일 때였다. 아파트를 빌릴 때 집주인에게 "대학교수들이 남북통일 용역연구를 수행한다"고 설명했다. 그걸 믿게 하기 위해 김용진 실장과 김진표 국장이 아파트를 드나들 때마다 경비원들 들으라고 "통일문제 연구가 진척이 잘 안 되네", "교수들이 너무 느긋하게 작업하네"라면서 큰 목소리로 대화를 나누곤 했다.

백운찬 아파트팀이 밤늦게까지 일해야 하는데, 여름이니까 다들 창문을 열어 놓고 있잖아요? 밤늦은 시간까지 타자 치는 소리, 파쇄기 소리, 사람 목소리 등이 아래위층으로 끊이지 않으니까 아파트 주민이 "이 사람들 뭐야? 간첩 아니야?"라고 의심해 관리사무소에 신고한 거예요. 제가 관리소에 가서 아니라고 얘기하면서 "교수들이 급히 통일관련 논문을 작성해야 하는데 시간이 없어서 그렇다"고 납득시키는 데 정말 힘들었습니다.

실명제 작업이 진행되는 과천 아파트의 소재는 심지어 홍재형 장관도 몰랐다. 홍 장관의 경우 기자들이 밤낮으로 밀착 취재하는 VIP였기 때문에 과천 아파트에 드나들다가 자칫 기자들에게 뒤를 밟힐 우려가 있었던 것이다.

김용진 실장은 저녁에 퇴근할 때 사당동쯤에서 수행기사에게 "오늘 내가 별 약속이 없으니, 차는 내가 끌고 여의도 집으로 가겠네. 자네는 여기서 퇴근하게"라고 말하고 이수역에서 차를 돌려 다시 과천 아파트로 가곤 했다.

김용진 금융실명제는 만에 하나 흘러나갈 경우 파장이 너무 크기 때문에 그 내용보다 보안이 생명이라고 봤습니다. 그렇게 보안을 철저히 유지하니까 과천 파출소, 경찰서, 안기부 과천지부, 보안사 지부 등에서 모두 아무것도 모르고 물을 먹었습니다. 우리가 자기네들을 무능하게 만들었다고 생각했겠죠. 그 점이 미안해서 제가 금융실명제 발표 후 안기부에 가서 특별히 한 시간 반 동안 금융실명제 강의를 했던 기억이 있습니다.

나중에 법안이 거의 다 만들어진 이후의 일인데 이 부총리와 홍 장관께서 대통령 보고차 청와대 들어가시면서 저보고도 함께 들어가자고 한 적이 있습니다. 그래서 "제가 청와대 들어가면 안 됩니다. 만약 부총리와 재무부 장관이 세제실장을 청와대에 데려가서 대통령을 함께 독대하면 청와대 출입기자가 당연히 의문을 가질 겁니다. '세제실장이 청와대에 들어갔다? 대대적인 세제개편이나 금융실명제를 하는구나'라고 생각할 겁니다. 그런데 당장 진행되는 세제개편이 없으니 금융실명제라고 눈치챌 수 있습니다. 복잡하고 시간이 걸리더라도 두 분께서 VIP에게 직접 설명하시고 지시를 받아 다시 저에게 말씀해 주십시오. 벼가 익으려고 해도 시간이 걸립니다" 그랬습니다.

잘못된 사무기기 배달로 혼줄

그렇게 보안에 신경 썼는데도 가끔 엉뚱한 일이 터져 당황했던 경우도 몇 차례 있었다. 하루는 백운찬 사무관이 설렁탕을 조달하기 위해 어느 음식점을 갔는데 주인이 백 사무관을 알아봤다. 평소 단정한 헤어스타일에 넥타이 정장 차림을 한 공무원으로 알았던 백 사무관이 갑자기 반바지 차림으로 퇴근시간 전에 자주 식당에 나타나자 이상하게 생각했던 것이다. 그걸 해명하느라 쩔쩔맸다.

또 하루는 작업에 필요한 컴퓨터 등 사무기기들이 전달되는 과정에서 엉뚱하게 재무부 세제실로 연락이 가는 바람에 비밀작업이 노출될 뻔한 적도 있었다.

백운찬 서류작업에 필요한 컴퓨터, 프린터, 파쇄기 등이 그때만 해도 엄청나게 비쌌습니다. 더구나 그게 여러 대가 필요한데 이걸 다 합치면 거의 자동차 한 대 가격이었습니다. 비밀작업이니까 사무실에서 가져갈 수 없어서 이걸 어떻게 하나 걱정했더니, 청와대에서 "금액에 상관없이 다 주문해서 쓰라"고 해서 제가 모 관련기업 부사장한테 전화를 했어요. 교수들이 통일관련 논문을 쓰기 위해 작업을 해야 하니 이런 기기들을 과천 아파트로 빨리 전달해 주면 돈을 지불하겠다고요. 제가 아파트 밖에 나가서 물건을 받기 위해 대기하고 있는데 아무리 기다려도 안 오는 겁니다. 그때는 핸드폰도 없을 때예요.

그래서 그 기업 사무실로 전화했더니 일이 아주 크게 벌어졌습니다. 배달하는 분들이 물건을 싣고 왔는데 과천 아파트 주소는 안 받아오고 '재무부 사무관 백운찬'이라는 이름만 듣고 과천에 온 겁니다. 이분이 과천 정부종합청사 안내소에 와서 재무부 백운찬 사무관을 찾았을 거 아니에요? 그러니까 소득세제과로 전화가 연결되었겠죠. 제가 놀라서 소득세제과 누가 그 전화를 받았는지를 파악해서 그 사람한테 사정을 설명하고 대외적으로 전화를 받지 않았다는 서약서를 받았습니다. 만약에 컴퓨터와 프린터 등을 제가 주문해서 따로 배달받았다는 사실을 기자들이 알았다면 무슨 일이 있었겠습니까. 참 아슬아슬하고 위험한 순간이었는데 다행히 그 선배 사무관이 작업이 끝날 때까지 비밀을 잘 지켜 줬습니다.

홍은주 아파트에 갇혀 있는 사람도 애로사항이 많았겠지만, 외부 연락장교를 하면서 비밀유지 책임까지 맡았으니 정말 힘들었겠습니다.

백운찬 힘들었지만 지금 생각해 보면 금융실명제는 제 공무원으로서의 삶에서 숙명이 아니었나 싶습니다. 왜냐하면 1988년 노태우 대통령이 당선되고 나서 금융실명거래실시준비단을 만들면서 준비단 일원을 뽑았을 때 제가 갈 뻔하다가 못 간 일이 있었거든요.

당시는 제가 국세청에 있다가 재무부 증권국으로 옮겨서 일을 시작한 지 6개월 정도 됐을 때였습니다. 금융실무나 세제실무 등 각 파트별로 경력도 많고 훌륭한 사람을 뽑으라고 청와대에서 지시가 내려왔는데 증권국에서는 누구를 보낼 거냐는 논의가 시작되었습니다. 증권발행과가 실무적으로 제일 중요한 과이고 주무사무관이 경력도 많고 최우수 고과를 받는 우수인재니까 과장이 주무사무관한테 가라고 했을 것 아닙니까? 그런데 이분이 곧 승진을 앞두고 있었습니다. 정규조직에서 수를 받으면 당연히 승진이 되는데 실명제준비단은 특별조직이라 승진이 불리해질까 봐 이분이 걱정을 많이 했습니다.

과장이 듣고 보니 일리가 있었는지 다른 사람들에게 가라고 했죠. 하지만 금융실명제는 이미 한번 하려다가 무위로 돌아갔고 이번에도 어떻게 될지 모르니까 다들 걱정하고 염려하는 분위기였습니다. 다들 안 가려고 주저하니까 세무서에서 이제 막 온 말석인 저에게 가라는 겁니다. 저는 금융분야에 온 지 얼마 안 돼서 솔직히 능력이 안 된다고 생각했습니다. "가라고 하시면 가기는 하겠는데 금융신참인 제가 거기 가서 무슨 역할을 해야 할지 모르겠습니다"라고 말씀드렸죠. 듣고 보니 제 말도 맞잖아요. 대통령 지시에 따라 중요한 일을 하는 자리니까 돌고 돌아 처음에 사양했던 제1주무사무관이 갔던 기억이 있습니다.

그렇게 노태우 대통령 시절 준비단에 들어갈 뻔하다 말았는데 결국 김영삼 대통령 때 리크루팅되어 실명제추진반에 들어갔으니 실명제와 숙명적 인연이 있었던 거죠. 당시에는 몹시 힘들었지만 공무원으로서는 보람 있는 일이었다고 생각합니다.

가족으로부터 엉뚱한 오해도 받아

철통보안을 유지하면서 재경부 일과 실명제 일을 동시에 해야 했던 김용진 실장과 진동수 과장 등도 고충이 컸다. 살얼음판을 걷는 듯한 생활이 장기화되다 보니 피곤이 가중됐고 가족으로부터 엉뚱한 오해도 받았다.

김용진 막판이 되니까 다들 너무 피곤한 상태였습니다. 아파트에 있는 실무진은 갇혀서 작업을 계속했죠. 저 역시 하루 종일 일한 후 퇴근하여 과천 아파트에 가서 또 일하고 새벽에 집에 돌아와서는 무슨 관련기사 난 것이 없는지 긴장해서 가판 신문을 확인하고 했습니다. 그걸 매일 되풀이하니 힘들 수밖에요.

홍은주 그 무렵에는 가판이라고 해서 다음날 아침 배달될 신문이 저녁 늦게 미리 나오곤 했죠. 혹시 여기에 실명제 관련 내용이 흘러나왔을까 봐 긴장하셨을 것 같습니다.

김용진 그렇습니다. 신문 가판을 확인하고 나서야 위스키 한잔을 뜨거운 물에 덥혀 마시고 간신히 잠을 청하곤 했습니다. 몇 시간 눈 붙이지 못한 채 다음날 새벽에 또 출근하고 …. 그런데 우리 집사람이 한번은 엉뚱한 의심을 하더라고요. 제가 술도 안 마시고 멀쩡한 상태로 매일 예외 없이 새벽에 들어오니까 이상했나 봐요(웃음). 그래서 "내가 지금 열심히 정부 일을 하고 있으니 의심하지 마시오. 비밀을 알려 줄 수 없지만 작업이 거의 끝나가니 당신도 곧 알게 될 거요"라고 안심시켰죠.

김용진·김진표 투톱이 버티고 있던 든든한 세제분야와 달리 금융분야의 진동수 과장은 엄호사격을 해주는 사람이 없는 상황에서 비밀리에 재무부와 과천을 오가려니 윗사람에게 야단을 많이 맞았다고 한다.

진동수 제가 그때 오전에 출근해서 일하다가 정 급하면 오후에 몸이 아파서 쉬러

간다고 대충 둘러대고 과천 아파트로 가곤 했습니다. 그런 식으로 두어 달 정도 이중생활을 했는데 특히 막판에 가서는 제가 디테일을 보완하고 금융기관 대상 교육자료도 만들어야 해서 자리를 계속 비울 수밖에 없었습니다. 당시 제가 해외투자과장으로 국제금융 차관보 밑에서 맡았던 현안 가운데 하나가 러시아에 차관 빌려준 것을 받아내는 업무였는데, 차관보가 저한테 일을 시키려고 찾으면 맨날 자리에 없다고 하니까 어이가 없었겠죠. 그래서 차관보에게 엄청나게 혼이 났습니다. 결국 홍 장관께 "이 문제를 좀 해결해 주십시오"라고 요청드렸습니다. 홍 장관이 차관보를 불러 "내가 진 과장에게 따로 무슨 일을 시키고 있으니까 자리 비웠다고 문제삼지 마시오"라고 당부해서 해결된 적도 있습니다.

YS, D데이 당일 청와대 기자들 따돌려

금융실명제가 긴급명령으로 발표되는 8월 12일 D데이가 밝았다. 이날은 보안에 가장 취약한 날이었다. 청와대 내에서 방송준비도 해야 하고 긴급 국무회의도 소집해야 하기 때문에 자칫하면 청와대 출입기자들에게 실명제 발표 소식이 흘러나갈 가능성이 있었던 것이다.

김영삼 대통령이 이날 언론의 시선을 돌리기 위해 설계한 보안작전은 그의 오랜 정치경험이 녹아 있는 절묘한 한 수였다.

김진표 우리가 실명제 발표 당일 일정을 짤 때 원래는 저녁 6시에 긴급 국무회의를 소집하여 국무회의 끝나는 대로 금융실명제 특별담화를 발표하기로 했습니다. 그런데 갑자기 그날 오전에 청와대에서 전화가 와서 7시로 모든 일정을 한 시간씩 늦추라는 거예요. 김 대통령이 일부러 그런 것입니다. 처음부터 보안 때문에 1시간을 늦출 생각을 했던 것 같아요.

그리고 그날 아침 대통령이 이경재 공보수석에게 "청와대 출입기자들을 한 사람도 빼지 말고 오찬 자리에 불러 보신탕과 소주를 대낮부터 먹여 잔뜩 취하게 하라"고 비밀 미션을 줬습니다. 혹시 청와대 내에서 금융실명제 발표 비밀이 샐까 봐 기자들을 아예 외부로 불러내서 발을 묶어 둔 것입니다. 기자들 가운데 두 사람 정도는 너무 취해서 결국 금융실명제 발표를 놓쳤다고 합니다. 그날 오후에 대통령 특별담화가 있다고 각 언론사로 연락이 가니까 언론사가 난리가 나서 무슨 내용인지 알아보라고 청와대 출입기자들에게 연락하지 않았겠어요? 그런데 두 사람이 만취해 있으니까 삐삐 소리를 못 들었던 거죠. 나중에 알고 보니 결국 해당 언론사 기자들이 문책을 당했다고 합니다.

그리고 발표 직전에 알려 주어야 할 사람들이 있지 않습니까? 그때 우리가 박재윤 경제수석에게도 먼저 알려드려야 하는 것 아니냐고 했어요. 그런데 대통령께서 담화문 발표 전에 혹시라도 말이 새 나갈까 봐 그랬는지 알리지 말라고 해서 국무회의 30분 전에야 겨우 알려 줬습니다. 김 대통령이 오랜 정치인 경험으로 정보는 원래 가까운 데서 새는 법이라는 것을 아시는 분이라 철저히 봉쇄했던 겁니다. 그 정도로 YS의 보안의식과 디테일이 철저했습니다. 여담입니다만 금융실명제 작업팀 외에 가장 먼저 실명제 시행을 알게 된 분은 재무부 백원구 차관이었습니다. 금융기관 교육을 위해서는 백 차관이 금융기관장들을 소집해야 하니까 4시쯤 알려드렸죠.

김영삼 대통령은 자신의 회고록에서 금융실명제 실시에 대해 "금융실명제 발표 이후 황인성 총리나 박관용 비서실장, 박재윤 경제수석 등이 섭섭함을 토로했다는 이야기를 들었다. 그러나 비밀유지를 위해서는 불가피하다고 생각하였다"고 밝혔다.

그러다 보니 실명제 긴급명령이 발표된 후 현직 고위층들의 정신적 내상(內傷)이 컸다. 특히 박재윤 경제수석의 경우 바로 자신의 업무인데도 국무회의 시작 30분 전에야 통보를 받았기 때문에 사표를 낼 생각까지 했다고 한다.

김용진 김영삼 대통령 취임 첫해인 1993년 1/4분기 성장률이 2.8%에 그쳤기 때문에 박 수석은 금융실명제는 경제가 어려울 때 실시하면 안 된다고 대통령에게 의견을 개진하곤 했습니다. 공교롭게도 실명제 실시 열흘 전쯤에 "금융실명제는 경제가 좋아지면 하는 것이 좋겠다"는 보고서를 또 한차례 대통령에게 올렸다고 합니다. 실명제 작업이 거의 다 끝나 곧 추수할 때가 되었는데 그런 보고서가 올라오니 대통령이 "알았다. 실명제는 내년에 할 테니 이 보고서는 없는 걸로 하라"고 지시했다고 합니다. 그래서 이분이 만들었던 실명제 보고서를 모두 수거해 직접 파쇄했습니다.

그랬는데 바로 열흘 뒤 금융실명제가 발표되었으니 박 수석의 심경이 어땠겠습니까? 충격이었겠죠. 대통령이 실명제를 발표하고 제가 KBS와 MBC 9시 뉴스에 출연해 설명하고 정신없이 바쁜 실명제 첫날 밤 12시쯤에 이영탁 비서관에게서 전화가 왔습니다. 박 수석을 한번 만나서 배경을 설명해 달라는 것입니다.

그래서 그날 밤 집에도 못 들어간 채 종로 2가 낙원동 허름한 술집에서 만나 우리가 폭탄주를 마셨습니다. 제가 사석에서 박 수석을 만난 것은 그때가 처음이었습니다. 박 수석이 "사표 써 났다"고 하기에 제가 이렇게 말했습니다. "금융실명제에 참여 안 했다고 해서 대통령이 수석을 불신했다고는 생각지 않습니다. 실시할 거냐 안 할 거냐 이 문제라면 아마도 박 수석과 협의했을 겁니다. 그런데 이분은 대통령이 되기 전부터 이미 하겠다고 굳게 결심했기 때문에 그 뒤엔 법제화를 위한 실무적 준비작업만 필요했을 겁니다. 목걸이를 만들 거냐 말 거냐를 결정하려면 수석의 의견이 필요했겠지만 이미 만들기로 했으니 구슬을 꿰는 사람만 필요했을 뿐입니다."

김진표 국장도 이 자리에 합석하여 여러 가지로 위로의 말을 건네면서 새벽까지 폭탄주를 마시고 헤어졌다. 이것으로 박 수석이 훌훌 다 털어 버린 줄 알았는데, 나중에 보니 살짝 뒤끝이 있었다. 실명제 1주년 기념조찬 때 임창열 금융실명제 실무단장만 부르고 김용진 차관[47]은 부르지 않았던 것이다.

오해와 마음의 앙금이 풀린 것은 그 직후 박재윤 수석이 재무부 장관으로 부임하고 김용진이 차관으로 그를 보좌하면서부터였다.

---

47 이때는 김용진이 세제실장에서 차관으로 승진했다.

YS의 유명한 인사보안 스타일

김영삼 대통령은 군사독재가 장기화되던 시절 오랫동안 야당생활을 했기 때문인지 인사 등 다른 측면에서도 보안에 대해 상당히 엄격한 태도를 보였다. "진정으로 남을 속이려면 우선 자신의 측근부터 속여야 한다"는 《손자병법》[48]대로 중요한 정책은 가까운 사람들도 모르게 전격적으로 시행하는 경우가 적지 않았고 상대방의 허를 찔러 깜짝 놀라게 하는 경우가 많았다.

금융실명제가 단행된 1993년 8월 12일은 새로운 「공직자윤리법」에 따라 공직자 2만 5천 명에 대한 재산등록이 마감된 바로 다음날이기도 했다. 가차명계좌 혹은 무기명채권이나 증권을 재산등록에서 슬그머니 빼돌린 공직자들이 있었다면 다음날 아침 발표된 금융실명제에 그야말로 가슴이 철렁했을 것이다.

김 대통령의 유난한 보안의식은 인사 스타일에도 잘 나타난다. 그는 어떤 사람을 장관으로 임명하려고 내정했다가도 신문에 해당 장관에 대한 추측기사가 나면 곧바로 사람을 바꿔 버리곤 했다. 대법원장이나 장관을 임명하기 위해 청와대로 사람을 불러 내정사실을 알리면서 "만약 이 이야기가 외부로 새 나가면 이 인사는 없던 일로 하겠습니다"라고 미리 다짐을 받곤 했다는 일화는 유명하다.

윤증현 한번은 이런 일도 있었습니다. 장관을 임면하려면 총리가 제청해야 하니까 총리에게 사전에 명단을 알려 줘야 하잖아요? 그런데 "장관을 네 사람 바꾸려고 하는데 당사자들에게는 절대로 사전에 알려 주지 말라"고 그런 겁니다. 총리가 참 고민이 되죠. 인간적으로 매일 보던 사람이 갑자기 바뀌는데 최소한 마음의 준비라도 하게 해줘야 할 텐데 그걸 못하게 하니까요.

이분이 개각 날 오전에 갑자기 과천 종합청사에 와서 네 장관실을 다 들렀대요. 예고 없이 총리가 왔으니 다들 놀랄 것 아닙니까? "내가 목이 말라서 물 한잔 얻어

---

48 《손자병법》은 "내가 능력이 있어도 상대방에게는 없는 것처럼 보이고, 전쟁할 의도가 있어도 없는 것처럼 보이고, 내 의도가 가까운 곳에 있으면 멀리 있는 곳에 있는 것처럼 하고, 반대로 내 의도가 먼 곳에 있으면 가까운 데 있는 것처럼 하여야 한다"(能而示之不能, 用而示之不用, 近而視之遠, 遠而示之近)고 했다.

먹으러 왔습니다" 그랬습니다. 좋은 차 있으니 차를 드시라고 했더니 "차보다 물 먹고 싶다. 우리 몸에 물은 많이 마실수록 좋지 않아요?"라고 선문답을 한 겁니다. 네 사람의 장관 가운데 세 사람은 무슨 뜻인지 못 알아들었는데 한 사람은 알아들었던 가 봐요. "내가 장관 물먹게 됐다는 얘기를 와서 하신 거다" 깨닫고 총리가 나가자마자 사무실 짐을 쌌다는 겁니다. 나머지 세 사람은 그날 오후 발표를 듣고서야 자신이 경질된 것을 알고는 "아침에 총리가 온 게 당신 경질된다고 통보하러 온 것을 물먹는다는 이야기로 넌지시 알려 준 거구나"라며 그제야 알아차렸다는 겁니다.

실명제 발표 후 개인적 고충심각

어렵게 보안을 유지하여 무사히 금융실명제가 발표된 이후에도 실무진은 개인적으로 적지 않은 어려움이 있었다. 개인적인 음해를 받기도 했고 실명제 시행을 미리 알고 있으면서도 알려주지 않았다고 여기저기서 서운하다는 소리를 들어야 했다.

김용진 실명제를 발표하고 나중에 대통령께서 우리를 불렀는데 계속 제 등을 두들기면서 몇 번을 "수고했어!" 하시는 겁니다. 이게 누군가의 견제의 대상이 되었는지 "김용진이 대통령 신임 얻고 나더니 제멋대로 한다"는 투서들이 민정수석실에 들어왔다는 이야기를 들었습니다. 그때 본의 아니게 수많은 고위공직자들과 검찰, 경찰 보안기관들을 모조리 물 먹인 셈이 됐잖아요? 다들 기분들이 좋지 않았겠죠. 금융실명제 발표 후 증권가 '지라시'가 난무했어요.

"김용진이 실명제를 측근에게 다 알려 줬다. 자기도 이미 실명제를 대비했다"는데 그 근거로 내세운 것이 금융자산이 별로 없고 집만 두 채 있어서 그렇다는 겁니다. 우리 집사람이 약사를 오랫동안 하면서 돈을 벌어 자기 명의로 집을 한 채 샀는데 그걸 트집 잡은 겁니다. 그것 말고도 "세무서장 하면서 뇌물 먹었다", "장인이 단자회사에서 현금을 인출해 갔다" 등 악의적 음해가 말도 못하게 많았습니다. 실명제 때문에 여러 가지 개인적 모함을 받았지만 굳게 마음을 먹고 잘 견

디려고 노력했습니다. 제가 공무원으로서 유송의 미를 거두겠다고 굳게 각오했습니다.[48]

김진표 당시 우리 처가가 안양에서 아주 현금이 많은 부잣집이었습니다. 모든 금융기관에 금융저축을 해놓고 있었어요. 딸이 7명, 아들 2명이었고 손자, 손녀들이 많으니까 친손주, 외손주 할 것 없이 애들이 태어나면 죄다 주민등록 초본 떼어 오라고 해서 계좌를 만들고 거기에 돈을 분산 예치해 두곤 했습니다.

그런데 실명제가 발표되고 가차명을 다 실명화하라고 하니까 손자·손녀 이름으로 맡겨 둔 돈을 전부 다시 자신의 이름으로 실명화하시면서 장인, 장모가 "미리 귀띔이라도 좀 해주지"라면서 저를 많이 원망하셨습니다. 당시 장인께서 술을 좋아하셔서 사위 중 유일하게 술을 같이 마시는 저를 항상 "진표야, 진표야" 부르시면서 아들처럼 대해 주셨는데 실명제 이후에는 저를 돌아보지도 않으셨어요. 처갓집에 가서 제가 인사를 드리면 "응, 왔어?" 한마디 하고는 그냥 돌아 앉으셨습니다. 돌아가실 때까지 계속 그랬습니다. 손자, 손녀들 이름으로 분산했던 예금을 죄다 회수해 오려니 체면도 안 서고 그러셨겠지요. 그 정도로 금융실명제가 기업이나 돈 많은 사람들에게는 큰 충격이었던 거예요.

진동수 당시 청와대 경제수석뿐만 아니라 재무부 금융라인도 아무도 실명제 실시에 대해 몰랐어요. 사실 백원구 차관과 윤증현 국장 두 분은 직책상 꼭 아셨어야 할 분들인데도 비밀유지 각서 때문에 저희가 입을 꾹 다물고 있어서 실시 당일 5~6시간 전까지도 전혀 몰랐어요. 백 차관은 당연히 대강이라도 알고 있어야 하는데 보니까 홍 장관께서 차관에게도 일체 귀띔을 안 하셨던 것 같아요. 이분들에게 정말 죄송하고 제가 입장이 난처했습니다.

지금 와서 이야기하지만 사실 개인적으로 실명제 때문에 괴로움이 많았습니다. 노태우 대통령 때 한국에 돌아왔을 때 실명제 총괄반장 하느라 과장 보직도 받지

---

49 김용진 장관은 부가가치세로 국세청에서 녹조훈장을 수여받았고, 금융실명제로 1급 홍조훈장, 행정조정실장 등 차관급으로 청조훈장, 과학기술처 장관을 지내며 황조훈장까지 4개의 훈장을 수훈했다.

못했고 나중에 김영삼 대통령 때 실명제 작업을 하고 나서는 재무부 선배들로부터 최소한의 언질이라도 주지 그랬느냐는 원망을 많이 들었습니다. 제가 D데이 날 금융기관 임직원 실명제 교육을 위해 제일은행으로 떠나기 직전에 백 차관에게 들러서 귀띔을 했죠. "죄송합니다. 실은 이러이러한 내용입니다"라고 이실직고했더니 이분이 놀라서 저를 쳐다보면서 한동안 말문을 잃고, "어허, 어허" 하면서 한숨만 내쉬더라고요. 그래도 이분이 나중에 웃으면서 다 이해한다고 말씀하시는데 제가 그분한테서 대인의 풍모를 봤습니다.

실무진 가운데 최규연 사무관은 금융실명제 비밀작업에 차출되기 직전 3주 정도 독일 출장을 다녀온 여독이 남아 있는 상태에서 밤낮없이 비밀작업을 계속했다. 또한 시행 초기에 발생한 온갖 혼란과 민원을 수습하느라 과중한 업무로 인한 피로가 누적되면서 실명제 시행 후 1주일쯤 지났을 무렵에는 완전히 탈진상태가 되고 말았다. 식사도 거의 못할 정도로 몸이 좋지 않았다. 한의사로부터 "과로 누적으로 심신이 쇠약해지고 맥박이 미약해졌다"는 진단을 받았으나, 밀려드는 민원을 해결하고 유권해석에 답변하고 설명회에 나가는 등 정신없는 상황에서 도저히 쉴 여유가 없었다.

그런데 김진표 국장이 갑자기 최 사무관을 불러 "자네 건강이 좋지 않은 것 같은데 업무 걱정하지 말고 좀 쉬게"라는 지시를 내렸다.

최규연 아내가 제가 과로로 죽을까 봐 행시동기인 백운찬 사무관에게 울면서 전화를 했고 백 사무관이 김진표 국장께 보고해서 휴가를 지시하게 되었다는 사실을 나중에야 알았습니다. 아내는 당시 아이가 셋이나 있고 시어머니를 모시고 있는 상황에 제가 과로사라도 하면 어쩌나 하는 걱정에 덜컥 겁이 나서 백 사무관에게 눈물을 흘리며 의논했다고 합니다. 그 후 아내는 "내가 전화해 줘서 당신이 죽지 않은 줄 알아요"라고 주장하고, 저는 "당신 살 생각 때문에 전화한 것 아냐?"라면서 서로 농담을 주고받곤 했죠(웃음).

그렇게 고생하고도 사실 저는 금융실명제에 대해 장관 표창 하나 받지 못했습

<표 3-3> 금융실명제 긴급명령 작업 실무참여자 명단

성명	당시 소속 및 직책	성명	당시 소속 및 직책
김용진	재무부 세제실장	진동수	재무부 해외투자과장
김진표	재무부 세제 제1심의관	최규연	재무부 외자정책과 사무관
임지순	재무부 소득세제과장	방기호	법제처 법제관
백운찬	재무부 관세정책국 사무관	양수길	경제기획원 자문관(KDI)
임동빈	재무부 소득세제과 사무관	남상우	KDI 선임연구위원
백승훈	국세청 7급	김준일	KDI 연구위원

출처: 금융실명제 실시단, 1994, 《금융실명제 실시 1주년 백서》, 재무부.

니다. 노태우 대통령 시절, 정부가 '범죄와의 전쟁'을 선포하고 조직폭력배 일제 소탕작업을 할 때 제가 실무를 총괄하여 그 공로로 근정포장을 받은 적이 있었는데, 규정상 5년이 지나지 않았기 때문에 다시 정부포상을 받을 수 없다는 이유에서였습니다.

당시 많은 사람들이 금융실명제 실시 유공자 포상을 받았는데 저만 받지 못했으니 아쉽긴 했죠. 하지만 금융실명제 실시에 참여할 수 있었던 것만으로도 공무원으로서 영광이라고 생각하면서 아쉬움을 떨쳤던 기억이 있습니다.

실명제 작업에 참여했던 세 사람의 KDI 박사들도 마음고생, 몸고생이 정말 많았는데 실명제 발표 이후 누구에게도 잘했다는 칭찬이나 따뜻한 위로의 말 한마디 듣지 못했다고 한다.

남상우 저희도 곤란한 사정은 마찬가지였습니다. KDI에서는 저하고 김준일 박사하고 두 달 이상 KDI 일을 전혀 못하고 실명제에 집중했는데, 그해 5월에 취임하신 황인정 원장님께도 말씀드릴 수 없었습니다. 대충 "부총리가 따로 시킨 일이 있어서 그 작업을 하고 있습니다"라고 둘러댔죠. 당시 KDI는 박사들의 독립적이고 자율적인 연구를 존중하는 분위기라서 우리가 구체적으로 뭘 하는지 크게 따지지는 않았습니다.

하지만 막상 실명제가 발표되고 나니까 원장님이 말씀으로는 이해한다고 하시는

데 "간단한 언질이라도 주지 그랬냐"고 하시며 많이 섭섭해하시는 것을 느낄 수 있었습니다. 황 원장께서 KDI 원장으로 오셨을 때 제가 부원장으로 두 번째 임기를 시작한 지 얼마 되지 않았습니다. 그런데 제가 행정 일에 별로 보람도 못 느끼고 피곤하기도 해서 얼마 후에 부원장을 면해 달라고 말씀드리고 그만둔 일을 두고 이미 저에게 서운한 감정을 가지고 계셨던 것 같았습니다. 아무튼 아무도 우리에게 고생했다는 말 한마디 없었습니다.

홍은주 제가 많은 분들의 이야기를 들어보니 개인적으로 다들 어려운 상황을 경험했던 것 같습니다. 그런 노력을 통해 금융실명제가 시행되면서 경제가 투명해지고 조세정의가 확보되고 정치권에 전달되는 검은 비자금이 줄어들어 정치 선진화에도 크게 기여했습니다. 역사는 그때의 노력과 어려움을 평가해 줄 것으로 믿습니다.

금융실명제 실시 후속조치

금융실명제 실시단 발족

금융실명제가 단순히 금융거래 관행뿐만 아니라 사회문화 전반에 걸쳐 광범위한 변화를 야기하는 일임을 감안하여 정부는 긴급명령 시행 직후 재무부 차관을 위원장으로 하는 중앙대책위를 구성했다.

위원회는 위원장을 포함한 30인 이내로 하고 정부기관과 한국은행 금융감독기관, 10개 금융단체, 은행·증권·보험·투신사·신협·새마을금고 등 금융기관별 대표자 등으로 위원을 구성했다. 중앙대책위는 관민 혹은 부처 간에 걸친 주요 정책 결정사항을 의논하고 금융권별로 대책기구를 설립하여 실명제 시행과정에서 일어나는 혼선을 효율적으로 줄이는 기능을 수행했다(〈그림 3-1〉 참조).

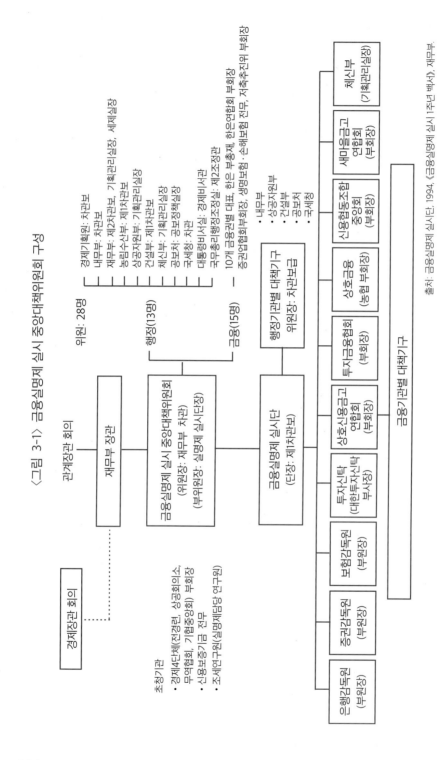

〈그림 3-1〉 금융실명제 실시 중앙대책위원회 구성

관계장관 회의

경제장관 회의

재무부 장관

금융실명제 실시 중앙대책위원회
(위원장: 재무부 차관)
(부위원장: 실명제 실시단장)

위원: 28명

행정(13명)
경제기획원: 차관보
내무부: 차관보
재무부: 제2차관보, 기획관리실장, 세제실장
농림수산부: 제1차관보
상공자원부: 기획관리실장
건설부: 제1차관보
체신부: 기획관리실장
공보처: 공보정책실장
국세청: 차관
대통령비서실: 경제비서관
국무총리행정조정실: 제2조정관

금융(15명)
10개 금융권별 대표, 한은 부총재, 한은연합회 부회장
증권업협회부회장, 생명보험·손해보험 전무, 저축추진위 부회장

조청기관
• 경제4단체(전경련, 상공회의소,
  무역협회, 기협중앙회) 부회장
• 신용보증기금 전무
• 조세연구원(실명제담당 연구원)

금융실명제 실시단
(단장: 제1차관보)

행정기관별 대책기구
위원장: 차관보급

내무부
상공자원부
건설부
공보처
국세청

은행감독원
(부원장)

증권감독원
(부원장)

보험감독원
(부원장)

투자신탁
(대한투자신탁
부사장)

상호신용금고
연합회
(부회장)

투자금융협회
(부회장)

상호금융
(농협 부회장)

신용협동조합
중앙회
(부회장)

새마을금고
연합회
(부회장)

체신부
(기획관리실장)

금융기관별 대책기구

출처: 금융실명제 실시단, 1994, 《금융실명제 실시 1주년 백서》, 재무부.

254

위원회 실무조직으로는 금융실명제 실시단을 설치하여 운영하였다. 총괄반, 금융반, 조세반 등 3개 반, 36명으로 구성된 실시단은 재무부와 별도의 법적 조직으로 가되[50] 단장은 김용진 세제실장이, 부단장은 김진표 세제심의관이 재무부 조직과 겸직하도록 했다.[51] 이 조직체계는 1년 후에도 그대로 유지되었지만, 초기의 바쁜 업무가 줄어들면서 겸직인 단장과 부단장 외에 재무부 실무자 14인, 국세청 3인, 금융기관 직원 5명 등 총 24인으로 다소 줄어들었다(〈그림 3-2〉 참조).

〈그림 3-2〉 금융실명제 실시단 조직도(1994. 8. 12)

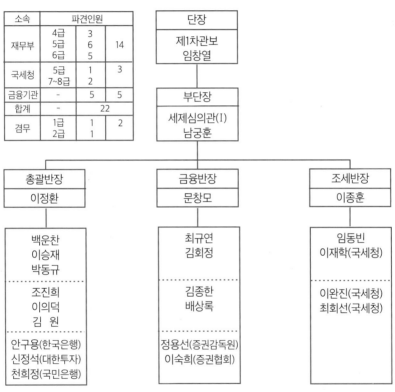

출처: 금융실명제 실시단, 1994, 《금융실명제 실시 1주년 백서》, 재무부.

---

50 금융실명거래 및 비밀보장에 관한 긴급 재정경제명령 제11조 및 동명의 시행을 위한 대통령령 제6조, 금융실명제 실시단의 설치운영에 관한 재무부 훈령 제419조에 의거한 것이다.

51 초대 단장인 김용진 세제실장에 이어 이환균 재무부 제1차관보, 3대 임창열 차관보, 4대 강만수 재정경제원 세제실장 등이 조직을 이끌었다. 금융실명제 실시단은 3차 백서를 낸 이후 1995년 1월 10일부터는 부동산실명제 추진업무도 관장하기 위해 명칭을 금융·부동산실명제 실시단으로 변경하고 조직도 개편했다.

실시단은 단기적으로는 「금융실명법」의 유권해석을 내리고, 법에 따른 시행규칙을 제정하여 실명제 조기정착을 유도하고, 중장기적으로는 성과를 분석하며 보완대책을 마련했다. 효율적으로 금융자산소득을 국세청에 통보하기 위해 금융전산망과 국세청전산망을 연결하면서 금융소득 종합과세에 대비하기도 했다.

막상 실명제 실시에 들어가자 생각지도 못했던 온갖 경우의 수에 대한 문의와 유권해석을 요청하는 사례들이 실시단에 몰려들었다.

"등산모임이나 계모임 등 임의단체인데 전 회장의 이름으로 통장이 만들어져 있다. 그런데 전 회장이 연락이 안 된다. 어떻게 해야 하나?"

"내 명의는 맞는데 이름 가운데 한 글자가 잘못 표기되어 있다. 이것도 가명에 해당되는가? 과거 이자소득이 탈루소득이 되어 세금을 떼이는가?"

"금융실명제 실시 전에 가명 예금계좌에서 공과금이나 대출금의 원리금 등을 자동이체 되도록 했는데 그건 어떻게 해야 하나?"

"주민등록을 내 것을 썼지만 호적상 이름이 촌스러워서 성만 같은 다른 이름으로 통장을 만들어 이용해왔는데 이건 어떻게 되나?"

"해외에 있는데 한국에 실명제 전환기간 내에 못 돌아가는 사람은 어떻게 하나?"

"금융기관을 통한 증권이나 증서, 어음, 수표 등을 매매, 상환, 환급, 발행, 지급하는 금융거래는 어떻게 해야 하나?"

"학교에서 학생들의 단체예금을 할 때도 일일이 개인별 실명확인을 해야 하나?"

"부모님이 연로하셔서 대리로 실명전환을 해야 하는데 이건 어떻게 하나?"

"미성년자라 주민등록증이 없는 경우는 어떻게 하나?"

"사회복지 법인이나 감옥에 수용돼 나오지 못하는 사람 명의 예금은 어떻게 하나?"

"큰 병으로 입원해 있는데 병원을 떠날 수 없는 경우는 어떻게 하나?"

진동수 우리가 사전에 여러 차례 토론을 거쳐 각종 경우의 수를 다 짚었다고 생각했죠. 그런데 막상 금융실명제가 시행되자 법적, 행정적으로 우리가 미처 생각하지 못했던 수많은 경우의 수가 발생해서 정말 혼이 났습니다. 관련 공무원들이 거의 업무를 못할 정도였어요. 사전에 전혀 생각지 못했던 수많은 사례들 때문에

금융실명제의 구체적 대책 마련을 위해 한국은행에서 열린 은행장 비상대책회의(1993. 8. 13).

실시단뿐만 아니라 재무부 전체가 대책반으로 동원되어 일했습니다. 사실 대한민국 국민 모두에게 적용되는 것인데 그 정도 큰 규모의 제도와 거래관행을 하루아침에 바꾸는 것이 쉽겠습니까? 이후로도 계속 보완하고 그랬죠. 정말 사전에 전혀 예상치 못했던 일들이 많았습니다.

1차관보를 단장으로 한 실명제 실시단은 수많은 경우의 수에 대해 사전에 점검했던 내용을 언론과 금융기관 창구에 미리 배포했다. 가령 고의가 아닌 실수로 통장의 이름이 한 글자 정도 잘못된 사례에 대해서는 이자 탈루소득으로 보지 않았다. 고의성 여부는 금융기관 창구직원이 상식선상에서 판단했다.

중병을 앓고 있어 실명전환을 못하는 경우는 넉 달을 더 여유를 주고 그래도 어려운 경우는 퇴원이 가능해진 날로부터 1개월 이내에 실명화할 수 있도록 했다. 미성년자의 경우는 학생증으로 가능하게 했고 자녀 명의로 저축을 들어 놓고 돈을 부모가 적립한 경우나 다른 사람 명의로 세금우대저축을 들어 놓은 경우도 실명으로 전환하도록 했다.

현금 3천만 원 이상의 인출이 있는 경우 국세청에 통보하기로 했으나 장사를 크게 하여 현금 입출입이 잦은 사람의 경우 전환기간인 두 달 동안의 입금과 출금을 따져서 순(純) 인출액 기준으로 통보하도록 했다. 또한 법인이 현금을 인출하거나 단순히 계좌로 돈이 오가는 것은 신고대상이 아니었다.

가명 예금계좌에서 공과금 등을 자동이체되도록 한 경우라면 예외적으로 공공요금 자동이체가 가능하도록 했다. 즉, 가명 예금계좌에서 공공요금 이외에 일반계좌이체는 허용하지 않는 것이다. 무기명 CD나 채권의 경우는 실명전환 기간 내에 실명화하지 않아도 불이익을 주지 않고 이자를 받기 위해 최초로 금융기관에 간 시점에 실명화하도록 했다. 주권의 경우는 현금화만 하지 않으면 시가가 3천만 원이 넘더라도 주권인출을 국세청에 신고대상에 포함시키지 않았다.

백운찬 금융기관들이 가능한 한 빨리 일정 기간 내에 실명화를 추진하다 보니 상당히 혼선이 있었습니다. 가령 통장에 들어 있는 거액을 들여다보면 대기업들이 직원들 명의로 거래한 것도 많았습니다. 이건 굳이 비자금 용도가 아니라 거래의 편리성 때문인 경우가 많았는데 어떤 것은 그냥 통장에 물음표를 해서 만든 것도 있고, 체크 표시로 만든 통장도 있었습니다. 그런 법인 계좌들이 참 많았는데 금융기관이나 직원들이 이를 질문해 오면 우리는 "체크든 물음표든 그건 안 된다, 법인이든 개인이든 간에 등록번호가 있으니 법인통장이면 이걸 정확하게 법인기록을 하라"고 했습니다. 그것이 실명제 실시의 주목적이고 앞으로 가야 할 방향이라고 봤죠. 아무튼 실시단 사무실에 사람들이 무수히 찾아오고 전화하고 그랬습니다.

"차명예금이 있는데 그게 제 돈이 되나요?"

차명으로 되어 있던 예금을 전환하는 경우는 돈의 실소유주와 명의를 빌려준 사람이 주민등록증을 가지고 은행에 가서 실명으로 전환하도록 유도했다. 그런데 실명제가 되었다고 하니 명의를 빌려준 사람이 돈을 돌려주지 않으려는 경우가 적지 않았다.

이 때문에 "회사 부하직원한테 그 사람 명의로 회사 돈 몇억 원을 맡겨 놓았는데

최규연(崔圭淵)

1956년 강원도 원주에서
태어났다. 동국대 행정학과를
졸업하고, 영국 버밍엄대학에서
경제학 석사학위를 받았다.
1980년 행정고시에 합격해
공직에 입문한 뒤 재정경제부
보험제도과장, 국고과장, 기획재정부
회계결산심의관, 금융위원회
증권선물위원회 상임위원 등을
거쳐 2011년 제29대 조달청장,
2012년 상호저축은행 중앙회
회장을 역임했다.

금융실명제를 한다니까 이걸 안 돌려주려고 한다. 어떻게 해야 하느냐?"는 하소연이 많이 들어왔다. 반대로 명의를 빌려준 사람은 "다른 사람이 내 이름으로 통장을 만들어 여기에 돈이 들어와 있는데 실명제가 되었으니 이거 내가 안 줘도 되는 거냐?"고 물어오기도 했다.

최규연 우리가 "차명은 실명제의 규제대상이 아니다"라고 설명했습니다. 계좌에 들어 있는 돈이 실제 누구의 소유인지는 소송하거나 수사당국이 가려내야지요. 예를 들어 임의단체인 동창회 자금이나 친목계 모임 회비를 전 회장 이름의 통장에 예금했는데 회장이 그 돈이 자기 돈이라고 우기면 친목계원들이 어떻게 하겠습니까? 또 회사가 운영자금을 임원 계좌에 맡겨 놨는데 임원이 그 돈이 자기 돈이라고 우기면 경찰수사나 법원소송으로 해결해야지 금융기관 창구직원은 못하죠. 또 당시 대법원은 예금의 명의신탁을 인정하여 청구권을 명의자가 아닌 실제 소유주가 갖는다고 인정하는 판례를 냈습니다.

극소수의 사람들이 비밀로 금융실명제 작업을 했기 때문에 시행 초기에 긴급명령과 관련 규정내용에 관한 질의와 설명요구가 폭주했다. 최규연 사무관은 관련 법령규정에 대한 유권해석을 하는 동시에 준비과정에서 빠뜨린 사항을 추가하기 위해 진동수 과장과 수시로 상의하며 시행규칙 성격의 시행지침을 보완하느라 눈코 뜰 새 없이 바빴다.

최규연 장기적인 금융시장 안정이나 실명제 조기정착을 위해 내용정리가 필요한 문제인데 명확한 원칙이나 규정이 없는 경우는 제가 결정을 내려 주거나 인정해 주고 나중에 규정을 정비했습니다. 실명제가 정착하는 과정에서 법이 추구하는 정신을 봐야지 규정대로만 지나치게 엄격하게 하면 큰 불편과 무리가 생길 수 있으니까요. 제가 경실련 강의에서도 "사회란 법대로 다 이루어지는 곳이 아니므로 적당한 수준에서 사회적 공익이나 사익의 침해가 없는 한 큰 무리가 없으면 그냥 넘어가는 것이 좋다"는 설명을 했더니 거기서도 동의했습니다.

홍은주 그런 사례가 뭐가 있었습니까?

최규연 예를 들어 예명이나 집에서 부르는 아명, 법명, 세례명 그런 것들이 다 비실명인데 문제는 그것도 본명으로 전환하지 않으면 법에 의해 중과세하게 되어 있었습니다. 형식적으로는 예명이라도 비실명이니까요. 그런데 백원구 차관께서 대구에서 강의할 때 한 스님이 "나는 법명을 쓰지 속명을 쓰지 않소. 그렇다고 해서 비실명이라고 중과세하는 것이 말이 되오?"라고 질문한 적이 있습니다.
　당시 금융기관의 착오에 의해 이름 가운데 한 글자가 잘못 표시된 경우나 연예인의 예명예금 등 유사한 민원이 400여 건이나 쌓여 유권해석을 기다리고 있었습니다. 저에게 그 문제에 대한 검토지시가 내려왔기에 잘됐다 싶어서 검토 작업을 하면서 이 모든 것을 한꺼번에 해결해 주기로 결심하고 여러 가지 지침과 안을 만들었습니다. 사실 예명은 누가 봐도 그 사람이라는 것을 아는 것이라 실명이나 다름없고, 세례명, 법명 역시 마찬가지죠. 그래서 승려, 신부, 수녀 등 성직자가 종교의식에 따라 부여받은 법명이나 세례명을 사용하는 경우 종단의 확인서에 의해 동일인임을 확인하면 되고 연예인의 예명이나 작가의 필명은 관련협회의 확인서를 받으면 중과세를 면제해 주는 조치 등을 만들었습니다.

그런데 긴급명령 규정에 있는 내용을 사무관이 유권해석하여 공문을 보내 중과세를 면제해 줬다가 나중에 책임 문제가 생길 수 있잖아요? 그러니까 중간 간부 한 분이 자신은 사인을 못하니 더 윗사람의 결제를 받아오라고 하는 겁니다. 그래서 제가 윗분의 결제를 먼저 받고 이분의 결제를 나중에 받은 그런 일도 있습니다.

또 한번은 금융결제원에서 모 기관이 요청하는 금융자료를 줘도 되는지 유권해석을 해달라고 해서 줘도 된다고 했더니 그걸 저보고 공식 사인을 해달라고 해요. 그래서 사인을 해주고 관련지침을 사후에 고친 적도 있었습니다.

홍은주 젊은 사무관 시절이라 그런지 결정에 책임지는 용기가 있었네요(웃음). 감사원에서는 나중에 혹시 문제삼지 않았나요?

최규연 막상 실명제를 시행하면서 보니까 그런 사례들이 너무 많았죠. 뭐, 논리적으로 아닌 것은 아니라고 해야죠. 모든 시행령이나 시행규칙, 지침 등을 우리가 만들었으니까 그 점은 자신 있었습니다. 물론 감사원에서는 전혀 문제삼지 않았습니다.

부작용 완화를 위한 후속조치 마련

금융실명제를 시행하기로 하면서 가장 우려했던 것이 금융시장의 혼란이 커지고 실물경제 거래에 있어 금융시장을 통한 돈의 활용이 낮아져(예금회전율 하락), 경기가 크게 위축되며 실명제 적용을 받지 않는 해외나 부동산, 귀금속 등으로 거액의 돈이 빠져나가는 것이었다.

이에 따라 한국은행이 금융시장안정 비상대책반을 운영하여 통화량, 금리, 은행지준 등을 일일 점검하고 수신감소로 어려움을 겪는 금융기관이 있는 경우 자금을 지원했다.

금융실명제 실시로 자금거래가 위축되면 가장 심각한 타격을 받게 되는 것이 중소기업이므로 중소기업 자금지원을 강화하기로 했다. 중소기업 자금애로실태 특별점검반을 편성하고 중소기업 자금애로를 집중상담하기로 했다. 실명제 실시 직후인 8월 13일 중소기업 긴급운전자금 3천억 원을 배정했고, 8월 16일에는 영세 중소기업을 위해 긴급경영안정지원자금 2천억 원 및 긴급운전자금 3천억 원을 추가배정했다.

이와 함께 신용관리기금의 어음 재매입한도를 확대하고 주택관련 영세기업 자금지원 및 보험사 영세기업 지원 등 자금지원을 지속적으로 확대했다. 담보력이 미약한 중소기업에 대한 채무보증을 확대하기 위해 긴급명령 제16조에 의거하여 신용보증기금의 보증한도를 기본자산의 15배에서 30배로 대폭 확대하고, 동일기업 보증한도도 확대하였다. 또한 어음할인금리를 자유화하고 신용협동조합의 설립요건을 완화하는 등 중소기업 자금생태계를 정비하기로 했다. 〈표 3-4〉는 8월 12일 금융실명제 발표 직후의 중소기업 지원을 위한 긴급자금 배정규모 내역이다.

금융실명제 실시와 함께 즉각적으로 나타난 부작용은 막연한 시장 불안심리였다. "국세청이 눈에 불을 켠 채 금융자료를 들여다보고 있으니 상거래와 자금거래 내역, 과표가 모두 노출 될 것"이라는 불안심리가 확산되었다. 현금인출 자료 및 실명전환 자료가 국세청에 통보되어 언제 세무조사를 받게 될지 모른다는 우려 때문에 거액의 금융거래가 일시 중단되었던 것이다.

〈표 3-4〉 중소기업지원 긴급자금 배정규모

(단위: 억 원)

구분	8.13	8.16	8.25	9.7	9.22	10.7
긴급경영안정지원자금		2,000	2,000	4,000		2,000
긴급운전자금	3,000	3,000			3,000	
지방중소기업자금	830					
중소주택업체지원자금				500		
보험사 중소기업지원자금				1,000		
신용관리기금 어음재매입		1,200				
계	3,830	6,200	2,000	5,500	3,000	2,000

출처: 금융실명제 실시단, 1994, 《금융실명제 실시 1주년 백서》, 재무부, 57쪽

금융실명제 실시 이후 정부의 중소기업 지원책에 따라 은행권에서는 자금조달에 애로를 겪는 중소기업에 대한 자금지원을 위해 영세중소기업 애로상담창구를 설치, 운영하였다(1993. 8. 24).

과표노출 부담 증가 때문에 중소기업 및 유통·서비스업을 중심으로 한 무자료거래자들이 은행이용을 기피하고 불편한 현금거래를 택하는 경향이 발생하기도 했다. 영세기업이나 자영업의 매출축소와 대규모 거래 중단으로 인한 경기악화, 현금거래 증가 등 삼중고를 줄이기 위해 금융실명제 실시단은 8월 31일 후속조치를 마련하여 발표했다.

첫째, 국세청 통보에 따른 자금출처조사를 완화했다. 일정금액 미만인 경우 자금출처를 조사하지 않으며 초과하는 경우라도 당사자의 연령, 직업, 사업경력, 소득수준, 재산상태 등을 종합 검토하여 투기, 증여, 탈세 등의 직접적 혐의가 있는 경우만 소명자료를 제출하도록 했다.

둘째, 현금인출액이 3천만 원 이상이라도 기업의 생산, 운영자금이거나 결혼, 이사, 주택취득 등 가계생활자금이 분명한 경우는 세무조사를 하지 않기로 했다.

셋째, 탈세 등의 혐의가 구체적으로 나타나서 금융거래 자료를 들여다보는 것은 어쩔 수 없지만, 거꾸로 금융거래 자료에 의하여 과거의 판매실적이나 소득금액을 역추적하는 세무조사는 하지 않겠다고 밝혔다. 기업이 상거래에 사용한 금융거래 정보나 자료를 국세청이 근거 없이 받는 경우는 없도록 한다는 것이다.

1993년 9월 24일에는 2차 후속조치가 나왔다. 1차 조치를 내놓았으나 선언적이며 구체성이 없다는 이유로 여전히 불안감이 팽배하고 일부 국민들이 3천만 원 이상 큰 자금의 거래를 중단하거나 금융기관을 기피하는 현상이 여전하다는 판단 때문이었다. 경제거래 위축의 징후가 뚜렷해지자 실시단은 9월 24일 2차 비밀보장 보완조치를 발표했다.

우선, 순인출액 3천만 원 이상의 경우 국세청에 통보는 하되 이를 세무조사의 근거로 사용하지 않도록 조치했다. 또한, 금융기관이 상거래로 은행을 이용하는 자료는 국세청에 일절 통보하지 않기로 했다. 금융거래가 아닌 다른 과세자료에 의하여 탈세 등의 혐의가 구체적으로 나타나지 않는 한 금융거래 자료에 의하여 과거의 판매실적이나 소득금액을 역추적하는 세무조사도 하지 않기로 했다.

금융거래를 통한 실물자료가 과세자료로 연결되지 않거나 설령 거래자료가 과세자료로 연결되더라도 세금부담이 금융실명제 이전과 비교할 때 중립적이라면 기업들의 현금거래 선호가 줄어들 것으로 기대한 조치였다.

자금출처조사 면제기준은 당초 계좌당 5천만 원 이하에서 인별합산 2억 원 이하로 완화했다. 이 기준은 "국세청장이 연령과 세대주, 직업, 재산상태, 사회경제적 지위 등을 참작하여 자금출처조사의 금융기준을 정할 수 있으며 그 이하 금액에 대해서는 원칙적으로 조사를 배제할 수 있다"는 국세청의 「상속세법」 예외기준에 맞춘 것이다. [52]

실명전환 의무기간 내에 비실명자산을 법인 명의로 명확하게 변경한 경우 자금조성 경위에 대해 일체의 세무조사를 배제하기로 했다. 또한 금융자산이 지하로 퇴장하는 것을 방지하기 위해 자금출처조사 면제를 조건으로 약 10년간 만기 장기산업채권을 발행하기로 했다. 장기저리채권은 상속세를 납부한 것과 같은 효과를 가지므로 조건을 완화하더라도 형평에 어긋나지 않기 때문이다.

---

[52] 「상속세법」 제34조의 6 및 동법 시행령 제41조의 5.

<표 3-5> 금융실명제 실시 직후 주가동향

구분	1993. 8. 12	1993. 8. 13	1993. 8. 14	1993. 8. 16	1993. 8. 18	1993. 8. 19
종합주가지수	725.97	693.57	666.67	691.67	713.18	737.97

출처: 재무부, 1993, 《금융실명제 실시 이후의 경제동향 및 부문별 대책》, 재무부.

장기산업채권을 발행하게 된 취지는 자기명의 노출을 꺼려 비실명으로 남아 있는 자금이나 실명전환 후 퇴장한 자금을 장기설비투자나 중소기업 지원 및 사회간접자본 투자재원으로 흡수하려는 것이었다.

산업은행이 발행하되 조건은 만기 10년에 이자율은 1종 채권의 경우 연 3%, 2종 채권의 경우 연 1%의 낮은 금리로 하여 증여세를 부담한 것과 비슷한 수준으로 맞추고, 최초 매입자는 자금출처조사를 면제해 주기로 했다. 장기산업채권은 1993년 12월에 1,142억 원이 발행되었다.

금융시장 빠르게 안정 되찾아

8 · 12 금융실명제 발표 이후 9월 27일까지 총예금 대비 실명전환을 마친 은행예금은 68.7%, 계좌수는 44%에 그쳤다. 31% 이상의 돈이 한 달 이상 금융기관에서 꼼짝 않고 대기하고 있었다는 뜻이다. 금융실명제가 의미하는 것이 무엇인지 파악하기 위해 초반에 상당한 눈치 보기가 있었던 것으로 추정되는 통계이다.

실명확인을 마친 예금이라도 세무조사나 자금출처조사를 우려하여 큰돈이 움직이기 않았기 때문에 이 무렵 예금회전 감소율은 40%가 넘고 총통화(M2) 공급의 유통속도는 3.43~4.54% 감소한 것으로 추정되었다. [53]

그러나 화폐시장에서 발생한 초과수요 압력에 대응하여 총통화 공급을 늘리는 등 적극적인 정부의 대책에 힘입어 금융시장은 생각보다 빠르게 안정되었고 경기도 서서히 회복되기 시작했다. 금융실명제 발표 직후 가장 충격을 받았던 주식시장 역시 1주일 이내에 이전 수준을 회복했다.

---

[53] 좌승희 · 유재균, 1993, 《금융적 충격의 거시경제적 효과에 대한 분석: 금융실명제의 효과를 중심으로》, 한국개발연구원, 63쪽.

금융실명제에 대한 홍보와 교육

금융실명제에 대한 홍보와 교육도 각 부처별로 다양하게 진행되었다. 주무부처인 재무부의 경우 발표 첫날 장관 기자회견과 김용진 세제실장의 방송출연을 시작으로 하여 지속적으로 TV와 라디오 방송에 출연하여 국민과 금융기관 교육을 계속했다. 8월 31일에는 막연한 국민불안을 해소하기 위해 재무부 장관과 국세청장이 합동 기자회견을 했다. 공보처와 합동으로 금융실명제 조기정착을 위한 CF도 제작하여 방송에 자주 노출시켰다.

신문에도 8월 21일 중앙일간지 9개 모두에 금융실명거래에 대한 문답풀이를 포함한 전면광고를 게재한 것을 시작으로, 한국은행연합회 등 금융협회를 중심으로 한 신문·잡지 광고를 지속했다.

8월 24일부터 9월 8일까지는 국무총리가 10개 지역, 부총리가 8개 지역 등 전국 14개 시도의 지방공무원 및 지역주민들을 대상으로 금융실명제 대국민 설명회를 개최했다. 내무부 주도로 금융실명제 홍보를 위한 임시 반상회도 1차와 2차에 걸쳐 이루어졌다.

국립영화제작소는 금융실명제 홍보영상을 제작해 전국 시도와 금융기관, 각급 학교, 군부대 등 9,200여 곳에 배포했다. 또한 금융실명제를 국민들이 쉽게 이해할 수 있도록 만화로도 제작, 배포했다. 저축추진중앙위원회는 《금융실명제를 알아봅시다》라는 책자를 120만 부 제작해 각 금융기관과 시도 등에 집중 배포했다.

금융기관 고객을 위해 〈알기 쉬운 금융실명거래 방법 안내〉 리플릿을 100만 부 제작해 각 금융기관 창구와 행정기관에 교육용으로 배치하기도 했다.

금융실명제 실시 1년 후 무사히 정착

집중적 홍보교육과 만전을 기한 각종 대응조치, 후속조치 등에 힘입어서 금융실명제는 시행 전에 검토되었던 여러 가지 우려를 떨치고 1년 만에 무사히 정착하였다.

1년여가 지난 1994년 11월 정기국회 답변을 위해 금융실명제 실시단이 만든 자료에 따르면, 금융실명제 실시 1년 후인 1994년 8월 12일 현재 예금의 실명확인율은 94.5%로 실명제 실시 두 달 후인 10월 12일의 81.3%보다 높아졌다.

가차명예금의 실명전환율은 98.1%였고, 실명전환한 액수는 6조 2,740억 원에 달했다. 가차명으로 위장분산됐던 주식의 실명전환은 57개사 68명으로 1,032억 원이었다. 이 가운데 3조 3,951억 원이 1993년 12월까지 국세청에 통보되었다.

실명미전환된 가명예금은 계좌수별로 보면 10만 원 미만이 대부분으로 92.4%를 차지했다. 계좌수로는 0.01%에 불과한 1억 원 이상 계좌 52개의 액수는 무려 1조 8,960억 원으로 나타났다.

다만 미실명화된 차명은 수사기관에서 조사하기 전까지 확인할 방법이 없었다. 미실명자금이 돈세탁을 하기 위해 자금난에 처한 대기업에 접근했다는 소문이 떠돌기도 했으나 확인되지는 않았다.

이후로도 가명이나 무기명계좌의 금융실명전환은 순조롭게 정착된 것으로 평가된다. 실명제 실시단이 1995년 말 발간한 백서에 따르면 2년이 지난 1995년 6월 말 기준 실명예금확인율은 금액기준 96.9%, 계좌수 기준 83.1%에 달했다. 미확인 계좌는 액수가 거의 들어 있지 않은 채 예금주로부터 잊혔거나 예금주가 실명전환할 필요를 느끼지 못한 휴면성 계좌가 많았다.

실명전환 의무기간 내에 실명확인이 되지 않은 액수는 1993년 10월 12일 72조 4천억 원이었으나, 시행 1년 만에는 19조 원, 2년 만인 1995년 6월말 기준으로는 9조 1천억 원(2.2%)으로 대폭 감소했다. 가차명예금의 실명전환액도 같은 기간 6조 2,961억 원으로 증가했다. 가명으로 남아 있는 예금은 전체 가명예금에 대해 계좌기준으로 4.9%, 액수기준으로는 1.5%에 불과한 430억 원에 그쳤다. 남아 있는 비실명 가명계좌는 액수가 얼마 안 되기 때문에 무시된 것도 있으나, 자금추적과 신분노출을 우려해 움직이지 않는 예금도 일부 있는 것으로 분석됐다.[54]

가차명으로 위장분산된 주식의 경우 1년여가 지난 1994년 6월 말 현재 57개사

---

54 금융실명제 실시단, 1995, 《금융실명제 실시 2주년 백서》, 재무부, 60쪽.

<표 3-6> 금융실명제 실시 전후 현금통화 비율

(단위: %)

구분	1993. 7	1993. 8	1993. 9	1993. 10	1994. 6	1995. 6
현금통화 비율	8.4%	8.9%	10.0%	10.3%	9.1%	8.8%

출처: 금융·부동산실명제 실시단, 1996, 《금융실명제 3년의 성과와 과제》, 재무부.

<표 3-7> 금융실명제 실시 전후 물가

(단위: %)

구분	1991	1992	1993	1994	1995
소비자물가	9.3	4.5	5.8	6.4	4.3

출처: 안종범, 1994, 《금융실명제 정착을 위한 과제》, 한국금융연구원, 138쪽.

68명의 459만 8,715주가 실명으로 전환됐다. 계좌수는 795개였고, 액수는 1천억 원이 넘어 1,021억 7,700만 원에 달했다.

금융시장 조기 정상화

금융실명제 실시 후 우려했던 거액현금 이탈이나 부동산투기 과열 등도 거의 발생하지 않았고 실물경제의 충격도 별로 없었다.

1년 후 나온 KDI 보고서[55]에 따르면, "금융실명제 실시 이후 금융시장은 초기충격을 적절히 흡수하여 단기간에 안정이 회복되었으며 실명제에 따른 실물경제의 충격도 그리 크지 않았다. 가차명예금의 실명전환 이전 인출금지, 거액현금 인출자의 국세청 통보 등의 조치로 일시적 자금경색이 나타나기도 했으나 실물부문에 장기적 영향을 미치지는 않았다"고 추정했다.

금융실명제 실시 직전인 1993년 7월 8.4%였던 총통화 대비 현금통화 비율은 실시 직후인 10월에 10.3%로 다소 높아졌으나 점차 안정세로 돌아서 시행 1년 만인 1994년 6월에는 9.1%로 낮아졌다. 시행 3년이 지난 1995년 6월에는 8.8%까지 안정되었다(〈표 3-6〉 참조).[56]

---

55 김준일, 1994, "금융실명제 실시 1주년 평가 및 향후과제", 〈KDI 정책포럼〉, 57호.
56 이하 통계는 재무부 발표 《금융실명제 실시 1주년 백서》 보도자료 참조.

실명제 실시와 관련한 불확실성이 제거됨으로써 설비투자 확대가 주도하는 경기회복이 가시화되기도 했다. 경제성장률은 최악의 상황을 감수해야 할 것으로 각오했던 1993년 4/4분기에조차 6. 5%를 기록해 좋은 출발을 했다. 이후 지속적 성장세로 돌아서 1993년 말 총 5. 8%에서 1년 후인 1994년 말에는 8. 2%로 높아졌다.

금융기관을 기피하는 현금사용이 늘어나 물가를 자극할 우려가 제기되었는데 곧 진정되었다. 실명제 실시 직전인 1993년 6월 4. 8%였던 소비자물가는 1993년 12월 5. 8%로 다소 높아졌다가 2년 후인 1995년에는 4. 3%로 다시 안정됐다.

〈표 3-7〉은 실명제 실시 직후인 1993년 하반기와 1994년 상반기 물가를, 〈표 3-8〉은 분기별 GNP를 정리한 것이다. 금융실명제 시행 직후 사채시장 축소로 중소기업 부도율이 높아지고 부도금액이 크게 늘어나 한때 큰 걱정을 불러일으키기도 했으나 시간이 가면서 점차 안정되었다. 1년 후 부도업체수는 점차 줄기 시작했고 신설업체수는 꾸준히 늘어났다.

〈표 3-8〉 금융실명제 실시 전후 GNP 성장률

(단위: %)

구분	1992	1993 1/4분기	1993 2/4분기	1993 4/4분기(추정)	1994 1/4분기(추정)
GNP 증가율	4.7	3.4	4.5	6.5	8.5

출처: 안종범, 1994, 《금융실명제 정착을 위한 과제》, 한국금융연구원, 138쪽.

〈표 3-9〉 금융실명제 실시 전후 부도 추이

구분	1993. 7	1993. 8	1993. 11	1994. 4	1994. 5
부도금액(억 원)	5,300	5,211	8,063	7,316	7,504
부도율(%)	0.11	0.12	0.17	0.15	0.17
부도업체수(개)	721	817	879	851	848
신설업체수(개)	1,076	822	1,017	1,263	1,198

출처: 금융실명제 실시단, 1994, 《금융실명제 실시 1주년 백서》, 재무부.

〈표 3-10〉 금융실명제 실시 전후 금리동향

(단위: %)

구분	1992. 12	1993. 7	1993. 8	1993. 9	1993. 12	1994. 6
콜금리	13.52	14.05	13.80	12.41	11.50	12.59
회사채 유통수익률(3년)	14.00	12.89	13.79	14.03	12.21	12.40
CD 유통수익률(91일)	15.22	13.29	14.82	14.71	12.27	12.49

출처: 금융실명제 실시단, 1994, 《금융실명제 실시 1주년 백서》, 재무부.

금리의 경우 실명제 실시 직후 3년 만기 회사채 금리가 실시 직전인 1993년 7월 12.89%에서 실시 직후인 9월에 14.03%로 다소 상승했다. 그러나 한국은행에 금융시장안정 비상대책반을 두고 통화량을 탄력적으로 운영한 결과, 12월에 12.21%로 안정화됐고 1년 후인 1994년 5월 13일엔 12.30%를 나타내 안정세로 돌아섰다.[57]

금융실명제를 계기로 금리자유화가 더욱 강도 높게 추진됐다. 공금리와 사금융 간 금리격차가 과거 사채시장 비대화를 초래했다고 봤기 때문이다. 또한 정부가 통화정책을 통해 금융경색이나 혼란, 충격 등을 더 유연하게 흡수하기 위해 금리자유화를 통해 금리의 가격기능이 제대로 작동되는 메커니즘이 정착될 필요가 있었다. 중앙은행의 통화관리 방식도 실질적인 간접관리 방식으로 전환되기 시작했다. 금리자유화는 1995년 7월 말 현재 전체 수신의 77%, 여신의 95.3%가 자유화됐다.

부동산 거래에 대한 감시강화

금융기관에서 실명제를 피해 이탈한 자금이 부동산으로 가지 않도록 부동산 거래에 대한 감시도 크게 강화하기로 했다.

한국경제는 압축 고도성장 과정에서 꾸준히 부동산 가격이 상승했다. 경제발전과 농촌인구의 도시유입, 핵가족화, 그리고 1955년 이후 급증한 베이비부머의 경제활동인구 편입 등이 대규모 주택수요를 일으켰다. 해마다 1,500만 평가량의 택지수요가 발생했고, 약 10년 주기로 심각한 부동산투기열풍을 경험하기도 했다.

첫 마니아급 부동산 열풍은 1970년대 말에 일어났다. 중동 오일머니가 쏟아져 들어오고 물가가 폭등했으며 기업들의 공업용지와 공공시설용지 수요까지 겹치면서 한국 부동산은 자고 일어나면 값이 뛰었다. 집값과 전셋값이 천문학적으로 올라 월급생활자들은 불안했고, 당시 세태를 반영해 '복부인', '떴다방' 등 유행어가 생겨났다.

---

57 금리는 1994년 12월 14.22%, 1995년 6월 14.67%로 다시 높아졌으나 이는 금융실명제가 아니라 경기회복 및 경제성장률 상승에 따른 요인으로 보인다.

<표 3-11> 금융실명제 실시 전후 주택가격 및 금값 동향

구분	1993. 6	1993. 12	1994. 6	1994. 12
주택매매지수(1990.12 =100)	91.8	91.6	91.7	91.6
주택전세지수(1990.12 =100)	112.3	115.2	117.4	120.8
금값(원/돈중)	41.200	41.000	40.700	39.750

출처: 금융실명제 실시단, 1994, 《금융실명제 실시 1주년 백서》, 재무부.

1980년대 초반의 초긴축 시대에는 부동산이 다소 안정되는 듯했으나 '3저효과'로 경상수지 흑자를 기록하면서 1988~1990년 무렵 부동산투기 붐이 다시 기승을 부렸다. 1986년 국제수지가 47억 달러 흑자로 반전했고, 1987년 100억 달러 흑자, 1988년 145억 달러 흑자를 기록하면서 시중에 풀린 돈이 증권시장과 부동산 시장을 자극하여 또다시 마니아급 부동산투기가 지속되었다.

부동산투기를 억제하기 위해 부동산 거래 허가제가 실시되고 종합토지세, 토지초과이득세, 택지소유상한제, 개발이익환수제 등 다양한 부동산 가격 안정대책이 실시되었지만 별 효과가 없었다. 정부가 동원할 수 있는 모든 법적·규제적 수단을 다 동원하는데도 부동산 가격 폭등을 잡지 못하여 '부동산 불패신화'가 일반인들의 인식 속에 뿌리내린 시점이기도 했다. 토지가격이 소득에 비해 세계에서 가장 높은 나라가 되어 국제경쟁력을 약화시키는 결과를 낳았다.

1993년 금융실명제가 실시되기 시작하면서 금융권의 돈이 부동산으로 흘러들어갈 경우 부동산에 마니아급 투기를 또다시 촉발시킬 위험이 높았다. 이 때문에 금융실명제 실시 이후 정부는 국세청에 부동산투기를 억제하는 역할을 맡겼다. 그런데 당시는 금융전산망이나 토지전산망 구축이 아직 미흡하던 때다. 실제적으로 10개 계좌에서 돈이 3천만 원 미만씩 빠져나가 3억 원을 만들어 그 돈으로 부동산을 사더라도 그것을 추적하고 파악하는 것이 쉽지 않았다.

그래서 국세청이 생각해낸 조치가 각 등기소별로 직원을 파견하는 것이었다. 한동안 각 등기소에는 국세청 직원들이 시시때때로 와서 수상한 부동산 거래와 등기상황을 점검하곤 했다. 이렇게 엄격하게 단속한 것이 효과가 있었는지 실명제 시행 1년 후 주택가격이나 금 등 귀금속 가격은 큰 변동이 없었다. 부동산에 대한 직접적 감시조치는 한시적이었다. 등기소에 국세청 직원을 계속 파견할 수 없기 때문이다. 이에 따라 1995년에 금융실명제 개혁과 패키지를 이루는 「부동산실명법」 제정이 추진된다. 「부동산실명법」의 자세한 내용은 이 책의 말미에서 살펴보겠다.

《금융실명제 실시 1주년 백서》의 발간사에서 홍재형 재무부 장관은 "금융실명제는 경제의 도덕성을 회복하고 부의 공정한 배분을 위한 기반을 마련하는 문민정부의 개혁 중의 개혁이었다"고 강조하였다.

또한 "지난 1년간 금융시장이 안정을 유지하였고 실명거래 관행이 서서히 정착되어 가고 있으며, 1994년 1월의 장영자 어음사기 사건에서 보듯이 실명거래가 확고히 정착되지 않은 상태에서 발생된 일부 금융사고에 대하여 금융실명제는 더 이상의 피해가 확산되지 못하도록 차단하는 위력을 발휘하게 되었습니다. 또한 새로운 기업경영의 풍토가 조성되고 금융개혁이 본격적으로 추진되고 있으며, 우리 사회의 각 부문에서도 실명제 시대를 맞아 변화와 개혁의 조짐이 곳곳에서 일고 있습니다. 금융실명제는 우리 사회 모든 개혁의 시발점이 되고 있다고 해도 과언이 아닌 것입니다. 금융실명제는 문민정부가 단행한 「공직자재산등록법」 및 「통합선거법」의 제정과 함께 앞으로 정치·경제·사회 등 모든 분야에 있어서 2000년대 우리나라가 선진사회로 진입하는 데 필요한 개혁의 초석이 될 것입니다"라고 평가했다.

《금융실명제 실시 1주년 백서》 발간사

1993년 8월 12일 20시를 기하여 사전예고 없이 발표된 '금융실명거래 및 비밀보장에 관한 긴급 재정경제명령'은 금융실명제의 실행을 선언하는 역사적인 개혁조치였습니다. 우리 사회에서 지난 수십 년간 누적되어 온 왜곡된 금융관행을 바로잡아 금융거래를 정상화함으로써 경제정의를 실현하고 국민경제의 건전한 발전을 도모하기 위해 단행된 금융실명제는 경제운용의 틀과 환경을 새롭게 구성하는 우리 역사상 획기적인 제도개혁입니다.

지난 30년간 우리 경제는 수출주도형 산업화를 통해 고도성장을 이룩함으로써 1993년에는 1인당 국민총생산이 7,500달러에 달하는 등 중진국의 선두주자로 부상하게 되었습니다. 그러나 개발위주의 경제정책으로 인한 내자동원 과정에서 가명·차명 금융거래를 비롯한 잘못된 금융관행이 형성되었고, 부의 정당성을 부여받지 못하는 각종 음성 불로소득이 만연하는 등 지하경제가 확산되었던 것도 사실입니다. 이로 인한 계층 간 소득 및 세부담의 불균형은 정당한 부에 대한 신뢰를 희석시킴으로써 위화감을 조성하여 근로의욕을 저하시키는 등 우리 사회의 화합과 지속적인 경제발전에 장애가 되었습니다.

경제의 재도약과 국민의 화합을 위해 금융실명제가 필수적이라는 공감대는 10여 년 전부터 형성되어 왔습니다. 1982년 7월의 금융실명제 실시 발표나 1989년의 '금융실명거래실시준비단' 발족 등 정부차원의 노력도 있었고, 1987년과 1992년 두 차례에 걸친 대통령 선거에서는 각 정당의 후보자들이 금융실명제 실시를 공약으로 내세우는 등 금융실명제는 그동안 국민의 오랜 숙원이 되었습니다만, 경기침체와 예상되는 부작용에 대한 우려 때문에 금융실명제는 그간 두 차례에 걸쳐 유산되었습니다. 만약 당시 금융실명제가 실시되었더라면 지금쯤 실명거래는 우리 사회의 관행으로 정착되어 있을 것이라는 아쉬움도 있습니다.

새로 출범한 문민정부는 대다수 국민들 간에 그 실시에 대하여 폭넓은 공감대가 형성된 금융실명제를 반드시 실시하여 경제정의를 실현하고 구조적 부조리를 척결하고자 하는 의지를 갖고, 성공적 실시를 위해 출범 초부터 착실히 준비해왔습니다.

다만 금융실명제는 그 실시 시기와 방법만을 남겨 놓고 있었습니다. 그러나 사안의 성격상 금융실명제를 통상적인 입법절차에 의해 시행하는 경우 금융시장의 동요 등에 따른 경제의 혼란이 예상되어 부작용을 최소화하고 기대효과를 극대화하기 위해 부득이 긴급명령을 통해 실시할 수밖에 없었습니다.

우여곡절 끝에 단행된 금융실명제는 경제의 도덕성을 회복하고 부의 공정한 배분을 위한 기반을 마련하는 문민정부의 개혁 중의 개혁이었습니다. 밝고 투명한 사회의 건설을 위해 국민생활의 근본을 이루는 경제제도를 변혁하는 것이며 선진사회 건설과 우리 경제 재도약의 계기를 마련하기 위한 정치적 결단인 것입니다.

이미 아시는 바와 같이 금융실명거래를 실시하기 위한 긴급명령은 모든 금융기관과 금융거래를 할 때 실지명의를 사용하도록 의무화하고, 기존 비실명 금융자산에 대해서는 실명전환을 유도하며, 금융거래 내용에 대한 비밀은 철저히 보장하는 것을 주요내용으로 하고 있습니다. 그리고 금융소득 종합과세는 실명거래 의무화와 분리하여 '신경제 5개년계획'에 제시된 일정대로 1996년부터 시행하기로 하였습니다. 이것은 금융실명제 실시에 따른 충격을 완화하고 금융소득 종합과세의 원활한 시행을 위한 행정적 준비를 위해 불가피한 선택이었습니다.

또한, 긴급명령의 제명을 통해서도 알 수 있듯이 금융실명제를 성공적으로 조기에 정착시키기 위해 금융정보의 비밀보장에 대한 정책의지를 확고하게 공표하였으며, 과거의 잘잘못을 들추어내는 것보다는 앞으로의 안정과 발전을 위하여 미래지향적으로 운영하는 것이 금융실명제 실시의 기본입장이라는 점은 후속조치 등을 통해 여러 번 제시되었습니다.

금융실명제 실시 1주년을 맞이하여 지난 1년을 회고해 보면, 실명거래관행의 정착과 부작용의 방지를 위해 정부·언론·국회 등 관계기관과 금융기관 그리고 국민들이 적극적으로 협조한 결과 금융실명제는 이제 우리 경제생활의 일부분으로 뿌리내리기 시작했습니다. 지난 1년간 금융시장이 안정을 유지하였고 실명거래 관행이 서서히 정착되어 가고 있으며, 1994년 1월의 장영자 어음사기 사건에서 보듯이 실명거래가 확고히 정착되지 않은 상태에서 발생된 일부 금융사고에 대하여 금융실명제는 더이상의 피해가 확산되지 못하도록 차단하는 위력을 발휘하게 되었습니다. 또한 새로운 기업경영의 풍토가 조성되고 금융개혁이 본격적으로 추진되고 있으며, 우리 사회의 각 부문에서도 실명제 시대를 맞아 변화와 개혁의 조짐이 곳곳에서 일고 있습니다.

금융실명제는 우리 사회 모든 개혁의 시발점이 되고 있다고 해도 과언이 아닌 것입니다. 금융실명제는 문민정부가 단행한 「공직자재산등록법」 및 「통합선거법」의 제정과 함께 앞으로 정치·경제·사회 등 모든 분야에 있어서 2000년대 우리나라가 선진사회로 진입하는 데 필요한 개혁의 초석이 될 것입니다.

이러한 성과는 모두 온 국민이 관심을 기울이고 협조를 보내준 덕분입니다. 금융실명제 실시과정에서 실명확인과 전환 등의 불편을 감수하면서도 동참과 협조를 아끼지 않으신 국민 여러분께 깊은 감사를 드립니다. 그러나 앞으로도 실명거래 관행을 확고히 정착시키고 금융소득 종합과세를 원활히 실시해야 하는 등 개혁과제가 산적해 있습니다. 국민 여러분의 계속적인 관심과 애정 어린 충고가 있기를 부탁드립니다.

이 백서는 긴급명령에 의한 경제개혁 정책인 금융실명제의 내용과 실시효과를 체계적으로 정리·분석한 것입니다. 금융실명제 실시의 배경과 주요내용, 추진경과, 지난 1년간의 성과에 대한 평가, 향후 정책방향 등을 폭넓게 수록함으로써 앞으로 유사한 정책을 수립하고 시행하는 데 참고가 되었으면 하는 소망입니다.

끝으로 이 지면을 빌려 그동안 불편을 감수하고 적극적으로 동참해 주신 국민 여러분, 과중한 업무부담에도 불구하고 실명거래 정착에 노력한 금융기관 종사자, 실명제가 원활히 정착될 수 있도록 많은 격려와 지면을 아끼지 아니한 언론, 그리고 긴급명령을 전폭적인 지지로 신속히 승인하여 법제화해 주신 국회의원, 기타 금융실명제에 협조해 준 모든 관련기관 여러분께 다시 한 번 깊이 감사를 드리며, 아울러 금융실명제가 진정한 개혁의 불씨가 되도록 앞으로도 지속적인 관심과 협조를 부탁드립니다.

1994년 8월 12일
재무부 장관 홍재형

재형저축을 둘러싼 논란

1993년 금융실명제는 거액의 불법비자금이나 정치자금, 탈세를 적발하여 사회정의를 바로 세우기 위한 목적으로 시행됐다. 시행 후 실명제 정착 과정에서 가장 미묘하고 어려웠던 일이 차명으로 가입된 일반서민의 재형저축을 어떻게 처리할 것인가 하는 문제였다.

재형저축은 근로자들의 재산형성을 돕고 은행저축을 독려하기 위해 1976년에 만들어졌다. 근로자가 은행에 적금을 부으면 은행에서 지급하는 이자에 더해 정부가 장려금을 추가로 지급하는 제도였다. 이 과정에서 근로자의 가족이나 친구, 친지들이 저축할 여력이 없거나 별 관심 없는 근로자 명의를 빌려 차명으로 재형저축에 가입하여 장려금 혜택을 보는 경우가 상당했을 것으로 추정됐으나 현실적으로 이를 가려낼 방법이 없었다.

최규연 1987년 무렵에 제가 이재국 은행과에 근무하면서 재형저축 업무를 담당했는데 감사원에서 재형저축 중복계좌를 조사하라고 요구했습니다. 그래서 제가 이렇게 항변했습니다. "금융전산화가 완비되지 않았기 때문에 중복가입 여부를 찾아내는 것이 불가능하고 차명이나 도명을 확인하는 것도 어렵다. 재형저축의 근본 목적이 무엇인가? 사채시장 의존도를 낮추고 서민들의 재산형성을 지원하기 위한 제도니까 어느 정도 변칙이 있어도 불가피한 측면이 있다." 그랬더니 감사원에서도 별도의 지적은 없었습니다.

그것이 1993년 금융실명제 실명전환 유예기간이 끝난 후에 문제가 됐습니다. 분명히 차명이나 도명으로 가입한 재형저축이 있을 텐데도 거의 노출되지 않자 시장에서 재형저축 실명확인에 상당한 변칙이 있다는 이야기가 나왔습니다. 사실 저역시 금융기관의 지점장이나 직원들이 예금유치를 위해 차명이나 도명에 의한 재형저축 가입을 권장한다는 이야기를 들었기 때문에 재형저축 가입에 상당한 변칙이 있으리라고 추정은 하고 있었습니다.

그런데 여론과 언론이 자꾸 차명에 의한 재형저축을 문제삼자 재무부 고위간부 한 사람이 금융실명제 조찬강의에서 "재형저축을 인출할 때 가입자 실명을 다시 확인하도록 하겠다"고 발언했다. 당시 재형저축의 계좌수가 매우 많았기 때문에 굳이 가입자의 실명을 재확인하면 상당수의 변칙적 실명확인을 찾아낼 수 있을 것으로 예상되는 상황이었다. 문제는 당시 제정된 「금융실명법」하에서 실명확인 의무 이행과 관련된 지침 등의 법령이 매우 엄격했다는 점이다.

우선 국민들이 과거 5년 동안 받았던 세제혜택을 전부 돌려내야 할 뿐만 아니라,[58] 이름을 빌려준 차명자들이 대부분 친인척이거나 친구여서 가만히 침묵할 경우 조사에 따른 실익도 별로 기대할 수 없었다. 설령 강도 높게 조사를 벌여 차명을 드러낼 수 있다고 해도 무더기 제재 때문에 온 나라의 금융기관들이 전부 문제가 될 가능성이 컸다.

최규연 금융기관 직원의 잘못이 적발되면 행위자는 물론 행위자의 상급자, 차상급자, 차차상급자까지 건당 최소한 4명을 징계하도록 되어 있었죠. 만약 확인 결과 차명 재형저축 적발 건수가 많으면 온 나라의 금융기관이 다 발칵 뒤집히게 생겼어요. 또한 실명확인을 변칙적으로 했다는 것이 확인되면 비실명거래를 한 것으로 간주되어 가입자들에게 세금을 소급하여 중과해야 했습니다.

그래서 제가 재형저축 가입자의 실명을 재확인하는 데 적극 반대했습니다. 적발 건수가 적으면 재확인의 실익이 없는 반면, 만에 하나 적발 건수가 많으면 정부로서는 수없이 많은 국민들을 징계해야 하는 곤란한 처지가 될 수 있었습니다. 금융기관 직원들이 대거 징계를 받고 별다른 죄책감 없이 친지나 가족 명의로 재형저축에 가입했던 서민들이 세금을 추징당하게 되면 금융시장이 다시 한 번 큰 혼란에 빠질 우려가 있었거든요. "금융실명제를 조기에 정착시켜야 하는 상황인데 수없이 많은 국민들을 범죄자로 몰고 벌금을 부과하는 것은 실명제 실시 후 간신히 안정을 찾아가는 금융시장을 다시 혼란에 빠뜨릴 수 있다, 재형저축은 최장만기가 5년이

---

58 당시 일반저축 이자는 20%, 주민세 포함 21.5%였기 때문에 이 차이에 과거 5년분을 소급하여 적용한다.

니까 5년이 지나면 모든 것이 해결된다. 변칙적 실명확인이 있으리라는 짐작은 가지만 덮고 넘어가는 것이 옳다"고 제가 강하게 주장했습니다.

담당국장 주재로 몇 차례 토의를 했으나 쉽게 결론을 내지 못했습니다. 결국 차관보 주재로 다시 두 차례에 걸쳐 장시간 토론을 하고 나서야 이 문제는 제가 주장한 대로 덮고 가는 것으로 결론을 냈습니다.

당시 수없이 많은 실명제 시행지침을 보완해 나가면서 그 내용을 내가 직접 출입기자들에게 직접 설명하고 자료도 배포했는데, 일부 출입기자들이 재형저축 가입자의 실명 재확인을 언제 어떻게 할 것인지 묻는 경우가 있었습니다. 그래서 제가 "재형저축의 실명확인에 대해 조사해 봤는데 별문제 없는 것으로 판단되어 재확인은 안 하기로 했다"고 설명하는 것으로 그 문제를 넘겼습니다.

저는 이에 대해 실명제의 조기안착이라는 미래지향적 목표를 달성하기 위해 법령 집행을 의도적으로 유보한 대표적 사례라고 생각합니다. 제 판단이 적절했는지 여부는 사후검증 과정이 없었기 때문에 알 수 없지만 법령을 시행하다 보면 언제나 현실과 어느 정도 괴리가 있게 됩니다. 그 괴리를 최소화하는 것은 법령 제정에 참여하고 해석하고 집행하는 업무를 담당하는 공무원들의 몫이라고 봅니다. 지금도 수많은 공무원들이 이런 문제로 고민하고 있을 테지만 저는 오랜 공직경험을 통해 현실과 괴리된 법령의 준수와 해석 그리고 집행은 결국 그 시대의 시대정신과 건전한 상식에 기초할 수밖에 없는 것 아닌가 생각합니다.

비밀보장 조항을 둘러싼 쟁점과 후속조치

검찰, 안기부, 감사원 등의 지속적 반대

1993년 긴급명령 당시 비밀보장에 관한 규정은 대통령령으로 따로 정하기로 했기 때문에 재무부는 1993년 12월 30일 금융거래 비밀보장 시행규정(안)을 마련했다. 각종 수사 및 비리조사 활동을 하는 데 상당한 제약을 두는 것이라 관계부처 간 협의과정에서부터 상당한 반대와 진통이 있었다.

하필 감사원이 "영장 없이도 공무원 예금계좌를 추적, 조사할 수 있도록 감사원법을 개정하겠다"고 밝힌 상황이기도 했다. 이에 대해 재무부는 "긴급명령상 타법배제조항이 있는 데다 사정당국이 조사활동을 할 경우 본인 동의를 거치면 큰 어려움이 없기 때문에 별문제가 없을 것"이라고 사태수습에 나섰다. 59

과거에는 검찰이 의심되는 계좌에 대해 법원에서 영장을 발부받아 금융기관에 제시하면 관련정보를 한꺼번에 다 가져갈 수 있었다. 그런데 당시 「금융실명법」은 금융거래 정보에 대한 사정기관 영장발부 조건으로 "사람, 계좌, 점포를 특정해야 한다"는 3가지 사항을 제시했다. 의심되는 거래계좌가 있을 경우 점포를 특정해야 하기 때문에 그 점포 계좌 자금이 어디로 갔는지 다음 단계까지만 볼 수 있었다. 그다음에 어디 갔는지 알기 위해서는 다시 영장을 받아야 했다. 영장 조건이 훨씬 엄격해졌다.

진동수 실명제를 실시하지 않던 시절에도 국가가 개인의 비밀보장을 해주지 않고 권력기관들이 멋대로 개인의 금융거래를 다 들여다봤잖아요? 제가 과천 정부청사에 있을 때 보면 국민은행 과천지점에서 가끔 "권력기관 어디어디가 떠서 예금계좌를 다 뒤지고 있다"고 연락이 와요. 금융거래 내역조사는 본래 '서포팅 다큐먼트' (supporting document)로 해야 하는 겁니다. 선진국들은 국가안보와 관련된 예외적인 사안이 아닌 한 경제나 금융거래에 있어 절대로 검찰권이 남용되지 않도록 엄격히 제한하는 방향으로 제도화하고 있습니다. 다른 범죄를 조사하는 과정에서 돈

---

59 "재무부 금융거래비밀보호 시행안", 〈매일경제신문〉, 1993. 12. 31.

의 출처를 쫓다가 해당 계좌에 들어간 것으로 추정될 경우 영장을 받아 들여다보는 것인데 우리나라는 수사기관의 편의주의를 위한 무차별 계좌추적이 그때나 지금이나 많아요. 범죄를 특정하여 수사하는 것이 아니라 누가 의심이 간다 싶으면 아예 처음부터 그 사람의 전체 계좌부터 뒤진 후에 거꾸로 범행을 찾아 나가는 거죠. 검찰만 하나요? 국정원, 공정위, 감독원 등 모든 감독기관, 권력기관이 다 하죠.

결국 실명제 실시의 근본 목적과 시각을 어디에 두느냐가 중요하다고 봤습니다. 모든 국민들, 송사리까지 모조리 뒤져 금융시장을 불안하게 하고 돈이 지하화되게 할 것인가, 아니면 큰 재벌들의 비자금 조성·탈세·불법정치자금, 범죄집단 자금 등 큰 건을 단속할 것인가, 어디에 방점을 두느냐의 차이였죠. 나쁜 몇 사람 잡자고 국민 전체를 범죄자로 예단하고 불안에 시달리게 할 것인가 아닌가의 차이였습니다.

최규연 비밀보장 조항을 긴급명령에 엄격히 규정해 놓으니까 검찰이 영장을 발부해서 가도 금융기관이 금융정보를 한꺼번에 주지 않았습니다. 금융실명제 이후 담당사무관을 하는데 검찰 쪽에서 늘 주장하는 것이 "아니, 대한민국 「형사소송법」으로 발부된 영장이 금융기관에서 집행이 안 된다는 게 말이 됩니까?" 이겁니다. 그런 항의를 받을 때마다 제가 이렇게 답변했습니다. "「형사소송법」상의 영장요건 효력에 대해서는 내가 관여할 바가 아닙니다. 당신들이 강제집행을 하고 안 하는 건 내가 알지도 못하고 관여할 일이 아니지만, 「금융실명법」 조항에 대한 유권해석을 해달라고 하면 긴급명령상의 영장요건을 준수해야 한다고 말할 수밖에 없습니다."

그런데 검찰이 동일한 사람에 대해 영장을 매 계좌마다 법원에서 발부받으려고 하니 너무 힘들잖아요? 안기부에서도 난리예요. "이렇게 하면 간첩 수사 못한다"고 하는 겁니다. 그래도 "내가 유권해석을 하면 전 금융기관이 내 유권해석을 다 따르기 때문에 나도 어쩔 수 없으니 당신들이 개별로 금융기관에 가서 협박을 하든 어쩌든 알아서 하시오"라고 했습니다. 그땐 사무관이 꽤 셌지요? (웃음).

제가 법령을 만드는 데 참여했고 그 취지를 다 아니까 자신 있게 말할 수 있었던 것이지만 무소불위의 권력기관인 법무부나 검찰, 안기부에 이렇게 당당할 수 있었던 것은 사실 제 뒤에 대통령이 백업을 하고 있었기 때문입니다.

홍은주 대통령 긴급명령이었기 때문에 검찰이나 안기부, 사정당국이 자기네들 불편하다고 법안의 내용을 고치는 것은 어려웠겠죠.

최규연 그렇습니다. 아무 근거 없이 일개 사무관이 그랬다간 무사하지 못했겠지요. 비실명이나 무기명 등 음성적으로 되던 게 실명 양성화되면서 노출되는 위험을 어느 정도 줄여 주기 위해 그런 안전장치를 마련했던 것이 우리나라 금융실명제가 가진 특징 중 하나였습니다. 비밀보장에 관한 별도 규정 초안을 만들었을 때 은행감독원과 증권감독원, 보험감독원에 검토시켰더니 어디서 비밀이 샜는지 모 신문에 전문이 게재됐어요. 화가 난 국장이 과장들을 모조리 불러 야단을 치더니 사표를 쓰라고 했습니다. "사표는 나중에 쓰겠습니다. 지금 당장 다른 시킬 일 없으면 이만 나가 보겠습니다"라고 하고 물러났죠. 다행히 사표는 쓰지 않았습니다(웃음).

그 이후에도 검찰과 감사원, 안기부 등은 "「금융실명법」상 예금거래 비밀보호 조항이 지나치게 엄격하여 공직자 비리조사, 범죄수사에 큰 차질이 있다"는 의견을 끊임없이 제기했다. 이들은 "비밀보장을 그렇게 엄격히 해서 아무도 볼 수 없다면 이게 무기명을 하는 것과 똑같지 않느냐?"고 주장했다.

최규연 금융실명제를 시행하고 6개월쯤 뒤, 제가 금융실명제 실시단에서 일할 때 홍재형 부총리께 "지나치게 엄격하게 비밀보장을 하면 이후 권력기관에 의해 이 조항이 강제로 바뀔 수 있으니까, 합법적으로 금융실명 정보를 들여다 볼 수 있는 틀을 만들어야 합니다. 아직 「금융실명법」의 위상이 높을 때 우리가 비밀보장에 관한 부분을 미리 고치고 정리하지요"라고 말씀드렸어요. 홍 부총리가 저보고 검토해 보라고 해서 검토한 내용을 대통령께 보고까지 했는데 나중에 홍 부총리가 저를 다시 부르시더니 "비밀조항 유지에 대한 대통령의 의지가 확고하다"고 하셔요. 금융실명제 긴급명령에 김영삼 대통령의 상징성이 들어 있기 때문에 자구 하나 고치는 데도 거부감이 있었다고 합니다.

그때 제가 우려했던 건 "이렇게 여지가 없이 너무 엄격하면 나중에 타의에 의해서 강제로 깨진다"는 것이었습니다. 금융정보를 보호하는 목적이 정치적 악용을 우려한 것 아니냐, 그러니까 불법자금 수사 등 법적으로 정당한 사안에 대해서는 금융정보를 볼 수 있게 해줘야 한다, 그런 주장을 했던 것입니다.

그는 긴급명령 시행 1주년을 기념하는 청와대 조찬에서도 "비밀보장 조항은 좀 손을 보는 것이 좋겠습니다"라고 대통령에게 직접 건의했다. 사무관이 겁도 없이 불쑥 했던 건의에 대해 대통령은 아무런 대답을 하지 않았다. 듣고도 못 들은 척한 것인지 아니면 진짜 못 들은 것인지는 알 길이 없었다.

느슨해진 비밀보장 조항

우려대로 시간이 지나면서 예금비밀보장 조항은 상당히 느슨해졌다. 그 계기가 된 사건은 1994년 인천 북구청과 부천 등에서 발생한 거액의 세무공무원 비리수사였다.[60]

　당시 검찰은 수사 결과 1990년부터 1994년 3월까지 원미구, 소사구, 오정구 등에서 등록세 영수증 45만여 장이 증발된 사실을 확인했다고 밝혔다. 업자들과 짜고 돈을 착복한 공무원들이 범행을 은폐하기 위해 영수증 증거를 대거 빼돌린 것이다. 검찰은 "세무공무원들이 법무사들과 공모, 위조한 은행수납인으로 가짜영수증을 만들거나 빼돌려 취득세와 등록세를 횡령했으며, 이들은 상급자의 묵인이나 방조 아래 범행을 저질렀을 것이다. 비리의 상납구조 등을 밝히는 데 금융기관 정보제공이 필요하다"고 주장했다. 한편 감사원도 부천시와 유사한 세무비리 소지가 있는 분당, 일산, 평촌 등 신도시와 대도시 인근 개발지역으로 특감을 확대키로 했다.

　이 사건을 계기로 정부가 관계기관 협의를 거친 끝에 「공직자윤리법」, 「감사원법」, 긴급명령 제4조의 시행에 관한 규정 등이 개정된다. 우선 1994년 3월 16일에 제정된 「공직선거 및 선거부정방지법」에서는 선거자금의 투명성을 검증하기 위해 선관위가 선거비용 수입과 지출에 관해 조사하는 경우 금융정보를 요구할 수

---

60 "경기도서도 부천 세도(稅盜) 은폐, 검찰수사", 〈중앙일보〉, 1994. 11. 23.

있게 되었다(제134조). 또 1994년 12월 31일에 개정된 「공직자윤리법」도 위원회가 공직자의 등록재산에 대한 심사를 위해 필요한 경우 금융거래 내용에 관한 자료 제출을 요구할 수 있게 했고(제8조), 1995년 1월 5일에 개정된 「감사원법」은 감사를 위해 필요한 경우 문서로서 특정 점포에 금융거래 정보를 요구할 수 있게 했다(제27조).

1994년 12월 30일에는 긴급명령 제4조의 시행에 관한 규정을 변경하여 법관의 영장에 의한 경우 금융정보를 보관, 관리하는 부서에 대해서도 금융정보를 요구할 수 있도록 했다. 개별 점포별로 일일이 영장을 받아야 하는 부담을 줄인 것이다.

비밀보장 조항은 이후에도 지속적으로 수정·보완을 거듭한다. 가장 최근인 2013년 5월 개정법안에 따르면 법원의 제출명령 또는 법관이 발부한 영장에 따른 거래정보, 「국세징수법」, 「상속세 및 증여세법」, 「과세자료의 제출 및 관리에 관한 법률」 등 조세관련 법률에 따른 과세자료, 「국정감사 및 조사에 관한 법률」에 따른 국정조사에 필요한 자료, 금융위원회(증권선물위원회)와 금융감독원장 및 예금보험공사 사장이 각각 해당 법에 따라 조사를 위해 필요한 자료, 기타 「정치자금법」, 「공직자윤리법」, 「독점규제 및 공정거래에 관한 법률」 등에 근거한 요구자료, 거래소가 「자본시장과 금융투자업에 관한 법률」에 따라 요구하는 투자매매업자·투자중개업자가 보유한 거래정보 등을 금융기관이 제공할 수 있다고 하여 법에 근거한 금융자료의 요구 범위가 크게 넓어졌다. 다만 반드시 법에 근거해야 하고 서면요구여야 하며 금융위원회가 정하는 표준양식[61]으로 기록·관리하도록 하여 지나치게 자의적인 금융자료 요구의 남용을 배제하였다.

또한 금융회사가 거래정보 등을 제공한 경우 10일 이내에 제공한 거래정보의 주요내용, 사용목적, 제공받은 자 및 제공일 등을 명의인에게 서면으로 통보하도록 했다(제4조의 2 거래정보 등의 제공사실의 통보). 다만 10일 이내의 통보가 사람의 생명이나 신체의 안전을 위협할 우려가 있는 경우, 증거인멸이나 증인위협 등 공

---

61 금융위원회의 표준양식은 ① 요구자(담당자 및 책임자)의 인적 사항, 요구하는 내용 및 요구일, ② 제공자(담당자 및 책임자)의 인적 사항 및 제공일, ③ 제공된 거래정보 등의 내용, ④ 제공의 법적 근거, ⑤ 명의인에게 통보한 날, ⑥ 통보를 유예한 경우 통보유예를 한 날, 사유, 기간 및 횟수 등을 모두 포함하도록 했다.

정한 사법절차 진행을 방해할 우려가 명백한 경우, 행정절차 진행을 방해하거나 과도하게 지연시킬 우려가 명백한 경우 등은 예외로 하였다. [62]

종합소득과세를 위한 세법개정

세율인하와 공제액상향 조치

금융실명제 실시 이후 1993년 말과 1994년 말 두 차례에 걸쳐 세제개편이 이루어졌다. 재무부 세제실은 실명제 실시로 과표자료가 드러나면 기업들의 세부담이 늘어날 것을 우려하여 1993년 말 전체적 세율을 낮추는 방향으로 부분개편을 단행했다. 금융실명제 실시에 따른 과세자료의 양성화를 기대하고 금융실명제 조기정착을 유도하기 위해 세제상의 보완대책을 마련한 것이다.

① 소득세율을 구간에 따라 1~3%p 인하하고 기초공제와 근로소득 공제액을 높인다.
② 법인세율을 과표 1억 원 미만의 경우 2%p를 인하한다(20% → 18%).
③ 상속세와 증여세의 최고세율을 완화한다.
④ 1993년 종료예정이던 중소제조업 임시특별세액 감면제도를 연장시행하여 중소제조업체에 대한 20%의 세액감면을 계속 실시한다.
⑤ 사업자의 부가가치세 부담을 낮춰 주기 위해 과세특례자에 대해 한계세액 공제제도를 신설한다.

1994년 말에는 금융실명제 실시를 위한 종합적이고 본격적인 세제개편이 이루어졌다. 1994년 세제개편의 특징은 이렇다. 첫째, 세율을 낮추고 인적공제를 인상하여 실명제 실시로 인한 추가적 세부담이 늘어나지 않도록 했다. 둘째, 구조를

---

62 거래정보 등의 요구자가 유예에 해당하는 사유가 지속되고 있음을 제시하고 통보의 유예를 서면으로 반복하여 요청하는 경우에는 요청받은 날부터 두 차례만 매 1회 3개월의 범위에서 통보를 유예한다.

단순화했다. 셋째, 금융소득 종합과세를 위한 근거규정을 정비했다.

김용진 금융소득을 포함해 대대적으로 종합과세체제가 변경되기 때문에 1994년 세법개정 때는 근거규정을 마련하는 한편 방위세를 없애고 세율을 낮추는 등 세법을 대거 정비했습니다. 과거의 세법개정은 면세범위를 더 넓혀주고 세율을 더 높이는 것으로 쭉 진행되어 왔는데 1994년은 금융소득 종합과세로 인한 과도한 세부담을 덜어주기 위해 오히려 낮추는 방향으로 진행된 것입니다.

우리나라는 대륙법 체계인데 프랑스와 독일 등 대륙법은 세율이 복잡하고 아주 높은 것이 특징입니다. 1988년까지 우리나라 소득세율은 17단계나 됐고 상속세율도 16단계로 아주 복잡했습니다. 그러다 보니 세금이 얼마나 나올지 계산하려면 암산이 어려워서 계산기나 주판으로 계산해야 했을 정도였습니다.

또 당시 최고세율이 너무 높았습니다. 소득세 최고세율 55%에 방위세 20% 더 얹으면 실효세율이 66%, 여기에 주민세 7%까지 하면 73%나 됐습니다. 상속세율도 비슷했습니다. 반면 세금을 면제받는 비율은 50%가 넘었습니다. 제가 보기엔 이미 면세가 너무 광범위했고 최고세율도 너무 높아 실효성이 없었습니다.

저는 세율이 아무리 높아도 소득의 50% 이상을 정부가 가져가서는 안 된다고 생각해왔기 때문에 제가 국장으로 있을 때 이걸 개선하는 방향으로 했죠. 특히 금융실명제 후속조치인 1994년 세법개정 때는 '보다 가볍게 보다 넓게'를 특징으로 했습니다. 금융소득 종합과세를 도입하는 대신 최고세율은 낮추고 방위세도 없애고 복잡한 소득세율과 상속세율구조도 단순하게 정비한 것입니다. 6단계이던 과세단계도 4단계로 줄였습니다. 세법은 국민들이 쉽게 알 수 있어야 하고 누구나 암산으로도 대충 계산할 수 있어야 한다는 게 저의 지론이었습니다.

그 결과 소득세율은 5%에서 최고 45%로 6단계로 나뉘었던 소득세율은 10%에서 40%로 4단계로 낮추고 방위세 등 추가되는 옥상옥(屋上屋) 세율도 없앴다.

4인 가족 기준 인적공제도 대폭 높여 근로자의 경우 연 627만 원에서 1,057만 원으로, 사업자의 경우 연 222만 원에서 연 460만 원으로 인상했다. 법인세의 경우 과표 1억 원 이상이라도 실명제 실시로 인한 과표현실화를 감안하여 세율을 2%p 낮춰 주기로 했다.

금융소득 종합과세의 기준

특히 이자와 배당소득이 일정 액수가 넘을 경우는 종합과세하는 방안을 도입하기로 했다. 종합과세 대상이 되는 금융소득은 예금이자와 채권이자, 수익증권의 분배금, 주식배당 등이며 1996년 1월부터 부부합산 금융소득이 4천만 원이 넘을 경우만 종합소득에 합산하여 누진세율 적용을 받도록 했다. 단, 금융거래의 장기화와 활성화를 유도하기 위하여 5년 이상의 장기저축성 보험이나 채권의 이자 등은 제외하여 25%(10년 미만)에서 30%(10년 이상)까지 분리과세하기로 했다. 4천만 원 미만인 이자와 배당소득 분리세율은 20%에서 15%선으로 인하되었다.

이자와 배당소득에 대해 부부합산 4천만 원까지 분리과세하기로 한 것은 금융자산이 가지는 몇 가지 성격 때문이었다.

첫째, 금융자산은 부동산자산에 비해 유동성이 월등히 높아 현금의 금융시장 이탈 등 적지 않은 시장충격이 우려된다. 둘째, 이자소득은 명목이자율이다. 실질이자율에 더해 물가상승 요인이 포함되어 있기 때문에 실질소득에 대해 과세하려면 물가상승 요소를 과세에서 제외할 필요가 있다. 셋째, 이자소득에 대한 과세는 이중과세적 성격이 있다. 이미 근로소득이나 사업소득, 임대소득 등 각종 1차 소득에 대해 세금을 다 내고 남은 잉여자금을 은행에 맡겨 이자를 받는 것인데 이 소득을 다시 합산해 누진세율로 종합과세하는 것은 이중과세의 성격이 존재한다. 넷째, 금융자산은 경제발전을 위한 투자 기여도가 높다. 당시 금융자산소득도 소득인 만큼 예외 없이 종합과세해야 과세형평성을 기할 수 있다는 주장이 적지 않았다. 그러나 만약 금융소득을 부동산 임대소득이나 사업소득과 똑같이 생각해 누진적 조세를 부과할 경우 금융자산 이탈을 초래해 경제발전에 부정적으로 작용할 가능성이 있다.

이 때문에 이자 및 배당소득에 대한 종합과세는 고액소득부터 단계적으로 실시하고 그 외 소득에 대하여는 원천분리과세하도록 한 것이다.

김용진 누진세율이 적용될 수 있는 종합과세 대상 금융소득 액수에 대해서는 당시 의견이 분분했어요. KIPF의 최광 원장은 금융소득 전액을 예외 없이 다 과세하자고 주장했고, 홍재형 부총리께서는 1억 원, 강만수 세제실장은 800만 원을 주장했습니다. 그런데 제가 부부합산 4천만 원을 주장했습니다.

당시 원천분리과세세율과 동일한 부담을 갖는 종합과세액이 3,890만 원이었고 그것과 액수가 가장 가까운 것이 4천만 원이었거든요. 논리가 분명하니까 이견 없이 제가 주장한 액수가 그대로 통과되었습니다. 그해 12월 말에 통과됐고 1995년 한 해 동안 준비해 1996년부터 시행하였습니다.

홍은주 금융소득 종합과세를 법제화할 때 어떤 원칙하에 진행했습니까?

김용진 금융실명제의 핵심은 금융소득 종합과세잖아요? 저의 원칙은 "소득 있는 곳에 세금 있다", "조세정의를 실현하는 데 있어 조세는 수평적으로 평등해야 하지만 수직적으로도 평등해야 한다"는 것이었습니다. 수평적 공평은 소득이 비슷한 사람은 세금도 비슷하게 내야 한다는 것이고 수직적 평등은 응능부담의 원칙, 즉 누진세를 의미합니다.

당시까지 한국의 소득세제는 열거주의였습니다. 과세 소득원을 쭉 열거하는 것이었죠. 막말로 불법소득이 있어도 열거가 안 되어 있으면 과세할 수 없었습니다. 또한 금융소득은 세법상 늘 예외 취급을 받아왔습니다. 금융권 주도로 경제개발을 위한 자금동원이 이뤄지다 보니 가차명이 일반화됐고 금융권에 대해 보호, 특별우대, 배당과 이자소득에도 세제혜택을 준 셈이었습니다. 과거 경제개발 5개년계획을 추진할 때 자금수요가 많고 다급하니까 정부가 검은돈이건 흰돈이건 무조건 은행으로 들어오라고 하여 「예금·적금 등의 비밀보장에 관한 법률」까지 만든 겁니다.

금융실명제를 계기로 과세의 수평적·수직적 공평성을 회복하려면 금융소득에도 당연히 과세하고 이자배당소득을 합산과세해야 합니다. 그 대신 전반적 세율을 좀 낮추자는 것이 세제실의 생각이었습니다.

과천에서 숙식을 같이하며 금융실명제를 준비했던 사람들 가운데 소득세제과장이었던 임지순은 실명제 발표 다음날부터 세제실에 복귀하여 이후의 금융소득 종합과세 방안을 준비했다.

임지순 당시 금융실명제가 지하경제에 숨은 돈, 검은돈을 노출시키는 것이 목적이어서 그런지 세수 쪽은 정부가 크게 관심이 없었던 것 같습니다. 금융소득까지 세원을 넓히게 되었으니 세율을 낮추라고 해서 낮췄는데 시뮬레이션을 해봤더니 오히려 세수가 전보다 부족하다고 예측되어 제가 그때 고민을 많이 했습니다. 다만 일단 금융소득 종합과세로 시스템을 바꿔 놓고 나중에 금융실명제가 정착되면 점차 분리과세 한도를 낮춰간다, 그러면 종합과세 대상도 넓어져서 세수에 장기적으로 보탬이 될 것이라고 생각했습니다.

그때 우리가 금융현실을 고려하여 처음부터 타이트하게 가기보다 실명제 조기 정착에 무게중심을 두었습니다. 그래서 금융소득에 대한 분리과세 한도액도 처음에 인당 2천만 원으로 하려다가 너무 타이트하면 금융거래에 상당한 충격이 우려되어 좀 느슨하게 해두고 나중에 강화하기로 했습니다. 그래서 부부 합산 4천만 원으로 하고 점차 줄이기로 했습니다.

저 개인적으로는 솔직히 세수가 크게 늘어날 것으로 기대하지 않았습니다. 오히려 그보다 복잡한 조세체계를 이번 기회에 싹 다 정리한다는 목적이 더 컸습니다. 그때 세법을 1조부터 끝까지 대대적으로 조문정리를 했습니다.

1994년에 통과된 금융소득 종합과세는 1995년 1년간 본격적 준비를 하여 1996년 1월부터 시행하기로 했다. 금융소득 종합과세를 금융실명제와 동시에 실시하지 않고 분리 추진한 이유는 전산망 확충 및 행정수요 증가라는 현실적 문제 때문이었다. 재정경제원 세제실은 금융소득 종합과세를 실시할 경우에 과세대상이 현재의 80만 명 수준에서 800만 명으로 대폭 증가하기 때문에 세정인력 양성 등 선행준비만도 최소 2년이 소요될 것으로 보았다. 또한 누락을 최소화하는 효율적인 과세행정을 위해 국세청과 내무부 전산망 확충 및 금융전산망과 연계가 필요했다.

경실련이 1995년 시행한 '금융실명제 시행 2주년 평가 설문조사'에 따르면, 실명제는 국민 대부분이 찬성하는 가운데 시행 2년이 경과하는 동안 70% 이상이 대체로 성공적이라고 평가하는 것으로 나타났다. 특히, 금융실명제 이후 2년간의 준비과정을 거쳐 1996년 1월부터 시행하는 1995년분 종합과세에 대해서는 연기 없이 계속 추진해야 한다는 의견이 82%가 넘었다.

금융실명제 2주년 평가 설문조사

조사 개요
- 조사자: 경실련(조사: 1995. 7. 19 ~ 7. 29. 발표: 1995. 8. 3)
- 표본 : 290명(경제학자 65명, 언론계 70명, 금융기관 56명,
  대기업 임원 및 중소기업 사장 61명, 자영업자 38명)
- 조사방법 : 배포·수거방식의 자기기입식

조사 결과
1. 금융실명제 실시: 적극 찬성 및 찬성 99.0%, 반대 1.0%
2. 금융실명제 2년 평가: 매우 성공적 및 성공적 72.0%,
   대체로 실패 및 완전 실패 27.9%
3. 차명·도명거래 근절 여부: 아직도 상당수 있다 82.4%, 없어졌다 15.5%,
   무응답 및 잘 모르겠다 2.1%
4. 금융소득 종합과세 연기: 반대 82.1%, 찬성 15.9%, 무응답 2.0%
5. 금융소득 종합과세 기준금액: 높다 41.7%, 적절하다 40.7%,
   낮다 15.9%, 무응답 1.7%
6. 기준금액이 적절하지 못하다고 응답한 경우 적정 기준금액:
   3천만 원 이하 63.7%, 5천만 원 이상 24.7%, 무응답 10.0%, 기타 1.6%

출처: 경실련 금융실명제 2주년 세미나 자료.

금융소득 종합과세를 위한 전산망의 확충[63]

금융소득 종합과세의 성공적 시행을 위해서는 전국적으로 약 1억 8천만 개로 추산되는 엄청난 숫자의 전체 금융계좌에서 발생하는 금융소득을 인별, 가구별로 신속히 전산처리할 수 있어야 했다. 이에 따라 금융전산망에 대한 추가 보완이 필요했고 국세청 전산망과 연결하는 작업이 뒤따라야 했다.

금융소득 종합과세 법안이 통과된 1994년 현재 은행, 증권, 보험, 농·축·수협, 투자신탁사 등 주요 금융기관은 100% 컴퓨터로 업무가 이루어져서 본점·지점 간 전산업무 교환이 가능하다. 뿐만 아니라 금융결제원을 센터로 하여 금융기관 간 전산망 연결도 1994년 들어 가능하게 되어 이를 국세전산망과 연결시킬 경우 1996년 종합과세는 큰 무리 없이 추진될 것으로 예상된다. 다만, 신협과 새마을금고의 컴퓨터 전산처리는 각각 54.9% 선에 그쳐 정부는 1994년부터 두 기관의 전산망 확충을 특히 독려하는 한편 은행 등 일반 금융기관에 대해서도 추가적 보완을 하도록 했다.

한국의 전산망은 1982년 5월 최초의 인터넷이 연결된 이래 1983년 초 '정보화의 해' 선언이 이루어졌다. 10월에는 국가 행정전산망, 초중고교 교육전산망, 금융전산망, 치안 및 민생서비스용 공안전산망, 국방전산망 등 '5대 국가 기간전산망 계획'이 수립되었다.

1984년 5월부터 주요 금융기관들을 중심으로 본격 추진된 금융전산망은 1986년 6월 전담사업자인 금융결제관리원(현 금융결제원)이 설립되면서 본격화되었다. 조세공과금, 물품대금 등의 결제와 금융이체를 가능하게 하는 지로제가 1977년 2월 1일부터 만들어져 점차 도입이 확대되었는데, 1986년 6월 2일 전국어음교환관리소와 은행지로관리소가 통합되어 금융결제관리원이 발족한 것이다.

은행의 본점·지점 간에 계정과목별로 온라인시스템 구축이 추진됐고 1988년부터는 CD/ATM 공동이용망을 구축하는 한편 1989년 12월 16일부터는 은행 간 전

---

63 이 부분의 내용은 금융결제원 연혁 및 《한국경제 50년: 금융제도와 금융정책》(김병주, 1996, 한국개발연구원)을 참조하여 재구성했다.

자자금이체제도(타행환 서비스)를 개시하였다. 1991년부터는 종합온라인 시스템과 은행공동망을 구축하고, 펌뱅킹(firm banking), 홈뱅킹(home banking), 전자자금이체(EFT: Electronic Funds Transfer), 판매대금 자동결제 체제 구축을 준비하기 시작했다.

이에 따라 1994년 무렵에는 금융전산망 구축이 나름대로 일정 수준에 도달했다. 고객별 여수신 합산 등 종합온라인시스템이 이미 구축되었고 현금자동인출기나 현금입출금기, 타행환서비스, 음성자동응답기 등의 보급 확대를 위해 은행공동망을 본격 구축하기 시작했다. 또한 1994년부터 한국은행 금융망(BOK-wire)이 구축되어 은행 간 원화 및 외화자금이체, 콜거래 결제, 국공채자금 결제, 금고자금 결제 등을 취급하게 되었다.

또한 각 금융기관이 집계한 금융소득 자료가 국세청 전산망으로 전송되기 위해서는 두 기간망의 연계가 보완되어야 했고, 이자와 배당소득 등 금융자료에 대한 코드 및 서식 표준화 작업도 서둘러야 했다.

금융망이 1991년부터 외부 전산망(경찰전산망, 종합무역자동화망, SWEFT 등)과 접속을 추진했던 경험이 축적되어 있었으므로 국세청 전산망과 금융전산망의 연결은 성공적으로 진행되었다.

1994년은 한국 경제사에서 '정보화 도약의 원년'으로 기록된다. 그해 '초고속정보화추진위원회'가 만들어지고 기술적 진전을 이루어서 1996년 1월부터는 초고속통신망을 이용한 서비스가 부분적으로 실시되었다. 이러한 발전에 힘입어 금융소득 종합과세가 본격 시행된 1996년 무렵 한국의 전산망 체계는 초기 수준의 초고속통신망이 가동되는 등 상당한 수준에 이른 상태였다.

금융실명제 및 금융소득 종합과세가 성공적으로 정착할 수 있었던 것은 이 같은 전산망의 구축 및 발전과정과 시대적 맥락을 같이한다. 효율적인 저비용의 전산망 구축과 가동을 위해 수많은 휴면계좌를 정리하기 시작한 것도 이 무렵이었다.

금융거래명세 통보제도 시행[64]

1994년 말 세제개편에서 또 한 가지 중대한 변화는 정부가 매년 과세표준과 세액을 결정하여 알려 주던 '정부부과제도'에서 납세자 스스로가 자신의 과세표준과 세액을 계산하여 자진신고 하도록 하는 '신고납부제'로 전환한 것이다.

부가가치세와 법인세는 이미 신고납부제를 시행했는데 1996년 1월부터는 소득세도 신고납부제로 전환함에 따라 우리나라 3대 주요세목이 모두 자신신고를 바탕으로 하는 선진세제의 모습을 갖추게 된다. 금융소득을 포함하여 종합소득을 자신이 신고하도록 변경함에 따라 예금자나 투자자가 자신의 소득을 알 수 있도록 금융기관이 고객의 금융거래 명세서를 통보하도록 했다.

이에 앞서 1994년 9월 12일 재무부는 1차관보(임창열) 주재로 3개 감독원 부원장, 금융국장, 증보국장, 실명단 부단장, 감사관이 참석한 4차 금융감독기관협의회에서 금융사고 예방 및 금융소득 종합과세 실시와 관련한 선제조치로 금융거래명세 통보제도 실시를 발표했다.

이 제도는 금융기관이 고객에게 금융거래내역을 정기적으로 통보해 주는 것으로 미국 등 선진국에서는 고객예금 부정인출 및 유용사례의 조기발견 및 예방, 고객의 종합소득세 신고에 필요한 자료 제공 등 고객에 대한 편의 제공 목적으로 보편적으로 시행되었다.

당시 우리나라는 증권의 경우 월 1회 이상 거래명세를 통보하였고[65] 보험도 1993년부터 통보하였으나, 은행권에서는 5억 원 이상 계좌에 대해서만 잔액을 통보해 주는 수준이었다. 이에 따라 은행의 경우도 차명·도명 거래 방지, 금융사고 예방, 금융소득 파악 등의 목적으로 금융소득 종합과세 실시에 앞서 금융거래명세 통보제도가 논의됐다.

처음에 이 문제를 검토한 것은 감사관실이었다.[66] 감사관실은 월 1회 5천만 원 이

---

64 금융·부동산실명단, 1994, 〈금융거래명세 통보제도 1〉(2-1), 국가기록원 관리번호: BA0889161, 203쪽.
65 1984년 2월 이후 증권감독원 지침에 의거한 것이다.
66 1994년 7월, 정부 감사관실에서 〈은행예금 거래명세 통보제도 시행방안〉(41~45쪽)을 검토했다.

상 고액예금주에서부터 시작하여 최종적으로는 모든 고객에게 단계적으로 확대 시행하는 방안을 제시했다. 실명단은 차명·도명 거래 방지, 금융사고 예방 등을 목적으로 하면서 예금주 동의가 있는 경우에만 통보하는 것은 제도시행의 실익이 없으므로 예금주 동의 여부에 관계없이 모두 통보대상으로 하였다. 통보대상은 금액 기준 외에도 예금성격 등도 감안하여 선정하며 세금우대상품에 대해서는 금액을 불문하고 통보하자는 것이었다.

이에 대한 금융감독기관 협의회는 좀더 보수적인 의견을 내놨다. 예금주 전원에 대한 통보 시 은행의 전산시스템 추가 등 별도비용이 소요되는 점을 고려하여 통보방식을 예금주별 통보 대신 계좌별 통보로 전환하고, 2천만 원 이상 계좌에 대하여 반기 1회 통보하는 방안을 적극 검토하며, 제2금융권에도 동시에 시행하는 것이 바람직하다는 의견이었다. 은행감독원이 협의회 의견에 따라 제출한 세부 시행방안은 분기당 1회, 계좌별 통보방식을 채택하며, 5천만 원 이상 계좌부터 시행하여 단계적으로 확대하되 사고 개연성이 적거나 통보실익이 없는 예금은 제외하는 것이었다.

이후 여러 차례의 금융감독기관 협의회를 거쳐 확정된 방안에 따르면 1단계 (1995. 1)에는 무통장방식 예금 3천만 원 이상 보유계좌, 2단계 (1996. 1)에는 무통장방식 예금 1천만 원 이상 보유계좌, 세금우대저축 등이 포함되었다. 12월 30일에는 '금융거래명세 통보제도' 시행이 전 금융기관 대표자에게 통보되었다.

증권무권화 제도의 장기적 추진

KDI는 당시 금융실명제를 확고히 하기 위해 증권을 아예 발행하지 않는 '증권무권화 제도'를 주장했다. [67] '자본시장 실명제'라고도 불리는 증권무권화 제도는 1990년대 초부터 논의된 제도로 발행된 모든 증권거래를 실물 수수 없이 장부상 대체로 처리하는 '증권집중예탁제'보다 한 단계 더 선진화된 개념이다.

---

67 최범수, 1999, '증권무권화의 의의와 추진방안', 한국개발연구원.

증권집중예탁제는 1983년 1월부터 한국증권대체결제주식회사[68]에서 본격적으로 실시하여 1996년 8월 현재 주식 150만 주, 채권 1억 2,350만 매가 예탁되었다. 그러나 여전히 증권은 실물로 발행되었고 예탁되지 않은 채 개인이나 법인이 소유하고 있는 주식과 채권물량도 상당했다.

증권무권화 제도는 실물증권을 아예 발행하지 않고 중앙의 한국예탁결제원이 관리하는 컴퓨터를 통해 유가증권의 권리내역만 기재하는 시스템이다. 실물증권 발행 및 교부를 할 필요가 없어 증권발행 비용을 대폭 줄이고 유통의 편리성, 신속성, 안정성을 높일 뿐만 아니라 모든 거래가 계좌이체로 이뤄지므로 증권 실명제가 자동 확보되는 한편 조세회피 등의 음성거래가 원천적으로 차단되는 장점이 있다.

이때부터 시작된 증권무권화 논의는 오랜 시간이 지난 후에야 '전자증권 제도'로 결실을 보았다. 2015년 10월 「주식·사채 등의 전자등록에 관한 법률」(전자증권법)이 국회에 제출되었고, 2016년 3월 국회를 통과하고 시스템 구축 및 254개 관련기관과의 협력을 통해 2019년 9월 16일부터 시행되었다.

---

68 한국증권대체결제주식회사는 1974년 12월 출범하여 1994년 4월 25일 증권예탁원으로 명칭이 바뀌었다. 이후 2005년 1월 「증권거래법」의 개정으로 증권예탁결제원으로 변경되었고, 2009년 2월 「자본시장과 금융투자업에 관한 법률」 시행과 함께 한국예탁결제원으로 명칭을 변경하였다.

금융실명거래 및 비밀보장에 관한 긴급 재정경제명령

대통령 긴급 재정경제명령 제16호, 제정: 1993. 8. 12.

제1조 (목적)

이 명령은 실지명의에 의한 금융거래를 실시하고 그 비밀을 보장하여 금융거래의 정상화를 기함으로써 경제정의를 실현하고 국민경제의 건전한 발전을 도모함을 목적으로 한다.

제2조 (정의)

이 명령에서 사용하는 용어의 정의는 다음과 같다.

1. '금융기관'이라 함은 다음 각목에 정하는 것을 말한다.

　가. 한국은행 및 「은행법」에 의한 금융기관

　나. 「단기금융업법」에 의한 단기금융회사

　다. 「종합금융회사에 관한 법률」에 의한 종합금융회사

　라. 「상호신용금고법」에 의한 상호신용금고와 그 연합회

　마. 「농업협동조합법」에 의한 농업협동조합과 그 중앙회

　바. 「수산업협동조합법」에 의한 수산업협동조합과 그 중앙회

　사. 「축산업협동조합법」에 의한 축산업협동조합과 그 중앙회

　아. 「인삼협동조합법」에 의한 인삼협동조합과 그 중앙회

　자. 「신용협동조합법」에 의한 신용협동조합과 그 중앙회

　차. 「새마을금고법」에 의한 금고와 그 연합회

　카. 「신탁업법」에 의한 신탁회사와 「증권투자신탁업법」에 의한 위탁회사

　타. 증권거래법에 의한 증권회사·증권금융회사·중개회사 및 명의개서 대행업무를 수행하는 기관

　파. 「보험업법」에 의한 보험사업자

　하. 「체신예금·보험에 관한 법률」에 의한 체신관서

　거. 기타 대통령령이 정하는 기관

2. '금융자산'이라 함은 금융기관이 취급하는 예금·적금·부금·계금·예탁금·출자금·신탁재산·보험료·공제료·주식·채권·수익증권·출자지분·어음·수표·채무증서 등의 금전 및 유가증권 기타 이와 유사한 것으로서 재무부령이 정하는 것을 말한다.

3. '금융거래'라 함은 금융기관이 금융자산을 수입·매매·환매·중개·할인·발행·상환·환급·수탁·등록·교환하거나 그 이자·할인액 또는 배당을 지급하는 것과 이를 대행하는 것 기타 금융자산을 대상으로 하는 거래로서 재무부령이 정하는 것을 말한다.

4. '실지명의'라 함은 주민등록표상의 명의, 사업자등록증상의 명의 등 대통령령이 정하는 명의를 말한다.

제3조 (금융실명거래)

1. 금융기관은 거래자의 실지명의(이하 '실명')에 의하여 금융거래를 하여야 한다.

2. 금융기관은 이 명령 시행 전에 금융거래 계좌가 개설된 금융자산(이하 '기존금융자산')의 명의인에 대하여는 이 명령 시행 후 최초의 금융거래가 있는 때에 그 명의가 실명인지의 여부를 확인하여야 한다.

3. 금융기관은 제2항의 규정에 의한 확인을 하지 아니하였거나 실명이 아닌 것으로 확인된 기존 금융자산을 지급·상환·환급·환매 등(이하 '지급 등')을 하여서는 아니된다. 다만, 이 명령 시행 전에 발행된 어음·수표의 결제에 따른 지급 등 제2항의 규정에 의한 확인을 하지 아니한 것으로서 그 지급 등이 불가피하다고 재무부 장관이 인정하는 경우에는 그러하지 아니하다.

제4조 (금융거래의 비밀보장)

1. 금융기관에 종사하는 자는 명의인(신탁의 경우에는 위탁자 또는 수익자를 말한다)의 서면상의 요구나 동의를 받지 아니하고는 그 금융거래의 내용에 대한 정보 또는 자료(이하 '정보 등')를 타인에게 제공하거나 누설하여서는 아니되며, 누구든지 금융기관에 종사하는 자에게 그 정보 등의 제공을 요구하여서는 아니된다. 다만, 다음 각호의 1에 해당하는 경우로서 그 사용목적에 필요한 최소한의 범위 내에서 정보 등의 제공을 요구하거나 제공하는 경우에는 그러하지 아니하다.

① 법원의 제출명령 또는 법관이 발부한 영장에 의하여 정보 등의 제공을 요구하는 경우

② 조세에 관한 법률의 규정에 의한 질문·조사를 위하여 소관관서의 장이 정보 등의 제공을 요구하는 경우와 조세에 관한 법률의 규정에 의하여 제출의무가 있는 과세자료 등을 제공하는 경우

③ 재무부 장관·한국은행 은행감독원장·증권감독원장 및 보험감독원장이 금융기관에 대한 감독·검사에 관하여 필요한 정보 등의 제공을 요구하는 경우

④ 동일 금융기관의 내부 또는 금융기관 상호 간에 업무상 필요한 정보 등을 제공하는 경우

⑤ 기타 법률의 규정에 의하여 불특정 다수인에게 의무적으로 공개하여야 할 것으로서 당해 법률의 규정에 의하여 정보 등의 제공을 요구하는 경우

2. 제1항 제1호 내지 제3호 또는 제5호의 규정에 의하여 정보 등의 제공을 요구하는 자는 다음 각호의 사항을 기재한 문서에 의하여 금융기관의 특정 점포에 이를 요구하여야 한다.

① 거래자의 인적 사항

② 사용목적

③ 요구하는 정보 등의 내용

3. 금융기관에 종사하는 자는 제1항 또는 제2항의 규정에 위반하여 정보 등의 제공을 요구받은 경우에는 이를 거부하여야 한다.

4. 제1항 각호의 규정(종전의 「금융실명거래에 관한 법률」 제5조 제1항 제1호 내지 제4호의 규정을 포함한다)에 의하여 정보 등을 알게 된 자는 그 알게 된 정보 등을 타인에게 제공 또는 누설하거나 그 목적 외의 용도로 이를 이용하여서는 아니되며, 누구든지 그 정보 등을 알게 된 자에게 그 정보 등의 제공을 요구하여서는 아니된다.

제5조 (기존 비실명자산의 실명전환 의무)

1. 실명에 의하지 아니하고 거래한 기존 금융자산(이하 '기존 비실명자산')의 거래자는 이 명령 시행일부터 2월(이하 '실명전환 의무기간') 이내에 그 명의를 실명으로 전환하여야 한다. 이 경우 실명전환 의무기간은 대통령령이 정하는 바에 의하여 1월의 범위 안에서 이를 연장할 수 있다.

2. 질병 등 부득이한 사유가 있는 자가 대리의 방법에 의하여도 제1항의 규정에 의한 실명전환 의무기간 내에 실명전환을 하는 것이 곤란하다고 재무부 장관이 인정하는 경우에는 제1항의 규정에 불구하고 실명전환 의무기간을 이 명령 시행일부터 6월로 한다. 다만, 6월 이내에 실명전환을 하는 것이 곤란하다고 인정되는 명백한 사유가 있는 경우에는 그 사유가 소멸된 날부터 1월로 한다.

제6조 (실명전환 금융자산에 대한 세무조사 등의 특례)

실명전환 의무기간 내에 실명으로 전환된 기존 비실명자산으로서 이 명령 시행일 현재 당해 금융자산의 가액이 다음 각호의 기준에 해당되는 경우에는 조세에 관한 법률의 규정에 불구하고 실명전환과 관련하여 자금의 출처 등을 조사하지 아니하며 그 금융자산을 과세자료로 하여 이 명령 시행 전에 납세의무가 성립된 조세를 부과하지 아니한다. 다만, 당해 금융자산외의 과세자료에 의하여 조세를 부과하는 경우에는 그러하지 아니하다.

① 당해 금융거래자가 20세 미만인 경우에는 1,500만 원 이하

② 당해 금융거래자가 20세 이상 30세 미만인 경우에는 3천만 원 이하

③ 당해 금융거래자가 30세 이상인 경우에는 5천만 원 이하

제7조 (실명전환 의무 위반자에 대한 과징금)

1. 금융기관은 실명전환 의무기간이 경과한 날 이후에 기존 비실명자산의 명의를 실명으로 전환하는 거래자에 대하여는 이 명령 시행일(제5조 제2항 단서에 해당하는 경우에는 그 사유가 소멸된 날. 이하 이 조에서 같다) 현재의 금융자산 가액에 다음의 징수율을 적용하여 계산한 금액을 과징금으로 원천징수하여 그 징수일이 속하는 달의 다음달 10일까지 정부에 납부하여야 한다.

명령 시행일부터 계산한 기간	징수율
1년이 되는 날까지	100분의 10
1년이 되는 날의 다음날부터 2년이 되는 날까지	100분의 20
2년이 되는 날의 다음날부터 3년이 되는 날까지	100분의 30
3년이 되는 날의 다음날부터 4년이 되는 날까지	100분의 40
4년이 되는 날의 다음날부터 5년이 되는 날까지	100분의 50
5년이 되는 날의 경과 후	100분의 60

2. 재무부 장관은 제1항의 경우 금융기관이 징수하거나 징수하여야 할 과징금을 기한 내에 납부하지 아니하거나 미달하게 납부한 경우에는 그 금융기관으로부터 납부하지 아니한 과징금 또는 미달한 과징금 외에 그 과징금의 100분의 10에 해당하는 금액을 가산금으로 징수한다.

3. 재무부 장관은 제1항 및 제2항의 규정에 의한 과징금 및 가산금의 징수·납부·체납처분 및 환급(이하 '징수 등')에 관한 업무를 국세청장에게 위임할 수 있다.

4. 제1항 및 제2항의 규정에 의한 과징금 및 가산금의 징수 등에 관하여는 「국세징수법」, 「국세기본법」 및 「소득세법」을 각각 준용한다. 이 경우 '국세'를 '과징금'으로 본다.

제8조 (실명전환 자산에 대한 소득세 원천징수)

1. 금융기관은 실명으로 전환된 기존 비실명자산에서 발생한 실명전환일(실명전환의무기간 경과에 실명전환된 경우에는 의무기간 만료일)까지의 이자·배당소득에 대하여는 제6조의 규정에 불구하고 종전의 「금융실명거래에 관한 법률」 제4조 제2항의 규정에 의한 차등과세율 및 「소득세법」 제144조 제2항의 규정에 의한 원천징수세율(1990년 12월 12월 31일이 전에 발생한 이자·배당소득에 대하여는 그 발생 당시에 적용되던 원천징수세율을 말한다. 이하 이 항에서 같다)을 적용하여 종전에 부족하게 징수한 소득세를 원천징수하여 실명전환일이 속하는 달의 다음달 10일까지 정부에 납부해야 한다. 다만, 「조세감면규제법」 제4조 또는 제4조의 2의 규정에 의하여 소득이 비과세되거나 저율 분리과세되는 기존 비실명자산이 실명으로 전환된 경우에는 「소득세법」 제144조 제1항의 규정에 의한 원천징수세율을 적용한다.

2. 제1항의 규정에 의하여 원천징수하는 소득세액은 실명전환일 현재의 해당 금융자산 가액을 한도로 한다.

3. 금융기관이 제1항의 규정에 의하여 소득세를 원천징수하여 납부한 경우에는 「소득세법」 제182조 제1항의 규정을 적용하지 아니한다.

제9조 (비실명자산 소득에 대한 차등과세)

실명전환 의무기간이 경과한 후에 비실명자산에서 발생하는 이자 및 배당소득에 대하여는 「소득세법」 제144조의 규정에 불구하고 원천징수세율을 100분의 90으로 한다. 이 경우 비실명자산에서 발생하는 이자 및 배당소득에 대하여는 「소득세법」 제15조 제2항의 규정에 의한 종합소득 과세표준의 계산에 있어서 이를 합산하지 아니한다.

제10조 (고액현금 인출 및 채권 등의 거래내용 통보)

1. 금융기관은 실명전환 의무기간 중 개인 금융거래자에 대하여 계좌별로 현금(자기 앞수표를 포함한다)으로 지급한 합계액이 3천만 원을 초과하는 경우에는 실명전환 의무기간 만료일부터 1월 이내에 그 내용을 국세청에 통보하여야 한다.

2. 금융기관은 이 명령 시행 전에 발행된 채권·수익증권 및 양도성예금증서와 기타 증서 또는 증권의 인도에 의하여 양도가 가능한 것으로서 재무부령이 정하는 금융 자산(이하 이 조에서 '채권 등'이라 한다)을 금융기관에 예탁하지 아니하고 직접 보 유하고 있는 자와 당해 채권 등을 대상으로 금융거래를 한 경우에 당해 채권 등의 거래가액(양도성예금증서의 경우에는 액면가액)이 5천만 원 이상인 때에는 그 거 래내용을 거래일이 속하는 달의 다음달 말일까지 국세청에 통보하여야 한다. 다만, 다음 각호의 1에 해당하는 경우에는 그러하지 아니하다.

① 당해 채권 등을 재무부령이 정하는 기간 이상 금융기관에 예탁하는 경우

② 당해 거래자가 「법인세법」에 의한 기관투자자에 해당하는 경우

제11조 (금융실명거래 및 종합과세의 추진)

정부는 제3조의 규정에 의한 실명거래를 원활히 실시하고 금융자산소득에 대한 종합 과세의 시행준비를 하기 위하여 전담기구를 둘 수 있다.

제12조 (벌칙)

1. 제4조 각항의 규정에 위반한 자는 3년 이하 징역 또는 2천만 원 이하 벌금에 처한다.
2. 제1항의 징역형과 벌금형은 이를 병과할 수 있다.

제13조 (과태료)

제3조의 규정을 위반한 금융기관의 임원 및 직원에 대하여는 500만 원 이하의 과태료 를 과한다. 이 경우 과태료는 재무부 장관 또는 그 위임을 받은 자가 부과하며, 국세징 수 의례에 의하여 이를 징수한다.

제14조 (양벌규정)

법인 대표자나 법인 또는 개인의 대리인·사용인 기타 종업원이 그 법인 또는 개인의 업 무에 관해 제12조 또는 제13조의 위반행위를 한 때에는 행위자를 벌하는 외에 그 법인 또는 개인에 대하여도 각 해당 조의 벌금 또는 과태료를 과한다. 다만, 그 법인

또는 개인이 그 위반행위 방지를 위해 당해 업무에 관해 상당한 주의나 감독을 한 때에는 그러하지 아니하다.

제15조 (기타의 법률과의 관계)

1. 「금융실명거래에 관한 법률」은 이를 폐지한다.
2. 이 명령의 규정과 기타 법률의 규정이 서로 저촉되는 경우에는 이 명령에 의한다.
3. 기존 비실명자산의 거래자가 실명전환 의무기간 내에 그 명의를 실명으로 전환함에 따라 「상법」, 「증권거래법」, 「독점규제 및 공정거래에 관한 법률」, 기타 법률의 규정에 위반되어 벌칙 또는 행정제재의 대상이 되는 경우 이 명령 시행 후 1년 이내에 당해 위반사항을 시정한 때에는 그 벌칙 또는 행정제재에 관한 규정을 적용하지 아니한다.
4. 이 명령 시행 당시 「소득세법」 제144조 제1항 제1호 마목에 규정된 대통령령이 정하는 금액 미만의 사채를 소유한 자 및 동조 제1항 제2호 가목의 소액주주(이하 '소액주주 등')에 해당하던 자가 실명전환 의무기간 내에 기존 비실명자산을 실명으로 전환함에 따라 소액주주 등에 해당하지 아니하게 되는 경우 이 명령 시행 후 1년이 되는 날까지는 소액주주 등에 해당하는 것으로 보아 이 명령 제8조 및 「소득세법」 제144조의 규정을 적용한다.

제16조 (신용보증기금 등의 보증한도 확대)

재무부 장관은 중소기업 등 담보능력이 미약한 기업의 채무보증을 확대하여 기업의 자금유통을 원활하게 할 필요가 있는 경우에는 이 명령 시행 후 6월의 범위 안에서 「신용보증기금법」 제25조 제1항 및 「신기술사업 금융지원에 관한 법률」 제31조의 규정에 의한 보증한도를 2배까지 확대하게 할 수 있다.

부 칙

제1조(시행일시) 이 명령은 1993년 8월 12일 20시부터 시행한다.

제2조(공포절차) 이 명령과 이 명령에 의하여 발하는 대통령령은 방송 또는 일간신문에의 게재에 의하여 공포할 수 있다.

제3조(금융기관의 영업시간 변경 등) 재무부 장관은 이 명령의 시행을 위해 필요한 경우 금융기관에 대해 금융거래의 정지 또는 영업시간 변경 등 필요한 조치를 할 수 있다.

금융거래 비밀보장에 관한 주요내용

개정: 2013. 5. 28.

제4조(금융거래의 비밀보장)

1. 금융회사 등에 종사하는 자는 명의인(신탁의 경우에는 위탁자 또는 수익자를 말한다)의 서면상의 요구나 동의를 받지 아니하고는 그 금융거래의 내용에 대한 정보 또는 자료(이하 '거래정보 등')를 타인에게 제공하거나 누설하여서는 아니되며, 누구든지 금융회사 등에 종사하는 자에게 거래정보 등의 제공을 요구하여서는 아니된다. 다만, 다음 각호의 어느 하나에 해당하는 경우로서 그 사용목적에 필요한 최소한의 범위에서 거래정보 등을 제공하거나 그 제공을 요구하는 경우에는 그러하지 아니하다.

    ① 법원의 제출명령 또는 법관이 발부한 영장에 따른 거래정보 등의 제공

    ② 조세에 관한 법률에 따라 제출의무가 있는 과세자료 등의 제공과 소관 관서의 장이 상속·증여 재산의 확인, 조세탈루의 혐의를 인정할 만한 명백한 자료의 확인, 체납자의 재산조회, 「국세징수법」 제14조 제1항 각호의 어느 하나에 해당하는 사유로 조세에 관한 법률에 따른 질문·조사를 위하여 필요로 하는 거래정보 등의 제공

    ③ 「국정감사 및 조사에 관한 법률」에 따른 국정조사에 필요한 자료로서 해당 조사위원회의 의결에 따른 금융감독원장(「금융위원회의 설치 등에 관한 법률」 제24조에 따른 금융감독원 원장을 말한다. 이하 같다) 및 예금보험공사사장(「예금자보호법」 제3조에 따른 예금보험공사 사장을 말한다. 이하 같다)의 거래정보 등의 제공

    ④ 금융위원회(증권시장, 파생상품시장의 불공정거래 조사의 경우에는 증권선물위원회를 말한다. 이하 이 조에서 같다), 금융감독원장 및 예금보험공사 사장이 금융회사 등에 대한 감독·검사를 위하여 필요로 하는 거래정보 등의 제공으로서 다음 각목의 어느 하나에 해당하는 경우와 제3호에 따라 해당 조사위원회에 제공하기 위한 경우

가. 내부자거래 및 불공정거래 행위 등의 조사에 필요한 경우

나. 고객예금 횡령, 무자원(無資源) 입금 기표(記票) 후 현금인출 등 금융사고의 적발에 필요한 경우

다. 구속성예금 수입(受入), 자기앞수표 선발행(先發行) 등 불건전 금융거래행위의 조사에 필요한 경우

라. 금융실명거래 위반, 장부 외 거래, 출자자 대출, 동일인 한도 초과 등 법령 위반 행위의 조사에 필요한 경우

마. 「예금자보호법」에 따른 예금보험 업무 및 「금융산업의 구조개선에 관한 법률」에 따라 예금보험공사 사장이 예금자표(預金者表)의 작성업무를 수행하기 위하여 필요한 경우

⑤ 동일한 금융회사 등의 내부 또는 금융회사 등 상호 간에 업무상 필요한 거래정보 등의 제공

⑥ 금융위원회 및 금융감독원장이 그에 상응하는 업무를 수행하는 외국 금융감독기관(국제 금융감독기구를 포함한다. 이하 같다)과 다음 각목의 사항에 대한 업무협조를 위하여 필요로 하는 거래정보 등의 제공

가. 금융회사 등 및 금융회사 등의 해외지점, 현지법인 등에 대한 감독·검사

나. 「자본시장과 금융투자업에 관한 법률」 제437조에 따른 정보교환 및 조사 등의 협조

⑦ 「자본시장과 금융투자업에 관한 법률」에 따라 거래소허가를 받은 거래소(이하 '거래소')가 다음 각목의 경우에 필요로 하는 투자매매업자·투자중개업자가 보유한 거래정보 등의 제공

가. 「자본시장과 금융투자업에 관한 법률」 제404조에 따른 이상거래(異常去來)의 심리 또는 회원의 감리를 수행하는 경우

나. 이상거래의 심리 또는 회원의 감리와 관련하여 거래소에 상응하는 업무를 수행하는 외국거래소 등과 협조하기 위한 경우. 다만, 금융위원회의 사전 승인을 받은 경우로 한정한다.

⑧ 그 밖에 법률에 따라 불특정 다수인에게 의무적으로 공개해야 하는 것으로서 해당 법률에 따른 거래정보 등의 제공

2. 제1항 제1호부터 제4호까지 또는 제6호부터 제8호까지의 규정에 따라 거래정보 등의 제공을 요구하는 자는 다음 각호의 사항이 포함된 금융위원회가 정하는 표준양식에 의하여 금융회사 등의 특정 점포에 이를 요구하여야 한다. 다만, 제1항 제1호에 따라 거래정보 등의 제공을 요구하거나 같은 항 제2호에 따라 거래정보 등의 제공을 요구하는 경우로서 부동산(부동산에 관한 권리를 포함한다.

   이하 이 항에서 같다)의 보유기간, 보유수, 거래규모 및 거래방법 등 명백한 자료에 의하여 대통령령으로 정하는 부동산 거래와 관련한 소득세 또는 법인세 탈루혐의가 인정되어 그 탈루사실의 확인이 필요한 자(해당 부동산 거래를 알선, 중개한 자를 포함한다)에 대한 거래정보 등의 제공을 요구하는 경우 또는 체납액 1천만 원 이상인 체납자의 재산조회를 위해 필요한 거래정보 등의 제공을 대통령령으로 정하는 바에 따라 요구하는 경우에는 거래정보 등을 보관 또는 관리하는 부서에 이를 요구할 수 있다.

   ① 명의인의 인적 사항
   ② 요구대상 거래기간
   ③ 요구의 법적 근거
   ④ 사용목적
   ⑤ 요구하는 거래정보 등의 내용
   ⑥ 요구하는 기관의 담당자 및 책임자의 성명과 직책 등 인적 사항

3. 금융회사 등에 종사하는 자는 제1항 또는 제2항을 위반하여 거래정보 등의 제공을 요구받은 경우에는 그 요구를 거부하여야 한다.

4. 제1항 각호[종전의 「금융실명거래에 관한 법률」(대통령 긴급 재정경제명령 제16호로 폐지되기 전의 것을 말한다) 제5조 제1항 제1호부터 제4호까지 및 금융실명거래 및 비밀보장에 관한 긴급 재정경제명령(법률 제5493호로 폐지되기 전의 것을 말한다. 이하 같다) 제4조 제1항 각호를 포함한다]에 따라 거래정보 등을 알게 된 자는 그 알게 된 거래정보 등을 타인에게 제공 또는 누설하거나 그 목적 외의 용도로 이용하여서는 아니되며, 누구든지 거래정보 등을 알게 된 자에게 그 거래정보 등의 제공을 요구해서는 아니된다.

다만, 금융위원회 또는 금융감독원장이 제1항 제4호 및 제6호에 따라 알게 된 거래정보 등을 외국 금융감독기관에 제공하거나 거래소가 제1항 제7호에 따라 외국거래소 등에 거래정보 등을 제공하는 경우에는 그러하지 아니하다(개정: 2013. 5. 28).

5. 제1항 또는 제4항을 위반하여 제공 또는 누설된 거래정보 등을 취득한 자(그로부터 거래정보 등을 다시 취득한 자를 포함한다)는 그 위반사실을 알게 된 경우 그 거래정보 등을 타인에게 제공 또는 누설하여서는 아니된다.

6. 다음 각호의 법률 규정에 따라 거래정보 등의 제공을 요구하는 경우에는 해당 법률의 규정에도 불구하고 제2항에 따른 금융위원회가 정한 표준양식으로 하여야 한다.

   ① 「감사원법」 제27조 제2항
   ② 「정치자금법」 제52조 제2항
   ③ 「공직자윤리법」 제8조 제5항
   ④ 「독점규제 및 공정거래에 관한 법률」 제50조 제5항
   ⑤ 「상속세 및 증여세법」 제83조 제1항
   ⑥ 「특정 금융거래정보의 보고 및 이용 등에 관한 법률」
      제10조 제3항
   ⑦ 「과세자료의 제출 및 관리에 관한 법률」 제6조 제1항

제4조의 2(거래정보 등의 제공사실의 통보)

1. 금융회사 등은 명의인의 서면상의 동의를 받아 거래정보 등을 제공한 경우나 제4조 제1항 제1호, 제2호(조세에 관한 법률에 따라 제출의무가 있는 과세자료 등의 경우는 제외한다), 제3호 및 제8호에 따라 거래정보 등을 제공한 경우에는 제공한 날(제2항 또는 제3항에 따라 통보를 유예한 경우에는 통보유예기간이 끝난 날)부터 10일 이내에 제공한 거래정보 등의 주요내용, 사용목적, 제공받은 자 및 제공일 등을 명의인에게 서면으로 통보해야 한다.

2. 금융회사 등은 통보대상 거래정보 등의 요구자로부터 다음 각호의 어느 하나에 해당하는 사유로 통보의 유예를 서면으로 요청받은 경우에는 제1항에도 불구하고 유예요청 기간(제2호 또는 제3호의 사유로 요청받은 경우로서 그 유예요청 기간이 6개월 이상인 경우에는 6개월) 동안 통보를 유예해야 한다.

   ① 해당 통보가 사람의 생명이나 신체의 안전을 위협할 우려가 있는 경우

   ② 해당 통보가 증거인멸, 증인위협 등 공정한 사법절차의 진행을 방해할 우려가 명백한 경우

   ③ 해당 통보가 질문, 조사 등의 행정절차 진행을 방해하거나 과도하게 지연시킬 우려가 명백한 경우

3. 금융회사 등은 거래정보 등의 요구자가 제2항 각호의 어느 하나에 해당하는 사유가 지속되고 있음을 제시하고 통보의 유예를 서면으로 반복하여 요청하는 경우에는 요청받은 날부터 두 차례만(제2항 제1호의 경우는 제외한다) 매 1회 3개월의 범위에서 유예요청 기간 동안 통보를 유예하여야 한다. 다만, 제4조 제1항 제2호(조세에 관한 법률에 따라 제출의무가 있는 과세자료 등의 경우는 제외한다)에 따른 거래정보 등의 제공을 요구하는 자가 통보의 유예를 요청하는 경우에는 요청을 받은 때마다 그날부터 6개월의 범위에서 유예요청 기간 동안 통보를 유예하여야 한다.

4. 제1항에 따라 금융회사 등이 거래정보 등의 제공사실을 명의인에게 통보하는 경우에 드는 비용은 대통령령으로 정하는 바에 따라 제4조 제1항에 따라 거래정보 등의 제공을 요구하는 자가 부담한다.

5. 다음 각호의 법률의 규정에 따라 거래정보 등의 제공을 요구하는 경우에는 제1항부터 제4항까지의 규정을 적용한다.

   ① 「감사원법」 제27조 제2항

   ② 「정치자금법」 제52조 제2항

   ③ 「공직자윤리법」 제8조 제5항

   ④ 「독점규제 및 공정거래에 관한 법률」 제50조 제5항

   ⑤ 「상속세 및 증여세법」 제83조 제1항

   ⑥ 「과세자료의 제출 및 관리에 관한 법률」 제6조 제1항

제4조의 3(거래정보 등의 제공내용의 기록·관리)

1. 금융회사 등은 명의인의 서면상의 동의를 받아 명의인 외의 자에게 거래정보 등을 제공한 경우나 제4조 제1항 제1호, 제2호(조세에 관한 법률에 따라 제출의무가 있는 과세자료 등의 경우는 제외한다), 제3호, 제4호, 제6호, 제7호 또는 제8호에 따라 명의인 외의 자로부터 거래정보 등의 제공을 요구받거나 명의인 외의 자에게 거래정보 등을 제공한 경우에는 다음 각호의 사항이 포함된 금융위원회가 정하는 표준양식으로 기록, 관리하여야 한다(개정: 2013. 8. 13).

   ① 요구자(담당자 및 책임자)의 인적 사항, 요구하는 내용 및 요구일

   ② 제공자(담당자 및 책임자)의 인적 사항 및 제공일

   ③ 제공된 거래정보 등의 내용

   ④ 제공의 법적 근거

   ⑤ 명의인에게 통보한 날

   ⑥ 통보를 유예한 경우 통보유예를 한 날, 사유, 기간 및 횟수

2. 제1항에 따른 기록은 거래정보 등을 제공한 날(제공을 거부한 경우에는 그 제공을 요구받은 날)부터 5년간 보관하여야 한다.

3. 다음 각호의 법률의 규정에 따라 거래정보 등의 제공을 요구하는 경우에는 제1항 및 제2항을 적용한다.

   ①「감사원법」제27조 제2항

   ②「정치자금법」제52조 제2항

   ③「공직자윤리법」제8조 제5항

   ④「독점규제 및 공정거래에 관한 법률」제50조 제5항

   ⑤「상속세 및 증여세법」제83조 제1항

   ⑥「특정 금융거래정보의 보고 및 이용 등에 관한 법률」제10조 제3항

   ⑦「과세자료의 제출 및 관리에 관한 법률」제6조 제1항

제4조의 4(금융위원회의 업무)

금융위원회는 이 법 또는 다른 법률에 따른 거래정보 등의 요구, 제공, 통보 및 통보유예 현황에 관한 통계자료를 파악해야 하며, 매년 정기국회에 이를 보고해야 한다(개정: 2013. 8. 13).

1993년
금융실명제의
평가와 경과

4

YS 금융실명제의 정치적 성격

1993년 금융실명제 긴급명령을 제정한 이유

1982년에 「금융실명법」이 통과된 상태에서 시행만 보류했던 것이기 때문에 사실 단순히 금융실명제를 도입하고 싶은 것이라면 국무회의를 거쳐 그냥 시행을 선언하면 되는 것이었다. 그런데 1993년 금융실명제는 그 법을 폐기하고 긴급명령이라는 형태로 처음부터 새로 입법을 했다. 왜 그랬을까?

1982년에 추진된 금융실명제와 1993년에 추진된 금융실명제의 전혀 다른 성격과 접근방식에 대해 1982년 금융실명제의 추진 주역이었던 강경식 전 경제부총리는 다음과 같이 평가한다.

> 1982년에 입법화된 금융실명제는 금융자산소득을 종합소득에 합산과세하고 조세정의를 실현하기 위한 실명제였다. 즉, 세제개혁과 조세투명성을 확보하기 위한 수단이었다. 물론 그 과정에서 지하경제의 규모도 줄이고 사회정의도 구현할 수 있지만 이는 어디까지나 부수적인 효과들이었다. 그러나 1993년 김영삼 대통령의 문민정부에서 실시한 금융실명제는 부정부패와 부정한 정치자금 척결을 위한 수단으로 실시한 것이었다. 조세개혁이 아니라 사회개혁을 위한 성격이 더 강했다. 이 때문에 금융실명제 실시 이후 금융계좌 추적이 비리를 밝히는 유효한 수단이 되었다. [1]

강경식 제가 국회의원을 하고 있을 때 김영삼 대통령의 긴급명령 발표를 들었습니다. 그래서 국회에서 대정부질문을 할 때 "당초에 내가 했던 금융실명제하고 이건 완전히 다른 실명제다" 그렇게 말한 적이 있습니다. 제가 만들었던 금융실명제는 경제적 측면에 초점이 맞춰져 있고 미래지향적으로 되어 있었습니다. 지하자금을 양성화하고 금융소득에 과세하는 등 미래지향적으로 금융실명제를 구상했기

---

1 강경식, 2010, 《국가가 해야 할 일, 하지 말아야 할 일》, 김영사, 511쪽.

때문에 1982년 「금융실명법」에는 과거 자금의 출처를 묻지 않게 돼 있었죠. "과거는 묻지 마세요"라고 되어 있기 때문에 과거 비실명자금은 불문으로 부쳐져 정부가 들춰 볼 권한이 없는 것입니다. 그런데 1993년 금융실명제는 비리척결, 정치자금 개혁 등 과거의 잘못을 시정하는 데 무게중심을 두었으니 1982년 금융실명제와는 접근 방향이 완전히 달랐습니다.

5공·6공 불법비자금 색출 겨냥

김영삼 대통령은 금융실명제 시행 목적에 대해 정치적 측면이 컸음을 인정하였다. "비실명 금융거래 관행이 장기간 지속되는 과정에서 음성 불로소득이 만연하고 지하경제가 확산되며 부정축재자금, 부동산투기자금, 범죄자금 등이 가차명예금을 통해 세탁되고 있었다. 수서비리사건, 상무대비리사건 등 뇌물수수 사건에서 밝혀졌듯 부정과 비리에 오간 자금들이 가차명예금으로 거래되었다. 훗날 전두환·노태우 대통령도 천문학적 규모의 부정축재자금을 가차명으로 숨겨온 것이 밝혀졌다"고 하여,[2] 자신이 추진한 금융실명제의 목적에 경제정의 실현과 투명사회 개혁 이외에 5공·6공 실세들의 불법정치자금을 적발하기 위한 측면이 있었음을 시사하였다.

김영삼 대통령은 평생 야당에 있다가 1990년 1월 집권여당인 민정당 등과 합당하여 만든 '민주자유당'(민자당) 소속 정치인이 되었다. 보수연합이라는 대의명분을 내세운 3당합당의 결과, 당내 경선에서 승리하여 대통령 후보가 되고 결국 대통령까지 되었지만 여당 내에서의 입지가 결코 공고한 편이 아니었다. 잘못하면 기존 여당이던 민정당의 5공, 6공 실세들에게 발목을 잡히는 어려운 상황에 처할 수도 있었다.

당시 정치적 정황에 비추어 보았을 때, 금융실명제의 전격 실시가 '경제정의 실현'이라는 단순한 이슈가 아니라 여당 내 복잡한 정치적 역학구도를 타개하고, 대통령직을 수행하는 데 있어 자신의 입지를 강화하는 목적으로 사용되었을 가능성도 추정해 볼 수 있는 대목이다.

---

2 김영삼, 2001, 《김영삼 대통령 회고록》, 상권, 조선일보사, 167쪽.

금융실명제 도입 이후의 부정부패 척결 과정에서 이른바 표적사정을 통해 정적을 견제할 가능성도 존재한다. 1993년 당시 집권당 내 소수세력이었던 김영삼 전 대통령이 금융실명제를 전격 도입했다는 사실은 금융실명제가 이른바 '경제정의 실현'이라는 차원에서만 도입된 것이 아니라 5공과 6공 세력 등 집권당 내 경쟁세력의 결집을 차단하려는 의도도 내포 되었을 것이라는 분석을 가능하게 한다. 3

정치개혁 입법과 패키지로 시행

김영삼 대통령은 후보시절부터 일련의 정치개혁 로드맵을 구상하고 있었고 취임하자마자부터 전격적으로 밀어붙였다.

첫 조치가 공직자재산등록이었다. 초기에 사정 차원에서 청와대, 고위각료, 국회의원들에게 재산등록을 하라고 한 후 1993년 9월에는 「공직자재산등록법」을 정식으로 통과시켰다. 동시에 비밀리에 금융실명제 법안을 추진하여 재산등록 마감 바로 다음날부터 금융실명제를 전격 실시했다.

금융 쪽에서 빠져나온 비자금이 부동산 명의신탁을 통해 숨을 곳을 찾지 못하도록 1995년에는 부동산실명제를 단행했다. 금융실명제와 부동산실명제가 김영삼 대통령의 정치개혁을 가능하게 만드는 현실적 수단으로 추진되었음을 읽을 수 있는 대목이다.

금융실명제의 시행 이후 「공직자재산등록법」과 「공직자윤리법」 등의 실효성이 어느 정도 담보되어 공직에 있으면서 직권을 이용하여 부정한 재산증식을 하는 일이 크게 어려워졌다. 금융실명제를 우회하는 현금수수까지는 막지 못했지만 현금은 거래나 보관에 있어 한계가 있고 나중에라도 갑자기 현금이 증가한 사실이 발견되는 경우 국세청의 주목을 받거나 검찰수사 대상이 될 수도 있기 때문에 적어도 심리적으로 아주 불편하게 만든 것은 분명하다.

1994년 3월에는 선거비용 집행을 특정 예금계좌를 통해서만 하도록 하는 「공직선거 및 선거부정방지법」이 시행되었는데 이 역시 불법정치자금 억제와 선거풍토

---

3 임원혁, 2000, "금융실명제: 세 번의 시도와 세 번의 반전", 《한국경제개혁 사례연구》, 한국개발연구원.

개선에 크게 이바지했다. [4]

금융실명제와 정치관련 개혁법이 동시에 작동하면서 점차 음성적 정치자금 조달이 어려워지고 정당별·개인별 후원회 제도가 생겨나기 시작했다.

폭로된 노태우 전 대통령 비자금 사건

금융실명제는 5공·6공 대통령들의 비자금 사건을 밝히는 데 결정적인 역할을 했다. 대표적 사건이 노태우 전 대통령 비자금 사건이다. 노 전 대통령의 비자금은 법인 명의의 차명으로 되어 있었는데 차명도 실명으로 간주했던 초기의 금융실명제하에서는 드러나기 쉽지 않았다.

그러나 아무것도 모르고 차명예금을 받는 것과 불법정치자금 차명계좌인 것을 이미 알고 있는 것은 심리적 압박이 전혀 다르다. 금융실명제 실시 이후 실명확인 의무가 금융기관 일선 직원에게 부여되는 바람에 자신이 관리하는 차명자금이 어떤 돈인지 짐작하고 있던 한 은행직원이 큰 심리적 부담을 느껴 국회의원에게 이를 제보하면서 만천하에 드러나게 되었다.

1995년 8월 1일, 김영삼 정부의 핵심실세 중 한 명이었던 서석재 총무처 장관이 기자들과 저녁을 같이하는 자리에서 '오프 더 레코드'(off the record), 즉 비보도를 전제로 "전직 대통령 중 한 사람이 4천억 원가량의 비자금을 차명계좌로 보유하고 있다"고 발언했는데, 기자 가운데 한 사람이 이를 기사화한 적이 있었다. 노태우 전 대통령 측이 이에 대해 강하게 화를 내고 부인하면서 일단락되는 듯했다.

그러나 그로부터 두 달 후인 10월 19일, 민주당 박계동 의원이 국회 대정부질문을 하면서 "노태우 전 대통령의 비자금 4천억 원이 여러 시중은행에 차명계좌로 분산 예치되어 있다"고 폭탄선언을 했다.

그는 자신의 발언에 대한 증거로 신한은행 서소문지점에 (주) 우일양행 명의로 예치된 128억 원가량의 예금계좌 조회표를 제시하면서 "노태우 전 대통령이 퇴임 직

---

4 이러한 개혁을 통해 투명하고 돈이 덜 드는 선거가 가능해졌다. 1994년 8월 2일 치러진 국회의원 보궐선거의 경우 선거비용 지출액이 허용한도의 33.8%에 불과했다.

전인 1993년 1월에 4천억 원가량의 비자금을 100억 원 단위로 쪼개 각 시중은행 40여 개 계좌에 예치시켰으며 신한은행 계좌는 그중 하나"라고 폭로했다. 금융실명제 시행 이후 증권가를 중심으로 전직 대통령의 비자금 차명 보유설이 꾸준히 나돌았는데 유령법인의 차명계좌로 입금된 돈이 최초로 드러난 사건이었다.

박 의원에 따르면, 노태우 비자금 가차명계좌를 관리하던 신한은행 직원이 부담을 느껴 신한은행 예금잔고 조회표를 떼어 제보한 것으로 알려졌다. 5

노태우 대통령 시절 청와대 경제수석을 지내다가 금융실명제 유보 이후 청와대를 떠났던 문희갑 전 경제수석은 자신이 청와대를 떠난 이유 가운데 노태우 정부의 비자금 조성을 둘러싼 사정을 알게 된 탓도 있다고 회고했다.

내가 1990년 3월에 청와대를 떠나게 되는데 그 이유를 정리해 보자면 첫째는 내가 청와대에 그대로 있으면 금융실명제가 실시될 것 같으니까 (내보내라는) 로비가 들어온 것이고, 사실 두 번째가 가장 중요한 사안인데 노태우 대통령의 정치자금 모금과 관련이 있습니다. 노 대통령이 전두환 대통령의 전철을 밟으려 했습니다. 심지어 측근 정치인들은 정치자금 모금을 해야 한다고 노 대통령에게 편지까지 보냈습니다. 노 대통령이 그 편지를 나한테 줬는데 읽어 보니까 괴상망측한 것이었습니다. 대통령을 둘러싼 사람들이 권력을 계속 유지하려고 온갖 수단을 동원하려는 내용이었습니다.

그때는 국회의원에 당선 되려면 돈을 최소한 10억 원에서 많게는 30억 원을 써야 해요. 대통령 입장에서 휘하에 국회의원을 많이 거느려야 권력유지가 가능하다는 판단을 한 것이에요. 대통령 주변에서 건의한 편지내용을 보면 "한전의 1년 계약고가 얼마이고 조달청 계약고가 얼마인데 그걸 1%나 2% 떼면 얼마가 되고 …" 이런 식으로까지 얘기하고 있었습니다. 그걸 내가 다 불 질러 없애 버렸는데 이게 나중에 자꾸 구체화되는 것이에요. 그래서 노태우 대통령을 독대해서 반대의견을 건의드린 적이 있어요. 그게 화근이었습니다. 6

5 박계동, "노태우 전 대통령 회고록, 비자금 폭로 논란", 〈손석희의 시선집중〉, 2011. 8. 11.
6 육성으로 듣는 경제기적 편찬위원회, 2014, 《코리안 미러클 2: 도전과 비상》, 나남, 357쪽, 문희갑 수석 인터뷰.

YS "성역 없이 수사하라" 지시

당시 캐나다 토론토 국빈방문 중이었던 김영삼 대통령은 한승수 비서실장으로부터 이 내용을 보고받은 후 즉시 이홍구 국무총리에게 전화를 걸어 "성역 없이 공명정대하게 국민에게 한 점 의혹도 없도록 법에 따라 처단하라. 문민정부는 국민의 도덕적 바탕 위에서 탄생한 만큼 이 사건에 대해 한 점 의혹도 없도록 조사하여 진상을 국민에게 밝혀야 한다"고 지시했다.

검찰수사가 본격적으로 시작되자 10월 22일 노태우 전 대통령의 경호실장이던 이현우가 검찰에 자진 출두해 (주) 우일양행 명의 차명계좌에 입금되어 있는 돈은 노태우가 재임 중 조성해 사용하다 남은 '정치자금'이라고 밝혔다.

며칠 뒤인 1995년 10월 27일, 노태우 전 대통령은 연희동 사저에서 대국민 성명을 발표하였다. "대통령으로 재임하던 5년 동안 약 5천억 원의 통치자금이 조성되었습니다. 주로 기업인들로부터 조성된 이 자금은 저의 책임 아래 대부분 정당운영비 등 정치활동에 사용되었습니다. 또 일부는 그늘진 곳을 보살피거나 국가를 위해 헌신하는 분들을 격려하는 데에 보태기도 하였습니다. 이렇게 쓰고 남은 통치자금이 저의 퇴임 당시 1,700억 원가량 되었습니다"라는 내용이었다. "통치자금이 잘못된 것이기는 하지만 우리 정치의 오랜 관행이었으며, 재무상태가 나쁘거나 세금을 내지 않는 기업으로부터는 받지 않았고 대가성 있는 자금도 받지 않았습니다"라고도 주장했다.[7]

재계는 대선 때마다 보험금 성격으로 정치권에 돈을 보내곤 했는데 그 일부가 당연히 야당으로도 흘러들었다.

검찰수사가 본격화되자 어차피 터질 일이라고 판단한 김대중 새정치국민회의 총재가 "1992년 대선 당시 노태우 대통령으로부터 20억 원의 비자금을 받았다"는 사실을 선제적으로 밝히면서 사건은 더욱 걷잡을 수 없이 커졌다. 여야 할 것 없이 정치권의 도덕성이 민낯을 드러낸 순간이었다.

---

7 노태우, 2011, 《노태우 회고록》, 하권, 조선뉴스프레스, 501쪽.

귀국한 김영삼 대통령은 10월 30일 국무위원과의 조찬 및 3부 요인과의 오찬에서 "과거의 오랜 관행이었던 정치권 비자금 조성은 이제 단연코 버려야 할 한국병의 뿌리"라고 지적하면서 "이 같은 폭로가 가능했던 것은 금융실명제 때문"이라며 금융실명제의 효과를 강조했다.

다음은 금융실명제의 효과에 대한 김영삼 대통령의 회고 내용이다.

과거 3대에 걸친 군사정권 시절에는 금액에 차이가 있었을 뿐 비자금이 조성되어 숨겨질 수 있었으나 이제는 금융실명제 때문에 모두 드러나게 된다. 이번 사건도 금융실명제의 위력 때문이다. 과거로부터의 관행이라고 하여 뭐든지 용서하는 풍토는 있을 수 없다. 이대로 가면 국민들의 정치불신 때문에 여야가 다 같이 죽는다. 이번 기회에 여야를 막론하고 정치권이 다 반성해야 하며 새로 거듭 태어나야 한다. 이번 일을 전화위복의 계기로 삼아야 한다. [8]

결국 노태우 전 대통령은 11월 1일 9시 45분, 전직 대통령으로는 처음으로 대검찰청에 직접 출두하여 검찰조사를 받게 되었고 16일 배임수뢰 혐의로 구속 수감되었다. 포괄적 의미의 뇌물죄가 적용되어 1995년 11월 16일 「특정범죄 가중처벌 등에 관한 법률」위반혐의로 검찰에 의해 구속기소되었다. [9] 전직 대통령 구속이라는 전대미문의 사건 때문에 〈뉴욕타임스〉나 〈워싱턴포스트〉 등 해외언론들도 한국의 정경유착 스캔들을 대대적으로 보도했다.

---

8 김영삼, 2001, 《김영삼 대통령 회고록》, 하권, 조선일보사, 145쪽. 김영삼 대통령은 자신의 회고록에서 "나는 엄청난 충격을 받았다. 과거 군출신 독재자들이 막대한 정치자금을 조성하여 사용했다는 것은 알고 있었지만 이렇게 천문학적 금액의 돈을 퇴임 이후까지 숨겨 놓고 있으리라고는 전혀 예상하지 못했다. 놀라움과 함께 분노를 억누르며 이 사건은 도저히 묵과할 수 없으며 이 땅에서 정경유착의 악폐를 영원히 추방하는 기회로 삼겠다는 결의를 다졌다"고 했다. 하지만 1998년 4월 16일자 〈뉴스플러스〉는 '제14대 대통령 선거자금 결산보고'를 인용해 14대 대선 당시 민자당이 사용한 대선자금이 3,034억 4천만 원이라고 폭로하면서 당시 김영삼 후보의 사조직 및 준공식조직이었던 '민주산악회'나 '나라사랑운동본부'(나사본)의 대선자금 규모에 대해 의혹을 제기하기도 했다.

9 재판에 넘겨진 노태우 전 대통령은 포괄적 뇌물죄가 인정되어 항소심에서 징역 15년에 2,628억 원의 추징금을 선고받았다. 함께 기소된 이현우 전 경호실장을 비롯하여 이원조·금진호 전 의원, 김종인 전 청와대 경제수석, 이태진 경호실 경리과장 등도 실형이 선고되었다. 뇌물을 제공한 재벌기업들은 집행유예 등으로 풀려났다.

12월 5일 검찰 종합수사 결과가 발표되었다. 검찰은 "노 전 대통령이 1987년의 잔여 대선자금과 취임 시까지 받은 돈이 1, 100억여 원이며 대통령 재임 중 기업체 대표들로부터 약 3, 400억~3, 500억 원을 받아 모두 4, 500억~4, 600억 원을 조성했다. 이 돈 가운데 신한은행 등 9개 금융기관에 개설된 37개 계좌와 양도성예금증서의 매입금액 등 합계 4, 189억 원가량을 확인했다"고 밝혔다.

1982년과 1989년, 1993년 세 차례의 금융실명제 작업에 모두 참여했던 진동수의 증언이다.

진동수 1차와 2차 금융실명제 추진에 있어 우리(경제공무원)가 1980년대 초부터 쭉 생각해온 것은 당연히 금융거래 투명성 확보나 조세정의 확립 등 경제적 동기였습니다. 그런데 김영삼 정부 때 처음에 KDI가 만든 원안을 제가 읽어 보니까 이것은 금융개혁 차원이 아니라 아예 혁명을 하자는 정도로 강도 높은 내용이었습니다.

금융실명제의 내용이 왜 과거에 비해 이렇게 강해졌느냐? 사실 저도 의문이었는데 김영삼 대통령이 실명제를 전격적으로 하려고 한 이유의 일단을 나중에 깨닫게 됐습니다. 김 대통령은 불법정치자금을 차단하는 정치개혁의 일환으로 금융실명제를 추진했던 거죠. 정치개혁이 목표니까 경제현실에 대한 고려보다는 구상이 강도 높을 수밖에 없었습니다. 아마 김 대통령이 3당합당 이후 여당에 들어가 정치를 하는 과정에서 뭔가 거액의 정치비자금들이 가차명으로 떠돌고 있다는 사실을 알게 된 게 아닌가 싶어요. 그래서 자신이 확실히 정치자금 개혁을 해야겠다는 결심을 굳혔던 것 같습니다.

YS, 노태우 비자금 사건 계기 '일생일대의 결단'

노태우 전 대통령 비자금 사건을 계기로 천문학적 비자금을 조성한 부도덕한 전 정권에 대한 국민들의 분노가 커지고 개혁에 대한 지지가 높아졌다. 그러자 김영삼 대통령은 그동안 덮어 두었던 12·12 사태와 5·18 광주민주화운동에 대한 법

318

적 처분에 대해, 스스로의 표현을 빌리면 "일생일대의 무서운 결단"을 내렸다.

검찰에 12·12 사태를 수사하도록 하고 강삼재 민자당 사무총장을 청와대로 불러 1995년 정기국회 회기 내에 '5·18 특별법'을 제정하라고 지시한 것이다. 이에 따라 11월 30일 특별수사본부가 설치되었고 12·12와 5·18에 대한 검찰의 전면 재수사가 시작되었다.

한 달 뒤인 12월 2일 전두환 전 대통령에 대해 군형법상 반란수괴혐의로 사전 구속영장이 발부되었다. 다음날 새벽 구속영장이 집행되어 전임 대통령 두 사람이 동시에 안양교도소에 수감되는 사상 초유의 사태가 발생했다.

그로부터 며칠 뒤인 12월 12일,[10] 김영삼 대통령은 "전직 대통령의 상상을 초월하는 규모의 부정축재는 온 국민에게 엄청난 충격을 주었으며 대외적으로 국가의 위신에 큰 손상을 입혔다. 전직 대통령의 권력형 부정부패 사건을 통하여 국민의 신뢰와 기대를 배반한 이 엄청난 범죄의 뿌리가 12·12와 5·17, 5·18에 이어져 있음을 확인하였다"고 대국민 성명을 발표했다.

12월 19일에는 「5·18 민주화운동 등에 관한 특별법」이 국회 본회의를 통과했고, 사흘 뒤인 12월 21일 서울지검 특별수사본부는 전두환 전 대통령을 형법상 반란수괴혐의로 서울지검에 구속기소했다.

다음해 초인 1996년 1월 13일에는 전두환 비자금 수사 결과가 발표되었다. 재임 중 기업들로부터 총 9,500억 원의 불법정치자금을 조성하여 이 중 7천억 원을 비자금으로 사용했으며 1,600억 원은 퇴임 당시 개인적으로 챙겼다는 것이다.

김영삼 대통령은 회고록에서 "이른바 개발독재의 부정적 유산인 정경유착 근절의 중요한 계기가 되었다. 전·노 부정축재 사건이 밝혀진 것은 모두 금융실명제의 효과 때문이었다"고 자평했다.[11]

홍재형 금융실명제가 정치인들의 불법 선거자금 적발에 큰 영향을 줬습니다. 정치인들과 기업들이 모두 자숙 분위기로 돌아섰습니다. 노태우 전 대통령 비자금 사

10 이날은 마침 12·12 사태가 발생하고 16년이 지난 날이었다.
11 김영삼, 2001, 《김영삼 대통령 회고록》, 하권, 조선일보사, 158쪽.

건 때는 아직 사회가 기업에 좀 너그러웠을 때니까 두 전직 대통령은 구속되었지만 6대 기업은 불구속기소로 그냥 넘어갔습니다. 아마 그 사건을 계기로 기업들도 "아, 이제는 불법정치자금이 쉽게 전달이 안 되겠구나" 피부로 실감했을 것입니다. 정경유착의 고리가 줄어들고 주는 사람과 받는 사람이 다 조심하고 경계하는 계기가 된 것입니다.

비실명일 때는 그냥 계좌로 송금하거나 수표 한 장만 갖다 주면 됐는데 실명제가 실시되니 그게 불가능해지고 거액을 현찰로 갖다 줘야 하니까 규모가 커지고 발각되기 쉬워졌습니다. 그렇게 되니 정치권에서 "이제는 더 이상 정치자금을 불법으로 받아가지고는 안 되겠구나. 그럼 이제부터는 선거를 정당 중심으로 하고 돈 안 드는 선거를 지향해야 하지 않겠는가" 그런 논의가 시작되었습니다. 한마디로 금융실명제가 「선거자금법」, 「정치자금법」을 고쳐 합리적으로 투명하게 돈을 받고 투명하게 돈을 쓰는 시스템을 추진하게 된 계기로 작용한 것입니다.

금융실명제가 불법정치자금을 적발하고 차단하는 것을 주요 목적 가운데 하나로 하다 보니 국회가 경제적 명분과 금융시장 현실을 내세워 반대할 것이 명약관화했다. 잘못하면 세 번째로 금융실명제 시행을 실기할 수도 있었다. 김영삼 대통령이 정치적 논란을 차단하기 위해 금융실명제를 국회를 통한 일반적 입법이 아닌 긴급명령으로 가져갈 수밖에 없었던 이유다.

강경식 김영삼 대통령이 전직 두 대통령, 즉 전두환 전 대통령과 노태우 전 대통령 비자금을 잡으려고 했던 것이니까 「금융실명법」을 새로 만들어야 했을 겁니다. 두 전직 대통령의 과거 비자금을 들춰내려면 금융실명제에 관련조항이 있어야 하는데 과거에 만들어진 「금융실명법」으로는 도저히 그걸 할 방법이 없으니 아예 새로운 「금융실명법」을 만들어야 했던 겁니다. 그런데 "「금융실명법」이 이미 만들어져 있는데 왜 또 새로운 법을 만드느냐?"는 의문이나 의견들이 나오고 국회에서 공개토론이 되면 사안이 아주 복잡해질 것 아닙니까?

홍은주 1982년에 과거를 전혀 묻지 않는다고 했는데도 정치권에서 그 사달이 나서 못하게 됐으니 과거를 캔다고 하면 더 큰 논란과 반대에 부딪혔겠죠.

강경식 그렇습니다. 긴급명령이 법률과 똑같은 효력을 가진다는 것을 활용한 겁니다. 국회에 긴급상황이 있을 때 국회를 통하지 않고도 법과 똑같은 효력을 가지는 것이 긴급명령이거든요.

역사는 씁쓸한 반전을 보여주는 경우가 가끔씩 있다. 훗날 김영삼 대통령 측근이던 강삼재 의원이 기소된 이른바 '안풍사건' 재판과정에서 "1993년 취임 직후 김영삼 대통령이 거액의 정치자금을 안기부에 맡겼다가 나중에 선거자금으로 썼다"는 의혹이 불거졌다.

안기부 예산을 빼내 당시 신한국당 총선자금으로 썼다는 1심 판결로 4년 형을 언도받은 강삼재 전 의원은 진실을 밝히겠다며 "이 돈은 내가 안기부에서 빼온 국가예산이 아니라 청와대에서 김영삼 대통령으로부터 직접 정치자금으로 받은 돈이다"라고 증언했던 것이다.

그러나 김 대통령은 "청와대에 입성하는 순간부터 어떤 돈도 받지 않았다"면서 "나는 이 돈을 모른다"고 강하게 부인했다. 실제로 강삼재 씨가 받은 돈이 어떤 성격이고 어떻게 마련되었는지는 끝내 밝혀지지 않았고 역사의 미궁 속으로 빠져들었다.

금융실명제의 경제적 성과

투명사회와 정직한 상거래 정착 계기

금융실명제의 실시는 정치뿐만 아니라 경제와 사회 전반에 점진적으로 연쇄적 파급효과를 냈다. 상거래 관행이 투명화되고 선진화되는 부가적 효과도 나타났다. 서명거래가 확대되고 신용카드와 직불카드 사용이 늘어났으며, 자동이체와 지로 등 전산거래가 급진전되면서 모든 금융거래가 투명하게 다 드러나게 되었다. 실명거래는 개인의 의식변화로도 이어져 신용사회로 가는 기반이 조성되기 시작했다.

홍재형 우선 기업들이 비자금을 만들기 어려워졌습니다. 과거에는 비실명계좌로 비자금을 만들었는데 그것이 어려워지니까 기업의 리베이트 관행이 줄어들어 경쟁이 강화되는 방향으로 움직였죠. 또 대기업들의 비실명 상속증여 등도 줄어듭니다. 개발연대에는 불가피하게 음성적 유인체계가 작동했다면 실명제 실시 이후에는 기업들도 "양성적 방식으로 전환할 수밖에 없다. 결국 가격경쟁력이나 품질, 기술경쟁력으로 높여야 한다"고 인식해 시장질서가 투명해지고 선진화됐다고 봅니다.

금융거래 측면에서는 모든 것이 실명으로 이뤄지니 당연히 투명해지고 사채시장 비중이 낮아지면서 돈이 결국 금융기관으로 유입되어 금리가 낮아지는 방향으로 작동합니다. 그러다 보니 한국은행이 통화량을 통제하는 방식도 선진화되었고

〈표 4-1〉 신용카드 사용 추이

(단위 : 천 점, 천 매, 10억 원, %)

구분	1992	1993	1994	1995. 3
신용카드 가맹점수	948	1,347	1,962	2,119
(증감률)	(23.8)	(42.1)	(45.7)	(40.7)
신용카드 발급수	14,705	18,834	24,583	25,811
(증감률)	(21.5)	(28.1)	(30.5)	(30.3)
이용금액	15,678	26,181	39,307	10,975
(증감률)	(17.3)	(67.0)	(50.1)	(30.9)

출처: 금융실명제 실시단, 1995, 《금융실명제 실시 2주년 백서》, 재무부.

<表 4-2> 부가가치세 과표상승률

(단위: %)

구분	1992. 12	1993. 12	1994. 12
합계	9.8	18.9	19.9
재화	8.8	18.8	19.9
서비스	13.6	19.8	20.8

출처:《금융실명제 2년의 평가와 과제》보도자료.

통화정책이 효율적으로 되었습니다. 금융실명제로 사금융시장 규모나 비중이 줄어들고 그 돈이 통화금융기관이나 비통화금융기관으로 흡수되어 통화관리가 정책당국의 통제하에 들어오면서 선진화, 효율화된 것입니다.

과표양성화와 효율적 세원관리

금융실명제는 조세정의 구현에도 크게 기여했다. 무엇보다 금융소득 종합과세 기반이 조성되어 조세정책의 실효성이 높아졌고 조세부담 형평성이 강화됐다. 금융소득 합산과세로 내국세 중 직접세 비중이 커졌으며 과세표준양성화가 진전됐다. 특히 부가가치세의 과표상승률은 실명제가 실시된 1993년 말 두 배 이상 높아졌다.

홍재형 금융실명제 실시로 우선 단기적으로는 과표양성화가 두드러졌습니다. 숨겨졌던 세원이 드러나면서 부가가치세, 소득세, 법인세, 상속세, 증여세 등 세원관리가 효율적으로 이뤄졌습니다. 세제 면에서 돈 흐름이 보이니까 개인별·사업자별 과표가 현실화되는 거예요. 그러니까 특히 부가가치세에서 효과가 두드러지게 나타나 세수확보가 늘어나는 거죠. 법적 증여·상속 자금수수 등의 위반행위도 쉽게 노출되게 만들었습니다.

이렇게 세원이 늘어남에 따라 1994년 세제개편 때 법인세율이나 상속증여세율 등을 전반적으로 인하하고 공제수준도 대폭 높였습니다. 부가가치세 면세점도 인상했고요. 그래서 이전에 성실납부한 사람들은 오히려 세금이 낮아지는 효과가 생겼습니다. 과거에는 국민들이 '나는 월급 받아 세금을 제대로 내는데 다른 사람은 제대로 안 내면서 돈을 버니 부당하다' 이렇게 생각했는데, 유리지갑 근로자들도 전체적으로 조세정의가 실현되면서 불만이 줄어들었습니다.

1994년 말 세법개정을 통해 마련된 금융소득 종합과세 방안도 국세청의 전산망 확충 및 관련준비가 끝나면서 1996년 귀속 금융소득분이 1997년부터 과세되었다. 금융소득 종합과세는 조세의 형평을 기할 뿐만 아니라, 당사자 간 합의에 의한 차명을 억제하는 효과를 내서 실명제를 명실상부하게 정착시키는 촉매제가 되었다.

백운찬 세제실 입장에서는 금융실명제 최종목적은 금융소득 종합과세와 과세형평 제고인데 종합과세는 1996년부터 시행하게 되었습니다. 종합과세로 인해 차명거래 부분도 점차 문제점이 해소되기 시작하여 차명에 대해서는 의제증여로 보게 됐습니다. 한편 종합과세를 강력하게 한다는 취지에서 처음엔 부부합산 4천만 원 미만의 금융소득을 분리과세하다가 지금은 2천만 원으로 낮아졌습니다. 원래 1천만 원으로 하려다가 금융시장에 대한 영향이 너무 크다고 해서 보류된 것인데 앞으로는 더 줄어들 수밖에 없다고 봅니다.

음성사채자금 양성화

정부는 금융실명제 시행과 동시에 사금융시장을 제도권으로 흡수하기 위한 노력을 시작했다. 은행권의 중소사업자에 대한 융자확대 및 신용보증기금을 통한 보증확대로 사금융의존도를 낮추고 제도적 측면에서 일본 대금업법 제도 도입을 검토했다. 이 같은 검토 결과 만들어진 것이 2002년 「대부업 등의 등록 및 금융이용자 보호에 관한 법률」(대부업법)이다. 이후 사채시장은 점차 대부업으로 흡수되기 시작한다.

명동 사채시장을 중심으로 활발했던 기업어음 할인 역시 2004년 「전자어음의 발행 및 유통에 관한 법률」(전자어음법)의 제정과 2005년 시행으로 점차 사라지게 되었다. 이 법은 약속어음을 발행·유통하고 어음상의 권리를 행사하는 방식을 전자거래를 통하도록 의무화한 것으로 금융실명제를 보완하는 성격을 가졌다.

다음은 1994년 당시 언론에 게재된 정부의 사금융양성화 방안이다.

사금융 양성화 방안의 배경과 전망

재무부가 사채를 양성화하기 위해 대금업법(貸金業法)을 제정하여 대금업을 새로이 허용할 것을 검토하기로 한 것은 서민과 영세기업 등 자금차입자를 보호하고 금융실명제가 성공적으로 마무리될 수 있도록 하기 위한 것으로 분석된다.

금융실명제 실시 이후 지하금융이 급격히 위축된 것이 사실이나 기업들 특히 중소기업이나 영세상인들의 사채시장 의존율은 더욱 높아지고 무자료 거래도 줄어들지 않는 등 여전히 수그러들지 않고 있다.

오히려 전형적인 업무형태인 어음할인분만 아니라 자동차 담보대출, 골프회원권 대출, 가계수표 할인, 상품권 대출, 아파트 부금통장 및 담보대출, 당좌수표 할인 등 신종 사채놀이가 다양하게 개발돼 편법 운용되고 있다.

특히 최근에는 일부 재벌그룹에 정체가 확인되지 않은 전주들로부터 천문학적 규모의 거액자금을 장기저리 조건으로 빌려주겠다는 제의가 있었던 것으로 알려져 실명제 실시에도 불구하고 지하경제의 실체가 상상 외로 건재하고 있음을 짐작하게 한다.

이에 따라, 이 같은 사채시장을 그대로 방치할 경우에 오는 1996년부터 시행될 종합과세의 효용을 반감시켜서 금융실명제를 뿌리째 뒤흔들어 놓을 것으로 우려되고 있다.

이와 함께 사채업자들이 서민이나 영세기업에게 돈을 빌려준 뒤 이를 회수하기 위해 폭력배로 구성된 해결사를 동원해 협박, 감금 등을 일삼아 사회적 물의를 빚고 있어 차입자 보호를 위한 대책마련도 시급한 과제로 떠오르고 있다.

재무부가 그동안 국정감사 과정에서 시기상조를 강조하며 유보방침을 밝혀왔던 대금업을 도입하기 위해 본격적 검토에 나선 것은 이 같은 이유들로 인해 지하경제를 더이상 방치할 수 없다는 판단에 따른 것이다. …

대금업은 자금공급자가 불특정 다수로부터 예금을 받지 않고 수신을 제외한 금전대부나 금전대차의 중개업무 등 여신행위만 한다는 점에서 그동안 여수신 업무를 모두 취급하는 금융기관으로의 양성화와는 맥을 달리하고 있다.

사금융시장에 대한 정책방향은 각국의 경제와 금융 발전수준에 따라 다르나 두 가지 접근방법이 있다. 하나는 미국이나 일본처럼 대금업자를 통해 사금융을 양성화하되 음성적 사금융거래에 제재를 가하는 적극적 대응방법이고, 다른 하나는 대만처럼 사금융의 순기능을 인정하고 이를 방치하는 한편 장기적으로 제도금융권의 발전을 통해 사금융의 흡수를 도모하는 소극적 대응방법이 있다.

재무부는 일단 한국금융연구원에 의뢰한 연구결과를 토대로 '사금융 양성화 방안'을 확정지을 방침이나 현재 우리 현실과 유사했던 일본의 사례를 따를 가능성이 높은 것으로 점쳐지고 있다.

일본은 대금업을 예금을 받지 않고 여신업무를 꾸려가는 회사로 규정하고 사업자를 소비자대상과 사업자대상으로 대별하는 한편 「대금업의 규제 등에 관한 법률」 외에 2개의 부수법률에 의해 관련업무를 규제하고 있다. 설립은 등록에 의해 하되 3년마다 갱신할 수 있고 과잉대부 및 수신금지, 대부조건 게시, 채권 부당회수 등을 규제하며 금리도 연 40% 이상을 받지 못하도록 한다.

일본은 지난 1983년 대금업을 처음 허용할 당시 연 109.5%까지 이자를 받을 수 있도록 인정하다가 3년 뒤에 이를 연 70% 인하한 뒤 현재 40% 수준을 유지하고 있는데 이들이 운용하고 있는 실제 대출이자 수준은 평균 연 29% 선이다. 대금업자들이 지원해 준 자금규모는 작년 3월 말 현재 93조 원으로 은행 대출규모의 19.7%를 차지하고 있고 자금은 주로 금융기관을 통해 조달하나 일부는 관련회사나 사업회사로부터 조달한다.

미국도 일본처럼 사금융을 양성화하면서 음성적 사금융거래를 제재하는 적극적 대응책을 쓰고 있는데, 대금업 기능을 부여받은 3천여 개의 금융회사(FC)는 각 주의 은행국에 등록함으로써 설립이 가능하고 은행국의 지도 감독을 받고 있다. 특히, 이들 회사는 연방법인 「소비자신용보호법」을 통해 거래조건의 공개 의무화, 광고규제, 부정신용 금지 등의 규제를 받고 있다.

그러나 대만은 사금융이 제도권 금융의 한계를 보충해 주는 순기능은 인정하고 대체로 방치하고 있어 민간 금융회사인 금융투자회사나 사채업자, 전당포 영업자가 대금업을 꾸려가고 있는데 불특정 다수로부터 예금을 받거나 강압적 채권징구 등은 규제를 받고 있다.

우리가 일본 등 다른 나라의 사례를 검토해 대금업을 도입할 경우 지하경제의 상당부분이 양성화될 것이나 금리는 현재의 사채금리보다 상당히 높아질 것으로 전망된다.

지금까지는 세금을 내지 않고 사채놀이를 했으나 앞으로는 세금을 꼬박꼬박 내야 하는 것은 물론 꾸어 준 돈이 상환되지 않을 경우 이제와는 달리 해결사 동원이 불가능해 받지 못하는 대출금도 상당할 것으로 예상되기 때문이다.

또한 대금업은 담보가 없는 중소기업이나 영세상인들이 주로 이용할 것이므로 어쩔 수 없이 신용대출이 주종을 이룰 것으로 전망되는데, 대금업자들마저 신용도가 없다는 이유로 대출해 주지 않을 경우 이들을 상대하는 현재와 같은 사채시장이 재등장할 가능성도 있다.

그러나 대금업의 등장이 지하경제를 상당 폭 줄일 것은 명확하고 정년퇴직자들이 퇴직금을 고리로 운용할 수 있는 길이 열리는 등 순기능도 많은 만큼 내년 2월로 예정된 공청회에서 불꽃 튀는 찬반양론이 전개될 것으로 보인다.

명동의 한 사채중개업자는 대금업 도입에 대해 "현재 사채시장은 한산한 편이나 대기수요가 많기 때문에 대금업이 도입되면 상당한 효과를 거둘 것"이라며 "사채업자도 떳떳하게 세금을 내고 영업하기를 원하기 때문에 세금문제는 큰 걸림돌이 안 될 것"이라고 말했다.

출처: 〈연합뉴스〉, 1994. 10. 19.

여러 차례 시도된 금융실명제 흔들기

정치권의 금융실명제 후퇴 시도

1993년 긴급명령에 의한 금융실명제가 아무런 문제없이 순조롭게 착근되었던 것만은 아니다. 그 뒤로도 상당한 정치적 흔들기가 있었다.

김영삼 정부 초기 각종 개혁작업이 추진되는 과정에서 갑작스럽게 금융실명제 기습을 당한 재계와 정치권은 정권 초기 살벌한 사정 분위기에서는 별 반응을 보이지 않았다. 그러나 이후 기회가 있을 때마다 「금융실명법」을 보완해야 한다는 목소리를 높이곤 했다. 1995년에는 김영삼 대통령이 해외방문을 하고 있을 때 당에서 작심하고 금융실명제 보완의 불가피성을 주장했으나 "실명제 개혁은 타협의 대상이 아니다"라는 대통령의 완강한 반대에 부딪혀 주저앉았다.

홍재형 금융실명제 시행 후 2년이 지난 1995년에 6월 6·27 지방선거가 있었는데 여당이 참패했고, 1996년 4월에는 총선을 앞두고 있었기 때문에 여당, 특히 민정계에서 불안의식이 높았습니다. 의원들이 정치자금을 받기 어려워지니까 큰 문제라고 생각하여 1995년 7월에 "실명제를 보완해야 한다, 실명제 때문에 우리가 지방선거에서 졌다"는 이야기가 나오기 시작했습니다.

당에는 정책위원장이 있고 정책위원장 밑에 제1정조, 제2정조 위원장이 있잖아요? 그때 이상덕 의원이 제1정조 위원장인데 거기서부터 실명제 반대 목소리를 내기 시작합니다. 결국 7월 14일 여당 정책조정위원회가 열렸고 그때 이승윤 정책의장, 이종찬 원내대표, 김윤환 사무총장 이런 분들이 대안을 찾자고 총공세를 펼쳤습니다. 이춘구 여당대표 주재 고위당정회의에서도 "(실명제 때문에) 문제가 있다, 이대로는 안 된다"는 쪽으로 당론이 모아졌습니다. 최종적으로 당고문들이 모여 회의를 하는데 민관식 전 장관이 거기 수석고문이었어요. 그분을 통해 대통령께 실명제가 안 된다고 얘기했습니다. 그러자 때맞춰서 전경련, 대한상공회의소, 기업중앙회 등이 식당에 모여 「금융실명법」을 보완하는 의원입법 요청을 했습니다.

당시 김영삼 대통령께서는 마침 해외를 가셨어요. 해외에서 법개정 이야기를 들었는지 특파원과 현지 기자회견을 하는 자리에서 "실명제 개혁은 타협의 대상이 아니다" 그렇게 못박아 버렸습니다. 귀국 후 여당 상근당직자 및 당무위원들과의 조찬 간담회에서도 "개혁을 후퇴 없이 추진해야 한다"고 강경하게 못박으니까 그제서야 법개정 여론이 수그러들었습니다. 그 후에도 「선거자금법」이 확정될 때까지는 시시때때로 계속 불만이나 수정요구가 터져 나왔습니다.

김영삼 대통령 특유의 뚝심으로 잘 넘어가는가 했던 금융실명제 보완요구가 다시 등장한 것은 1997년 심각한 경제위기가 계기가 되었다.

1996년부터 경상수지가 급격히 악화되고 경기가 하락하면서 재벌기업 연쇄부도가 일어나기 시작했다. 1997년 1월에는 한보사태가 발생하여 금융시장이 급속도로 경색되었고 매달 한두 개씩 대기업 부도가 났다. 이때부터 "실명제가 저축을 감소시키고 과소비를 조장하며 기업 자금난을 가중시키기 때문에 실명제를 완화함으로써 대규모 지하자금을 양성화하여야 한다"는 주장이 나오기 시작했다.

더욱이 1997년 하반기 들어 태국발 아시아 금융위기가 발생하고 재계 8위 기아그룹까지 도산하여 금융시장과 실물시장이 동시에 얼어붙었다. 그러자 정치권과 재계는 기존 긴급명령 내용을 일부 완화시킨 금융실명제 대체입법을 추진하게 됐다. 정권 말기에 경제위기 책임까지 진 김영삼 대통령은 이를 막을 힘이 없었다.

홍재형 실명제의 최대 위기는 IMF 외환위기 때였습니다. 정치권이 실명제에 대해 총공세를 펼친 겁니다. 이해구 한나라당 정책의장, 김원길 국민회의 정책의장, 이태섭 자민련 정책의장 등이 모여 금융소득 종합과세 유보, 무기명채권[12] 발행의 3개월 한시판매를 입법했습니다. 1997년에 실명제를 크게 후퇴시키는 법이 오니까 김영삼 대통령이 거부권을 행사할 것인지, 승인할 것인지 고민했고 중대고비가 있었습니다. 결국 경제위기 상황에서 국회가 강력히 주장하여 그대로 진행됐습니다.

---

12 연 2%, 10년 만기, 출처조사나 실명확인을 않는 채권을 말한다.

1997년 대체입법: 실명제와 종합소득세 동시 후퇴

1997년 태국발 아시아 금융위기로 경제·금융위기의 발생하자 1997년 말 '긴급명령에 의한 금융실명제'에 대한 국회 대체입법이 이뤄졌다. 이 법은 부칙 제2조에서 '금융실명거래 및 비밀보장에 관한 긴급 재정경제명령'(이하 '긴급명령')은 폐지한다고 하여 기존 긴급명령에 의한 법안을 대체하는 성격임을 분명히 했고 제1조에서 법이 통과하는 시점부터 곧바로 적용된다고 하여 대체입법의 공백기를 배제했다.

1997년 대체입법은 긴급명령 폐지제정 이유에 대해 "금융실명제는 1993년 8월 12일 대통령 긴급명령을 제정하여 실시해왔으나, 그동안 실시과정에서 실명확인에 따른 금융거래 시의 불편과 세무조사에 대한 불안감 등 일부 문제점이 나타난 바, 이를 해소하는 동시에 중소기업출자금 등에 대한 자금출처실명제를 항구적 제도로 정착시키기 위하여 긴급명령을 법률로 대체입법하려는 것"이라고 밝혔다.

대체입법이 이전 긴급명령에 의한 「금융실명법」과 차별화되는 가장 중요한 핵심내용은 "긴급 외자조달과 금융 구조조정, 고용목적 자금조성을 위해 실명제를 대폭 후퇴시킨 특정채권을 발행한다"는 것이다. 비실명 특정채권 매입자금은 자금출처조사를 면제하고 발생한 이자 및 배당소득에 대해 90%의 차등과세를 20%로 낮추며 그나마도 종합과세가 아닌 분리과세를 하기로 했다. 실명제와 종합과세가 동시에 후퇴한 내용이었다.

"특정채권의 소지인에 대하여는 자금출처 등을 조사하지 아니하며, 이를 과세자료로 하여 그 채권의 매입 전에 납세의무가 성립된 조세에 대해서도 면제한다"는 대체입법 부칙 제9조를 근거로 1998년 이후 외환위기 때 발행된 특정채권에는 고용안정채권(근로복지공단), 중소기업구조조정채권(중소기업진흥공단), 외화표시 외평채권, 증권금융채권(한국증권금융) 등이 포함됐다.

채권발행으로 조성된 자금은 IMF 외환위기 이후 부족한 외화자금과 실업자들을 위한 고용보험 및 재교육 지원, 중소기업 긴급자금 지원 등에 쓰였다. 한국증권금융이 발행한 '비실명채권'은 1998년 10월 제1차 2조 원어치가 발행된 것을 시작으로 2000년 1회차 2조 원, 2001년 1회차 1조 5천억 원에 이르렀다. 2005년까지 총 18회에 걸쳐 6조 6,030억 원이 발행되어[13] 대우사태 이후 발발한 투신사의 '수익증권 환매사태'와 증권사 부실채권을 정리하는 데 사용됐다.

1997년 대체입법과 금융실명제 긴급명령의 차이점

1. 「보험업법」의 관련규정에 의하여 실명이 확인되고 있는 보험계약이나 이미 실명 확인된 은행계좌에 의한 계속거래, 대통령령이 정하는 100만 원 이하의 송금, 외국통화의 매입 등 실명확인을 의무화할 실익이 없는 금융거래에 대하여는 실명확인대상에서 제외하도록 한다(제2조 제2호 및 제3조 제2항).
2. 실명전환 의무기간 만료일(1993년 10월 12일) 후에 실명전환한 경우에 금융실명거래 및 비밀보장에 관한 긴급 재정경제명령의 시행일(1993. 8. 12)을 기준으로 매년 10%씩 과징금 부과율이 높아져 최고 60%까지 과징금을 부과하도록 되어 있는 것을 이 법 시행 후 실명전환되는 경우에는 현재의 과징금 부과수준인 50%로 단일화한다(부칙 제6조 제1항).
3. 비실명금융자산의 실명전환을 촉진하기 위하여 이 법 시행 후 실명으로 전환하는 자금에 대하여는 자금출처를 조사하지 아니하도록 하되, 3천만 원을 초과하는 금액을 30세 미만인 자의 명의로 실명전환하는 경우와 다른 과세자료에 의하여 탈세혐의가 드러난 경우에는 예외로 하도록 한다(부칙 제8조)
4. 중소기업에 대한 출자를 촉진하기 위하여 한시적으로 중소기업에 대한 창업출자 및 증자와 창업투자조합 등에 대한 출자에 대하여는 자금출처조사를 면제하고, 중소기업을 지원하는 금융기관에 대하여 출자하는 경우에는 일정 수준의 출자부담금을 부과한 후 자금출처조사를 면제하도록 한다(부칙 제10조).
5. 금융소득자료는 국세청에 제출하지 아니하도록 하되, 상속·증여의 경우에는 상속인과 30세 미만인 수증자의 금융자료를 일괄 조회할 수 있도록 하여 이 제도의 악용소지를 방지한다(부칙 제12조).

---

13 한국증권금융, 2015, 《한국증권금융 60년사》, 145~46쪽.

금융실명제와 종합소득세 재강화

무기명채권 및 자금출처조사를 면제받은 특정채권으로 조성된 자금은 외환위기로 인한 고금리와 재정긴축으로 온 나라 경제가 무너지던 와중에서 금융구조조정과 중소기업 및 고용지원에 상당한 효과가 있었다. 그러나 상속증여세 포탈, 기업 비자금 및 불법정치자금 등의 자금세탁에 활동공간을 확대해 준 것이라는 비판이 나오기도 했다. 다행히 금융소득 종합과세는 외환위기가 종식된 2000년에 다시 도입되어 단계적으로 강화되었고 무기명채권 발행도 2005년 이후 완전히 자취를 감췄다.

외환위기 극복 과정에서 자금거래 투명성과 회계 투명성이 건강한 자본주의 체제 유지를 위해 무엇보다 중요하다는 믿음이 확산되었다. 금융실명제가 새로운 경제환경과 시대정신에 부합하는 제도임을 한국경제가 다시 한 번 확인한 결과였다.

홍재형 외환위기 때가 정황상으로 금융실명제의 최대 고비였습니다. 그 후 무기명채권도 그때 일회성으로 끝나고 금융실명제는 갈수록 더 강화되었습니다. 금융실명제가 한국경제가 지향해야 할 시대정신에 맞는 제도였기 때문이라고 생각합니다. 전 국민이 지지해 주었고 그래서 장기적으로는 흔들림 없이 제대로 갈수 있었습니다. 2000년부터는 종합과세가 다시 시행되어 완전히 자리 잡게 되었습니다.

「금융실명거래 및 비밀보장에 관한 법률」

긴급명령에 의한 금융실명법 대체입법

제1조 (목적)

이 법은 실지명의에 의한 금융거래를 실시하고 그 비밀을 보장하여 금융거래의 정상화를 기함으로써 경제정의를 실현하고 국민경제의 건전한 발전을 도모함을 목적으로 한다.

제2조 (정의)

이 법에서 사용하는 용어의 정의는 다음과 같다.

1. '금융기관'이라 함은 다음 각목에 정하는 것을 말한다.

    가. 한국은행, 한국산업은행, 한국수출입은행, 중소기업은행 및 「은행법」에 의한 금융기관

    나. 「장기신용은행법」에 의한 장기신용은행

    다. 「단기금융업법」에 의한 단기금융회사

    라. 「종합금융회사에 관한 법률」에 의한 종합금융회사

    마. 「상호신용금고법」에 의한 상호신용금고와 그 연합회

    바. 「농업협동조합법」에 의한 농업협동조합과 그 중앙회

    사. 「수산업협동조합법」에 의한 수산업협동조합과 그 중앙회

    아. 「축산업협동조합법」에 의한 축산업협동조합과 그 중앙회

    자. 「인삼협동조합법」에 의한 인삼협동조합과 그 중앙회

    차. 「신용협동조합법」에 의한 신용협동조합과 그 중앙회

    카. 「새마을금고법」에 의한 금고와 그 연합회

    타. 「신탁업법」에 의한 신탁회사와 「증권투자신탁업법」에 의한 위탁회사

    파. 「증권거래법」에 의한 증권회사, 증권금융회사, 중개회사 및 명의개서 대행업무를 수행하는 기관

    하. 「보험업법」에 의한 보험사업자

    거. 「체신예금·보험에 관한 법률」에 의한 체신관서

    너. 기타 대통령령이 정하는 기관

2. '금융자산'이라 함은 금융기관이 취급하는 예금, 적금, 부금, 계금, 예탁금, 출자금, 신탁재산, 주식, 채권, 수익증권, 출자지분, 어음, 수표, 채무증서 등 금전 및 유가증권 기타 이와 유사한 것으로서 총리령이 정하는 것을 말한다.

3. '금융거래'라 함은 금융기관이 금융자산을 수입, 매매, 환매, 중개, 할인, 발행, 상환, 환급, 수탁, 등록, 교환하거나 그 이자·할인액 또는 배당을 지급하는 것과 이를 대행하는 것 기타 금융자산을 대상으로 하는 거래로서 총리령이 정하는 것을 말한다.

4. '실지명의'라 함은 주민등록표상의 명의, 사업자등록증상의 명의 기타 대통령령이 정하는 명의를 말한다.

제3조 (금융실명거래)

1. 금융기관은 거래자의 실지명의(이하 '실지')에 의하여 금융거래를 하여야 한다.

2. 금융기관은 제1항의 규정에 불구하고 다음 각호의 1에 해당하는 경우에는 실명의 확인을 하지 아니할 수 있다.

   ① 실명이 확인된 계좌에 의한 계속거래와 공과금 수납, 100만 원 이하의 송금 등의 거래로서 대통령령이 정하는 거래

   ② 외국통화의 매입, 외국통화로 표시된 예금의 수입 또는 외국통화로 표시된 채권 매도 등의 거래로서 대통령령이 정하는 기간 동안의 거래

   ③ 다음 각목의 1에 해당하는 채권(이하 '특정채권')으로서 이 법 시행일 이후 1998년 12월 31일 사이에 재정경제원 장관이 정하는 발행기간, 이자율 및 만기 등의 발행조건으로 발행된 채권의 거래

      가. 고용안정과 근로자의 직업능력향상 및 생활안정 등을 위하여 발행되는 대통령령이 정하는 채권

      나. 「외국환관리법」 제14조의 규정에 의한 외국환평형기금채권으로서 외국통화로 표시된 채권

      다. 중소기업의 구조조정 지원 등을 위하여 발행되는 대통령령이 정하는 채권

      라. 「증권거래법」 제160조의 규정에 의한 증권금융채권

      마. 기타 국민생활안정과 국민경제의 건전한 발전을 위하여 발행되는 대통령령이 정하는 채권

3. 실명거래의 확인방법 및 절차 기타 필요한 사항은 총리령으로 정한다.

제4조 (금융거래의 비밀보장)

1. 금융기관에 종사하는 자는 명의인(신탁의 경우에는 위탁자 또는 수탁자를 말한다)의 서면상의 요구나 동의를 받지 아니하고는 그 금융거래의 내용에 대한 정보 또는 자료(이하 '거래정보 등')를 타인에게 제공하거나 누설하여서는 아니되며, 누구든지 금융기관에 종사하는 자에게 거래정보 등의 제공을 요구하여서는 아니된다. 다만, 다음 각호의 1에 해당하는 경우로서 그 사용목적에 필요한 최소한의 범위 안에서 거래정보 등을 제공하거나 그 제공을 요구하는 경우에는 그러하지 아니하다.

   ① 법원의 제출명령 또는 법관이 발부한 영장에 의한 거래정보 등의 제공

   ② 조세에 관한 법률에 의하여 제출의무가 있는 과세자료 등의 제공과 소관관서의 장이 상속·증여재산 확인, 조세탈루 혐의를 인정할 만한 명백한 자료의 확인, 체납자의 재산조회, 「국세징수법」제14조 제1항 각호의 1에 해당하는 사유로 조세에 관한 법률에 의한 질문·조사를 위하여 필요로 하는 거래정보 등의 제공

   ③ 「국정감사 및 조사에 관한 법률」에 의한 국정조사에 필요한 자료로서 해당 조사위원회의 의결에 의한 한국은행은행감독원장, 증권감독원장, 보험감독원장, 예금보험공사사장 및 신용관리기금이사장(이하 '금융감독기관장')의 거래정보 등의 제공

   ④ 재정경제원 장관과 금융감독기관장이 금융기관에 대한 감독·검사를 위하여 필요로 하는 거래정보 등의 제공으로서 다음 각목의 1에 해당하는 경우와 제3호의 규정에 의하여 해당 조사위원회에 제공하기 위한 경우

   가. 내부자거래 및 불공정거래행위 등의 조사에 필요한 경우

   나. 고객예금횡령, 무자원입금기표 후 현금인출 등 금융사고 적출에 필요한 경우

   다. 구속성예금 수입, 자기앞수표 선발행 등 불건전금융거래행위의 조사에 필요한 경우

   라. 금융실명거래 위반과 부외거래, 출자자대출, 동일인 한도 초과 등 법령 위반행위의 조사에 필요한 경우

   마. 「예금자보호법」에 의한 예금보험업무 및 「금융산업의 구조개선에 관한 법률」에 의해 예금보험공사 사장이 예금자표의 작성업무를 수행하기 위하여 필요한 경우

⑤ 동일한 금융기관의 내부 또는 금융기관 상호 간에 업무상 필요한 거래정보 등의 제공

⑥ 기타 법률에 의하여 불특정 다수인에게 의무적으로 공개하여야 하는 것으로서 당해 법률에 의한 거래정보 등의 제공

2. 제1항 제1호 내지 제4호 또는 제6호의 규정에 의하여 거래정보 등의 제공을 요구하는 자는 다음 각호의 사항을 기재한 문서에 의하여 금융기관의 특정점포에 이를 요구하여야 한다. 다만, 제1항 제1호의 규정에 의하여 거래정보등의 제공을 요구하는 경우에는 거래정보 등을 보관 또는 관리하는 부서에 이를 요구할 수 있다.

① 거래자의 인적사항

② 사용목적

③ 요구하는 거래정보 등의 내용

3. 금융기관에 종사하는 자는 제1항 또는 제2항의 규정에 위반하여 거래정보 등의 제공을 요구받은 경우에는 이를 거부하여야 한다.

4. 제1항 각호의 규정(종전의「금융실명거래에 관한 법률」제5조 제1항 제1호 내지 제4호의 규정 및 금융실명거래 및 비밀보장에 관한 긴급 재정경제명령 제4조 제1항 각호의 규정을 포함한다)에 의하여 거래정보 등을 알게 된 자는 그 알게 된 거래정보 등을 타인에게 제공 또는 누설하거나 그 목적 외의 용도로 이를 이용하여서는 아니되며, 누구든지 거래정보 등을 알게 된 자에게 그 거래정보 등의 제공을 요구하여서는 아니된다.

5. 제1항 또는 제4항의 규정에 위반하여 제공 또는 누설된 거래정보 등을 취득한 자(그로부터 거래정보 등을 다시 취득한 자를 포함한다)는 그 위반사실을 알게 된 경우 이를 타인에게 제공 또는 누설하여서는 아니된다.

제5조 (비실명자산소득에 대한 차등과세)

실명에 의하지 아니하고 거래한 금융자산에서 발생하는 이자 및 배당소득에 대하여는 소득세의 원천징수세율을 100분의 90(특정채권에서 발생하는 이자소득의 경우에는 100분의 20)으로 하며,「소득세법」제14조 제2항의 규정에 의한 종합소득 과세표준의 계산에 있어서 이를 합산하지 아니한다.

제6조 (벌칙)

1. 제4조 제1항 또는 제3항 내지 제5항의 규정을 위반한 자는 5년 이하의 징역 또는 3천만 원 이하의 벌금에 처한다.
2. 제1항의 징역형과 벌금형은 이를 병과할 수 있다.

제7조 (과태료)

1. 제3조의 규정을 위반한 금융기관의 임원 또는 직원은 500만 원 이하의 과태료에 처한다.
2. 제1항의 규정에 의한 과태료는 대통령령이 정하는 바에 의하여 재정경제원 장관이 부과·징수한다.
3. 제2항의 규정에 의한 과태료 처분에 불복이 있는 자는 그 처분의 고지를 받은 날부터 30일 이내에 재정경제원 장관에게 이의를 제기할 수 있다.
4. 제2항의 규정에 의한 과태료 처분을 받은 자가 제3항의 규정에 의하여 이의를 제기한 때에는 재정경제원 장관은 지체 없이 관할법원에 그 사실을 통보하여야 하며, 그 통보를 받은 관할법원은 「비송사건절차법」에 의한 과태료의 재판을 한다.
5. 제3항의 규정에 의한 기간 내에 이의를 제기하지 아니하고 과태료를 납부하지 아니한 때에는 국세체납처분의 예에 의하여 이를 징수한다.

제8조 (양벌규정)

법인의 대표자, 법인 또는 개인의 대리인, 사용인 기타 종업원이 그 법인 또는 개인의 업무에 관하여 제6조 또는 제7조의 위반행위를 한 때에는 행위자를 벌하는 외에 그 법인 또는 개인에 대하여도 각 해당 조의 벌금 또는 과태료를 과한다.

제9조 (다른 법률과의 관계)

1. 이 법과 다른 법률이 서로 저촉되는 경우에는 이 법에 의한다.
2. 금융실명거래 및 비밀보장에 관한 긴급 재정경제명령 시행 당시 동 긴급 재정경제명령보다 우선하여 적용하였던 법률은 제1항의 규정에 불구하고 이 법에 우선하여 적용한다.

부칙 (법률 제5493호, 1997. 12. 31)

제1조 (시행일)
이 법은 공포한 날부터 시행한다.

제2조 (긴급명령의 폐지)
'금융실명거래 및 비밀보장에 관한 긴급 재정경제명령'(이하 '긴급명령')은 이를 폐지한다.

제3조 (일반적 경과조치)
이 법 시행 전의 금융거래의 비밀보장, 금융자산의 실명전환 및 금융자산에서 발생한 소득에 대한 소득세의 원천징수에 관하여 이 법이 따로 규정하지 아니하는 것에 대하여는 종전의 긴급명령에 의한다.

제4조(벌칙 등에 관한 경과조치)
이 법 시행 전의 행위에 대한 벌칙 및 과태료의 적용에 있어서는 종전의 긴급명령에 의한다.

제5조(기존 금융자산에 대한 실명확인)
1. 금융기관은 종전의 긴급명령 시행 전에 금융거래계좌가 개설된 금융자산(이하 '기존 금융자산') 중 이 법 시행 전까지 실명확인되지 아니한 금융자산의 명의인에 대하여는 이 법 시행 후 최초의 금융거래가 있는 때에 그 명의가 실명인지의 여부를 확인하여야 한다.
2. 금융기관은 제1항의 규정에 의한 확인을 하지 아니하였거나 실명이 아닌 것으로 확인된 기존 금융자산에 대한 지급, 상환, 환급, 환매 등을 하여서는 아니된다.
3. 제7조 및 제8조의 규정은 금융기관 임원 또는 직원의 제1항 또는 제2항의 위반행위에 대하여 이를 준용한다. 이 경우 제7조 제1항 중 '제3조'는 '부칙 제5조 제1항 또는 제2항'으로 본다.

제6조 (실명전환자에 대한 과징금부과)

1. 금융기관은 기존 금융자산의 거래자가 이 법 시행 후 그 명의를 실명으로 전환하는 경우에는 종전의 긴급명령 시행일 현재의 금융자산 가액에 100분의 50을 적용하여 계산한 금액을 과징금으로 원천징수하여 그 징수일이 속하는 달의 다음달 10일까지 정부에 납부하여야 한다.

2. 기존 금융자산의 거래자가 대통령령이 정하는 사유로 인하여 실명전환을 하는 것이 곤란하다고 인정되는 경우에는 그 사유가 소멸된 날부터 1월내에 실명전환하는 경우 제1항의 규정에 불구하고 과징금을 부과하지 아니한다.

3. 재정경제원 장관은 제1항의 경우 금융기관이 징수하였거나 징수하여야 할 과징금을 기한 내에 납부하지 아니하거나 미달하게 납부한 경우에는 그 금융기관으로부터 납부하지 아니한 과징금 또는 미달한 과징금 외에 그 과징금의 100분의 10에 해당하는 금액을 가산금으로 징수한다.

4. 재정경제원 장관은 제1항 및 제3항의 규정에 의한 과징금 및 가산금의 징수, 납부, 체납처분 및 환급(이하 '징수 등')에 관한 업무를 국세청장에게 위임할 수 있다.

5. 제1항 및 제3항의 규정에 의한 과징금 및 가산금의 징수 등에 관하여는 「국세징수법」, 「국세기본법」 및 「소득세법」을 준용한다. 이 경우 '국세'는 '과징금'으로 본다.

제7조(실명전환 자산에 대한 소득세 원천징수)

1. 금융기관은 이 법 시행 후 실명으로 전환된 기존 금융자산에서 발생한 이자 및 배당소득에 대하여는 다음 각호의 규정에 의한 소득세 원천징수 부족액의 합계액을 원천징수하여 실명전환일이 속하는 달의 다음달 10일까지 정부에 납부하여야 한다.

   ① 이 법 시행일 이후 발생한 이자 및 배당소득에 대하여는 제5조에서 규정하는 원천징수세율을 적용하여 계산한 소득세 원천징수액에서 기원천징수한 소득세액을 차감한 잔액

   ② 1993년 10월 13일 이후 이 법 시행일 전까지 발생한 이자 및 배당소득에 대하여는 종전의 긴급명령 제9조의 규정에 의한 원천징수세율을 적용하여 계산한 소득세 원천징수액에서 기원천징수한 소득세액을 차감한 잔액

   ③ 1993년10월 12일까지 발생한 이자 및 배당소득에 대하여는 종전의 긴급명령 제8조 제1항의 규정에 의하여 계산한 소득세 원천징수액

2. 제1항의 규정에 의하여 원천징수하는 소득세액은 실명전환일 현재의 해당 금융자산가액을 한도로 한다.

3. 금융기관이 제1항의 규정에 의하여 소득세를 원천징수하여 납부한 경우에는「소득세법」제158조 제1항의 규정을 적용하지 아니한다.

제8조(실명전환 금융자산에 대한 세무조사의 특례 등)

1. 이 법 시행 후 실명으로 전환된 기존 금융자산에 대하여는 조세에 관한 법률에 불구하고 실명전환과 관련하여 자금의 출처 등을 조사하지 아니하며, 그 금융자산을 과세자료로 하여 종전의 긴급명령 시행 전에 납세의무가 성립된 조세를 부과하지 아니한다. 다만, 다음 각호의 1에 해당하는 경우에는 그러하지 아니하다.
   ① 30세 미만인 자의 명의로 실명전환된 금융자산으로서 그 금융자산의 가액이 3천만 원을 초과하는 경우
   ② 그 금융자산 외의 과세자료에 의하여 조세를 부과하는 경우

2. 금융기관은 제1항 제1호의 규정에 의한 금융자산에 대하여 그 전환내용을 대통령령이 정하는 바에 의하여 국세청장에게 통보하여야 한다.

3. 제1항의 규정은 이 법 시행 전에 실명전환되어 국세청장에게 통보된 금융자산에 대하여도 이를 적용한다.

제9조(특정채권의 거래에 대한 세무조사의 특례 등)

특정채권의 소지인에 대하여는 조세에 관한 법률에 불구하고 자금의 출처 등을 조사하지 아니하며, 이를 과세자료로 하여 그 채권의 매입 전에 납세의무가 성립된 조세를 부과하지 아니한다. 다만, 그 채권을 매입한 자금 외의 과세자료에 의하여 조세를 부과하는 경우에는 그러하지 아니하다.

제10조(중소기업출자금 등에 대한 세무조사의 특례 등)

1. 「소득세법」제1조의 규정에 의한 거주자가 대통령령이 정하는 기간 동안 다음 각호의 1에 해당하는 경우에는 당해 자금에 대하여는 조세에 관한 법률에 불구하고 그 출자 또는 투자와 관련하여 자금의 출처 등을 조사하지 아니하며, 이를 과세자료로 하여 그 출자 또는 투자 전에 납세의무가 성립된 조세를 부과하지 아니한다. 다만, 그 출자 또는 투자하는 자금외의 과세자료에 의하여 조세를 부과하는 경우에는 그러하지 아니하다.

① 대통령령이 정하는 중소기업(법인에 한한다)에 출자하는 경우

② 「중소기업창업지원법」에 의한 중소기업창업투자회사 및 중소기업창업투자조합, 기타 이와 유사한 법인 또는 조합으로서 대통령령이 정하는 것에 출자하는 경우

③ 중소기업에 대하여 자금을 지원하는 금융기관으로서 대통령령이 정하는 것에 출자하는 경우

④ 「조세감면규제법」 제13조의 3, 제1항 제2호에 규정하는 벤처기업투자신탁의 수익증권에 투자하는 경우

2. 제1항 제3호의 규정을 적용받고자 하는 거주자는 당해 출자에 대한 부담금(이하 '출자부담금')을 대통령령이 정하는 신용보증기관에 출손하여야 한다.

3. 다음 각호의1에 해당하는 경우에는 제1항 본문의 규정을 적용하지 아니한다.

① 30세 미만인 자가 출자 또는 투자하는 경우

② 타인의 출자지분이나 수익증권을 양수하는 방법으로 출자 또는 투자하는 경우

③ 출자일 또는 투자일부터 5년이 경과하기 전에 다음 각목의 1에 해당하는 경우. 다만, 출자자 또는 투자자의 사망 기타 대통령령이 정하는 사유로 인한 경우에는 그러하지 아니하다.

가. 제1항 제1호 내지 제3호에 규정하는 출자지분을 이전하거나 회수하는 경우

나. 제1항 제4호에 규정하는 벤처기업투자신탁의 수익증권을 양도하거나 「증권투자신탁업법」 제2조 제3항의 규정에 의한 위탁회사가 당해 수익증권을 환매하는 경우

④ 조세를 회피할 목적으로 출자 또는 투자하였다고 인정되는 경우로서 대통령령이 정하는 경우

4. 제2항의 규정에 의한 출자부담금은 건별 출자액에 다음의 부담율을 적용하여 계산한 금액으로 한다.

• 출자액: 10억 원 이하 출자액의 100분의 10

• 부담율: 10억 원 초과 1억원 + 10억 원을 초과하는 금액의 100분의 15

5. 출자부담금의 출손방법 기타 필요한 사항은 대통령령으로 정한다.

제11조(금융실명거래 및 종합과세의 추진)

종전의 긴급명령 제11조의 규정에 의하여 설치된 전담기구는 대통령령이 정하는 때까지 존속한다.

제12조(금융자산소득에 대한 과세특례)

1. 1998년 1월 1일이 속하는 과세기간부터 「소득세법」 제14조의 규정에 불구하고 이자소득 및 배당소득에 대한 소득금액은 동조 제2항의 종합소득 과세표준의 계산에 있어서 이를 합산하지 아니한다. 다만, 「소득세법」 제14조 제4항 각호의 1에 해당하는 소득금액은 그러하지 아니하다.

2. 「소득세법」 제129조 제1항 제1호 가목, 다목 및 동항 제2호에 규정하는 원천징수세율은 동 규정에 불구하고 100분의 20으로 한다. 다만, 1997년 12월 31일 이전에 발생한 이자소득 또는 배당소득(제1항의 규정에 의하여 종합소득 과세표준의 계산에 있어서 합산하지 아니하는 것에 한한다)으로서 당해 소득의 수입시기가 1998년 1월 1일 이후에 속하는 것에 대한 원천징수세율은 100분의 15로 한다.

3. 제2항의 규정은 1998년 1월 1일 이후 최초로 발생하는 소득을 지급하는 분부터 적용한다.

4. 1998년 1월 1일 이후에 거주자에게 지급하는 이자소득 또는 배당소득에 대하여는 「소득세법」 제164조의 규정에 불구하고 지급조서 또는 원천징수 영수증 부본을 세무서장, 지방국세청장 또는 국세청장(이하 '국세청장 등')에게 제출하지 아니한다.

    다만, 다음 각호의 1에 해당하는 경우에는 그러하지 아니하다.

    ① 종합소득 과세표준의 계산에 있어서 합산하는 이자소득 또는 배당소득의 경우

    ② 제2항에 규정하는 원천징수세율보다 낮은 세율이 적용되거나 소득세를 비과세, 감면하는 이자소득 또는 배당소득의 경우

    ③ 원천징수세액 또는 비과세, 감면 등의 확인을 위하여 국세청장 등이 대통령령이 정하는 바에 의하여 지급조서 등의 제출을 요구하는 경우

5. 국세청장 등은 이자소득 또는 배당소득에 대한 지급조서 또는 원천징수에 관한 명세서를 체납자의 재산조회에 사용하는 등 정당한 사유가 있는 경우를 제외하고는 과세자료로 사용하여서는 아니된다.

6. 제1항 내지 제5항의 금융자산소득에 대한 과세특례에 관하여 필요한 사항은 대통령령으로 정한다.

제13조(다른 법률의 개정 및 다른 법령과의 관계)

1. 「조세감면규제법」 중 다음과 같이 개정한다.

   제3조 제1항에 제25호를 다음과 같이 신설한다.

   25. 「금융실명거래 및 비밀보장에 관한 법률」

2. 「소득세법」 중 다음과 같이 개정한다.

   제2조 제4항 중 '제14조 제3항'을 '제14조 제3항 또는 다른 법률'로 한다.

   제129조 제2항 단서 중 '금융실명거래 및 비밀보장에 관한 긴급 재정경제명령 제9조'를 '금융실명거래 및 비밀보장에 관한 법률 제5조'로 한다.

3. 「상속세 및 증여세법」 중 다음과 같이 개정한다.

   제46조에 제6호를 다음과 같이 신설한다.

   6. 「신용보증기금법」에 의하여 설립된 신용보증기금 기타 이와 유사한 것으로서 대통령령이 정하는 단체가 증여받은 재산의 가액

   제83조 제1항을 다음과 같이 하고, 동조 제3항 제1호 중 '피상속인'을 '피상속인 등'으로 한다.

   1. 국세청장(지방국세청장을 포함한다. 이하 이 조에서 같다)은 세무서장등이 제76조에 의한 상속세 또는 증여세를 결정·경정하기 위하여 조사하는 경우에는 「금융실명거래 및 비밀보장에 관한 법률」 제2조 제1호에 규정된 금융기관의 장에게 동법 제4조의 규정에 불구하고 다음 각호의 1에 해당하는 자(이하 이 조에서 '피상속인 등')의 금융재산에 관한 과세자료를 일괄하여 조회할 수 있다.

① 상속세의 경우에는 피상속인과 그 상속인중 대통령령이 정하는 자

② 증여세의 경우에는 수증자로서 30세 미만인 자

4. 「공직자윤리법」중 다음과 같이 개정한다.

제8조 제5항 중 '금융실명거래 및 비밀보장에 관한 긴급 재정경제명령 제4조'를 '「금융실명거래 및 비밀보장에 관한 법률」 제4조'로 한다.

5. 「마약류 불법거래 방지에 관한 특례법」 중 다음과 같이 개정한다.

제5조 제1항 중 '금융실명거래 및 비밀보장에 관한 긴급 재정경제명령 제2조 제1호'를 '「금융실명거래 및 비밀보장에 관한 법률」 제2조 제1호'로 한다.

6. 「신용정보의 이용 및 보호에 관한 법률」 중 다음과 같이 개정한다.

제23조 제1호 중 '금융실명거래 및 비밀보장에 관한 긴급 재정경제명령 제4조'를 '「금융실명거래 및비밀보장에관한법률」 제4조'로 한다.

7. 「농어촌특별세법」 중 다음과 같이 개정한다.

제5조 제4항 제1호를 다음과 같이 한다.

① 이자·배당소득에 100분의 20을 곱하여 계산한 소득세액

8. 이 법 시행 당시 다른 법령에서 종전의 긴급명령 또는 그 규정을 인용한 경우에 이 법 중 그에 해당하는 규정이 있는 때에는 이 법 또는 이 법의 해당 조항을 인용한 것으로 본다.

제14조(다른 법률의 개정에 따른 적용례)

1. 부칙 제13조 제3항의 「상속세 및 증여세법」의 개정규정은 이 법 시행 후 최초로 상속세 또는 증여세를 결정하는 것부터 적용한다.

2. 부칙 제13조 제7항의 「농어촌특별세법」의 개정규정은 1998년 1월 1일 이후 최초로 발생하는 소득을 지급하는 것부터 적용한다.

금융실명제
시행 후
나타난 쟁점

5

현금거래를 통한 비자금 조성

금융거래에 꼬리표 달기

1993년 긴급 재정경제명령으로 시작된 금융실명제는 "모든 금융거래에 일단 꼬리표라도 달아 주자"고 시작했던 명목상의 금융실명제였다.

초기의 금융실명제는 이를 뒷받침할 기술 인프라와 관련법이 미비했기 때문에 현금으로 비자금이 오가고 부정한 금전수수 거래가 이루어지는 것까지는 막지 못했다. 금융실명제를 피하기 위해 현금으로 정치자금이나 뇌물을 주었다가 사회적 논란으로 확산된 대표적 사례로 '한보사건'을 들 수 있다. 1997년 한보 정태수 회장은 심문과정에서 검찰에 "정치권 등에 1천억 원 가까운 돈을 현금으로 주었다"고 말했다.

2003년에는 악명 높은 '한나라당 차떼기 사건'이 발생했다. 이 사건은 모 대기업이 2.5톤 차량 한 대에 현금을 가득 채운 후 그 자동차를 통째로 당시 여당에 전달하는 방식으로 불법정치자금을 제공한 사건으로 2003년 12월에 검찰에 적발되었다. 언론에 보도된 내용은 이렇다. 모 대기업은 현금 150억 원을 만 원짜리로 트럭에 꽉꽉 채워 서울 고속도로 톨게이트 부근 만남의 광장에 주차시켰다. 당시 한나라당 법률고문은 이 트럭의 키를 건네받아 직접 운전해서 서울로 올라와 이걸 전달했다. 사건의 전모가 드러나자 정치권이 동요하고 국민들이 분노했다.

수사 결과, 더 영리했던 다른 대기업은 두꺼운 책의 가운데를 파서 명동 사채시장에서 할인해서 쓸 수 있도록 국민채권을 넣어 전달했던 것으로 밝혀졌다.

이 사건의 후폭풍으로 「정치자금법」이 개정되고 처벌이 무거워졌다. 그 이전까진 「정치자금법」 위반은 어느 정도 불가피한 일로 생각되어 뇌물, 수뢰청탁보다 죄질이 가벼운 것으로 분류되었다. 그러나 「정치자금법」 개정으로 무거운 처벌을 받게 되고, 법적으로 기업이 정당에 기부할 수 없도록 원천 봉쇄된다.

한 가지 확실한 것은 금융실명제가 시행되자 금융기관을 통한 편리한 정치자금 거래가 불가능해졌다는 사실이었다. 거액을 현금으로 거래해야 하니 전달과 보관에 큰 불편을 겪게 됐다. 불법 뇌물을 사과박스나 007 가방 등에 담아 전달하는 일이 늘어났다. 뇌물을 받은 사람은 그 돈을 은행에 맡기지 못한 채 비닐에 싸서 집안 침대 밑이나 냉장고 냉동실 등에 보관했다가 수사기관에 적발되는 일도 벌어졌다.

김용진 실명제 때문에 현금뭉치가 돌아다녔지만 현금이 많으면 관리하기가 현실적으로 너무 어렵습니다. 그래서 마늘밭을 파고 거액의 현금을 비닐로 싸서 숨겨놨다가 그걸 다른 사람이 캐내는 그런 일도 벌어졌잖아요. 현금뭉치는 우리가 생각하듯이 부피가 작지 않습니다. 현금은 추적하기 어렵지만 양적 규모가 커지면 추적이 가능해집니다. 예전에 10만 원짜리 수표 논쟁이 있었는데 사실 저는 그것도 별문제 없다고 보았습니다. 10만 원짜리 수표를 끊어갈 때 누가 끊어갔는지 은행에서 다 알아보고 추적할 수 있기 때문입니다. 나중에 조사가 들어왔을 때 이실직고하지 않으면 추적이 다 가능해요.

홍은주 결국 실명제는 모든 금융거래에 대해 창구에서 길목을 막는 것이 아니라, 빠짐없이 기록해 두었다가 조사할 수 있는 수단이 되는 것으로 이해해야겠군요.

최규연 이철희·장영자 사건을 계기로 실명제 도입 논의가 시작되었기 때문에 사람들이 마치 금융실명제가 부정부패와 비리를 치유하는 만병통치약인 것처럼 계속 이야기했습니다. 하지만 당시 우리가 금융거래 순환과정을 다 조사하다 보니 "거액 현금거래를 통한 탈세나 범죄행위는 현재의 「금융실명법」만으로는 막을 방법이 없겠다"고 봤습니다. 금융실명제를 할 때 일단 금융거래에 이름표라도 달아 두자는 것이고 현금을 통한 부정부패를 원천봉쇄하는 데 당장은 한계가 있음을 우리는 이미 알고 출발했습니다.

그러나 장기적으로는 불법자금 거래를 하려면 거액의 현금을 동원해야 하고 결국 현금 자금출처를 전부 소명해야 하는 일들이 자꾸 벌어지니까 투명한 사회를 만드는 데 결정적 동력으로 작용할 것으로 봤습니다. 가령 누가 뇌물로 거액의 현금을 받았다고 가정해 봅시다. 그걸 현금화하여 전달하는 것도 힘들고, 집에 쌓아

금융정보분석원은 금융실명제를 뒷받침할 수 있는 방대한 전산 서버시스템을 갖췄다(2016).

놓지 않는 한 은행 어딘가에 저금해 놓을 텐데 그 돈으로 부동산 같은 걸 사려면 나중에 세무당국에서 "이 사람은 소득이 뻔한데 갑자기 이 돈이 어디서 났는지 소명하라" 이렇게 될 것 아닙니까? 요즘은 다 전산화되고 보완 입법도 만들어져서 현금을 많이 가져오면 세무당국에서 조사할 수 있습니다. 설령 그런 법이 없더라도 지금은 전산망이 발달하여 개인별 재산등록이 다 돼 있어서 과거 몇 년간의 소득자료가 한꺼번에 다 나오잖아요? 그러니까 나중에라도 엉뚱한 현금이 갑자기 나와서 부동산을 샀다고 하면 세무당국이 그 돈이 어디서 났느냐고 물어볼 수 있는 근거가 실명제로 인해 마련된 것입니다.

현금거래 막기 위한 「자금세탁방지법」 추진

금융실명제 시행 이후 현금거래를 통한 검은돈 수수사건이 반복적으로 발생하자 미국식 「자금세탁방지법」을 도입해야 한다는 주장으로 이어졌다.

　미국의 「자금세탁방지법」은 자금세탁 행위를 중대범죄로 규정하여 20년 이하의 징역 또는 벌금을 부과하고 있고, 「은행비밀보호법」의 예외조항으로 1만 달러 이상의 현금거래는 국세청에 보고하도록 하며 그보다 낮은 금액이라도 범죄행위와 관련된 의심스러운 거래내역은 보고하도록 되어 있었다.

정부는 이 같은 외국사례에 비춰 볼 때 한국에서도 마약밀수, 탈세 등과 관련된 검은돈의 규제가 필요하다고 보고 「자금세탁방지법」 제정 검토에 들어갔다. 한국에서 「자금세탁방지법」이 추진된 것은 2001년 11월의 일이다. 「특정 금융거래정보의 보고 및 이용 등에 관한 법률」(특정금융정보법)에 의거해 우리나라의 자금세탁방지기구인 금융정보분석원(KoFIU: Korea Financial Intelligence Unit)이 설립됐다.

이때부터 현금거래에 조금이라도 이상한 기미가 있으면 은행 창구직원들이 의심의 눈초리로 보아 당국에 무조건 신고하는 관행이 생겨났다. 여기에 금융전산망과 국세전산망이 종으로 횡으로 발달하여 거액 현금거래를 추적하는 것이 가능해지면서 금융실명제가 명실상부한 형태로 자리 잡기 시작했다.

차명계좌 논란

대기업 차명계좌로 사회적 논란 촉발

긴급명령에 의한 금융실명제에서 가장 최근까지 쟁점이 된 것이 차명계좌 처리 문제였다. 차명은 남의 이름을 빌린다는 뜻이다. 돈의 실질적 주인이 다른 사람의 명의와 주민등록을 빌려 은행계좌나 증권계좌를 만들고 돈을 넣는 것이다.

금융실명제하에서 차명거래 이슈가 본격적으로 문제되기 시작한 것은 검찰수사에서 재벌회장들이 계열사 임직원들의 이름을 빌려 맡겨 둔 거액의 차명 비자금이 속속 드러나면서부터였다.

2004년 손길승 SK그룹 회장이 1998년부터 2002년까지 이사회 결의 없이 기업자금 7,884억 원을 11개 차명계좌에 분산 예치해 두었다가 해외선물에 투자하여 대규모 손실을 본 사실이 언론에 드러났다. 또 SK네트웍스가 계열사 주식을 해외

350

에서 차명 보유해온 사실도 밝혀졌다.

2007년에는 삼성 비자금을 관리했던 김용철 변호사의 폭로로 이건희 삼성그룹 회장의 차명재산이 드러났다. 이 사건을 수사하던 특검은 2008년 이건희 회장이 486명의 회사 임원 명의로 1,199개 차명계좌에 약 4조 5,373억 원 상당의 금융자산을 보유하고 있다는 사실을 밝혀냈다.[1]

2008년에는 CJ그룹 이재현 회장, 2010년에는 한화그룹 김승연 회장의 차명계좌 비자금이 드러났다. 액수의 차이는 있지만 당시 대부분의 대기업들이 계열사의 주요임원 명의 비자금 차명계좌를 보유하고 있었다. 계열사 사장이나 주요임원 되면 본인 동의하에 차명계좌가 만들어지곤 했는데 당사자는 명의만 빌려줬을 뿐 해당 통장을 만져 본 적도 없고 어느 금융기관, 어느 계좌에 얼마가 들어 있는지 알지 못하는 경우가 많았다.

그런데 삼성 이건희 회장의 차명자금이 드러나자 2009년 경제개혁연대가 금융위원회에 "이건희 회장 차명계좌에 든 돈이 몰수가 됐느냐?"고 질의했다. 사람들은 차명이 당연히 금융실명제 위반이므로 최대 60%의 원금몰수 과징금이 부과될 것이라고 생각했다. 그러나 금융위원회는 "주민등록상 실명으로 개설된 계좌는 차명이라고 해도 금융실명제에 따른 비실명에 해당하지 않기 때문에 과징금 부과 대상이 아니다"라고 답변하여 큰 논란을 불러일으켰다.

다음은 이 사건에 관한 언론기사 내용이다.

삼성은 특검수사 뒤인 2008년 말 기존 차명계좌에 있던 4조 원 규모의 삼성전자·삼성생명 등 주식을 이 회장 앞으로 전환했다. 이는 차명계좌를 해지한 뒤 이 회장 명의 계좌에 입금시키는 '명의변경'으로, 「금융실명법」에 따라 과징금과 세금 납부를 해야 하는 의무가 생기는 '실명전환'과는 다르다. '금융실명거래 및 비밀보장에 관한 긴급 재정경제명령'이 시행된 1993년 8월 12일부터 '실명전환 의무기간'(같은 해 10월 12일까지)이 지난 뒤 실명전환을 할 경우엔 그간 이자·배당 수익의 최고 99%를 소득세·주민세로 원천징수하고, 긴급명령일 당시 자산 가

---

1 "이건희 차명재산, 삼성證·우리銀 불법계좌 분산 은닉", 〈연합뉴스〉, 2017. 10. 30.

액의 60%(의무기간 5년 이상 경과)를 과징금으로 부과하도록 돼 있다. 결국 실명전환할 경우 이 회장은 많게는 조 단위로 추정되는 과징금과 세금을 정부에 납부해야 했지만, (금융위의 유권해석으로) 이 회장은 명의변경을 통해 차명재산 전액을 되찾아갔다.[2]

차명계좌의 성격

이 사건 이후 금융위원회가 특정 재벌을 봐주는 것 아니냐는 따가운 비판이 시민단체 등에서 쏟아져 나왔지만, 사실 이는 차명계좌가 가지는 여러 가지 복잡한 성격 때문이었다.

차명계좌는 정보비대칭성이 강한 것이 특징이다. 첫째, 실명확인 의무가 있는 금융기관(직원)은 주민등록증을 들고 예금하겠다고 찾아온 사람이 돈의 실소유주인지 아니면 이름을 빌려주는 사람인지를 확인할 수 있는 방법이 없다.

둘째, 차명 가운데서도 사회에 무해한 편의성 차명인지 아니면 조세포탈이나 비자금 조성 목적의 악의적 차명인지를 사전적으로(Ex Ante) 알기가 어렵다. 가령, 어느 중소기업에서 임원계좌로 회사 돈을 넣어 두었다는 것을 은행직원이 알고 있다고 해도 이것이 불법비자금 조성 목적인지 아니면 담당임원의 결제나 업무처리를 원활하도록 하기 위한 것인지 가려내기가 쉽지 않다.

당시 「금융실명법」은 실명확인 의무를 금융기관에 부여했다. 만약 「금융실명법」이 차명거래를 불법으로 금지한다면 금융기관 창구직원이 차명여부를 가리는 의무까지 져야 하는데 이는 현실적으로 불가능했다. 수사기관이나 국세청이 총동원되어 장기간 수사해도 세탁을 거친 돈의 실질적 임자를 찾아내 범죄성을 입증하기가 어려운데 은행창구 직원에게 이를 해내라는 것은 불가능한 일이었다.

또 차명을 불법으로 규정하여 형사적 제재를 가하기 위해서는 차명이 범죄요건을 갖췄음을 입증해야 한다. 그런데 차명에는 친구나 가족에게 맡겨 둔 돈, 동창회나 임의단체, 종중재산 등 단순히 거래의 편리성을 위한 수많은 경우가 있어 차

---

2 〈한겨레〉, 2017. 10. 16.

명 그 자체를 범죄로 단정하기는 어려웠다.

불법적 의도가 없는 단순한 차명계좌의 경우의 수는 셀 수 없이 많았다. 자녀 교육비나 주택마련 통장 및 보험, 커플통장, 효도통장, 종중통장, 동문회·동창회·동호회 임의단체 회장 대표통장, 종교단체, 고아·심신상실자 등 자산보호자 위탁시설 대표 통장, 사회시설·특이질병치료자·기부단체의 기부금 통장, 자연재해 성금, 파산관재인의 명의관리, 사업자등록 이전 대표자 명의관리, 법원공탁금, 투자자 별도예치금, 소비자피해보상금 지급을 위한 법원예치금, 미반환 금전계약금, 채권·채무의 이행담보 보증금, 미등록 협동조합 등이 그 예이다.[3]

사업실패로 신용불량자가 된 영세사업자나 자영업자가 사업재기를 위해 다른 가족이나 임직원 명의로 통장을 개설한 경우도 셀 수 없이 많았다.

진동수 우리 사회에서 수없이 많은 일반 국민들이 관행적으로 부모나 형제 등 가족 이름으로 차명을 많이 하는데 그래봐야 액수도 얼마 안 되고 차명을 하는 이유도 제각각일 것입니다. 이런 송사리들을 하나하나 다 잡아내서 처벌하자는 것이 실명제 실시의 근본 취지는 아니잖아요? 차명을 찾아내기 위한 비용도 천문학적이어서 만약 처음부터 모든 차명을 제대로 다 손보자고 했다면 은행 업무가 마비되고 과도한 행정비용 때문에 실명제 자체를 실행할 수가 없었을 것입니다. 그 혼란이 얼마나 심각했을지 생각해 보세요.

실명제의 취지가 일부 재벌개혁과 불법정치자금을 막자는 것인데 빈대 잡자고 민초들의 초가삼간을 다 태워서는 안 되지 않습니까. 재벌 비자금이나 일부 대규모 불법차명은 국세청이나 검찰의 자금출처조사나 세무조사 등 다른 방법으로 당시에도 얼마든지 적발할 수 있었거든요. 차명이라고 해서 그것을 자동으로 불법화하고 몰수하는 것은 헌법상의 사유재산권 문제와 상충할 우려가 컸습니다.

그런 상황이니 차명을 단순하게 불법으로 간주하고 과징금을 부과하면 수많은 국민들의 혼란이 예상되고 재판에서도 정부가 패소할 가능성이 높았습니다. 당시

---

3 김자봉, 2016, 《금융실명제 시행 20년의 성과와 향후과제》, 한국금융연구원.

법원이 차명에 대한 의제증여추정을 좁게 해석하던 때였거든요. 대법원 판례가 증여에 대한 의제추정을 좁게 해석하다가 광범위하게 인정하게 된 것이 사실 얼마 안됐어요. 실명제가 진정하게 불법차명까지 잡아내는 효과를 내려면 나중에 관련 제도와 법들을 따로 정비할 필요가 있다고 봤습니다.

설령 일부 차명의 동기가 겉보기에 불순하게 보이더라도 구체적 불법행위가 아직 입증되지 않았는데, 당연히 불법이라고 처벌하는 것은 형법의 보충성 원리에 위배된다.[4]

당시 실명제팀은 또한 모든 차명거래를 무효화하여 "차명은 실명자의 자산"으로 의제해 버리는 것 역시 법적 문제가 있다고 봤다. 가령, 타인에게 명의를 빌려 주어 불법자금을 맡아 둔 사람이 있다고 하자. 이 사람은 범죄행위를 알면서도 협조한 것인데 차명자금이 실명자의 자산이라고 의제해 버리면 범죄자의 돈을 또 다른 범죄자가 수익으로 챙기게 될 뿐만 아니라 정부가 나중에 행위자의 불법을 밝혀내더라도 차명에 들어가 있는 돈은 몰수하기 어렵게 된다. 그 돈이 범죄자금인지 몰랐다고 하면 그만이다.

금융관행과 과세관행의 차이

1993년 긴급명령은 "금융회사 등은 거래자의 실지명의로 금융거래를 하여야 한다"고 하여 실명확인의 주체를 금융기관으로 적시하고, "'실지명의'라 함은 주민등록표상의 명의, 사업자등록증상의 명의 등 대통령령이 정하는 명의를 말한다"고 정의했다(제2조 제4호). 즉, 누구든 금융기관에 주민등록증이나 사업자등록증을 가져가면 실지명의로 인정한다고 하여 차명의 불법성 여부를 명시하지 않은 것이다.

실제 당시의 금융실명제는 "모든 금융거래에 일단 꼬리표라도 달아 두는 것"이 1차적 목표였다고 한다. 그래서 금융실명제 시행 1주년이 된 시점에서 발간된 백서의 표지에는 만 원짜리 돈에 주민등록증이 달려 있는 이미지가 쓰이기도 했다.

---

4 김자봉, 2016, "금융실명제 20년", 〈금융연구원 금주의 이슈〉, 22권 33호, 7쪽.

꼬리표 달린 돈의 이미지가 표지에
들어간 《금융실명제 실시 1주년 백서》

백운찬 명의를 빌려주는 사람이 자기 이름하고 주민번호를 대면 그것도 실명은 실명이잖아요? "만약 양자가 합의하여 실명전환을 하지 않고 계속 차명으로 둘 경우 은행원이 이걸 밝혀내는 것이 현실적으로 가능한가?"라는 문제가 당시 실명제 추진에 있어 가장 큰 쟁점이었습니다. 금융기관 직원이 일선창구에서 "이 돈이 당신 것이냐? 아니냐?"를 일일이 확인할 방법이 없었습니다. 그래서 당시 실명제는 "금융실명제 초기단계니까 금융기관 창구에서 일단 이름표만이라도 달아 두게 하자" 이렇게 결론을 낸 거죠. 진정한 실명제는 2차적으로 다른 법과 제도를 보완하면서 점차 이루어갈 수밖에 없다고 봤습니다.

이런저런 이유로 당시 실명제 추진팀도 차명처리 문제를 놓고 아주 골치가 아팠다고 회고한다. 한국에서 금융실명제 추진 시 차명논란이 발생한 것은 서구사회와 금융관행, 과세관행이 많이 다르기 때문이었다고 실명제 추진팀은 설명한다.

최규연 금융실명제에는 형식적 실명제와 실질적 실명제가 있는데, 본인이 서명하도록 하여 실명제를 시행해온 서구 선진국에도 차명이 있습니다. 다만 종합소득세제 등이 장기적으로 시행되어 오면서 자연스럽게 실질적 실명제가 확립되었습니다. 예를 들어 구(舊) 서독의 경우 「조세징수법」에 의하여 금융기관은 계좌 개설 시 실명을 확인하도록 법제화되었고, 그 자료를 세무당국에 제출하도록 되어 있었습니다. 과세당국이 세법에 따라 금융기관에 "실명 세무자료를 내십시오"라고 요구하는데 그것을 못 내면 금융기관이 제재를 받았습니다. 외국도 당연히 차명이 있었겠지만 과세당국이 자금추적을 하고 조세포탈을 처벌하는 과정에서 오랜 관행으로 실질적 실명이 정착된 것입니다.

그런데 우리나라는 1982년에 이철희·장영자 사건이 터지니까 금융시장과 사채 시장의 부작용을 해소하는 차원에서 「금융실명법」을 만들고자 했습니다. 1993년 긴급명령 때도 제도시행 초기니까 우선 형식적 실명으로 갈 수밖에 없었죠. 한마디로 우리나라의 금융실명제는 금융기관 창구직원에 의한 형식적 실명제, 금융실명 자체를 위한 실명제로 처음 시작한 것입니다. 만약 「금융실명법」이 "차명거래를 금지한다"고 명시화하려면 차명여부를 가리도록 하는 부과의무와 주체가 반드시 있어야 하잖아요? 그런데 그런 법적 의무를 금융기관 창구직원에게 부여할 수 없습니다. 차명인 줄 모르는 채 예금을 받았는데 나중에 처벌한다고 하면 누가 예금을 받으려고 하겠습니까? 엄청난 사법적 권한이 있는 세무당국이나 검찰, 감사원, 안기부도 차명여부를 가리기 힘든데 금융기관 창구직원이 대체 무슨 힘으로 차명여부를 가리겠어요? 그래서 결국 「금융실명법」에서 차명규제 조항을 뺀 겁니다.

임지순 저희가 당시 외국사례를 들여다보니까 외국에서는 은행과 금융기관들이 자신들을 보호하기 위해 철저히 실명을 원했습니다. 실명확인의 필요성에 대한 인식 자체가 달랐습니다. 왜냐? 외국 금융기관은 전통적으로 신용대출 위주로 발달해왔죠. 고객에게 돈을 빌려주고 금융서비스를 제공하는 데 있어 상대방의 신용상태가 아주 중요하니까 크레딧을 파악하고 점검하기 위해 철저히 본인확인을 했습니다. 그런데 우리나라는 은행의 여신관행이 철저히 담보대출이니까 거래 당사자가 실명이든 아니든 별로 중요하지 않았습니다. 외국에서는 은행계좌를 가지고 있어도 출처가 입증되지 않은 돈은 입금하거나 출금하기 어려웠어요.

그런 점에서 저는 1993년 금융실명제를 도입할 때 금융환경 자체가 달랐다고 봅니다. 즉, 우리나라는 정부가 주도해 실명제를 만들고 정착시키고 끌어간 것이고, 외국은 금융기관들이 신용대출 시 자신들을 보호하기 위해 실명제를 시작한 것이라 차이가 있었습니다.

금융실명제 실시 직후 발표된 보도자료를 보면 "금융기관 직원이 차명을 주선하는 것을 엄격하게 금하고 있으며 고액계좌의 경우 금융기관이 잔고증명을 정기적으로 보내주고 종합과세가 되면 금융자산 명의인과 실소유자 간 세금정산을 복잡하게 하여 차명의 본명전환을 유도하는 효과가 있다. 따라서 종합과세가 시행되기 전 준비기간 2년 동안 점진적으로 차명의 본명계좌 전환이 이뤄질 것"이라고 하여 차명부분을 두루뭉수리하게 넘어가고 있다.

　재미있는 점은 당시 많은 사람들이 "차명은 그 자체로 불법"(per se illegal) 이라고 생각하여 적지 않은 차명예금이 실명전환되었다는 것이다. 1993년 실명제 전환기간 이내에 실명화된 차명계좌는 41만 5천 계좌로 3조 4,755억 원이었고, 3년이 지난 1996년 6월 30일에는 355만 6천 계좌(3조 5,210억 원)가 차명에서 실명으로 전환되었다. 이 가운데는 대규모 차명계좌도 상당수 포함되어 있었다. 이는 모든 대규모 차명계좌가 다 불법목적은 아니었다는 점을 시사한다.[5] 불법목적이었다면 실명전환을 꺼렸을 것이기 때문이다.

최규연　당시 많은 사람들이 실명제는 곧 금융의 소유자 거래로 착각하고 있었고 당연히 차명이 법으로 금지된 것으로 알고 있었습니다. 그런데 우리가 차명을 제외한다는 소리를 차마 못하고 그냥 넘어갔습니다. 우리끼리는 차명을 금지하지 못하는 걸로 법해석을 하고 있었지만 국민정서상 대외적으로는 차마 "차명도 일종의 실명이다"라는 이야기를 하지 못하고 재무부 윗분들에게만 "이 법으로 차명은 규제하지 못합니다"라고 설명드렸습니다. "금융기관이 차명여부를 일일이 확인하려고 하면 가능하지도 않고 금융시장이 완전히 마비된다, 영업을 아예 하지 말라는 것이나 다름없다"라고 상사가 바뀔 때마다 제가 계속 설명해야 했습니다.

---

5 김자봉, 2016,《금융실명제 시행 20년의 성과와 향후과제》, 한국금융연구원, 20쪽.

우리나라 금융실명제가 조기안착을 했다고들 하는데 저는 차명금지를 명시하지 않아서 큰 말썽 없이 빠른 시간에 안착했다고 생각합니다. 다들 차명이 금지된 줄 알았기 때문에 그냥 지나갔고 그런 착각 덕분에 초기에 무난히 안착한 것입니다. 저는 이 점이 우리나라 금융실명제 초기의 특징적 현상이었다고 봅니다. 당시 사람들 사이에 금융실명제가 부정부패를 막는 무소불위의 수단으로 과잉기대가 형성되어 있었습니다. 만약 차명이 금지된 것이 아니라고 공식화되었더라면 "차명을 그대로 놔둔다면 금융실명제를 하는 의미가 뭐냐?" 이렇게들 따지면서 다시 국회에서 재입법을 해야 한다고 난리가 났을 겁니다.

홍은주 국회에서 재입법해야 한다는 명분을 내세워 시간을 끌고 그 과정에서 또 다시 금융실명제가 후퇴했을 수도 있었겠죠.

최규연 그런데 몇 년 후인 1996년 무렵 제가 영국 유학을 갔다가 우연히 한국 신문을 보니까 당시 강만수 재경부 차관이 "차명도 실명"이라고 이야기한 것이 신문에 대문짝만 하게 났습니다. 실명제가 실시된 지 한참 지나서 공개적으로 차명논란이 불거진 것이 천만다행이었습니다. 강만수 장관이 자신의 주장과 생각을 확실히 표현하는 분이었기 때문에 이를 공론화했던 것입니다.

대통령을 포함한 정치인들, 일반 국민들은 "차명도 실명"으로 간주한 명목적 금융실명제에 대해 크게 의식하지 못했는지 몰라도, 전문가들은 당시의 금융실명제가 차명까지 자동적으로 규제하지 못한다는 사실을 인지했던 것으로 보인다.

1995년 7월(1995. 7. 19~7. 29)에 경실련이 경제학자 65명, 언론인 70명, 금융인 56명, 대기업 임원 및 중소기업 CEO 61명, 자영업자 38명 등 290여 명의 전문가를 대상으로 여론조사를 실시했다. 그 결과, 대부분의 전문가들이 "금융실명제가 성공했다"고 평가하면서도, [6] 차명 및 도명거래의 근절 여부에 대해서는 82. 4%가 "아직도 상당수의 차명이 있다"고 응답했다. [7]

---

6 "매우 성공적" 및 "성공적" 72.0%, "대체로 실패" 및 "완전실패" 27.9%였다.
7 "차명거래가 없어졌다" 15.5%, 무응답 및 "잘 모르겠다" 2.1%였다.

차명자금에 대한 대법원 판례

차명계좌 쟁점 1: 차명계좌는 불법인가?

금융실명제의 도입 이후 차명에 대한 소유권 확인 및 반환청구 소송이 증가했다. 차명자산의 청구권이 누구에게 있는지에 대한 법원 판례는 실명제가 정착되고 장기적으로 각종 법과 규제가 보완되면서 변화하기 시작한다.

　차명계좌 관련 소송은 크게 두 가지가 쟁점이었다. 첫째, 차명거래가 그 자체로 불법인가에 대한 판단이다. 둘째, 차명계좌에 들어 있는 돈의 청구권이 누구에게 있는가에 대한 판단이다.

　첫 번째 쟁점인 차명계좌 그 자체에 대한 불법성 판단은 사안별로 법원 판단이 달랐다.[8] 정태수 한보 회장이 맡아 관리해온 노태우 전 대통령 비자금 사건의 경우, 1심에서는 "차명은 「금융실명법」 위반"이라고 보았다. 하지만 이후 항소심과 1997년 4월 17일에 내려진 대법원 전원합의체 판결에서는 위반이 아니라고 보았다(선고 96도3377). 특히, 다수의견을 낸 대법관 중 두 명은 보충의견을 개진하면서 "차명거래라도 명의가 실명이라면 비실명자산이 아니므로 실명전환 대상이 아니다"라고 밝혔다.

　대법원은 1998년에 내려진 다른 사건 선고에서는 차명계좌가 금융실명제에서 금지하는 비실명임을 명시적으로 판단하였다(98다12027).[9] 이는 원고가 아들 이름으로 2억 원을 예금했던 사건이었다. 원고는 아들 명의 차명예금을 실명전환 의무기간에 전환하지 않았다가 은행으로부터 이자소득세와 원금의 10%인 과징금을 원천징수당한 후 이 과징금이 부당하다며 소송을 제기했다. 이 사건에 대해 1심은 "은행의 과징금 조치는 금융실명제 규정에 따른 적법한 일처리였다"면서 은행에 승소판결을 내렸다. 또한 1998년 2월 항소심에서도 대법원은 "비실명거래에는 가명거래뿐만 아니라 차명거래도 포함된다"고 해석하고 "차명임이 확인된 금융

---

8 〈한겨레〉, 2017. 10. 16 재인용.
9 〈한겨레〉, 2017. 10. 16 재인용.

자산에 대하여는 금융기관으로서는 그 지급에 바로 응하여서는 아니되며 이를 실명전환하고 그에 따른 과징금 및 이자소득세를 원천징수한 후 지급할 의무가 있다"며 항소를 기각했다.

차명계좌 쟁점 2: 예금에 대한 반환청구권

차명계좌에 대한 두 번째 쟁점, 즉 "차명계좌에 들어 있는 돈의 청구권이 누구에게 있는가?"에 대해서는 실명제 초기에는 돈의 출자자에게 대체로 반환청구권을 인정하는 판결이 많았으나, 나중에는 반환청구권을 인정하지 않는 방향으로 훨씬 엄격해졌다.

2006년에는 부부 사이의 차명에 대해서도 반환청구권을 인정하지 않는 판결이 나왔다.[10] 내용은 이렇다. 2006년 2월, 이모 씨는 남편 김모 씨와 함께 저축은행을 방문하여 4,200만 원을 자신의 명의로 예금했다. 이 과정에서 남편은 ① 자신의 계좌에서 4,200만 원을 빼서 부인 이 씨에게 송금했으며 ② 저축은행 창구에서 가입을 할 때 거래신청서를 남편 김 씨가 작성했을 뿐만 아니라 ③ 거래인감도 김 씨도장이 사용되었으며 ④ 계약상의 비밀번호도 김 씨가 다른 통장에서 쓰던 비밀번호를 등록했다.

일단 외형상으로 볼 때 실제 예금주는 남편 김 씨인데 예금보험공사가 1인당 5천만 원 미만까지만 보장하기 때문에 부인 명의를 빌려 저축한 것으로 읽히는 대목이다. 거래인감이나 비밀번호까지 자기 것을 사용한 것만 봐도 남편이 부인 명의 차명으로 저축은 했지만 통장 돈 관리는 자신이 하겠다는 의지를 나타냈다.

그런데 몇 달 뒤 이 저축은행이 부도가 났다. 예금보험공사는 실제 예금주가 남편이라는 이유로 원금과 이자에 해당되는 보험금을 남편인 김 씨에게 지급했다. 그러자 부인인 이 씨는 "예금보험공사가 예금주인 자신에게 보험금을 지급해야 한다"면서 예금보험공사를 상대로 소송을 제기했다.

이 판결에서 법원은 1심과 2심 모두 "돈도 남편이 냈고 비밀번호와 인감도 모두

---

10 〈한겨레〉, 2017. 10. 16 재인용.

남편의 것이므로 남편이 실질적 예금주로 판단된다"며 원고패소 판결을 내렸다. 부부 사이의 차명을 인정한 판결이었다. 그러나 항소심에서 대법원은 전혀 다른 판단을 내렸다. "실명확인 절차를 거쳐 예금계약을 체결한 경우에는 예금 명의자를 예금보험계약의 당사자로 봐야 한다"면서 "당사자들끼리 예금을 반환하겠다는 명확한 의사의 합치"가 있는 경우가 아니면 「금융실명법」하에서 예금 명의자가 보험계약의 당사자라고 판결한 것이다.

차명에 대한 의사의 합치 요건 대폭 강화

이후 대법원 판례는 차명예금 청구권에 대해 점점 더 엄격한 해석을 내리는 경향을 보였다. 2009년 3월 19일에 나온 대법원 판례는 "「금융실명법」에 따라 명확하게 실명확인 절차를 거친 경우는 예금의 명의자를 예금의 계약자로 보는 것이 경험법칙에 합당하고 법률관계를 명확하게 할 수 있어서 합리적"이라고 지적했다. 그러면서 "예금명의자가 아닌 출연자를 예금주로 보기 위해서는 금융기관과 출연자, 명의자 사이에 서면으로 그 내용을 증명하고 출연자에게 예금반환청구권을 귀속시키겠다는 명확한 의사의 합치"가 있어야만 한다고 봤다(2008다45828). [11]

'명확한 의사의 합치'의 정의에 대해서는 "「금융실명법」에 따라 실명확인 절차를 거쳐 작성된 예금계약서 등의 증명력을 번복하기에 충분할 정도의 명확한 증명력을 가진 구체적이고 객관적 증거"임을 요구했다. 이 정도 수준의 명확한 의사의 합치가 되려면 명의자와 출연자, 은행직원 3자에 의한 공식확인과 법적 서류 작성 등이 필요하다. 그런데 은행직원이 자신에게 불이익이 돌아올 수도 있는 차명거래에 대해 기꺼이 합의해 줄 리가 없으므로 사실상 차명을 인정하지 않겠다는 것이나 마찬가지인 판결이었다.

이 판결에서 소수의견은 그나마 '명확한 의사의 합치'도 인정하지 않고 "차명은 원천무효"라고 보았다. 2009년 대법원 판결은 금융실명제하에서 차명계좌의 청구권에 대해 명확한 정의를 내려 주는 분수령이 됐다.

---

11 김자봉, 2016, 《금융실명제 시행 20년의 성과와 향후과제》, 한국금융연구원.

세법상의 증여추정 시점 변화

1997년 2월 11일에는 과세당국에 의해 부모의 돈이 자녀의 계좌에 차명으로 들어온 것이 밝혀진 경우 이는 증여로 추정한다는 대법원 판결이 나왔다 (선고 96누3272).

대법원은 "과세당국에 의하여 예금이 납세자 (명의자) 에게 증여된 것으로 추정될 경우 그와 같은 예금의 인출과 납세자 명의로의 예금 등이 증여가 아닌 다른 목적으로 행하여진 것이라는 등 특별한 사정이 있다면 이에 대한 입증 책임이 납세자에게 있고 이를 입증하지 못하면 증여로 의제한다"고 판단했다.

이 판결 이후부터는 돈이 증여세 포탈 목적이 아니라는 것을 입증해야 할 책임이 돈의 실소유주에게 돌아가게 되었다. 다만 이때는 실제 증여세 납세의무가 "증여자로 인정된 자 명의 예금이 인출되어 납세자 명의 정기예금으로 예치되거나 기명식수익증권의 매입에 사용된 사실이 밝혀진 경우" 발생하는 것으로 봤다.

그러다가 2013년에는 세무당국이 "차명계좌임이 밝혀지면 돈이 들어온 순간부터 의제증여한 것으로 추정하여 과세한다"는 규정을 만들었다. 소득이 없는 미성년자의 계좌에 들어온 돈에 대해 증여세 납부의무 시기를 "차명계좌에 들어온 시점"으로 변경한 것이다.

이 규정을 만들게 된 계기는 매년 사망자 수가 30만 명이 넘는데도 실제 상속세를 내는 경우는 2% 안팎으로 거의 없었기 때문이었다. 과세당국은 부모가 사망 전에 자녀에게 차명으로 사전증여를 하여 상속세를 탈세하는 경우가 많다고 봤다. 국세전산망과 금융전산망의 발달에 따라 미성년자나 소득이 없는 자녀가 거액의 예금을 보유하고 있는 것을 포착하는 경우가 늘어났는데, 막상 증여세를 부과하려고 할 때마다 부모가 "이 돈은 자녀에게 준 것이 아니라 자녀들의 이름을 빌린 차명일 뿐이다"라고 주장하여 증여세를 부과할 근거가 없었다. 그런데 이 규정이 만들어지면서 자녀 명의 차명예금에 대해 곧바로 증여세를 부과할 수 있게 되었다. IT 발달로 「상증세법」 과세가 실질적 유효성을 지니게 된 것이다.

금융실명제 20년, 성과와 과제는?

다음은 「금융실명법」 개정 직전인 2013년에 KDI의 경제기관지 〈나라경제〉가 주관하여 개최한 금융실명제 시행 20주년 기념 간담회 내용이다. "금융실명제 20년, 성과와 과제는?" 이라는 제하의 이 간담회에서는 차명계좌에 대한 처리 문제를 주로 논의하였다.

- 일시: 2013년 9월 9일
- 장소: KDI 세미나실
- 참석자: 정순섭 서울대 법학대학원 교수(좌장), 김자봉 금융연구원 연구위원,
  권대영 금융위원회 은행과장(현 금융위원회 금융혁신기획단 단장)

정순섭 금융실명제가 도입된 지 올해로 20년이 됐습니다. 1993년 8월 12일 '금융실명거래 및 비밀보장에 관한 대통령 긴급명령'으로 전격 시행돼 현재까지 이어지고 있습니다. 오늘은 금융실명제 도입 20주년을 맞아 그동안의 성과와 과제를 살펴보고 문제점을 해결하기 위해서는 어떠한 방향으로 제도개선이 이뤄져야 하는지 이야기를 나눠보도록 하겠습니다. 특히 최근 불법 차명거래로 인해 금융실명제에 대한 다양한 의견들이 제기되고 있어 논의 자체는 매우 시의적절하다고 생각합니다. 먼저 금융실명제 제정의 의의와 경과를 짚어 보겠습니다.

권대영 금융실명제는 우리나라 금융거래 시스템의 근간이 되는 중요한 제도로 지금까지 그 역할을 충실히 수행했습니다. 금융거래 정상화를 통해 경제정의를 실현하고, 국민경제의 건전한 발전을 도모했습니다. 대통령 긴급 재정경제명령으로 시작된 금융실명제는 당시 사회 분위기와 밀접한 관계가 있습니다. 이철희·장영자 어음사기 사건 같은 대형 금융사고가 연이어 발생하던 시절이었죠. 이에 금융거래 관행을 개선하고 사회정의 및 조세정의를 실천하기 위해 금융실명제가 도입됐습니다. 실명이 아닌 허명의 금융거래를 근절하고 금융거래에 대한 비밀보장을 확실히 함으로써 자금의 안전적 보장을 꾀한 것이죠. 최근 일부 불법비자금과 차명거래 사건이 대두되면서 금융실명제에 대한 문제점이 부각됐고, 보완책 논의가 활발히 제기되고 있는 상황입니다.

김자봉 금융실명제 도입 당시 나왔던 3가지 중요한 목표는 부정부패 척결, 정경유착 근절, 분배정의 실현입니다. 금융실명제가 실시되면서 가명·무기명 거래를 금지했고 이를 통해 금융거래와 과세기반의 투명성을 확보했는데, 이는 매우 큰 성과입니다. 금융거래 활성화를 통해 금융산업 발전에도 많은 기여를 했습니다. 말씀하신 것처럼 요즘 악의적 차명거래에 의한 불법 도피자금 사건 등이 불거지면서 금융실명제에 대한 새로운 차원의 문제제기가 이뤄지고 있는데, 그렇다고 해서 금융실명제의 역사적 성과가 흔들려서는 안 된다고 봅니다.

정순섭 금융실명제의 정식명칭은 「금융실명거래 및 비밀보장에 관한 법률」이며 명칭에 이미 그 목적이 정확히 나타납니다. 실지명의에 의한 거래 확보와 금융거래에 따른 비밀보장이라는 두 가지 입법 목적을 분명히 보여주죠. 그런데 최근 실제 실명거래를 확보해야 한다는 원칙과 논란이 되고 있는 비실명거래 혹은 차명거래 문제로 인한 「금융실명법」의 한계를 지적하는 견해가 제기되는 상황입니다. 국회에서도 이에 대한 여러 입법안이 제출되고 있죠. 현재 실명 및 차명거래 규제체계는 어떻게 돼 있습니까?

권대영 주지하다시피 「금융실명법」은 금융거래의 투명성 확보 및 범죄행위에 대한 법적 책임(liability rule)을 적절히 구현하기 위한 기본 인프라로서의 기능을 담당하며, 모든 금융거래의 실지명의를 규정하고 금융회사는 이를 확인할 의무가 있습니다. 실지명의란 신분증과 통장의 이름이 같은 것으로 실소유자 명의와는 다른 개념이죠. 그런데 이것이 형식적 요건을 확인하는 수준에 그쳐 이를 보완하기 위해 「특정금융정보법」(FIU법)에서는 의심되는 계좌에 대해 실제 당사자 및 거래목적을 확인하고 보고하도록 돼 있습니다. 보고받은 법집행기관인 국세청과 검찰에서 탈세, 불법, 범죄에 대해 처벌하죠. 이와 더불어 「조세범처벌법」에선 불법과 탈세를, 「범죄수익은닉규제법」에선 범죄행위와 관련된 부분을 조사해 처벌합니다. 또한 「상속세 및 증여세법」을 통해선 실명이 확인된 계좌에 보유하고 있는 재산은 명의자가 그 재산을 증여받은 것으로 추정해 증여세를 부과하도록 하는 등 현행법상 조세·경제 관련 범죄, 내부거래 등 불공정행위의 대상이 되는 모든 거래정보의 투명성을 확보했습니다.
다수의 법률이 유기적으로 결합돼 금융거래에 대한 확인, 보고, 처벌이 이뤄지는 것이죠. 특히 금융실명제 실시 이후 「금융실명법」과 보완관계를 이루는 금융소득 종합과세 실시 및 「특정금융정보법」 제정 등이 이뤄져 부정근절, 분배정의에 대한 법체계의 완결성이 점차 개선됐습니다.

정순섭 「금융실명법」과 다수의 행정·형사 법률이 연계돼 규제하고 있는 점은 매우 중요한 해석입니다. 그런데 이렇게 다수의 법률이 유기적으로 결합돼 금융거래에 대한 확인, 보고, 처벌이 이뤄지고 있음에도 불구하고 차명거래에서 발생하는 문제점들은 제대로 해결되지 않고 있습니다. 무엇이 문제입니까?

김자봉 차명거래와 관련해 가장 먼저 생각해 봐야 할 것은 바로 정보비대칭성의 문제입니다. 금융기관 입장에선 고객의 계좌가 차명계좌인지 아닌지 사실상 확인이 어렵습니다. 명의인과 출연인의 관계에서도 선의의 목적으로 사용할지 악의의 목적으로 사용할지 불분명합니다. 현행 금융실명제에 대한 유권해석에 의하면 사실상 모든 형태의 차명형태는 불허된다는 것이 기본 원칙입니다.

하지만 현실에서는 관측되지 않는 다수의 차명거래, 다시 말해 선의의 차명거래와 악의의 차명거래가 유지되고 있는 셈입니다. 정보비대칭성의 문제 때문에 원칙적으로 모두를 금지했으나 「특정금융정보법」을 통해 악의의 차명거래는 걸러내 조사하고 처벌하고 있습니다. 더 엄격한 검토가 필요한 경우는 법원소송을 통해 다시 한 번 걸러내는 사법해석 절차도 상호보완적으로 운용되죠. 이처럼 현재 차명거래에 대해 상이한 견해를 가진 입법해석, 유권해석, 사법해석이 서로 유기적 관계를 유지하고 있다고 보면 됩니다.

정순섭 현재 차명거래의 규모나 수준은 어느 정도입니까? 통계자료가 있으면 말씀해 주시겠습니까?

김자봉 차명거래에 대한 통계는 극히 제한적입니다. 국세청, 검찰청 등이 보유하고 있는 기존 범죄 관련 데이터, 대법원 판례에서 차명거래와 관련한 경우에 일부 통계를 확보할 수 있을 따름입니다. 따라서 정확한 규모를 파악하기 힘든 것이 현실입니다. 앞서 언급했다시피 정보비대칭성의 문제 때문입니다. 누가 자신이 차명거래를 한다고 말하겠습니까?

다만 1993년 금융실명제 도입 당시에 주요 일간지에서 전체 금융거래의 약 4분의 1이 비실명거래라는 보도를 내보낸 적이 있습니다. 이는 당시에 지하경제 규모가 대략 GDP의 25%라는 추측과 유사성이 있어 보이는데, 그렇다고 현재도 그러한 유사성이 있을 것이라고 판단을 내릴 만한 근거는 없습니다.

정순섭 지금까지 나온 법률을 정리하면 「금융실명법」, 「특정금융정보법」, 「범죄수익은닉규제법」 등인데 각각 그 목적이 다릅니다. 「금융실명법」은 실지명의를 따지는 것이고, 「특정금융정보법」은 차명거래, 즉 의심되는 계좌에 대해 불법, 탈세와 관련된 재산인지 파악해 보고할 것인가를 판단합니다. 「범죄수익은닉규제법」은 중대범죄로부터 발생한 범죄수익인지 아닌지 파악해 몰수, 추징하는 법체계를 가지죠. 유사한 입법으로 소개되지만 목적이나 취지는 명백히 구분됩니다. 본론으로 들어가 논란이 되고 있는 차명거래에 대해 이야기를 나눠 보죠.

권대영 차명, 실명 등이 계속 언급되고 있는데 이에 대해서도 설명이 필요할 것 같습니다. 실명(實名), 허명(虛名), 가명(假名), 차명(借名), 도명(盜名)이 있는데, 99%는 자기 이름으로 금융거래를 합니다. 실명을 사용하니 아무런 불편이 없습니다. 「금융실명법」 이전에 통장 개설이 가능했던 이름인 '갑돌이'나 '갑순이'는 허명, 가명으로 이제는 완전히 금지됐죠. 보이스피싱에 이용되는 것은 주로 도명입니다. 나도 모르는 사이에 자신의 명의가 불법으로 범죄에 이용되는 경우가 종종 있죠. 문제는 차명입니다.

정순섭 선의와 악의의 차명거래, 불법 차명거래는 구별해서 볼 필요가 있지 않겠습니까. 일반적인 법 원칙상 자신의 이름으로 금융거래를 한다는 데에는 이견이 없습니다. 다만 불가피하게 타인 명의로 금융거래를 할 수밖에 없는 경우가 있죠.

권대영 일반적으로 생활비 목적으로 남편 급여통장을 관리하는 경우가 많은데 이것도 차명입니다. 금융거래의 편의를 위한 것으로 통상 선의의 차명거래라고 합니다. 동문회 회비나 영업 관행상 기업자금을 자금부장 명의로 관리하는 것 역시 차명입니다. 현재 대다수 국민은 사실 아무 문제가 없습니다. 국회에서 논의되는 것은 비자금, 탈세나 범죄은닉 등에 연루된 악의의 차명거래가 핵심이죠. 누구 돈인지 알 수 없거나, 조세정의를 저해하고 범죄자금을 은닉하는 데 주로 사용되는 불법 차명거래를 규제하자는 것이 핵심입니다.

정순섭 각종 입법안에서도 대부분 선의의 차명계좌, 범죄목적이 수반되지 않은 차명거래는 예외로 인정합니다. 예를 들면, 부모가 미성년 자녀의 재산을 관리하거나 반대로 자녀가 연로한 부모의 재산을 관리하고, 금융거래를 스스로의 명의로 할 수 없는 주체, 즉 동문회, 종중, 문중의 경우에는 총무 역할을 하는 사람이 자신의 명의로 거래를 합니다.

법률관계를 분석해 보면 「신탁법」상 신탁입니다. 수탁자와 위탁자 겸 수익자의 구조로 분석됩니다. 이러한 구조로 분석되지 않으면 합법적 동기를 찾기 어렵습니다. 따라서 현행법상 선의의 차명거래는 이러한 법률관계로 포섭될 수 있죠. 이외의 경우 합리적 차명거래는 불가능합니다. 결국 범죄목적이 수반되는 악의의 차명거래, 비실명거래가 문제되는 것이죠.

입법안을 살펴보면 현행법상 실명확인 의무를 진 금융회사 외에도 거래당사자인 계좌개설자에 대한 규제를 신설해 차명 문제를 풀자는 접근법이 있는데 이에 대해서는 어떻게 생각하십니까?

김자봉 개인을 대상으로 실명확인 의무를 부과할 수 있느냐는 정보비대칭성 문제와 직결됩니다. 정보비대칭 환경에서 선의와 악의를 구분하기 위한 효과적 정책수단은 무엇인가를 따져 보아야 하는데, 큰 효과가 없다면 현실적 의미가 없습니다. 단지 선언적 수준에 그치는 정도라면 전면금지를 원칙으로 한다는 것은 실효성이 없다고 봅니다. 증여의제 역시 마찬가지입니다. 다양한 형태의 제도적 방안이 제기되고 있지만 설득력이 떨어집니다.

말씀하신 것처럼 선의의 차명거래와 악의의 차명거래는 분명히 구분돼야 합니다. 선의는 인정되고 악의는 규제돼야 하죠. 선의의 다수를 고려할 때 바람직한 규제는 선의와 악의를 구분해 가급적 정확히 악의를 타기팅할 수 있어야 합니다.

정순섭 그럼 선의와 악의의 차명거래를 어떻게 구별할 수 있습니까?

김자봉 이러한 정책수단을 찾기 위해서는 인센티브적 관점을 취할 필요가 있습니다. 인센티브제도 이론은 이미 많은 부문에 이용됩니다. 예를 들면 부채계약, 자본금제도, IPO(기업공개), 노동시장 등의 시그널링 모델(signaling model)을 들 수 있죠. 부채상환 능력이 높은 자와 낮은 자의 구분, 건전성이 높은 은행과 낮은 은행의 구분 등이 모두 시그널링 방식의 제도를 이용해 이뤄집니다. 이런 개념을 차명거래에 적용하기 위해서는, 선의는 선택할 수 있는 반면 악의는 선택할 수 없는 자발적 시그널링 제도가 무엇인지 생각해 볼 필요가 있습니다.

권대영 탈세나 범죄를 목적으로 하는 불법 차명거래는 금지돼야 하고 우리 사회에서 없어져야 한다는 데에는 모두가 공감하고 이견이 없습니다. 그렇다면 방법론적 문제가 남는데요. 크게 두 가지 방식에서 접근할 수 있을 것 같습니다.

하나는 최근 입법 논의와 같이 「금융실명법」 개정을 통해 차명거래를 사전적으로 금지하는 방안입니다. 규제를 강하게 하고 예외를 명시해 제외해 주는 방법이죠. 다른 하나는 현행 규율체제를 유지하면서 「특정금융정보법」, 「조세범처벌법」 등 개별법의 사후적 처벌을 강화하는 것입니다. 어떤 방식이든 구체적 규제방안에 대해서는 규제의 명확성과 실질적 효과, 규제의 부작용 등을 충분히 논의하고 검토해 입법·정책적으로 결정할 필요가 있다고 생각합니다.

정순섭 외국의 사례는 어떤가요? 차명거래를 규제하는 입법례가 있는지 궁금합니다.

권대영 차명거래 자체를 규제하는 입법례는 없는 것으로 파악됩니다. 자금세탁방지(AML) 제도와 같은 확인 제도 등은 있으나 차명거래 자체를 규제하는 입법례는 확인할 수 없습니다. 'KYC'(Know Your Customer) 룰에 따라 고객신원, 거래목적 등을 확인하는 수준이죠. 전문가들도 미국의 예금자보호 한도(25만 달러)에 맞춘 가족명의 예금분산, 보이스피싱 시 대포통장 이용 등 사실상 차명거래가 존재한다고 말합니다.

정순섭 사전적·행정적 규제화가 어느 정도 가능하냐의 문제라고 생각합니다. 가장 손쉬운 것은 일이 생기기 전에 행정기관이 사전적으로 처리하는 것입니다. 이것이 적은 비용으로 가장 효율적으로 일을 처리하는 방법이라는 것은 누구도 부인할 수 없습니다. 제도화하기 위한 상당한 인센티브도 가지는 셈이죠.

하지만 현재는 법원에서 사후적으로 다양한 사실관계를 따져 구체적 타당성과 법적 안정성을 고려해 결론을 내리고 있습니다.

그 이유를 살펴볼 필요가 있습니다. 사전적·행정적 규제에 비해 훨씬 비효율적임에도 이 제도를 유지하는 이유는 사전에 모든 문제해결이 불가능하거나, 원하는 규제효과에 비해서 비용이 과도하게 많아 사후적·사법적 규제 역할에 기댈 수밖에 없기 때문입니다. 현재 우리나라 법제도의 기본 방향도 이것을 따르고 있다는 생각이 듭니다.

권대영 지난 20년간 우리나라의 법률체계도 선진국 수준에 도달하였고 유기적으로 잘 갖추어져 있는 상태입니다. 다만, 일부 불법거래가 나오면서 정치적으로 이슈화되는 것입니다. 「금융실명법」을 통해 사전규제, 금지, 과징금 부과·무효 등의 제재방식이 대안이 될 수는 있을 겁니다. 하지만 여전히 선인지 악인지 정확히 구분하기는 힘든 것이 현실입니다.

따라서 차명거래를 금지한다고 해도 금융회사 입장에선 고객에게 묻는 것 외에 차명거래를 확인할 방법이 없습니다. 차명거래 여부는 수사기관이 판단할 수밖에 없기 때문에 「금융실명법」이 개정된다 해도 불법 차명거래를 원천적으로 차단하기는 사실상 어렵다고 봅니다.

국민들 역시 법개정의 피해자가 될 수 있습니다. 자신이 보유한 계좌가 차명계좌인지 아닌지를 판단해야 하는데, 법조항을 모르니 분간하기 어렵습니다. 자신이 언제든지 불법거래를 할 수 있다는 불안감을 가질 수밖에 없습니다. 금융고객 모두가 잠재적 범죄자가 될 수 있고 금융거래 자체가 위축될 수밖에 없습니다.

정순섭 많은 전문가들이 범죄목적이 수반되는 비실명계좌 개설, 명의대여, 이용행위 등을 형사적 처벌 대상으로 하자는 것에는 이의가 없습니다. 이미 현행 개별법에서도 형사처벌이 이뤄지는 구조로 돼 있습니다.

그것이 부족하다면 형사처벌을 보완하는 방식의 규제는 얼마든지 가능하고 또한 필요하다고 봅니다. 예를 들면, 현재 대부분의 사람들이 명의대여를 사소한 일로 치부하는데 중대한 범죄행위로 처벌된다는 것을 사전에 알려 주면 상당한 효과를 거둘 수 있을 것이라고 생각합니다.

다만 방법론에 있어서 일반법화해서 규정하는 것이 바람직한지 아니면 개별법에서 이것을 규정하는 것이 더 효율적인지에 대해서는 충분한 고려가 필요합니다. 일반법화하는 것은 규제의 포괄성 측면에서 분명히 장점이 있습니다. 하지만 과잉규제의 측면에서 보았을 때는 문제의 소지가 있는 것도 사실입니다.

따라서 개별법에서 반드시 필요한 부분, 예컨대 비실명계좌 개설 및 이용행위에 대하여 엄격한 형벌 조항을 규정하는 것도 입법목적을 분명히 하고 추가적인 법적 논의를 사전에 차단할 수 있다는 측면에서 도움이 될 것 같습니다.

김자봉 자발적 시그널링 제도의 하나로 제안할 수 있는 차명거래 사전등록제도 생각해 볼 필요가 있습니다. 차명거래 사전등록제도의 가장 큰 장점은 유권해석 및 사법해석 금지에도 불구하고 현실에 존재하는 많은 선의의 차명거래를 제도권으로 흡수해 체계적 보호와 관리 대상이 될 수 있게 한다는 점입니다. 악의의 차명거래는 명시적 처벌대상이 되도록 함으로써 장기적으로 악의의 차명거래를 점차 소멸시키는 제도적 기반이 될 수 있습니다. 사전등록제도는 특정의 차명거래 유형을 제한하지 않되, 일단 등록하면 선의를 지속할 것이 요구되고 범죄연루가 의심될 경우에는 언제든지 모니터링의 대상이 될 수 있어 한번 등록하면 선의가 지속될 수 있다는 데 높은 점수를 주고 싶습니다.

정순섭 비실명계좌가 자본시장에서의 불공정거래나 금융사기 등 금융범죄, 비자금 조성 같은 기업범죄, 조세회피 같은 조세범죄, 뇌물죄 등 각종 범죄를 위한 수단으로 여전히 악용되고 있다는 점에서 비실명계좌 개설, 명의대여, 이용행위에 대한 규제의 필요성은 확실히 존재합니다. 선의의 차명거래, 법적 근거가 있는 경우를 제외하고는 대부분 문제가 있다는 것에는 모두가 동의합니다. 각종 법률 개정안이나 전문가 제안을 보면 원칙이나 한계에 대해서는 합의가 돼 있습니다. 다만 한계를 보완하기 위한 입법기술 면에선 차이가 있는 것 같습니다.
현재 「금융실명법」의 역할을 다시 한 번 생각해 보고 법체계의 정확성을 유지하면서 그 목적을 달성할 수 있는 제도가 도입되기를 바랍니다.

출처: 〈나라경제〉, 2013. 10월호.

차명거래 금지 법제화를 둘러싼 쟁점

2014년 금융실명제법 개정

2014년 금융위원회의 주도로 금융실명제 법안이 개정되었다. 6개월의 입법예고를 거쳐 2014년 11월 29일부터 시행된 개정법은 오랫동안 논란이 된 차명거래를 원칙적으로 금지하고 불법차명의 처벌근거와 대상, 수위를 명확히 하고 차명 금융자산에 대해서는 명의자 소유로 추정하기로 하였다. 1993년 금융실명제 긴급재정경제명령 이후 가장 큰 내용상의 변화가 있었던 것이다.

이 법 이후 불법목적 차명계좌 적발 시 신고의무와, 누락소득에 대한 납세의무가 추가로 발생하고, 엄격한 세무조사를 받으며 차명계좌 관리시스템에 등재되어 평생 추적관리 대상이 되는 등 정상적 경제활동이 어려워질 뿐만 아니라 금융실명제법 그 자체로 형사적 책임을 지게 됐다(제3조 제3항). 처벌도 강화되어 최대 5년 이하의 징역이나 5천만 원 이하의 벌금을 부과하기로 했다. 만약 불법자금인 줄 알면서도 명의를 빌려준 경우로 드러나면 명의대여자도 공범으로 간주된다.

또한 돈의 실소유자가 차명 명의자로부터 돈을 되찾는 것이 사실상 불가능하게 됐다. 실명확인 계좌의 금융자산이 차명이고 해당 금융자산의 실질 소유주가 따로 있음이 입증된다고 하더라도 실지명의자(계좌상의 명의자)의 소유로 추정하게 되었기 때문이다(제3조 제5항).

2014년 개정법이 불법으로 간주하는 차명거래의 종류는 ① 도박자금 등을 감추기 위해 타인 명의 계좌에 예금하는 경우(불법재산의 은닉행위), ② 탈세목적으로 자금을 세탁하는 행위, ③ 검경 등 사법당국의 추적을 피하기 위해 유괴 등 각종 형사사건과 관련된 불법자금을 차명으로 해두는 경우(공중협박자금 조달행위), ④ 채권자들의 강제집행을 피하기 위해 남의 계좌에 돈을 옮겨 두는 행위(강제집행의 면탈) 등이다.

또한 탈세나 자금세탁, 재산은닉 등 불법 차명계좌 개설이 드러난 경우 관련 당사자 전원에게 5년 이하의 징역이나 5천만 원 이하의 벌금을 부과하기로 했다. 차명거래가 밝혀졌을 때 처벌조항은 「조세범처벌법」, 「특정금융정보법」, 「범죄수익은닉의 규제법」 등 다른 법을 원용하였다.

다만 재산은닉, 자금세탁, 세금포탈 등 범죄 목적이 아닌 가족 간의 소액 차명거래나 동창회·종친회 운영 등을 위한 소액의 편의성 차명계좌는 예외적으로 허용하기로 했다.

진동수 차명거래에 대한 2014년 법개정 이전인 2012년에 금융위원회 권대영 과장(현 금융위원회 금융혁신기획단 단장)이 저를 찾아와서 제가 "이제는 실명제가 어느 정도 정착이 됐고 다른 보완법규도 만들어졌다. 그러니 금융사 직원들이 실질적으로 예금주의 돈인지를 판별하지는 못하더라도, 지금보다 강화된 의무를 부과하고 금융회사의 책임을 더 강조하는 것이 좋겠다"고 조언했습니다. 예를 들어 금융사 직원들은 현장에서 살펴보았을 때 일정금액 이상의 현금거래가 좀 수상하게 느껴지면 무조건 신고하도록 하는 의무를 강화하는 방식이죠. 수상한 돈은 현장에서 보면 뭔가 조짐이 보이거든요.

차명에 대해 법을 개정한 것이 2014년의 일이었는데 저는 사실 굳이 법개정을 하지 않아도 불법차명에 대해 이미 충분한 규제가 가능하다고 봤습니다. 범죄수익에 대해 규제하는 법도 있고, FIU 규정상 거액 현금거래는 조금만 수상하면 무조건 신고하도록 되어 있으며, 법원에서의 증여세 의제추정도 과거와 달리 광범위하게 해석하고 있습니다. 그렇기 때문에 실명제를 명실상부하게 가져갈 수 있는 제도적·법적 틀이 이미 다 갖춰져 자연스럽게 차명을 규제할 수 있습니다.

우리나라 KoFIU가 하는 것을 보고 이 제도의 원조 격인 미국도 아주 잘되어 있다고 평가합니다. 이것이 사실 다 금융실명제 실시 이후 갖가지 제도적·기술적 보완이 속속 뒤따라서 가능해진 겁니다.

삼성비자금 사건으로 재연된 차명논란[12]

2014년 법개정 이후 완전히 종식되는가 했던 차명자금 논란이 또 한차례 불거졌다. 이건희 삼성그룹 회장이 2008년 특검 때 드러난 계좌 말고도 임원들 명의로 또 다른 차명계좌 260개를 이용해 양도세와 종합소득세 등 82억 원의 조세를 포탈한 혐의로 2018년 초 검찰에 송치된 것이다. 새로 드러난 차명계좌는 자산규모가 4천억 원에 이르는 것으로 조사됐다.[13] 수사 결과, 삼성의 차명계좌에 돈이 들어온 시기는 1990년대 초반부터 2000년대 초반이었는데 1999년 이전의 전산내역은 모두 삭제된 상태였다.

금융위원회는 "대법원 판례와 그동안의 유권해석상 이건희 회장의 차명계좌에 과징금을 부과하기 힘들다"고 밝혔다. 이 사건이 차명을 명시적으로 금지하는 2014년 「금융실명법」 개정 이전에 벌어진 일이기 때문에 과징금을 부과하기 어렵다고 유권해석을 내린 것이다. 금융위원회는 이 문제에 대해 유권해석을 내리기 위해 금융실명제 초기 입법취지에 대해 금융실명제 추진팀의 자문을 받았다.

최규연 2018년에 금융위원회에서 당시 상황을 정리해 달라고 요청해서 제가 "1993년 「금융실명법」 제정 당시 차명은 원래 실명제 과징금 부과대상에서 제외했던 것"이라고 확인해 줬습니다. 만약 차명과정에서 불법비자금 조성이나 탈세가 드러났다면 관련 형법이나 세법에 따라 처벌하는 것이 맞고 실명법 자체에 대한 위배는 아니라고 제가 해석했습니다. 사기나 탈법, 혹은 정당하게 내야 할 세금을 납부하지 않은 경우나 범죄자금이면 거기에 해당되는 법에 따라 처벌하고 과징금을 부과하면 되는 겁니다.

그러나 국회와 시민단체가 계속 차명예금에 대한 과징금을 문제삼자 금융위원회는 법제처에 금융실명제와 관련된 법령해석을 다시 요청했다.

---

12 〈한겨레〉, 2017. 10. 16 재인용.
13 "삼성 이건희 특검 이후 4천억 원 차명계좌 유지 … 82억 원 조세 포탈 혐의", 〈연합뉴스〉, 2018. 2. 8.

법제처가 2018년 2월 과징금 부과대상이라는 해석을 내림에 따라, 금융위원회는 2018년 4월 이건희 삼성그룹 회장의 차명계좌를 보유한 신한금융투자, 한국투자증권, 미래에셋대우, 삼성증권 등 4개 증권사에 모두 33억 9,900만 원의 과징금을 부과했다. 국세청도 2018년 3월 이 회장 등 대기업 총수들이 보유했던 차명계좌를 개설한 금융회사들에 모두 1천억 원이 넘는 세금을 납부하라고 고시했다.

진동수 문제가 된 재벌회장 차명의 경우, 1993년 8월 실명제 실시 이전의 것은 서너 건밖에 없고 다 그 이후에 만든 것이었습니다. 그러니까 차명인 것이 밝혀져도 과징금을 부과할 법적 근거가 없었습니다. 그러나 다른 법으로는 얼마든지 처벌이 가능했습니다. 그 당시에 차명에 따른 과징금은 20% 안팎에 불과했지만 증여세는 최고세율이 40%가 넘으니까 어느 게 더 무겁습니까? 저는 당시 특검에서 자금출처를 철저히 추적해 증여세 등을 부과했던 것이 훨씬 타당했다고 봅니다. 자금출처조사 결과 삼성의 해명대로 선대에서 상속받은 것이 아니라 불법비자금 조성을 통한 것이라면, 검찰이나 과세당국이 횡령이나 배임, 「조세범처벌법」 등에 의해 형사적 문제로 삼을 수 있었을 겁니다. 사실 세계 어느 나라에도 실명인지 차명인지를 직접 강제하는 법은 없어요. 자금추적을 해서 불법성이 드러나면 해당 법으로 강하게 처벌하는 것이 맞습니다.

차명거래 직접규제의 효율성 이슈

2014년의 법개정 내용을 둘러싸고 규제의 효율성 문제가 지적된다. KIF는 「금융실명법」 개정안에 대한 연구[14]에서 "첫째, 차명거래는 양자가 동의하고 불법성이 드러나는 사건이 없는 한 여전히 밝히기 어렵다. 둘째, 불법수익 규모가 20억 원이더라도 벌금의 최고한도인 5천만 원을 초과하는 불법수익에 대해서는 몰수하지 못하는 한계가 있다. 셋째, 명의를 빌려준 사람이 불법성을 몰랐다고 부인하면 처

---

14 김자봉, 2016, 《금융실명제 시행 20년의 성과와 향후과제》, 한국금융연구원.

벌하기 어렵다. [15] 넷째, 차명계좌 예금의 경우 명의인의 소유추정이 되므로 범죄수익이라고 하더라도 명의를 빌려준 제3자가 이를 사전에 알았다는 것을 수사기관이 증명할 수 없다면 자동몰수할 수 없는 문제점이 있다"고 지적했다.

얼핏 징역형이 벌금형보다 더 큰 억제력을 갖는 것처럼 보이지만 징역기간이 5년 미만인 경우 오히려 이를 감수할 역인센티브(negative incentive)를 가질 수도 있다. 예를 들어, 별다른 소득이 없는 사람이 불법인 것을 알면서도 20억 원의 차명자금을 가지게 된 경우 차명소유자 의제에 따라 자신의 소유가 된다고 생각하면 벌금 5천만 원과 징역형 5년을 감수하고라도 기꺼이 차명을 하려는 유인이 생긴다. [16]

이 연구는 "차명거래를 보다 효과적으로 규제하기 위해서는 단순한 형사적 처벌조항보다 돈의 실소유자와 명의자, 금융기관, 3자가 차명에 대해 명확히 의사를 합치하도록 하는 차명등록제를 실시하고 미국이나 영국에서 시행 중인 '민사적 금전제재'(civil monetary penalty)를 도입할 필요가 있다"고 밝혔다.

'민사적 금전제재'는 불법 은닉자금 전체를 몰수할 수 있다. 뿐만 아니라 민사적 손해배상금과 행정과징금을 부과하는 제도로서 불법자금 은닉을 위한 차명거래 적발 시 최대로 부과할 수 있는 7,500만 원보다 훨씬 효율적으로 불법차명을 규율할 수 있다는 것이다.

---

15 금융사 임직원은 고객이 계좌를 개설할 때 불법적 차명거래가 금지된다는 사실을 설명하되, 이 사실을 거래자가 이해했다는 것을 증명하는 서명형태 등으로 확인을 받도록 되어 있다. 그러나 불법차명임을 몰랐다고 부인할 경우는 다른 방식을 통해 입증하지 않으면 처벌할 수 없다.
16 김자봉, 2016, 《금융실명제 시행 20년의 성과와 향후과제》, 한국금융연구원.

「금융실명거래 및 비밀보장에 관한 법률」2014년 개정안

법률 제12711호

제1조(목적)

이 법은 실지명의(實地名義)에 의한 금융거래를 실시하고 그 비밀을 보장하여 금융거래의 정상화를 꾀함으로써 경제정의를 실현하고 국민경제의 건전한 발전을 도모함을 목적으로 한다.

제2조(정의)

이 법에서 사용하는 용어의 뜻은 다음과 같다.

1. '금융회사 등'이란 다음 각목의 것을 말한다.

    가. 「은행법」에 따른 은행

    나. 「중소기업은행법」에 따른 중소기업은행

    다. 「한국산업은행법」에 따른 한국산업은행

    라. 「한국수출입은행법」에 따른 한국수출입은행

    마. 「한국은행법」에 따른 한국은행

    바. 「자본시장과 금융투자업에 관한 법률」에 따른 투자매매업자,
        투자중개업자, 집합투자업자, 신탁업자, 증권금융회사,
        종합금융회사 및 명의개서대행회사

    사. 「상호저축은행법」에 따른 상호저축은행 및 상호저축은행중앙회

    아. 「농업협동조합법」에 따른 조합과 그 중앙회 및 농협은행

    자. 「수산업협동조합법」에 따른 조합 및 중앙회

    차. 「신용협동조합법」에 따른 신용협동조합 및 신용협동조합중앙회

    카. 「새마을금고법」에 따른 금고 및 중앙회

    타. 「보험업법」에 따른 보험회사

    파. 「우체국예금 · 보험에 관한 법률」에 따른 체신관서

    하. 그 밖에 대통령령으로 정하는 기관

2. '금융자산'이란 금융회사 등이 취급하는 예금, 적금, 부금(賦金), 계금(契金), 예탁금, 출자금, 신탁재산, 주식, 채권, 수익증권, 출자지분, 어음, 수표, 채무증서 등 금전 및 유가증권과 그 밖에 이와 유사한 것으로서 총리령으로 정하는 것을 말한다.

3. '금융거래'란 금융회사 등이 금융자산을 수입, 매매, 환매, 중개, 할인, 발행, 상환, 환급, 수탁, 등록, 교환하거나 그 이자, 할인액 또는 배당을 지급하는 것과 이를 대행하는 것 또는 그 밖에 금융자산을 대상으로 하는 거래로서 총리령으로 정하는 것을 말한다.

4. '실지명의'란 주민등록표상의 명의, 사업자등록증상의 명의, 그 밖에 대통령령으로 정하는 명의를 말한다.

제3조(금융실명거래)

1. 금융회사 등은 거래자의 실지명의(이하 '실명')로 금융거래를 하여야 한다.

2. 금융회사 등은 제1항에도 불구하고 다음 각호의 어느 하나에 해당하는 경우에는 실명을 확인하지 아니할 수 있다.

   ① 실명이 확인된 계좌에 의한 계속거래(繼續去來), 공과금 수납 및 100만 원 이하의 송금 등의 거래로서 대통령령으로 정하는 거래

   ② 외국통화의 매입, 외국통화로 표시된 예금의 수입(受入) 또는 외국통화로 표시된 채권의 매도 등의 거래로서 대통령령으로 정하는 기간 동안의 거래

   ③ 다음 각목의 어느 하나에 해당하는 채권(이하 '특정채권')으로서 법률 제5493호 「금융실명거래 및 비밀보장에 관한 법률」 시행일(1997. 12. 31) 이후 1998년 12월 31일 사이에 재정경제부 장관이 정하는 발행기간, 이자율 및 만기 등의 발행조건으로 발행된 채권의 거래

   가. 고용 안정과 근로자의 직업능력 향상 및 생활 안정 등을 위하여 발행되는 대통령령으로 정하는 채권

   나. 「외국환거래법」 제13조에 따른 외국환평형기금 채권으로서 외국통화로 표시된 채권

   다. 중소기업의 구조조정 지원 등을 위해 발행되는 대통령령으로 정하는 채권

   라. 「자본시장과 금융투자업에 관한 법률」 제329조에 따라 증권금융회사가 발행한 사채

   마. 그 밖에 국민생활 안정과 국민경제의 건전한 발전을 위하여 발행되는 대통령령으로 정하는 채권

3. 누구든지「특정 금융거래정보의 보고 및 이용 등에 관한 법률」제2조 제3호에 따른 불법재산의 은닉, 같은 조 제4호에 따른 자금세탁 행위 또는 같은 조 제5호에 따른 공중협박자금 조달행위 및 강제집행의 면탈, 그 밖에 탈법행위를 목적으로 타인의 실명(차명)으로 금융거래를 하여서는 아니된다(신설 2014. 5. 28).

4. 금융회사 등에 종사하는 자는 제3항에 따른 금융거래를 알선하거나 중개하여서는 아니된다(신설 2014. 5. 28).

5. 제1항에 따라 실명이 확인된 계좌 또는 외국의 관계 법령에 따라 이와 유사한 방법으로 실명이 확인된 계좌에 보유하고 있는 금융자산은 명의자의 소유로 추정한다(신설 2014. 5. 28).

6. 금융회사 등은 금융위원회가 정하는 방법에 따라 제3항의 주요 내용을 거래자에게 설명하여야 한다(신설 2014. 5. 28).

7. 실명거래의 확인 방법 및 절차, 확인 업무의 위탁과 그 밖에 필요한 사항은 대통령령으로 정한다(개정 2014. 5. 28).

(이하 생략)

금융실명제와
개혁의 시사점

6

실명제 정착에 걸린 '축적의 시간'

개혁의 '필요조건'과 '충분조건'

한국이 경제적·정치적 개혁 목적으로 시도했던 금융실명제는 명목적 실명제의 전격도입에서 실질적 실명제의 완성에 이르기까지 오랜 시간이 걸렸다. 이를 쟁점별로 복기해 보는 것은 경제개혁 성공의 필요조건과 충분조건에 대해 여러 측면에서 시사점을 제공한다.

금융실명제는 1982년 처음 시도되었다가 무기 연기되고, 1989년 다시 추진되었으나 경제난을 이유로 다시 무산되고 말았다. 그러다가 1993년 대통령 긴급명령으로 전격 시행된다. 첫 시도에서 실제 시행까지 무려 10년 이상이 소요된 긴 역정이었다. 이는 금융실명제에 대해 정치적으로 강한 반대와 비토세력이 존재하고 있으며 시행 자체만으로도 강한 정치적 결단과 리더십이 필요하다는 것을 의미한다.

이후 명실상부하게 정착하여 한국의 경제·사회·정치 관행에 질적 변화를 일으키는 데도 적지 않은 '축적의 시간'이 걸렸다. 금융실명제의 실시는 경제개혁을 위한 '필요조건'이지만, 어느 날 갑자기 "오늘부터 법으로 금융실명제를 실시한다"고 해서 금융실명제의 실질이 저절로 완성되는 것은 아니기 때문이다.

금융실명제는 사회정의와 과세질서, 경제질서의 완성을 위한 필요조건이자 큰 도전이었다. 충분조건을 만들기 위해 FIU법(자금세탁방지법) 등 각종 금융거래 정보를 잡아낼 수 있는 제도와 법규뿐만 아니라 전산, 금융거래 관행, 투명한 거래의 문화 등이 종횡으로 꾸준히 보완되었다.

법시행의 첫걸음부터 완성에 이르기까지 오랜 축적의 시간이 걸린 셈이다.

진동수 금융실명제는 국가경제를 위해 반드시 필요한 제도지만, 실명법 시행 자체가 모든 사회적·사법적·제도적 정의를 자동으로 완성시키는 '전가의 보도'는 아닙니다. 처음에 형식적 실명제로 시작됐지만 그 이후 어떻게 됐습니까? 금융소득 종합과세가 시행되고, 차명계좌에 대한 증여의제가 도입되고, 국세전산시스템이 보완되고, 「범죄수익은닉규제법」도 제정되고, 수상한 현금거래 및 금융거래 정보에 대한 금융기관 직원 의무보고제가 만들어지면서 지속적으로 금융실명제의 실질을 보완하는 작업이 뒤따랐습니다. 이른바 FIU 법이라든지 정치자금법 등 각종 보완 입법을 만들어 나가면서 불법차명을 잡아내고 실질적 실명제를 할 수 있게 된 것입니다.

법, 제도 및 IT 시스템 보완으로 완결성 높아져

1993년 금융실명제가 시행되고 1994년에 종합과세를 위한 세제개편이 이뤄졌다. 하지만 한동안은 금융자산 규모가 정확히 파악되지 않아 제대로 과세되지 못했고 상속증여세 탈세가 빈번했다. 또한 실명제가 실시되어 금융거래 기록이 과세당국에 노출될 위험이 커지자, 납세자는 어떻게든 현금거래 등으로 과세자료 제출을 피하려 했고 불법정치자금 역시 거액 현금거래를 통해 이루어졌다.

이를 막기 위해 「공직자재산등록법」과 「공직자윤리법」, 「공직선거 및 선거부정방지법」 등의 제정, 차명계좌에 대한 증여의제 도입, KoFIU 설립 및 「특정금융정보법」(FIU 법) 등 각종 법적·제도적 보완이 지속적으로 이루어졌다.

특히 2013년 FIU 법 제정이 결정적 역할을 했다. FIU 법 제4조와 제5조는 "금융거래 상대방의 실지명의를 보고하도록 하고 있으며 특히 고객이 자금세탁 행위나 기타 불법거래를 하기 위한 목적으로 고액 현금거래를 할 때는 이를 보고해야 한다"는 의무를 규정한다. 2014년부터 금융기관에 2천만 원이 넘는 고액 현금거래가 발생할 경우 보고하도록 하는 의무를 부여하자, 2014년 한 해 동안에만 무려 861만 건의 보고가 들어왔다.

FIU 법에 의한 고액 현금거래 보고 및 의심거래 보고는 금융거래 관행에 중대한 변화를 불러왔다. 금융기관 창구직원 입장에서는 의심적은 거래가 있을 때 보고하지 않았다가 문제가 생겨 책임지는 편보다 일단 보고하는 편이 마음이 편하기 때문에 조금만 이상한 기미가 있어도 일단 보고하는 '주관적 보고' 관행이 생겨난 것이다. 수많은 금융기관 창구에서 불법자금 흐름을 지켜보는 '감시망'이 구축되자 거액현금이 피할 곳이 없어졌다. 마늘밭 속에 비닐에 싸인 채 숨겨졌던 5만 원권 거액 현금뭉치 발견 사건 등이 이 같은 현상을 보여준다.

또한 국세청이 탈세혐의 조사 및 조세체납자에 대한 징수업무에 KoFIU 정보를 활용할 수 있게 되었다.[1] 탈세가 의심되는 기업이나 개인에 대해 세무조사를 강화하기 시작했고, 법인이나 개인이 해외에 빼돌린 재산에 대해서도 추적할 수 있게 되었다.

국세청이 2009년부터 고소득자에 대해 PCI 분석시스템[2]을 적용하고, 차명계좌에 대해 신고 및 포상금제도를 운영한 것도 불법비자금이나 세금포탈 자금, 불법차명자금을 대폭 줄어들게 만든 요인이었다.

정부는 또한 금융실명제의 성공적 정착을 위해 현금거래 관습을 축조하고 은행 등 금융기관을 통한 비현금 결제를 확대하기 시작했다. 신용카드 및 체크카드 사용에 세금감면 혜택을 주어 신용카드 사용을 대폭 촉진했고, 지로제도 확충, 타행환 시스템과 현금교환기 공동이용망시스템 활성화 등을 통해 금융기관을 이용한 결제를 보편화했다. 신용카드 사용 및 현금거래 영수증, 전자결제 등이 증가하면서 기업이나 자영업자의 매출 및 비용, 각종 거래기록이 대부분 잡혔고 과표가 정직하게 드러났다.

이에 더해 2000년 이후 급속히 발달한 초고속통신망과 컴퓨터 보급, 금융전산망과 국세전산망 연결 및 확충 등 IT 인프라 발전도 금융실명제의 실질적 완성을 결정적으로 뒷받침했다.

여러 가지 법적·행정적 노력이 종으로 횡으로 맞물려 들어가면서 금융실명제가 비로소 명실상부하게 경제, 관행, 국민의식에 정착하기 시작한 것이다.

---

1 법제정이 이뤄진 2013년 7월 말 기준, 8만 4,460건의 금융거래 정보가 국세청에 제공되었다. 이 가운데 1만 9,682건에 대해 고발, 추징이 이뤄졌다.
2 PCI분석시스템(Property, Consumption and Income Analysis System)은 자산증가 및 소비지출액을 신고 소득과 비교하여 분석하는 시스템이다.

진동수 우리나라의 금융실명제는 법적 실명제를 먼저 선포하고, 나중에 IT 기술과 전산망이 발전하면서 비로소 실질적 실명제가 자리 잡는 방식으로 진행되었습니다. 국세청 전산고도화와 금융 전산고도화를 추진하여 빠르게 돈 흐름을 포착하고, 나중에 KoFIU가 만들어져서 크로스체크를 하게 되었죠. 그런 식으로 주변환경이 갖춰지면서 진정한 금융실명제가 뿌리내린 것입니다. 요즘은 금융기관 전산망에 주민등록번호만 치면 개개인의 모든 금융거래와 돈의 이력이 다 공개되니까 개인의 비밀보장이 사실상 없어진 거죠. 대한민국처럼 정부가 법인과 개인의 정보를 거의 완벽하게 가진 나라는 드물어요. 전산화가 참 잘되어 있죠. 다른 나라에서 우리 정부의 법 제정과 시행 능력을 인정하는 부분입니다.

금융실명제 개혁의 시사점

경제개혁 추진의 시대적 필요성

경제를 발전시키기 위해서는 발전 정도와 시대상황 변화에 맞추어 제도개혁을 추진해야 한다. 한국은 초기 경제발전 과정에서 심각한 투자재원 부족을 경험했다. 압축 고도성장이 장기화되면서 공적 금융기관을 동원한 자금공급은 수출과 대기업 등 특정 부문에만 정책적으로 집중되었고 정책자금에 대해서는 금리규제가 이루어졌기 때문에 공금리와 실세금리의 괴리가 커졌다. 이에 따라 높아진 민간 자금수요에 대응하기 위해 사채시장의 규모가 커진 것은 현실을 반영한 지극히 '시장적 현상'(market phenomena)이었다. 자금공급이 수요보다 현저히 부족한 상황에서 중소기업뿐만 아니라 대기업들까지도 사채시장 의존도가 높았다.

이 같은 상황에서 현금의 금융기관 유입을 촉진하기 위하여 이자나 배당 등 금융소득에 대해 분리과세하고 가차명, 무기명을 용인하며 「예금·적금 등의 비밀보장에 관한 법률」을 제정한 것은 어쩔 수 없는 선택이었다고 할 수 있다.

그러나 사채시장은 성격상 외부적 경제여건에 따라 민감하게 반응할 수밖에 없다. 조금이라도 나쁜 소문이 돌거나 경기가 악화되면 동시다발적으로 돈이 빠져 나가기 때문에 멀쩡한 기업까지 흑자도산하는 일이 다반사였다. 더욱이 사채시장에 흘러든 돈은 몇 번의 자금세탁을 거치면서 정치자금으로 변신하여 정경유착의 고리로 작용하기도 했고 온갖 탈세의 온상이 되기도 했다.

1980년대 초반에 사채시장에서 벌어진 이철희·장영자 사건은 사채시장이 안고 있는 각종 문제점과 한국경제에 미치는 악영향이 수면 위로 떠오른 계기가 됐다. 사채시장 내부의 각종 모순이 더이상 제어하기 어려울 만큼 커졌다는 뜻이었다.

1982년 사채시장 정상화를 목적으로 한 금융실명제 추진이 촉발된 것은 더이상 이대로 가서는 안 된다고 보고 제도변화를 요구하는 사회적 필요 때문이었다.

홍재형 사람이 나이 먹고 성장하면 옷을 바꿔 입어야 하듯 제도적 개혁을 통해 시대에 맞게 고쳐나가야 경제가 발전합니다. 개발도상국가에서는 우선 요소투입형 경제개발을 추진하지만 일정 시간이 지나면 그것만 가지고는 해결되는 않는 각종 제도개혁 이슈가 등장합니다. 그때에 맞춰서 지속적으로 개혁을 해야 합니다. 한국이 바로 그랬습니다. 1960년대, 1970년대 개발연도에는 자금을 끌어들이기 위해 음성적 유인제도가 존재했고 나름대로 역할을 했죠. 하지만 특정 시점에 유효했던 제도라도 그 제도의 유통기간이 끝나면 그걸 폐기하고 다시 만들어야 할 필요가 생기거든요. 독수리도 나이 먹으면 발톱까지 다 갈아야 한다는데 하여튼 그런 제도개혁을 제때 해야 한다고 생각합니다. 금융실명제도 그런 제도개혁 필요성에 의해 제기되었다고 봅니다.

개혁성공의 정치적 필요조건과 충분조건

오랜 관행과 제도는 '경로의존성'(path dependency)이 있기 때문에 과거 존속 기간 및 경로에 따라 기득권층의 이해와 맞물리게 된다. 가령 어떤 지역에 큰 도로가 생긴다며 여기에 맞게 도시가 형성되어 해당 도로로부터 떨어져 있는 다른 지역과의 경제적 격차가 시간이 갈수록 커질 것이다. 이후 경제상황이 달라져서 물류와 유

홍은주 한양사이버대 교수가 홍재형 전 경제부총리와 인터뷰를 진행하였다.

통 중심지를 다른 곳으로 옮길 필요가 높다고 해도 이미 형성된 지역의 이해관계 때문에 주도로 이전은 큰 저항에 부딪치기 마련이다.

하물며 오랫동안 온 국민의 거래관행으로 자리 잡은 금융거래제도와 이로 인해 파생된 지하경제를 일거에 뒤집는 금융실명제 개혁을 추진하는 것은 정치·경제·사법·사회 등 각 측면에서 지대한 파장을 일으킬 수 있고 심각한 정치적 저항을 불러일으킬 수 있다.

이를 돌파하기 위해서는 강력한 정치적 리더십과 타이밍이 필요하다. 김영삼 대통령은 회고록에서 "대통령 첫 취임 6개월 이내에 개혁을 하지 못하면 영원히 못한다고 생각했다"고 회고한다. 경제가 좋아진 후 추진하자는 경제수석을 따돌리다시피 하고 취임 석 달 만에 금융실명제를 전격 추진한 이유다.

홍재형 금융실명제 개혁을 추진해 본 입장에서 개혁의 성공조건을 말씀드리자면, 우선 국가가 발전단계에서 제도개혁이 불가피한 경우 파워엘리트인 대통령이나 정치지도자의 의지와 리더십이 가장 중요합니다. 또 금융실명제 실시로 정치권이 정당운영자금이나 선거자금줄이 끊기면 그 사람들에게는 생존이 위협받는 문제이니 결사항전을 할 수밖에 없지 않습니까? 그러니 이 사람들도 숨 쉴 수 있도록 「정치자금법」 등의 제도적 개선 및 보완을 병행해 주면 이에 대한 반발을 줄일 수 있습니다.

그런데 1993년 금융실명제는 그런 보완장치를 갖추지 못한 채 갑자기 실시되었기 때문에, 제도적 한계가 있고 그 이후 계속 틈만 있으면 저항세력이 이를 무력화할 명분을 찾았습니다. 엉뚱한 명분을 끌어와 경제가 잘 안 되니 실명제를 고쳐야 한다고 시도하기도 했죠. 그렇기 때문에 개혁이 성공하려면 지속적 노력과 홍보가 필요하고 국민 대다수의 지지가 선행되어야 한다고 생각합니다. 마지막으로 집행엘리트라고 할 수 있는 공무원들과 그걸 실행할 사람들과의 교감도 필요합니다. 이 사람들을 통해 다른 나라는 유사한 제도를 어떤 절차를 밟아서 도입했는지 참고하고 시행과정에서 발생할 수 있는 문제점이나 허점을 사전에 꼼꼼히 점검하고 보완하는 내부적 노력이 반드시 있어야 합니다.

역사에 가정법은 의미가 없다. 2020년 현재 한국은 이미 실명제가 상당히 성공적으로 진척된 단계이기 때문이다. 그렇다면 금융실명제 개혁을 다른 개도국이 추진하고자 할 경우 한국이 추진한 방식의 금융실명제가 100점짜리 답안이 될 수 있을까?

1982년에 추진된 금융실명제의 경우 대통령의 강한 의지에도 불구하고 집권여당이 반대한 데다 청와대의 핵심 정치실세들이 가세하여 좌초되었다. 1989년 노태우 정부 때 다시 추진되지만 1990년 초 3당합당 이후 목소리가 커진 여당이 실명제에 대해 적극적으로 우려를 제기하여 두 번째로 후퇴하였다. 김영삼 대통령 임기 말에 추진된 대체입법의 경우도 정권 말기에 경제위기 극복 논리를 내세운 국회가 주도한 일이었다.

따라서 정치측면에서 보자면 금융실명제를 도입하기 위해서는 강한 정치적 의지와 리더십은 필요조건이다. 또한 반대측 정치권과의 지난한 협상을 전제로 하기 때문에 정치적 여건을 고려하는 것이 충분조건이 된다. 현실적으로는 정치인의 속성상 항상 이런저런 명분을 내세워 반대할 것이기 때문에 타협이 쉽지 않다.

법이 처음 만들어지고 시행되기까지는 10여 년이 걸렸다. 명실상부한 실명제를 정착시키는 데는 그보다 더 오랜 시간과 부단한 행정적 노력이 필요했다. 한국의 금융실명제를 복기해 볼 때 다른 나라에서 참고할 수 있는 대안은 없을까?

굳이 공식적인 법으로 추진하여 논란을 키우고 정치적 반발세력을 집결시키기보다 다음과 같이 우회적인 방식을 채택하는 것이 실질적 금융실명제를 정착시키는 데 있어 사회적 혼란을 줄이는 대안일 수 있다는 주장이 나온다. 첫째, 각종 거래 및 회계투명성을 높이는 제도를 꾸준히 도입, 정비한다. 둘째, 불법자금 거래는 「자금세탁방지법」, 「정치자금법」 등을 제정하여 방지한다. 셋째, 정치에 필요한 자금을 국가가 제공해 주는 법 등을 먼저 시행하여 정치권의 반발을 줄인다. 넷째, 사금융과 공금융 간 금리격차를 줄여 자연스럽게 사채시장을 축소시키는 방법으로 간다.

1982년 금융실명제를 처음 추진할 때나 지금이나 금융실명제는 법으로 강제할 것이 아니라는 생각에 변함이 없다. 원래부터 실명을 쓰던 99%의 사람들까지 주민등록증을 제시하게 하고 법으로 다스릴 필요는 없다. 범죄를 수사하기 위해서는 거액의 현찰거래나 외환거래에 대한 「자금세탁방지법」으로 충분하다. 관행은 관행으로 고쳐야 하고 외형상의 실명제는 금융단 협정만으로도 충분하다. 더구나 신용사회 인프라가 구축되면 신용의 축적을 위해 자발적으로 실명을 사용한다. [3]

만약 IT 인프라가 갖춰지지 않아 불법비자금을 모조리 적발하는 것이 불가능하다면 차라리 과거를 묻지 말고 양지로 나오게 하여 생산적 산업자금으로 유도하는 방향이 경제적 실질을 담보할 수 있다고 보는 견해도 있다. 일단 양성화시킨 후 남아 있는 지하자금이 증여세·상속세 탈세나 범죄수단으로 악용되는 것을 차단하는 데 행정역량을 집중하는 편이 더 효율적이라는 것이다.

---

3 강만수, 2005, 《현장에서 본 한국경제 30년》, 삼성경제연구소, 176쪽.

긴급명령에 의한 개혁추진

1993년 금융실명제는 과거 두 차례 시도되었던 금융실명제와 달리 긴급명령에 의해 추진되었다.

긴급명령에 의한 추진은 우선 정치적으로, 법제화 과정에서 반대진영이 결집하여 발생할 수 있는 강한 저항을 미연에 방지하는 효과가 있었다. 긴급명령에 의해 일단 금융실명제가 법으로 공포된 이후에는 기정사실화되었기 때문에 더이상의 저항이나 반대는 무의미했다. 어떤 명분을 내세워도 돌이킬 수 없게 된 것이다.

1989년에는 금융실명제를 거의 다 완성시켜 놓고도 마지막 순간 후퇴할 수밖에 없었던 점에 비춰 볼 때, 사전준비와 행정적 뒷받침 등 '특정 조건'이 갖춰졌다면 긴급명령이 상당히 유효한 전략이었다는 분석이 나온다.

한 가지 흥미로운 사실은 1982년 금융실명제 작업을 할 때 이미 긴급명령에 의한 추진 아이디어가 나왔다는 점이다.

강경식 그때 재무부 내부 TF에서 실명제 작업을 했던 실무진 가운데 서경석 과장이 있었습니다. 제가 사람 이름을 잘 기억하지 못하는데 서경석 과장을 지금까지도 선명히 기억하는 이유는 그 친구가 저에게 "실명제는 대통령 긴급명령으로 가는 것이 좋겠습니다"라고 강하게 권고했기 때문입니다. 사실 그렇게 추진했더라면 정말 쉽게 할 수도 있었는데 제가 단번에 "그건 안 된다"고 거절했습니다.

왜 긴급명령으로 가서는 안 된다고 생각했을까? 강경식 부총리는 훗날 언론사와의 인터뷰에서 "당시 우리나라 경제상황에서 실명제를 하는 것은 일종의 혁명을 하자는 것인데 혁명을 토론에 부쳐가면서 했기 때문에 실패했다. 내가 너무 순진했다"고 술회했다.[4]

---

4 〈주간조선〉, 1993. 8. 23.

강경식 제가 긴급명령을 반대한 이유는 국민들 모두가 이 법의 취지를 이해하고 공감해야 한다고 봤기 때문입니다. 법안이 국회 심의를 거치는 과정에서 여러 가지 토론이 있잖습니까? 금융거래 관행을 뿌리부터 바꾸는 것이니까 왜 하는 거고, 어떻게 달라지고, 무엇을 해야 하는지 국민들이 토론을 통해 많이 알게 되고 중지를 모아 잘 만들어야 이것이 제대로 자리 잡을 것이다, 그것이 바람직하다고 생각했기 때문입니다. 제가 공무원 생활하면서 법과대학을 나왔기 때문에 결정적으로 실수한 일이 그것이었습니다. 법적·절차적 중요성에 경도되어 큰 잘못을 한 것이죠.

나중에 1997년 외환위기 때 정치에 기대 저항하던 기아의 김선홍 회장 구속 문제가 나왔을 때도 제가 "그건 안 된다. 경제문제 처리는 경제부처에서 처리하는 것이 옳다"는 식으로 주장하는 바람에 굉장히 신속하고 효율적으로 처리했을 문제를 타이밍을 놓치고 혼란이 장기화되어 외환위기로 이어지게 된 적이 있었습니다. 지금 돌이켜 보면 식자우환(識字憂患)이라고 할까. 제가 법대 출신이라서 절차적 과정을 중시하다 보니 그렇게 됐습니다.

1989년 금융실명제 역시 오랜 시간에 걸쳐 사실상 다 준비해 놓고도 막판에 경제난을 이유로 무위에 그치고 말았다.

당시 작업의 책임을 맡았던 윤증현 전 기획재정부 장관은 "정치적 반발을 피하기 위해서는 긴급명령이 효과적일 수 있다"고 평가하면서도, 대신 사전준비는 철저해야 하며 이후 시행과정에서 벌어지는 온갖 혼란에 대해서도 행정적 책임을 질 수 있어야 한다고 강조했다.

윤증현 제가 지나고 지금 생각해 보니, 행정력이라든지 집권층의 강력한 의지가 있을 때는 김영삼 대통령 때처럼 긴급명령으로 전격 추진하는 것이 시간을 단축시키고 효과적인 측면은 있습니다. 한국처럼 정치적 질곡이나 풍파가 심한 사회에서 1989년에 우리가 했던 식으로 공개적으로 추진하면 도중에 여러 가지 반대에 부딪혀 진척이 잘 안 되고 그 상태에서 오랜 시간 정체될 가능성이 있습니다. 또 실제로 그런 일이 벌어졌지 않았습니까? 명분이나 방향이 옳고 시행하겠다고 진짜 작정한다면 단계적 부작용은 다 무시하고 전격적으로 가는 것도 하나의 방법일 수 있겠죠.

예를 들면 부가가치세 도입도 그런 경우였습니다. 1977년 당시에 박정희 대통령의 권한과 의지가 워낙 강했기 때문에 부가가치세 도입이 가능했지, 웬만한 나라에선 정치적 역풍 때문에 어려웠을 겁니다.

다만, 그 같은 결정 이후 벌어지는 경제현장과 금융시장의 혼란을 뒷받침할 행정력이 있어야 합니다. 우리 공직사회가 일단 결정된 내용에 대해서는 어떤 부작용이라도 수습하면서 좋은 방향으로 이끌어가는 그런 저력은 있었기 때문에 부가가치세나 금융실명제가 제대로 정착되었다고 생각합니다. 결론적으로 정치적 리더십과 행정인프라가 있는지 여부가 성공의 관건이겠지요.

긴급명령은 또한 금융실명제에 의해 발생할 수 있는 거액의 현금이탈로 인한 경제적·사회적 혼란과 금융시장 위기를 예방하는 경제적 효과도 있었다.

진동수 1993년 금융실명제는 정치적 반대를 무력화시키려는 목적이 컸지만, 경제적 측면에서도 김준일 박사가 처음 생각했던 것처럼 오버나이트로, 전격적으로 가자고 한 것에 일리가 있다고 생각합니다. 실명제의 최대 부작용은 이걸 한다고 선언했을 때 시장과 사람들이 어떻게 반응할지 잘 모른다는 점이니까요. 특히, 금융시장은 민감도가 아주 높아 어떤 혼란이 벌어질지 잘 모릅니다.

다만 전격적으로 가더라도 미리 철저히 준비하고 경우의 수를 다 대비해 연착륙할 수 있는 방향으로 해야죠. 1993년에 우리가 부작용이 생기면 어떻게 대비한다는 것까지 미리 다 생각했습니다. 이미 1989년에 웬만한 내용이 다 검토되고 대비책이 마련되어 있어서 두 달 만에 긴급명령으로 갈 수 있었습니다. 당시 우리 생각은 일단 실시해서 연착륙하는 게 가장 중요하다고 봤습니다. 왜냐하면 전 국민의 금융거래와 관련되는 것이니까 지나치게 시장을 무시한 과격한 내용으로 하면 반드시 후폭풍이 오고 그게 커지면 원래 목적과 다르게 역풍을 맞을 수밖에 없다고 봤습니다. 그렇게 접근해서 그런지 당시 긴급명령이 발표되고 시장에서의 반응이 1982년 7·3 조치에 비해 큰 문제가 없었습니다.

개혁추진의 국민적 호소력 문제

금융실명제는 그 실시로 인해 불이익이 생길 것으로 생각했던 그룹이나 계층의 반발로 1982년과 1989년 두 차례에 걸쳐 시도되었다가 두 차례 모두 무위에 그치고 만다.

금융실명제 연기가 두 차례나 천명되었을 때 큰 사회적 논란이 없었고 국민들이 정치적 반발도 보이지 않았다. 제도학파 경제학자 뷰캐넌은 이 같은 현상을 '합리적 무시'라고 명명했다. 개혁으로 인한 피해집단은 결정적 손해를 보는 대신 국민들에게 돌아가는 이익은 적거나 눈에 보이지 않는다. 따라서 불이익을 보는 집단은 필사적이며 큰 저항을 하여 개혁을 무산시키는 데 비해 국민들은 아무래도 무심할 수밖에 없다는 것이다.

실제로 금융실명제 실시로 인한 경제적 효과는 당장 개인의 이익으로 돌아오는 것이 아니어서 국민들이 제도개혁 효과를 실감하기 어렵기 때문에 제도추진을 강하게 지지하려는 경제적 유인이 크지 않았다. 경제현실에서는 대기업은 물론이고 중소기업들과 영세소상인들조차 과거의 과표가 다 드러날까 봐 내심 반대했다.

그렇기 때문에 금융실명제처럼 온 국민을 혼란스럽고 경제적으로 불편하게 하는 개혁을 단순히 경제적 측면에서만 강조하는 것은 국민들의 강한 지지를 획득하는 데 있어 부족할 수 있다.

더욱이 경제적 명분으로 금융실명제를 추진하면 바로 경제적 이유로 반대할 명분도 생기기 마련이다. 1982년과 1989년에 금융실명제가 무산된 것도 "경제난 속에서 금융실명제를 추진하면 더 큰 경제위기가 올 것"이라는 명분 때문이었다.

1993년 취임한 김영삼 대통령은 전혀 다른 프레임, 즉 정치적 목적으로 금융실명제에 접근했다. 취임 초기의 높은 국민적 지지를 바탕으로 하나회 척결, 율곡비리 수사, 불법정치자금 수사 등에 착수하여 강도 높은 선제적 포석에 먼저 착수했다. 일련의 정치개혁의 연장선상에서 이를 실현시킬 구체적 수단으로 금융실명제를 추진하여 반대파의 기싸움을 제압했다.

정치개혁의 연장선장에서 금융실명제를 도입하는 것은 국민의 도덕적 고양감을 높이고 감정적 소구력이 커지게 된다. 또한 "과거 군부독재정권의 부도덕한 정치자금의 적발과 척결"이라는 도덕적 명분을 걸어 추진된 법은 반대하기 어렵다. 내용이나 방법론이 옳은지 아닌지와 무관하게 반대하는 순간 반도덕적이라는 주홍글씨가 붙기 때문이다.

1993년 금융실명제의 성격이 정치적이었다는 일부 비판에도 불구하고, 정치개혁 추진이라는 도덕적 명분을 걸어 금융실명제를 기정사실화하는 전략은 효과적으로 작동했다고 볼 수 있다. 실제로 1993년 8월 13일 금융실명제 실시 다음날 시행된 국민여론조사에서 87%가 찬성했고 공개적 반대는 3.3%에 불과했다.

개혁의 속도에 대한 시사점

국민적 파급효과가 큰 경제개혁을 추진할 때 고려해야 할 또 다른 쟁점은 "저항이 있더라도 처음부터 강하게 갈 것인가, '거위의 깃털을 뽑듯' 초기 저항을 최소화하면서 연착륙했다가 나중에 점차 강화하는 것이 좋은가?"라는 점이다.

1993년에 시행된 금융실명제는 일단 가명과 무기명 및 각종 금융거래에 '이름표'를 달아 두는 것으로 시작된 점진적 성격의 개혁이었다. 실명제 실시단은, 명목상 실명제를 도입해 놓고 추후에 지속적으로 제도적·법적·정책적 보완을 통해 제도를 착근시키는 단계별 분리추진방식을 채택했던 것이 초기 저항과 시장혼란을 줄이고 실명제를 조기정착시키는 데 상당히 유효한 전략이었다고 주장한다.

우선 차명에 대해 직접 규제하지 않은 채 형식적 실명제를 먼저 시작하고 나중에 차명에 대한 증여의제와 FIU 법 등 각종 법과 제도를 보완해가면서 실질적 실명제를 정착시켰다. 다행히 김영삼 대통령을 포함하여 대부분의 국민들이 차명예금을 불법적인 비실명으로 인식했기 때문에 제도보완의 시간을 벌 수 있었다.

또한 주식차익에 대한 과세는 시행하지 않은 채 여지를 남겼고 금융소득 종합과세를 금융실명제와 분리시행하여 시장충격을 줄였다. 금융소득에 대한 분리과세 혜택도 처음엔 부부합산 4천만 원까지 허용해 주다가 나중에 2천만 원으로 대폭 낮추었다.

최규연　금융실명제는 금융거래를 실명으로 하는 것과 금융자산 보유로 인해 발생하는 금융소득을 포함하여 종합과세하는 것, 두 가지 측면이 있습니다. 1993년 금융실명제의 성격을 정확히 규정하자면 돈에 이름을 달아 주는 형식적 금융실명제를 긴급명령으로 추진한 것입니다. 금융소득 종합과세는 나중에 따로 법을 만들어 시행하였고, 분리과세 혜택도 처음에는 높았다가 점차 낮춰갔습니다.

가명과 무기명을 없애는 정도의 명목적 금융실명제로 시작하여 "차명이 실명인가?"라는 사회적·법적 논란을 촉발시킨 점에 대해 실명제 실시단은 다음과 같이 주장한다.

진동수　나중에 재벌기업들의 차명계좌 이슈가 불거지니까 "차명을 왜 방치했느냐? 이건 잘못됐다"고 비판하는 사람들이 꽤 있었는데 우리가 그걸 왜 고민하지 않았겠습니까? 정말 많이 고민했지요. 그런데 당시에는 여러 가지 법이나 제도, 과세방식, 대법원 판례 등이 차명을 효율적으로 단속할 수 있도록 되어 있지 않았습니다. 초기에는 대법원이 명의신탁을 광범위하게 인정해 주는 분위기였고 나중에 세법에서 증여의제를 규정했는데도 대법원에서 그걸 잘 안 받아줬습니다. 그런 상황에서 금융기관 직원들은 차명여부를 확인하거나 같은 차명이라도 불법성이 있는지 없는지 심사할 수 있는 권한이 없었습니다.

　그래서 우리가 무척 고민하다가 일단 무기명과 기명거래를 없애는 형식적 실명제라도 먼저 시작해 보자고 한 것이었습니다. 정말 많은 연구조사를 하고 고민과 토론을 했는데도 나중에 밖에서 "금융공무원이라 금융을 너무 봐주려고 그런 것 아니냐?"고 굉장히 오해했습니다.

최규연　실명제가 시작될 때 임동빈 사무관과 제가 "사람들이 실명법에 대해 당장은 부정부패나 비리, 비자금을 척결하는 정치적 수단과 성격으로 인식하지만 사실은 법인이나 개개인의 소득을 조밀하게 추적할 수 있게 되어 실질적 실명제가 정착될 것이다"라고 이야기했습니다.

10년간 제가 낸 세금을 시계열적으로 종합해 보면 경제활동과 소득이 훤히 다 드러나게 되잖아요? 세금을 별로 안 내던 사람이 갑자기 집을 사면 어디서 그 돈이 났는지도 다 소명해야 하고요. "1970년대부터 우리가 미국에서는 집을 사면 세무당국이 그 돈 어디서 났느냐고 물어본다는 얘기를 들었는데 앞으로 우리나라도 그렇게 될 거다. 금융실명제와 종합소득세를 통해 정부가 개개인의 거래를 모두 들여다보고 규제하게 될 것이다", 그런 이야기를 나누었습니다. 실제로 지금은 온갖 보완법과 규제, 조치가 만들어지면서 촘촘한 인별 관리가 가능해졌죠. 법인이나 개인이 얼마 벌고 얼마 쓰는 걸 세무당국이 법인별, 개인별로 전부 파악할 수 있습니다.

1982년과 1989년 1993년 세 차례의 금융실명제 작업에 모두 참여했던 진동수 전 금융위원장은 "경제개혁에 성공하기 위해서는 개혁 대상이 되는 타깃을 분명히 좁혀서 초기 저항을 줄여야 하고, 개혁 결과를 통제할 수 있는 수단을 확보하면서 점점 타깃을 넓혀 나가야 한다. 초기에 개혁 대상 몇몇을 잡자고 관계도 없는 수많은 국민들에게 불편을 끼치고 상거래를 불안하게 하고 시장을 위축시켜서는 안 된다"고 지적한다.

진동수 YS 금융실명제 당시 KDI가 대통령 지시를 받아 만든 초안을 봤을 때 "이게 경제개혁인가? 혁명인가?"라는 의문이 들 만큼 급진적 내용이었습니다. 그런데 사실 정치혁명의 대상이 되는 사람들은 얼마 안 되잖아요? 전직 대통령들 돈이나 얼마 안 되는 불법정치자금을 잡자고 모든 경제적 사안에 대해 초강수로 법의 잣대를 들이대고 온 국민에게 시행을 강요하면 빈대 잡자고 초가삼간 태우는 셈이 될 수 있었습니다. 결국 국민이나 경제 전체가 혼란을 겪고 어려워지는 점이 문제였습니다. 우리가 이 조치가 정치개혁적 접근이었다는 걸 알고 대통령이 원하시는 방향의 실명화 방안을 만들면서도 현실적 부작용이나 국민에 대한 불편을 최소화하려고 나름대로 밤새워 고민하고 애썼던 기억이 납니다.

그런 맥락에서 저는 지금 다시 복기해 봐도 시점상으로는 1991년에 금융실명제가 시작되었어야 한다고 생각합니다. 현실적으로 여러 가지 어려운 점이 있었더

홍은주 한양사이버대 교수가 진동수 전 금융위원장과 인터뷰를 진행하였다.

라도 일단 할 수 있는 만큼이라도 시작되었어야 한다고 봐요. 사실 1993년 금융실명제도 가명·무기명 계좌에 꼬리표를 달아 주는 명목상의 금융실명제로 출발해서 나중에 점차 보완하여 완성시켜 간 것 아닙니까? 자금거래를 투명화하고 조세를 공평하게 하는 등의 목표는 어차피 법에 의한 형식적 금융실명제만 갖고는 이룰 수가 없어요. 금융실명제는 필요조건에 불과합니다.

충분조건을 갖추려면 세제가 정비돼야 하고, 「정치자금법」도 선진적 제도로 바뀌어야 하고, 불법비자금의 돈세탁 현상도 효율적으로 규제할 수 있는 제도적 인프라를 추가로 갖춰야 하거든요. 실명제를 기본으로 시작하여 추후 그런 인프라들이 갖춰져야 정치문화도 선진화되고 사회가 투명해지고 공평과세도 되면서 실명제가 추구하는 궁극적 목표를 달성할 수 있는 겁니다. 그런 점에서 1991년에 준비가 부족했더라도 명목상의 금융실명제라도 일단 시작해 놓고 추후에 생길 수 있는 문제를 정비해 나갔더라면 좋았을 것이라고 생각합니다.

1993년 금융실명제의 초창기 밑그림을 그렸던 KDI 남상우 박사 역시 "중장기적 시각에서 제도 정착에 주안점을 둔 타협적 실명제를 추진하는 것도 대안이 될 수 있다"고 평가한다.

남상우 1993년에 시행된 금융실명제가 1997년에 한차례 대폭 후퇴하는 등 곡절이 겪었던 것은 정치개혁 목적으로 시행된 측면이 있었기 때문이라고 생각합니다. 정치개혁 목적이라서 '예외 없는' 그리고 '과거를 불문에 부치지 않는' 실명제를 도모했는데, 당시의 정치·사회·상관례·조세행정의 현실은 이걸 수용할 만한 여건을 미처 갖추지 못했던 게 아닌가 싶어요.

선거제도 혁신, 정경유착 불식, 조세행정 합리화 등 가차명 거래의 유인을 줄일 제도개혁의 성과는 단기간에 거두기 어렵습니다. 그렇다면 당장은 미흡하더라도 중장기적 시각에서 제도 정착에 주안점을 둔 타협적 실명제로 시작하는 것이 사회적 비용을 줄이는 길이었다고 봐요. 우리나라의 경우 법률에 근거하여 전격적으로 실명제를 추진했는데, 이를 안착시키는 데 필요한 각종 제도정비를 촉진하면서 궁극적 목표를 구현하는 데 상호보강적(mutually reinforcing) 기능을 한 것이 참으로 다행이었다고 생각합니다.

핀테크 시대 금융실명제의 과제

금융실명제가 핀테크 발전 발목?

금융실명제는 디지털 기술의 확산 및 심화, ICT 인프라의 진전과 함께 명실상부한 실명제로 정착되었다. 하지만 급격히 변화하는 기술현실을 법의 형식이 따라잡지 못하면서 최근에 몇 가지 쟁점이 다시 부상하고 있다.

대표적 주장이 "핀테크가 활성화되기 시작하면서 지문이나 홍채, 안면인식 등 생체보안으로 얼마든지 실명확인이 가능한데, 「금융실명법」의 아날로그적 요소가 인터넷뱅킹이나 핀테크 등 기술진보의 걸림돌이 되고 있다"는 것이다.

가령, 현행 「금융실명법」은 비대면계좌 개설을 위한 가이드라인에서 주민등록증이나 사업자등록증 사본을 제출하고 영상통화를 해야 하는 등 계좌를 만들 때 몇 가지 조건을 준수할 것을 요구한다. 그런데 핀테크 업계는 생체확인이나 블록체인 등의 방식으로도 얼마든지 개인식별이 가능하니 법에 이를 반영해 달라고 요구한다.

또한 '금융거래의 비밀보장' 조항 때문에 금융사기 의심거래정보를 AI 머신러닝 기술로 사전에 감지해 예방하고 알려 주는 기술 서비스가 제약을 받기도 한다. 극단적으로 말하자면 금융당국이 이 기술을 통해 보이스피싱을 알아도 금융회사에 통보하면 법위반이 된다는 주장이다.

이에 대해 "아직 금융시장에서 다양한 형태의 정보를 활용한 사기사건이 발생하는 만큼 핀테크 기술 발전은 조금 더 자기 입증이 필요하다. 기술측면에서 상당한 신뢰가 쌓인다면 논의 가능성은 있지만, 「금융실명법」이 금융의 기본을 다루는 만큼 신중해야 한다"는 반론도 있다.[5] 핀테크 업계의 주장을 법에 수용하기에는 추가적 경험과 증거가 필요하다는 것이다.

핀테크 업계의 요구 가운데 합리적인 부분은 현재 정부가 추진 중인 규제 샌드박스의 대상이 되어 한시적으로 허용되고 있다. 금융실명제의 본질을 훼손하지 않으면서도 기술적 편리성과 확실성을 갖춘 기술이 4년간의 유예기간 동안에 정착될 수 있는지 충분한 논의가 필요한 대목이다.

다음은 이러한 논의의 일환으로 모 언론사에 게재된 기사이다.

---

5 김자봉 KIF 선임연구위원의 주장이다. 〈매일경제신문〉, 2020. 5. 24.

혁신 발목 잡는 금융실명제

「금융실명거래 및 비밀보장에 관한 법률」(금융실명법)이 혁신을 가로막는 사례가 곳곳에서 발견된다.

대표적 사례로 금융위원회가 운영하는 '규제 샌드박스' 제도가 꼽힌다. 금융위원회가 지난해 4월 이후 선정한 규제 샌드박스 대상 혁신금융 서비스 102건 중 「금융실명법」에 대한 규제특례를 요청한 사례는 9건에 달한다.

규제 샌드박스는 규제 때문에 시행하지 못하는 혁신 서비스의 사업성을 시장에서 검증해 볼 수 있도록 최장 4년간 규제를 유예해 주는 제도다. 특정 규제가 샌드박스로 특례를 받는 빈도가 높을수록 혁신금융에 제약이 크다고 해석할 수 있다. 혁신적 아이디어가 금융실명제 규제 때문에 실제 적용이 어렵다는 얘기다.

규제특례 적용이 많은 대표적 조항은 「금융실명법」 제3조다. 이 조항은 "금융회사 등은 거래자의 실지명의(실명)로 금융거래를 해야 한다"고 명시한다.

이 조항에 따른 가이드라인에는 비대면계좌 개설 시 실명확인증표 사본 제출, 영상통화, 위탁기관 등을 통한 실명확인증표 확인, 기개설된 계좌와의 거래, 기타 앞선 4가지에 준하는 새로운 방식 등 가운데 두 가지를 이행해야 실명확인이 되는 것으로 규정돼 있다. 비대면계좌 개설 방식이 제한된 셈이다.

핀테크 기업 아이콘루프의 '디지털 신원증명 플랫폼'은 블록체인 기술을 바탕으로 신원증명 절차를 간소화하는 서비스다. 블록체인 기술을 활용한 실명확인 방식이 현행 제도상 실명확인 방식에 포함되지 않아 규제특례 적용을 받은 뒤에야 서비스의 길이 열렸다.

역시 혁신금융 서비스로 선정된 한화투자증권과 KB증권의 '안면인식 기술 활용 비대면계좌 개설 서비스'도 마찬가지이다. 안면인식 기술을 이용하여 실명확인증표의 사진과 얼굴 촬영화면을 대조하도록 하는 서비스인데, 비대면 실명확인 적용방안에 '영상통화'는 포함되었지만 안면인식 기술이 빠져 있어 서비스가 불가능했다.

IBK기업은행의 '은행 내점고객 대상 실명확인 서비스'는 은행창구에서의 실명확인 방법에 대해 규제특례를 적용받았다. 「금융실명법」상 창구를 방문했을 때 '신분증 원본'만이 실명확인 방식이 됐지만, 다른 인증방식으로 실명을 확인할 수 있도록 한 것이다.

혁신에 애로 요인이 되는 또 다른 「금융실명법」 조항인 제4조는 '금융거래의 비밀보장'을 규정한다. 이 조항은 금융회사가 제3자에게 금융거래 정보를 제공하려면 제공할 때마다 소비자에게서 건별 동의를 받도록 하고, 거래정보의 제공내역에 대해서도 건별로 통보하도록 규정한다.

이는 종합 자산관리 서비스 등장에 제약으로 작용한다. 자산관리 서비스 사업자가 금융회사에서 고객 거래정보를 받을 때마다 소비자 동의를 받아야 하기 때문이다. '금융주치의 서비스', '원클릭 예적금 분산예치 서비스' 등은 이 조항에 대한 특례를 인정받고서야 시장의 검증을 받을 수 있게 됐다.

역시 혁신금융 서비스로 지정받은 금융결제원의 '금융 의심거래 정보분석 서비스'는 보이스피싱 등 금융사기 의심거래 정보를 머신러닝 기술로 사전에 감지해 예방하는 획기적 서비스지만, 특례를 받지 않고서는 시행이 어려웠다. 「금융실명법」 제4조가 금융거래 정보를 타인에게 제공하는 것을 금지하기 때문이다.

김학수 금융결제원 원장은 "자금세탁 방지 시스템을 위해 고객 실명확인 등 절차는 반드시 필요하다"면서도 "법 규제 때문에 처벌 위주 관행이 생기고 혁신을 가로막는 점에 있어 '누구를 위한 금융실명제인가?'를 돌아봐야 할 때"라고 말했다.

출처: 〈매일경제신문〉, 2020. 5. 24.

'놀라운 신세계' vs '빅브라더 사회'

디지털 기술의 심화와 진전은 새로운 가능성과 희망을 불러일으킴과 동시에 묵시록적 미래 불안을 야기하는 양면성을 지닌다. 모든 것이 이어져 있는 초연결 스마트 국가의 등장은 '놀라운 신세계'(Brave New World)로 향하는 편의성을 제공함과 동시에 국가가 개개인의 모든 거래와 일거수일투족을 한눈에 들여다보고 통제하는 '빅브라더(Big Brother) 사회'의 가능성을 암시하기 때문이다.

예를 들어, 행정망의 발달로 주민등록번호만 입력하면 개인의 모든 정보를 한꺼번에 얻을 수 있게 된 변화를 살펴보자. 이는 각종 행정의 효율성과 편의성을 높이는 긍정적 측면이 있는 동시에 '박사방' 사건에서처럼 성착취와 각종 불법사건, 협박수단으로 악용되기도 한다. 주민센터 사회공익요원이 유출시킨 수많은 개인정보와 해킹링크를 통해 수집된 정보로 인하여 피해자들은 온갖 협박에 시달렸고 성착취를 당했으며, 집을 몇 차례나 옮겼는데도 계속 장기간의 스토킹에 시달리기도 했다.

모든 기술이 그렇듯이 금융기술 발전도 마찬가지로 양면성을 지니고 있다. IT기술 인프라를 통해 효율적으로 명실상부한 금융실명제를 시행하게 된 것은 동시에 정치체제 변화나 불법적 의도에 따라 이 정보가 얼마든지 개인을 통제하고 압박하는 수단으로 악용될 수 있다는 뜻이기도 하다. 수년간에 걸친 개인의 거래와 움직임, 비밀정보가 낱낱이 드러날 경우 끝까지 자유의지를 지킬 수 있는 사람은 많지 않을 것이다. 그러므로 수사기관이나 감사원, 국세청 등의 기관이나 혹은 이들을 통제하는 상위 권력기관이 자의적이거나 편의적으로, 혹은 불법적 의도에 따라 개인의 모든 금융거래와 정보를 들여다보고 악용하지 못하도록 해야 한다.

진동수 제가 생각할 때 1993년 「금융실명법」 내용에서 시간이 지날수록 가장 많이 후퇴한 것이 비밀보장 부분입니다. 검찰이 당시에 비밀보장 부분을 가장 불편해했고 자꾸 항의하니까 슬금슬금 후퇴하기 시작하여 이젠 영장 하나만 받으면 개인이나 기업의 전국계좌와 과거자료를 한눈에 다 볼 수 있게 됐습니다. 금융정보를 가져갈 수 있는 기관도 숫자를 늘려놔서 웬만한 데선 다 들여다볼 수 있습니다. 저는 이에 대해 지속적으로 문제의식을 갖고 있어요. 개인의 금융거래 정보는 해당 정보에 대해 구체적 혐의가 있을 때 영장을 받아 수사해야지, 수사기관이나 사정기관 편하자고 마음대로 뒤져서는 안 됩니다.

홍은주 잘못하면 일종의 빅브라더 사회가 될 가능성이 있죠. 게다가 권력기관이 마음먹고 손보고 싶은 특정인이나 기업을 대상으로 할 경우 악용될 소지가 있으니까요. 이 점은 향후에도 우리 사회의 고민과 토론이 필요한 대목인 것 같습니다.

권력기관이 스스로의 힘을 통제하기 어렵다는 것은 오랜 인류사, 정치사의 경험이다. 권력을 약간이나마 통제할 수 있는 것은 법조항뿐이다. 수사기관에 편의성을 제공하기 위해서라는 이유로 계속 완화되어 사실상 형해화된 것이나 다름없는 「금융실명법」상의 비밀보장 조항이 강조되어야 하는 이유다.

에필로그: 국가 투명성의 기폭제가 된 금융실명제

경제 투명성과 신뢰자본 축적

1982년 처음 시도된 이래 두 차례 유예되었다가 1993년 김영삼 대통령의 결단으로 전격 시행된 금융실명제는 거대한 경제변화를 지향하는 의미 있는 첫걸음이자 국가 투명성을 높이는 기폭제로 작용했다.

1993년 8월 12일 저녁, 김영삼 대통령은 금융실명제 긴급명령 특별담화문 발표에서 다음과 같이 강조했다.

"금융실명제가 실시되지 않고는 이 땅의 부정부패를 원천적으로 봉쇄할 수가 없습니다. 정치와 경제의 검은 유착을 근원적으로 단절할 수가 없습니다. 금융실명거래의 정착 없이는 이 땅에 진정한 분배정의를 구현할 수가 없습니다. 우리 사회의 도덕성을 합리화할 수 없습니다. 건강한 민주주의도, 활력 넘치는 자본주의도 꽃피울 수 없습니다. 금융실명제는 그 어느 것보다 중요한 제도개혁입니다"라고 강조했다.

금융실명제의 첫출발은 일단 '돈에 꼬리표를 다는' 것이었다. 하지만 장기적으로 지향하는 본질은 정치·사회·경제적 투명성을 제고하여 한국사회에 '신뢰자본'을 형성하고 총요소생산성을 높이며 한국의 국격을 높이는 '빅 픽처'였다.

2020년 현시점에서 평가해 볼 때, 당시의 금융실명제 개혁목표는 시간경과에 따라 완결형으로 성취되었다고 할 수 있다.

우선 경제적 측면에서 금융거래가 정상화되었다. 불건전한 자금거래와 음성 불로소득이 감소하여 금융시장 효율성이 높아졌다. 자금흐름이 투명해지고 한국 금융시장의 전면적 개편이 이뤄졌다. 사채시장이 양성화되고 금리자유화가 크게 진전되어 시장원리에 의한 가격기능이 회복되었다. 기업들이 가명이나 무기명으로 숨겨 놓았던 각종 주식들이 드러나면서 기업의 지배구조 투명성이 높아지는 계기가 되기도 했다. 기업의 소유구조가 선진화되었으며 차입확장경영 행태가 정상화되었고 기밀비나 접대비, 정치자금 제공 등이 대폭 줄어 기업회계가 투명해졌다.

조세측면에서는 과표양성화를 추진하고 과세형평성을 높이는 데 기여하였다. 기업의 매출과 매입을 크로스체크하여 거래투명성을 담보할 수 있다는 점에서 '최후의 세제'라고 불리는 부가가치세는 1977년에 도입되었지만 1993년 금융실명제 실시 당시 실질적 착근이 덜 된 상태였다. 부가가치세 납세자의 60% 이상이 과세특례자였고 기업이나 자영업자의 실제 매출과 소득을 추적할 방법이 없어 대부분 신고기준율과 표준소득률에 따라 납세하고 있었다. "유리지갑인 근로소득자만 원천징수 당해 가난한 근로소득자가 부자 자영업자를 보조해 주고 있다"는 비판이 자주 나왔던 이유다. 그런데 금융실명제로 금융기관을 통한 기업의 과거 매출매입 기록이 고스란히 드러나면서 과표양성화가 촉진되었다.

거액의 이자와 배당소득에 대해 합산과세하면서 응능부담에 따른 과세형평성의 조건도 만들었다. 이후 국세전산망이 고도화되고 신용카드 및 지로 등 각종 비현금 결제시스템이 정착되면서 과표양성화와 과세형평성이 지속적으로 강화되었다.

홍은주 한양사이버대 교수가 김진표 전 경제부총리와 인터뷰를 진행하였다.

「금융실명법」은 또한 각종 검은돈과 불법자금을 처벌하는 관련법의 실효성을 높이는 등 경제 외적 부분에서도 사회적 신뢰자본을 높이는 데 크게 기여했다. 「소득세법」, 「상증세법」 등 각종 「세법」이나 「관세법」, 「조세범처벌법」, 「정치자금법」, 「특정범죄가중처벌법」, 「특정경제범죄가중처벌법」 등 이미 존재하던 법의 실효성을 높였다.

후일 고액 현금거래를 감시하는 FIU 법, 「범죄수익은닉규제법」, 「전자금융거래법」 등 여러 가지 법이 속속 제정되면서 관련법이 종횡으로 보완되었다. 그 결과, 불법자금의 은닉이 어려워졌고, 기업들의 비자금 조성과 불법정치자금 제공을 막는 결정적인 저지선이 되었다.

김진표 실명제 시행 이후 검은 정치자금이 밝혀지고 전두환과 노태우, 두 전직 대통령이 구속되었습니다. 이는 실명제가 아니었더라면 절대로 이루어질 수 없었던 일이라고 생각합니다. 정치자금이 그 이후 아주 투명해진 것도 실명제의 큰 성과지요.

또한 기업경영 투명성이 높아진 것도 실명제 덕분입니다. 당시 대기업에서 20~30년 근무하면 죽을 때까지 자신도 모르게 차명주주로 되어 있었습니다. 회장 비서실에서 관리하니까 자기가 무슨 주식을 얼마나 가졌는지도 몰랐죠. 그런데 실명제와 종합과세 실시 이후로는 그게 안 되니까 기업의 위장분산이 점차 사라지고 계열분리가 되고 거버넌스가 투명해진 겁니다. 실로 엄청난 변화가 일어났습니다.

당시 위장분산을 가장 먼저 정리하고 투명한 거버넌스 체계를 구축한 대기업이 LG그룹입니다. 구 씨와 허 씨 집안이 공동창업하여 수십 년이 흐르면서 복잡하게 얽혀 있었을 것 아닙니까? 그런데 구인회 회장이 은퇴하시면서 차제에 지주회사로 만들어 이걸 모두 정리해 주자고 하여 깨끗하게 정리한 것입니다. 재무부 소득세제과장을 지낸 서경석 씨가 나중에 민간으로 가서 GS그룹 사장을 지냈는데, 그분한테 들으니 그때 주식양도차익, 법인세, 소득세 등 LG그룹이 낸 세금이 무려 2조 원이 넘었다고 합니다. 대기업들의 재무구조 건전성과 경영 투명성, 자금흐름 건전성에 실명제와 종합과세가 크게 기여한 것입니다.

김영삼 대통령 밑에 김기수 씨라고 수행비서가 있었는데 제 고등학교 후배라 대통령께 저에 대해 아무래도 좋게 이야기했던가 봐요. 나중에 대통령 물러나고 나서 제가 몇 번 식사를 모셨는데 그때마다 저를 보면서 "이 사람이 금융실명제 성공시킨 사람이야. 이 사람 좋은 사람이야"라고 말씀하시곤 했던 기억이 납니다. 이분이 금융실명제 개혁에 대해 정말 자랑스럽게 생각하셨습니다.

자취를 감춘 사채시장

1982년 한국사회에서 금융실명제 논란이 최초로 제기됐던 이유는 비대한 사채시장에서 벌어진 대형 어음사기 사건 때문이었다. 1993년 금융실명제 이후 사채시장은 어떻게 되었을까?

결론부터 이야기하면, 공금융시장 선진화로 사채시장은 거의 사라졌다. 2000년대 초반 벤처붐과 함께 사채시장의 주거래처가 강남 벤처기업으로 옮겨가 반짝 경기를 누리기도 했다. 하지만 결국 공금융시장이 정상화되면서 사채시장은 자연스럽게 소멸해갔다.

과거 한국경제에서 사채시장이 비대했던 이유는 압축 고도성장 과정에서 기업들의 부채의존 확장경영으로 만성적 자금수요가 발생했기 때문이다. 담보력 있는 우량 수출 대기업이 낮은 금리의 정책금융을 대부분 가져갔기 때문에 신용이 낮은 대기업이나 중소기업들은 비싼 이자를 내고라도 사채시장에 의존할 수밖에 없었다. 공금융과 사금융 간 금리격차도 문제였다. 자금잉여 주체들이 낮은 금리의 공금융기관보다 사채시장에 돈을 맡기는 편이 훨씬 이익이었다.

그런데 1993년 금융실명제를 실시하면서 정부가 사채시장 의존도를 낮추기 위해 중소사업자 및 영세사업자를 대상으로 금융지원을 대폭 늘리고 신용보증 규모를 크게 확대했다. 또한 금융기관별로 개인이나 기업의 신용에 따라 위험 프리미엄을 받을 수 있는 시장을 조성하기 시작했다.

'여신금융 업종'으로 총칭되는 캐피탈이나 신용카드 대출, 리스 등이 많이 만들어져 은행대출과 사채자금으로 이원화되었던 여신시장이 위험 프리미엄이 반영된 다양한 여신시장으로 확장된다. 다양한 금융기관이 많이 만들어지고 금융상품이 출시되었으며 중소기업들의 금융접근성이 높아졌다.

또한 시장별, 단계별로 금리자유화를 추진해 나갔다.[6] 이미 1991년 8월에 발표된 금리자유화 계획에 따라 1993년 11월에 시행된 제2단계 자유화 조치에서는 제1금융권, 제2금융권의 모든 일반여신 금리와 장기수신 금리 등이 자유화되었다.

거시적으로는 1997년 외환위기라는 충격적 사건이 사채시장을 축소시키고 금융을 정상화시킨 결정적 계기가 된다. 무엇보다 기업들의 차입을 통한 확장경영행태가 드라마틱하게 감소했다. 제도 금융권의 금리자유화가 크게 진전되어 자금시장 여건이 성숙했고 외환위기 이후 명실상부한 변동환율제가 전격적으로 시행되면서 지속적 경상수지 흑자가 발생하여 기업들의 자금수요가 대폭 감소했다.

---

6 금리자유화는 1988년부터 추진되었으나 자금공급이 자금수요를 만성적으로 하회하는 상황에서는 금리급등으로 인한 실물경제 충격이 컸기 때문에 한때 후퇴했다가 1991년부터 다시 추진된다.

제도권 금융시장이 선진화되면서 사채시장은 자연스럽게 자취를 감추고 일부는 대부업으로 흡수되었다.

남산의 타임캡슐 금융실명제, 400년 후 공개

1994년 '서울정도 600주년'을 기념하는 타임캡슐 행사가 열렸다. 이때 금융실명제가 한국 발전에 크게 기여한 개혁정책으로 인정받아 금융실명제 실시단이 작성한《금융실명제 실시 1주년 백서》가 타임캡슐에 포함되었다.

현재 이 타임캡슐은 남산 전통정원 지하에 들어가 깊이 잠들어 있다. 400년 후인 2394년에 공개되어 금융실명제가 한국경제와 사회, 정치, 문화에 기여했던 역할을 후손에게 증언하기 위해서다.

김용진 금융실명화에 이어 종합과세까지 시행하려면 시간이 너무 오래 걸리고 그 상황에서 세금회피를 위한 자금의 금융시장 이탈 등 여러 가지 문제가 생길 수 있습니다. 그런데 우리나라의 경우 법을 만들어 긴급명령으로 형식적 금융실명제부터 도입하면서 현실적으로 발생하는 문제를 해결하기 위해 다른 법과 제도를 만들고 보완해 나가는 방식으로 진행되었습니다.

내용을 잘 모르는 사람들은 다른 나라에서 한 방식을 우리가 따라 한 것 아닌가 생각하는데 우리나라처럼 실명제를 법으로 만들어 정착시킨 나라는 제가 알기로는 없습니다. 그러니까 효율적 세정 인프라가 잘 갖춰지지 않은 나라에서는 결국 우리나라 모형을 따를 수밖에 없지 않나 하는 생각이 듭니다. 실명제 후속조치로 그동안 우리가 해온 여러 가지 노력들이 좋은 참고자료가 될 거예요. 그리고 추진 과정에서 대통령의 전폭적 지원이 있었고 그 후 벌어진 문제들을 수습하는 행정능력이 있었던 것이 정말로 중요한 성공요인이었다고 생각합니다.

진동수 YS 금융실명제가 검은돈 거래를 막는 데 엄청난 역할을 한 것이 사실입니다. 또 금융실명제 실시 이후 기업 비자금 축소, 유통업계 무자료거래 위축 등 과세자료 양성화가 진전되었습니다. 만약 실명제가 없었다면 부정부패나 불법자금 거래가 지금보다 훨씬 쉬웠을 것입니다. 김영삼 대통령이 그것을 전격적으로 단행했다는 점을 저는 높이 평가합니다. 또한 김영삼 대통령이 '세계화추진위원회'를 만들어서 "다른 것은 아무것도 신경 쓰지 말고 개혁만 하라"고 박세일 수석에게 지시하고 힘을 실어 줬습니다. 대한민국의 모든 분야에서 개혁 아젠다를 처음부터 끝까지 모두 다룬 것은 그때가 처음이었습니다.

백운찬 당시 우리나라는 아직 선진국에 도달하지 못한 개도국이었죠. 하지만 금융실명제 실시는 깨끗하고 투명한 나라로 도약하기 위한 하나의 계기가 되었다고 저는 생각합니다. 국가적으로 바람직한 어떤 정책을 반드시 시행해야 하는데 대외적으로 정치적 반대에 부딪쳐 안 된다면 긴급명령이라는 형태로 시행하는 것이 맞다고 생각합니다. 당시에 참 고생을 많이 했지만 다행히 결과가 좋았습니다. 실명제가 실시되면서 나라경제가 상당히 어려워지고 힘들다고 이야기하는 사람들도 있었습니다. 하지만 실명제가 실시됐기 때문에 자금흐름이 투명해지고 불법정치자금이나 비자금이 크게 줄어든 것 아닙니까? 경제는 물론 정치, 사회, 문화 등 모든 분야에서 투명성이 제고되고 국가가 한 차원 더 도약, 발전하는 데 기여했다고 봅니다.

"YS가 실명제 안 했다면 10년은 시행 늦어졌을 것"

홍재형은 1963년 재무부 외환국 사무관으로 공직생활을 시작했다. 1988년 관세청장을 거쳤고 한국수출입은행장과 외환은행장을 지낸 후 1993년 재무부 장관에 취임했다. 취임 직후 김영삼 대통령의 지시를 받고 철저히 보안을 유지하며 단기간에 긴급 재정경제명령에 의한 금융실명제를 시행시킨 핵심주역이 되었다.

여기에 그치지 않고 1994년에는 경제부총리로 취임하여 대법원이 판례로 인정해 주던 '명의신탁' 제도를 불법화시키는 「부동산실명법」을 통과시켜 금융과 부동산 등 모든 자산에 실명제를 도입했다. 한 번도 하기 어려운 실명제를 두 차례나 추진하여 법을 통과시키고 성공적으로 정착시킨 것이다.

그가 추진한 실명제는 한국의 정치, 경제, 사회의 투명성을 높이고 과세형평성과 조세정의를 바로 세우며, 지속적 경제발전의 초석이 되었다. 한국 경제사에서 그는 자타공인 '실명제의 산증인'으로 불린다.

홍은주 금융실명제와 부동산실명제 등 두 차례의 개혁을 추진하신 소회가 어떠신지요?

홍재형 공무원으로서 금융실명제와 부동산실명제 개혁을 추진하게 된 것은 정말 큰 행운이라고 생각합니다. 제가 관세국장을 할 때 관세법을 전면개편하면서 참 골치가 아프고 힘들었습니다. 각 부처의 의견을 수렴해야 하는데 산자부, 농림부 등 다른 부처가 난리가 났죠. 그리고 무역협회나 일본상공인회 등 수없이 많은 이해관계 단체에 가서 설명하고 의견수렴을 해야 했습니다. 제가 힘들어하니까 관세분야의 공무원 선배 한 분이 "공무원 하면서 중요한 일을 할 기회도 많지 않다. 이런 걸 아무나 할 수 있는 게 아니니까 행운으로 생각하고 그 대신 작품을 잘 만들어라" 그런 말씀을 하시더라고요.

공무원으로서 정말 일복이 많아서 금융실명제와 부동산실명제 개혁을 추진하면서 국가경제 발전과 제도개혁에 이바지한 것은 큰 행운이었습니다. 만약 김영삼 대통령이 1993년에 실명제를 실시하지 않았더라면 이런저런 반대에 부딪혀 그 후로도 10년은 추진이 늦어졌을 것이고 국가경제 발전도 그만큼 더 늦어졌으리라고 생각합니다.

홍은주 금융실명제 작업에 참여하셨던 분들이 개인적으로 힘든 일들이 많았다던데 혹시 불이익을 겪지 않으셨나요?

홍재형 개인적으로는 실명제 때문에 나중에 국회의원에 도전할 때 손해를 좀 봤습니다. 제가 첫 번째 국회의원 선거에 출마했을 때 실명제 때문에 떨어졌어요. 상대 국회의원 후보가 여기저기 상가를 다니면서 "요즘 장사 안 되죠?"라고 묻습니다. 그러면 다들 "안 된다" 그럴 것 아닙니까? "여러분 장사가 안 되는 게 다 실명제 때문입니다. 그 실명제를 누가 만든 줄 아세요? 바로 홍재형 후보가 만든 겁니다" 그렇게 말하곤 했죠.

홍은주 금융실명제와 부동산실명제가 시행되면서 공사실명제, 상품실명제, 식품실명제, 정책실명제 등 다양한 분야에서 실명제가 유행하게 됐다고 들었습니다. 자신감과 책임감을 강조하기 위해 주인 이름을 내건 제과점이나 음식점이 많이 생겨나고, 위생상태가 특히 중요한 가공식품을 출시할 때도 관리자 이름을 명시하여 활용하는 마케팅이 늘어났습니다. 두 차례의 실명제가 투명한 사회현상을 만들어내는 계기가 되었던 것 같습니다.

홍재형 그렇습니다. 대규모 건설공사에서 공사실명제를 도입하고 상품에도 제조자 이름을 붙여 실명을 공개하는 사람도 나왔죠. 실명화를 통해 신용사회로 가는 사회적 흐름이 나타난 것입니다. 또한 옛날에는 검은돈이 많고 각종 음성소득이 축적되어 호화·사치·향락업체들이 장사가 잘됐는데 이제 점점 돈 흐름이 건전해지니까 그런 업소들이 사라지고 사람들의 소비패턴이 건전하게, 가족단위로 가게 되었다고 평가할 수 있습니다. 실명제가 단순한 경제개혁, 정치개혁에 그치지 않고 장기적으로 사회 전반에 새로운 변화의 흐름을 만들어낸 것입니다.

부동산실명제

「부동산실명법」 제정 착수

금융·부동산 패키지 실명제 추진

금융실명제의 효율적 정착을 위해서는 경제개혁의 동반 패키지로 부동산실명제가 반드시 필요했다.

부동산실명제는 주택이나 토지, 농지를 매매할 때 매입자가 해당 부동산을 타인 명의가 아닌 실권리자 실명으로 등기하는 제도이다. 그런데 한국에서는 등기는 남의 이름으로 되어 있더라도 부동산 처분 및 매매에 관한 재산권적 권리는 실소유주에게 인정해 주는 '명의신탁' 제도가 재판 판례를 통해 관행적으로 허용되고 있었다. 1918년 조선 고등법원이 판례를 통해 종중(宗中) 재산에 대한 명의신탁을 허용했던 것이 관행으로 굳어져 사법적 효력이 발생한 것이다. 당시는 법체계가 부실하여 종중재산을 종중 명의로 등기할 수 없었기 때문에 종중 대표나 몇몇 종중원 명의로 등기가 이루어졌다.

종중이란 "공동선조의 분묘수호와 제사 및 종원 상호 간 친목 등을 목적으로 하여 구성되는 자연발생적 친족집단"을 뜻한다. 해당 종중의 부동산이 종중 대표자 이름으로 등기되어 있더라도 "공동선조와 성과 본을 같이 하는 후손은 성별의 구별 없이 성년이 되면 당연히 그 구성원이 되므로",[1] 종중의 모든 구성원은 종중대표자 명의 부동산에 대해 사실상의 명의신탁관계에 있게 된 셈이다. 이것이 명의신탁이론이 만들어지고 법원에서 판례로 인정된 배경이었다. 종중이라는 독특한 문화적 전통 때문에 다른 나라에는 찾아볼 수 없는 '명의신탁' 제도가 한국에서만 법적으로 허용된 것이다.

조상의 뿌리를 중요시하고 선조의 분묘와 제사 등을 위한 종중재산이 존재하는 문화를 고려하여 명의신탁을 인정한 것인데 나중에 법이 만들어져 종중명의로 등기가 가능해졌는데도 불구하고 명의신탁이 관행으로 굳어졌고 1960년 민법의 제정 후에도 명의신탁을 허용하는 판례는 과거와 달라지지 않았다.

---

1 대법원 2005년 7월 21일 선고 2002다1178 전원합의체 판결에 나타난 내용이다.

홍재형 「부동산등기법」은 1912년 일제강점기에 시작했습니다. 그 당시 우리나라는 종중재산이라는 것이 있잖아요? 종중 땅은 누구 개인의 실명으로 등기할 수 없습니다. 그러니까 1918년에 조선 고등법원에서 판결을 내리기를 "종중재산은 신탁명의가 타당하다"고 판례를 내렸어요. 일본도 부동산실명제 관련법이 없고 그런 관행도 없으니까 그런 판결을 내린 것입니다. 그런데 그게 판례로 계속 굳어져 내려오면서 명의신탁이 마치 당연한 것처럼 인식된 겁니다.

남의 이름으로 부동산을 등기하여 재산을 은닉하면서도 부동산의 매매나 임대 등 재산권의 행사는 얼마든지 할 수 있는 명의신탁 제도가 80여 년 동안이나 장기화, 일반화되다 보니 이를 악용한 불로소득이나 탈세, 뇌물 등의 행위가 횡행하게 된다. 탈세를 위한 명의신탁의 경우가 가장 흔하고 광범위하게 활용된 경우였다. 가령 이미 주택을 보유한 사람이 새로 주택을 사들여 무주택인 친인척 이름으로 명의신탁해 두었다가 나중에 주택을 팔 때 1가주 1주택에만 부여되는 양도세 비과세 혜택을 받는 것이다. 명의신탁이나 미등기전매 등을 통한 양도세 탈세가 쉽다 보니 부동산투기를 촉발시키는 큰 원인이 되기도 했다.

또 상속재산을 명의신탁 재산인 것처럼 위장하여 상속세를 내지 않거나 명의신탁 해지판결을 이용하여 부동산을 자녀에게 변칙 증여하는 경우도 많았다. 자녀가 특정 부동산에 대해 명의신탁이라면서 부모에 대해 소송을 제기하고 부모가 궐석재판으로 자동패소하면 판결에 의한 소유권 이전이므로 증여세는 물론 양도소득세도 내지 않으면서 자녀가 부동산을 증여받을 수 있는 것이다.[2] 기업이 담보의 강제집행이나 체납처분을 피하기 위해 타인 명의로 변경하거나 부동산 과다소유에 따른 세무조사, 법적 주목을 회피하기 위해 명의신탁을 활용하는 경우도 많았다.

이 때문에 1989년 조순 부총리 때 부동산실명제 도입이 최초로 검토됐다. 부동산투기가 기승을 부리자 투기를 근본부터 잠재우기 위해서는 특단의 조치가 필요하다고 보고 경제기획원이 부동산실명제 도입을 구상한 것이다. 그런데 이에 대해 법조계가 일제히 "명의신탁 금지는 위헌소지가 있다"고 반대했다. 대법원 판례가

2 〈한국경제신문〉, 1994. 9. 12.

윤용로(尹庸老)

1955년 충남 예산에서 태어났다.
한국외국어대 영어학과를 졸업하고,
서울대와 미국 미네소타대학에서
행정학 석사학위를 받았다.
1977년 행정고시에 합격해 공직에
입문한 뒤 재무부 경제협력국 사무관,
재정경제원 소비세제과장, 재정경제부
장관 비서관, 증권선물위원회 상임위원,
금융감독위원회 부위원장을 거쳐
2007년 제22대 중소기업은행장,
2012년 제24대 외환은행장을 역임했다.
현재 코람코자산신탁 회장이다.

명의신탁을 인정하고 있는 점도 현실적 부담이었다. 어쩔 수 없이 전면적 부동산
실명제 대신 「부동산등기특별조치법」을 제정하여 (1990) 조세포탈과 부동산투기
등을 목적으로 한 명의신탁을 금지했다. 그러나 명의신탁이 투기나 탈세 목적인
지 아닌지를 가려내기가 쉽지 않아 실효성이 크지 않았다. [3]

그런데 1993년에 금융을 실명화하고 1995년부터 금융소득 종합과세가 시행되
면서 부동산실명제의 필요성이 본격적으로 제기되기 시작했다. 부동산의 차명을
명의신탁 형태로 방치하는 것은 음지에 있던 금융자산이 실명제를 회피하여 부동
산으로 흘러가라는 뜻이나 다름없었던 것이다. 더욱이 「공직자재산등록법」이 시
행된 이후 이를 회피하기 위한 수단으로 부동산 명의신탁이 악용되고 있다는 말이
흘러나왔다. 금융실명제와 공직자재산등록 등 일련의 개혁법안 실효성을 높이기
위해서라도 김영삼 정부는 부동산실명제를 도입할 필요가 있었다.

1996년에 부동산실명제 실시 반장을 지낸 윤용로 과장(후일 금융감독위원회 부위
원장, 중소기업은행장, 외환은행장)의 설명이다.

---

3 노영훈, 1997, 《부동산실명제의 평가와 향후 정책과제》, 한국조세재정연구원, 11쪽.

윤용로 부동산실명제의 핵심은 '명의신탁'을 법으로 금지하고, 명의신탁에 의한 권리관계를 무효로 하는 것이었습니다. 저는 당시 부동산실명제는 금융실명제와 짝을 이루는 개혁 패키지였다고 생각합니다. 금융실명제의 취지가 음성적인 돈을 양지로 끌어내는 것인데 그 돈이 금융권을 피해서 가장 가기 쉬운 곳이 어디겠습니까? 바로 부동산이었습니다. 은행과 증권 등 모든 곳을 실명화했는데 부동산만 남의 이름의 명의신탁이 허용되도록 내버려 두면 그 자금이 부동산으로 쏠리는 현상이 발생하지 않겠습니까? 부동산도 동일하게 실명화하는 작업이 필요했습니다.

YS, 홍재형 부총리에게 부동산실명제 당부

1994년 7월 헌법재판소가 토지초과이득세의 헌법불합치 판정을 내렸다. 토초세는 땅이 거래되지 않더라도 땅값이 오른 만큼 미실현이익에 과세하는 것이다. 법적으로 무리한 요소가 있다는 주장이 많았는데도 불구하고,[4] "부동산투기를 근원적으로 막는 최후의 수단이 될 것"이라는 주장에 따라 「토지초과이득세법」을 만들고 과세준비를 위해 온갖 행정적 노력을 경주해온 정부로서는 '토초세 위헌판정'이 청천벽력이나 다름없었다. 부동산투기 세력이 이제 헌법적 정당성까지 확보하게 되었으니 부동산투기가 노골적으로 재연될 것이라는 우려감이 커졌다.

홍재형 기획원 부총리가 김영삼 대통령으로부터 부동산실명제 준비를 당부받은 시점은 토초세 위헌판정으로 부동산시장이 들썩이던 1994년 10월 무렵이었다. 재무부 장관에서 기획원 부총리로 자리를 옮긴 지 얼마 안 된 때였는데 대통령 단독보고를 하러 청와대에 들어간 자리에서 김영삼 대통령이 "이제는 부동산실명제를 해야 되겠는데 …"라며 운을 뗐다. 금융실명제가 별다른 부작용 없이 잘 정착하자 부동산실명제도 시행을 서둘러야 한다고 생각한 것이다. 당시 대통령은 수석비서관을 배석하지 않은 채 장관들과 단독으로 대화할 때가 많았던 터라 주변에

---

4 토초세는 도입 이전부터 반대의 목소리가 컸다. 매년 전국의 모든 땅값을 측정해야 하는 어마어마한 행정 수요가 있었고, 실현되지도 않은 이익에 대해 과세하는 것은 위헌소지가 있다는 주장이 있었으며, 부동산 투기를 한 것도 아닌데 갑자기 세금을 내야 하는 수많은 토지 소유자들의 반발도 컸다.

다른 사람은 배석하지 않은 자리에서 말이 나왔다.

김영삼 대통령은 회고록에서 부동산실명제 시행을 서둔 목적에 대해 "첫째, 금융실명제 시행으로 빠져나온 돈이 부동산으로 흘러가 탈법적 재산은닉과 증식이 되지 않도록 차단할 필요가 있었다. 둘째, 장기간 한국 국민들을 괴롭혀온 광란에 가까운 부동산투기 행태를 기존의 정책수단으로 막는 것에는 한계가 있으므로 보다 근본적 조치를 위해 부동산실명제가 필요했다"고 밝혔다.[5] 또한 "금융실명제와 부동산실명제가 지하자금의 은신처를 없애고 건전한 사회질서 정착과 경제정의 실현에 확고한 기틀을 마련할 것"이라고 하여 두 개의 정책을 경제·사회·정치개혁을 위한 패키지 개혁으로 봤다.

홍재형 당시 김 대통령은 공직자재산등록이 제대로 정착하기 위해서는 금융실명제뿐만 아니라 부동산실명제가 반드시 필요하다고 판단했던 것 같습니다. 아마도 대통령께서는 금융과 부동산실명제를 개혁의 두 개 축으로 생각을 했던 것 같습니다. 대통령의 의중을 잘 이해하니까 저도 "금융실명제에 이어 부동산실명제는 반드시 해야 합니다"라고 말씀드렸습니다. 기업들이 본연의 생산과 경쟁에 충실해야 나라의 생존과 번영이 가능한데 부동산투기를 하는 것은 잘못이라고 생각했죠. 또 1996년에 금융소득 종합과세가 도입될 예정이었는데 잘못하면 금융시장에서 돈이 빠져나가 부동산으로 흘러들어갈 가능성이 높았거든요.

그런데 부동산실명제는 부동산 등기에 관한 것이므로 경제기획원 소관사항이 아니라 법무부 소관이었다. 김영삼 대통령은 왜 법무부 소관의 부동산실명제를 경제부총리에게 이야기한 것일까?

홍재형 부동산실명제는 핵심이 등기에 관한 것이니까 법무부 소관이라 다른 부처 일을 제가 맡겠다고 할 수가 없어 실시의 필요성만 말씀드리고 나왔죠. 그 후 대통령께서 두 차례에 걸쳐 "부동산실명제를 실시해야겠다"고 제게 다시 말씀하셨습니다.

---

5 김영삼, 2001, 《김영삼 대통령 회고록》, 하권, 조선일보사, 93쪽.

왜 그럴까를 가만 생각해 보니까 당연히 이 문제를 법무부 장관한테 먼저 이야기하시지 않았겠어요? 그런데 법무부 장관이 움직이질 않았던 것입니다. 안 그래도 제가 11월 말쯤 법무부 장관에게 "부동산실명제를 어떻게 생각하세요?" 물었더니 법무부 장관이 "그거 어렵습니다. 위헌소지가 있습니다" 그러더라고요. 헌법상 '계약자유의 원칙'과 '사유재산권 보호' 측면에서 문제가 있다는 겁니다. 헌법은 사유재산권을 보호하도록 되어 있습니다. 또 부동산의 경우 명의신탁 방법으로 비실명을 하거든요. 부동산 거래를 한 후 다른 사람 이름으로 등기한 후 당사자 간에 명의신탁 계약을 하는 것인데 이걸 못하게 하는 것은 계약자유의 원칙에 위배된다는 것입니다. 법무부 장관이 "부동산실명제는 위헌"이라고 하니까 대통령께서 저한테 자꾸 이야기한 것입니다.

홍은주 법무부 장관이 위헌이라고 했는데 부동산실명제가 계속 추진된 이유는 무엇이었습니까?

홍재형 당시 감사원장이 이시윤 씨라고 판사 출신이었어요. 이 감사원장에게도 똑같이 물어봤더니 "법원에서 과거 판례를 변경하지 못하는 것이 유감이지만 명의신탁을 반대하는 판사들이 많습니다. 많은 판사들이 이건 문제가 있다고 생각을 하고 있습니다"라고 그러더라고요. 이영준 변호사라는 분에게도 의견을 물었더니 "명의신탁을 법원에서 판례로 인정하는데 이걸 금지시키는 입법을 하면 위헌소지가 없습니다"라고 힘을 실어 줬습니다. 그래서 제가 부동산실명제를 추진할 수 있는 명분을 얻고 자신감이 생겨서 대통령께서 다시 이야기를 꺼내셨을 때 "그럼 제가 추진해 보겠습니다"라고 말씀드렸죠.

부동산실명제 추진과 진행과정

부동산실명제는 금융실명제만큼 경제 전반에 미치는 파급이 크지 않지만 대통령이 직접 발표할 때까지 보안을 유지할 필요가 있었다. 비밀리에 부동산실명제를 추진할 실무책임자를 누구로 하나 고민하고 물색하던 시점에 마침 이근경 부이사관이 국방대학원을 졸업하고 돌아와 복귀인사를 하러 장관실에 들렀다.

"국방대학원 가기 전에 무슨 일을 했느냐?" 물었더니 "토지공개념과 토초세 업무를 하고「부동산등기특별조치법」입법에 참여했다"는 대답이 돌아왔다.

홍재형 '이거 참 잘됐구나' 싶어서 이근경 국장에게 "부동산실명제를 해야겠는데 위헌소지가 있다고 하니 위헌논란이 나오지 않도록 하면서도 실효성 있는 법을 연구해 보시오. 외국 입법례도 연구해 보시고요"라고 지시했습니다.

이 국장이 그 작업을 하는데 장소가 필요해서 그때 대치동에 통신개발원인가 하는 곳의 방을 좀 쓰자고 해서 서병훈 지역경제과장과 같이 작업을 했습니다. 작업한 내용은 공식 업무 시작 전인 오전 9시 이전에 보고받곤 했습니다.

다행히 그때가 경제기획원·재무부 통합 등으로 아주 바쁘고 취재거리가 많은 시점이라 작업과정이 별로 기자들의 눈에 띄지 않았습니다.

홍은주 이후의 부동산실명제 진행과정을 말씀해 주십시오.

홍재형 이 국장이 여러 명의 법대 교수들을 만나 얘기를 들어보니까「부동산실명법」제정이 별문제가 없다고 그러더라는 겁니다. 외국 출장이라도 가서 외국 입법례도 좀 알아보라고 했더니 출장은 가지 않고 김앤장의 외국 변호사한테 외국 실태를 물었던 모양예요. 뭐 결론은 우리가 당연히 예상했던 것처럼 외국에는 명의신탁 제도가 아예 없다고 하더랍니다.

그런데 12월 3일에 정부조직 개편이 이뤄지면서 재무부와 기획원이 통합되어 재정경제원이 되었습니다. 동시에 장관들의 인사이동이 있었죠. 새 법무부 장관으로 안우만 장관이 오셨는데 이분께도 제가 물어봤죠. "대통령께서 부동산실명제에 관심이 많으신데 이걸 추진해야 하지 않겠습니까?" 했더니 그분이 단번에 "부동산실명제 해야죠" 그러는 겁니다. 아마 전임 법무부 장관은 검사 출신이었고 안우만 장관은 판사 출신이라 관점이 달랐던 것 같습니다. 그때부터 작업반을 재무부 세제실과 법무부가 합쳐서 꾸려가게 되었습니다. 그리고 강만수 세제실장과 최경수 재산소득세과장, 양창수 서울법대 교수, 최선집 김앤장 변호사, 이동명 고등법원 판사, 이성규 법무부 검사 등과 같이 작업했고 나중에 임야는 농림수산부, 도로는 건설교통부가 합류했습니다. 국세청 실무자도 수시로 참여했습니다.

홍은주 부동산실명제 법안을 제정하는 데 있어 가장 중요하게 생각했던 점은 무엇이었습니까?

홍재형 작업하면서 핵심과제는 어떻게 하면 위헌소지가 없게 만들면서 법의 실효성을 확보할 수 있는가 하는 점이었습니다. "위헌소지를 없애려면 명의신탁 계약을 무효로 하면 된다"는 결론이 나왔어요. 명의신탁 계약의 무효는 소유권의 박탈이 아니거든요. 가령 제가 홍길동 소유의 부동산 계약을 한 후 명의신탁 계약을 맺고 등기는 안 옮겼다고 가정해 봅시다. 명의신탁 계약을 무효로 해도 저에게는 반환청구권이 있기 때문에 완전히 소유권이 박탈된 건 아니거든요. 재판에 가서 싸우면 되니까요. 그래서 명의신탁 계약을 무효로 하는 걸로 가면 되겠다고 봤던 겁니다.

그다음에 고려해야 하는 점이 명의신탁을 해지하지 않는 경우 제재를 어떻게 할 것인가였습니다. 금융실명제처럼 징벌적 제재를 할 것인가, 아니면 과거는 묻지 않고 미래지향적으로 갈 것인가, 그런 이슈가 있었습니다. 그 점에 대해서는 가능하면 금융실명제하고 형평성을 맞추기로 했습니다. 예를 들어 금융실명제에서 5천만 원 이하는 불문에 부치고 실제로는 2억 원 이하 자금은 출처조사를 면제했는데, 부동산실명제에서는 1가구의 실명아파트에 한해 명의신탁 한 채가 더 있어도 양도소득세만 추징할 뿐 벌칙은 추가부과하지 않았습니다. 이 같은 내용의 부동산실명제 법안은 1994년 말에 확정됐습니다.

부동산실명제 법안 제정

부동산실명제 법안에 국민들 높은 관심

그동안 비밀리에 작업하던 부동산실명제는 김영삼 대통령이 1995년 1월 6일 연두기자회견에서 "부동산실명제를 이미 지시해 놓았고 곧 단행될 것이다"라고 깜짝 발표해 세상에 처음 알려졌다. 1월 9일 경제부처의 새해 업무보고를 받는 자리에서 김 대통령은 또다시 "부동산실명제는 금융실명제와 더불어 경제정의를 실현하기 위한 획기적 조치다. 토지 과다소유자들이 부동산투기를 일으키고 물가에 악영향을 미치므로 이 같은 불로소득과 투기를 근절할 수 있도록 경제부처를 비롯한 전 부처가 부동산실명제 시행에 총력을 기울여 주길 바란다"고 설명하고 "상반기 중 관련법을 국회에서 통과시키고 7월 1일부터 시행하는 데 차질이 없도록 하라"고 당부했다. [6]

이날 대통령 보고가 끝난 후 홍재형 부총리는 법무부 장관과 공동으로 부동산실명제 시행을 공식 발표했다. 1월 29일 입법예고된 「부동산 실권리자 명의 등기에 관한 법률」(부동산실명법)은 본문 15개조 부칙 5개조로 이루어진 비교적 간단한 법이었다.

정부는 이 법안에 대해 2월 8일 KIPF에서 공청회를 개최했다. 재정경제원과 법무부 공동으로 개최된 이 공청회에는 언론인, 기업, 금융기관, 공인중개사회, 세무사회 등 650여 명이 참석하여 뜨거운 관심을 나타냈다.

「부동산실명법」은 각계 전문가들의 다양한 의견수렴을 거쳐 2월 21일 국무회의에서 정부안이 확정되었으며, 제172회 임시국회의 심의과정을 거쳐 3월 18일 국회에서 확정 의결됐다. 「부동산실명법」이 국회를 통과하자 한 언론사는 부동산실명제에 대해 김영삼 정부가 추구하는 '경제혁명'의 두 축이 금융실명제와 부동산실명제라고 논평했다. 두 개의 축이 동시에 작동하여 '검은 거래'를 구조적으로 차단할 수 있다는 것이다. [7]

---

6 김영삼, 2001, 《김영삼 대통령 회고록》, 하권, 조선일보사, 94쪽.
7 〈한국일보〉, 2007. 12. 21.

홍재형 정식으로 법안을 통과시키기 위해 입법예고를 하고, 공청회를 거쳐 토론하고, 국무회의를 통과하여 국회에 가서 국회의원을 설득하는 과정이 있었습니다. 그런데 나중에 여당도 법을 내고 야당도 법을 내서 3가지를 절충하는 과정에서 결국 정부법이 아니고 국회법이 됐습니다. 의원입법은 아니고 정부 대안법이라고 해서 정부에서 제출한 법을 국회에서 보완하고 야당에서 나온 것도 넣고 해서 국회 법제사법위원회가 대안을 만들어서 그걸 통과시킨 것입니다.

「부동산실명법」의 주요내용

국회를 통과한 부동산실명제법은 부동산 등기는 실명으로 하도록 의무화하고 명의신탁을 금지하는 두 가지 핵심내용으로 구성되었다.

첫째, 부동산의 소유권과 지상권, 지역권, 전세권, 저당권 등 등기부상의 물권은 실권리자 명의로만 등기하도록 의무화했다. 실명등기 의무를 위반한 사실이 적발될 경우 명의신탁자에게 부동산 기준시가의 30%를 과징금으로 부과하고 5년 이하의 징역 혹은 2억 원 이하의 벌금을 부과하기로 했다. 과징금을 부과한 후에도 여전히 실명등기를 하지 않는 경우는 1년 추가 경과 시 부동산가액의 10%, 2년 추가 경과 시 20%를 추가로 부과하여 이행강제금을 최고 60%까지 올리기로 했다.

둘째, 명의신탁에 의한 모든 등기는 무효로 하여 제3자에 대해 대항하지 못하도록 했다. 예를 들어 부동산 거래과정에서 남의 이름으로 부동산 명의신탁을 해두었는데 만약 등기상으로 이름을 빌려준 사람(명의수탁자)이 부동산을 제3자에게 매각한 경우 부동산의 실제 소유자가 선의의 제3자에게 아무런 법적 권리를 주장할 수 없게 하는 내용이었다.[8]

명의신탁에 대한 처벌은 명의를 빌려준 명의수탁자와 이를 교사한 사람에게 3년 이하의 징역 또는 1억 원 이하의 벌금이 부과되며 명의신탁을 방조한 부동산 중개인 등에게는 1년 이하의 징역, 혹은 3천만 원 이하의 벌금을 부과하기로 했다.

---

8 명의를 빌려준 사람에 대해 실소유자가 소유권등기말소청구권이나 부당이득반환청구권 등을 통해 권리를 주장할 수는 있으나 이 경우 실명법에 의한 과징금과 형사처벌을 받게 된다.

부동산 취득 후 등기를 하지 않는 경우 60일이 지나면 등록세액의 5배까지 과태료가 부과되며, 취득일로부터 3년 이상 미등록 상태가 지속되는 장기미등록의 경우는 명의신탁과 똑같이 과징금 및 이행강제금 형사처벌을 부과하도록 하였다.

기존의 명의신탁에 대해서는 법 시행일로부터 1년 이내에 실명등기하거나 매각하도록 의무화하는 한편 명의신탁 약정을 무효로 하고 과징금을 부과하기로 했다.

명의신탁을 인정하는 예외적인 경우는 "채무의 변제를 담보하기 위하여 채권자가 부동산에 관한 물권을 이전받는 양도담보, 담보목적의 가등기, 공동등기 및 신탁등기 등"으로 한정한다(제2조 제1호). 또한 탈세나 범죄, 재산은닉 목적이 아닌 종중 및 향교, 배우자 명의 등기에 대해서도 예외적으로 명의신탁을 허용했다.

홍재형 결과적으로 보면, 금융실명제보다 부동산실명제 내용이 더 강하게 되었습니다. 왜냐하면 「부동산등기특별조치법」에 이미 1억 원 이하의 과징금, 3년 이하의 징역형으로 형사처벌하는 조항이 있었거든요. 이 법과의 형평성을 무시할 수 없어서 그걸 원용하다 보니까 결과적으로 내용이 처음 생각보다 강해진 측면이 있습니다. 부동산실명제를 이후 결국 비실명으로 끝까지 가는 사람은 어떻게 할 거냐? 그것도 금융실명제처럼 60%를 정부에서 과징금을 받고 나머지는 그냥 있는 걸로 했습니다.

또 금융실명제에서는 계좌당 5천만 원 이하에 대해서는 실명전환할 때 자금출처조사를 하지 않았고 나중에는 합산하여 2억 원까지는 조세포탈한 혐의가 없으면 그냥 용인하는 걸로 했거든요. 그래서 부동산실명제를 할 때도 아파트를 한 채 실명으로 가지고 있고 비실명으로 다른 아파트를 한 채 가지고 있는 사람들은 나중에 양도세만 더 내면 자금출처조사하지 않고 그냥 불문에 부치는 쪽으로 리니언시(leniency)를 주었습니다. 과거 건에 대해서는 징벌적 방향보다 미래지향적 방향으로 가기로 한 것입니다. 또 종교단체와 학교, 종중재산은 명의신탁을 예외적으로 인정했습니다. 한편 기업업무용 부동산 등은 단기 명의신탁을 인정하려 했으나 입법과정에서 위헌성 논란이 제기되어 불인정하되 대신 산업용지 공급을 원활하게 지원하기로 했습니다.

당시 「부동산실명법」에 대해 향후 추가적 보완이 필요하다고 지적된 부분은 다음과 같다.

① 수동적 의미의 명의신탁이라 할 수 있는 장기미등기, 미등기전매 등에 대해 지나치게 관대하여 형평성 문제가 있다는 지적이 있다. 특히, 3년 동안이나 미등기 상태를 용인하는 것은 부동산의 일반 거래관행에 비추어 너무 기간이 길다고 할 수 있다.

② 부동산 등기사항 중 권리명의자에 대해서만 등기와 실제가 일치하도록 의무를 지우고 있을 뿐, 진정한 의미의 부동산실명제인 거래원인 및 거래가액의 성실신고를 담보할 등기실질심사나 등기서면 공부에 대해서는 규정이 미비하다.

③ 소유권 이전 및 청구권 보전 등을 위한 가등기 및 근저당 설정과 같은 변칙적 명의신탁에 대한 보완장치가 미비하다.

④ 기존 명의신탁자에 대한 실명등기 전환을 유도하기 위해 실명전환 과정에서 밝혀지는 과거 법위반 사실에 대해 예외 없이 처벌하면서 과거 조세법 위반에 따른 탈루, 감면액을 일부 특례로 감면해 주는 것은 세법과 그 외 부동산 관련 규제법 간 균형을 저해하는 조치라는 지적이다. 미래지향성을 추구한다면 형사처벌은 가급적 지양하는 대신 조세추징은 더 철저해야 한다.

⑤ 기존 명의신탁자가 유예기간 중 본인명의로 실명전환을 하려 해도 현행 법규가 이를 허용하지 않는 상황인 경우 명의신탁된 부동산을 매각하지 않고 본인 명의로 보유하려 하는 사람들로부터 불만요인이 발생할 수 있다. 예를 들어, 전매금지 기간에 있는 아파트에 대한 미등기전매 (「주택건설촉진법」 제51조) 와 토지거래 허가구역 내에서의 미등기 또는 명의신탁 (「국토이용관리법」 제31조의 2) 등을 들 수 있다. [9]

홍은주 부동산실명제는 금융실명제와 달리 긴급명령이 아니라 국회에서 법으로 제정한 것이지요?

---

9 노영훈, 1997,《부동산실명제의 평가와 향후 정책과제》, 한국조세재정연구원, 73쪽.

홍재형 안 그래도 그걸 긴급명령으로 할 거냐 아니면 정식으로 국회를 통해 법으로 만들 거냐 하는 문제가 있었습니다. 금융실명제의 경우는 돈이 워낙 유통속도가 빠르기 때문에 실명제를 실시한다고 하면 난리가 나는 반면 부동산은 소유권에 관한 중요한 문제이며 곧바로 무슨 일이 생기지는 않죠. 법제정에 따른 파급효과가 낮다는 게 아니고 거래하는 사람의 숫자가 금융만큼 많지가 않고 자산의 유동성이 낮아서 시장에서의 부작용이 상대적으로 적습니다. 그리고 실무자 입장에서도 긴급명령보다 법으로 조치하는 게 편해요. 왜냐하면 법안을 다 만들고 났는데 나중에 문제가 생기면 골치 아프잖아요.

따라서 다양한 논의 과정을 거치고 100점에 가까운 법안을 만들어 국회를 가져가서 통과시켜야지, 긴급명령으로 가면 결국 나중에 무슨 문제가 터질지 모릅니다. 그래서 정식 법제정으로 가자고 대통령께 보고했습니다. 대통령께서도 의견 수렴 과정을 거치는 것이 좋겠다고 말씀하셨습니다. 우리나라 부동산은 등기제도인데 소유권이 더 뿌리 깊은 게 있지 않습니까. 그랬더니 대통령께서 "그게 좋겠다. 법으로 하라"고 해서 일반법으로 추진했습니다.

부동산실명제의 최종 입법과정을 마무리한 것은 국방대학원에서 막 돌아온 김진표 국장이었다. 금융실명제에 이어 부동산실명제 작업에 참여한 것이다.

김진표 금융실명제 시행 후 1994년에 국방대학원에 자원해 갔습니다. 제가 고시 기수로 한참 아래인데 본의 아니게 재무부 선배들 모두에게 비밀로 하여 죄송스러운 마음도 있고 마침 아버님도 편찮으셔서 국방대학원에 자원했던 것입니다. 원래 다른 사람이 가도록 되어 있었는데 제가 그 사람에게 양해를 구하고 대신 가겠다고 했어요. 그런데 김영삼 대통령께서 "실명제 때문에 고생한 사람들을 다 요직으로 발령 내도록 하라"고 홍재형 장관께 그러셨던가 봐요. 그러니까 허락해 주지 않는 겁니다. 당시에는 홍 장관이 경제부총리로 가셨는데 할 수 없이 부총리실에 가서 상황설명을 하고 제가 꼭 국방대학원에 가야겠다고 부탁드렸습니다.

"왜 자꾸 국방대학원에 가려고 하느냐?"고 물어서 "실명제를 비밀로 해서 제 입장이 아주 어려운데 요직에 가면 입장이 더 곤란합니다. 일 끝났으면 조용히 있는 것이 저에게 더 좋습니다"그렇게 설명드렸죠. 그 후 국방대학원에 한동안 갔다가 돌아왔더니 저보고 부동산실명제에 따른 세법에 있어 경우의 수를 다 점검하라고 해서 제가 그때부터 부동산실명제 입법작업을 했습니다. 제가 오기 전에 이근경 국장과 법무부가 함께 작업을 했는데, 부동산실명제 시행 후 세법상 디테일이 문제니까 현장에서 발생할 수 있는 각종 변칙과 경우의 수를 전부 점검했습니다. 마지막 정리와 입법을 제가 했습니다.

부동산실명제의 시행과 정착

금융·부동산실명제 실시단으로 개편

3월 30일에 법을 공포하고 5월 19일에 시행령, 6월 17일에 시행규칙을 제정하여 시행을 위한 법적 준비가 모두 완료되었다.

　실명등기 지원책을 위해 시군구의 협조지원을 받고 체계적 교육·홍보를 실시했다. 부동산실명제 실시 때의 애로를 해소하기 위해 부동산실명제 애로처리위원회를 부처합동으로 구성하고 기존의 금융실명제 실시단을 금융·부동산실명제 실시단으로 확대 개편하였다.

윤용로 「부동산실명법」은 1995년 3월에 법이 통과되었고, 7월 1일부터 시행되었습니다. 그 준비작업을 위해 1995년 1월 10일 재정경제원 소속의 기존 금융실명제 실시단이 금융·부동산실명제 실시단으로 확대 개편되었습니다. 금융부동산실명 실시단은 금융반과 부동산반 두 부서가 있었는데 첫 부동산반장은 김석동 과장(후일 금융위원장)이 맡았습니다. 그러다가 1996년 5월 김 과장이 금융실명제반장으로 가고 저는 미국에 연수를 갔다가 1996년 5월에 귀임해서 김 과장의 후임 부동산실명제반장으로 발령받았습니다. 당시 부동산반은 신임반장으로 오게 된 저와 김회정 사무관(후일 기획재정부 국제경제관리관, IMF 대리이사) 등 사무관 2명을 포함하여 총 5명으로 구성되어 있었습니다.

「부동산실명법」 시행 후 1년 가까이 지나고 실명제 전환이 만료되기 직전에 제가 부임했기 때문에 그 이전의 내용은 부동산실명제반에 처음부터 있었던 김회정 당시 사무관이 가장 잘 파악하고 있었습니다. 귀국하기 전에 저에게 부동산실명제에 대해 자세한 내용을 보내줘서 미리 파악하고 돌아왔던 것이 이후 업무를 보는 데 있어 큰 도움이 되었습니다. 금융·부동산실명제 실시단의 소속은 재경원의 세제실 산하였습니다. 당시 남궁훈 세제실장이 단장을 겸임하였고 금융실명제는 세제총괄심의관, 부동산실명제는 2국장인 재산소비세 심의관 담당이었습니다. 「부동산실명법」을 만든 이근경 국장이 5년 동안 재산소비세심의관으로 계시면서 부동산실명제 운영업무를 함께 담당했습니다. 2000년 이후 부동산실명제 관련업무는 재정경제부 세제실 재산세제과에서 담당하다가 2002년 4월 8일 「부동산실명법」 시행령 개정으로 법무부에 이관되어 오늘에 이르고 있습니다. 실명전환 당시에는 토지에 대해 종합적 과세의 기반을 마련하는 것이 중요했기 때문에 세제실에서 담당하다가 실명법 자체는 등기문제이므로 나중에는 법무부로 이관된 것입니다.

홍은주 부동산은 등기와 지적, 토지 및 건축물 과세대장 등과 연결되고 도시계획, 국토개발계획 등과도 관계가 있어 법무부와 국토교통부, 내무부 등 다양한 부처들이 다 같이 관련되었을 텐데요. 부동산실명제 실시를 위한 부처 간 조율은 어떤 조직을 통해 어떻게 진행되었습니까?

윤용로 「부동산실명법」은 처음부터 재정경제원과 법무부가 공동으로 추진했습니다. 또한, 부동산실명제 시행과정에서 기본취지를 훼손하지 않는 범위에서 국민의 권리를 보장하고 국민경제에 미치는 영향을 최소화하기 위해 1995년 1월 관계부처 국장급으로 구성된 '부동산실명제 애로처리위원회'를 구성하여 운영했습니다. 위원장은 재정경제원 재산소비세심의관이었고, 법무부 법무심의관, 내무부 지방세제심의관, 통상산업부 산업정책국장, 건설교통부 토지국장, 농림수산부 농정기

홍은주 한양사이버대 교수가 윤용로 전 금융감독위원회 부위원장과 인터뷰를 진행하였다.

획심의관 등 각 부처 국장들이 위원으로 참여하여 문제점을 점검했습니다. 특히 부동산실명제 시행에 따른 기업의 공장용지 매입애로 해소를 위하여 '산업용지공급 원활화 대책'(1995. 2. 9) 등을 마련하고, 해외교포 국내보유 부동산 실명등기 허용 방안 등을 마련하였습니다.

홍은주 부동산실명제 실시반이 했던 역할은 무엇이었습니까?

윤용로 우선 수많은 경우의 수에 대한 문의에 답변하고 유권해석을 내려 주는 업무가 있었습니다. 1995년 7월 1일 이전에 명의신탁을 했던 경우는 1년간의 실명전환 유예기간을 주었습니다. 부동산 실명전환 유예기간이 1996년 6월 말까지였고 7월부터는 전면시행이었기 때문에 제가 막 부동산 반장으로 갔던 5~6월 중에는 전화가 하루에 수도 없이 많이 걸려왔습니다. 김진표 장관비서실장이 보다 못해 "전화기를 더 늘리고 전화 받는 사람도 늘려야 하는 것 아니냐?"고 걱정해 줄 정도로 아침부터 저녁까지 계속 전화가 걸려와 업무가 마비될 지경이었습니다.

부동산을 명의신탁해 둔 사람들이 실명전환하면 무슨 불이익이 없느냐, 실명전환 시 세금은 어떻게 되느냐, 만약 실명전환하지 않으면 어떻게 되느냐 등을 물어왔다. 탈세 목적의 의도적 명의신탁도 있었지만 문중 땅이나 사단 및 재단법인 토지 중 타인 명의로 등기되었거나 용도 불투명으로 처분이 불가피한 땅 등 여러 가지 경우의 수에 대한 문의도 적지 않았다.

기업부동산 성업공사 매각 허용

부동산실명제 시행으로 발등에 불이 떨어진 곳은 임직원 명의로 땅을 많이 사 둔 기업들이었다. 단순히 탈세나 투기목적으로 땅을 사 둔 기업도 있지만, 다른 경쟁 사에 사업계획을 비밀로 하려고 공장부지를 임직원 명의로 하거나, 혹은 특정 기업이 공장부지를 확장하려고 땅을 산다고 하면 땅주인들이 갑자기 땅값을 수배 부풀려 받으려 하기 때문에 마치 개인이 사는 것처럼 위장한 경우도 많았다.

1990년 노태우 정부가 기업들의 비업무용 부동산을 강제 매각하도록 한 '5·8 조치' 당시 기업의 비업무용 부동산 땅이 5천만 평이 넘었다. 이에 비추어 볼 때 부동산실명제 실시 발표 때 명의신탁으로 기업들이 보유하고 있는 토지는 그보다 훨씬 많았을 것으로 추정된다.

윤용로 우리가 공장부지를 명의신탁한 기업들로부터 많이 상담을 받았습니다. 기업들 명의신탁의 주된 유형은 공장부지를 임원 이름으로 해둔 경우가 많았죠. 가령 회사가 땅을 산다고 하면 가격이 폭등하니까 법인 땅을 임원 개인 이름으로 사들여 보유하고 있는 경우가 많았는데, "나중에 개발하려고 우리가 사들인 부동산인데 갑자기 명의신탁이 불법이 된다고 하니 난감합니다. 가까운 시일 내에 개발하거나 공장을 지을 계획이 없는 경우는 어떻게 해야 합니까?" 그런 질문들이 많았습니다.

명의신탁 토지를 법인명으로 전환하는 경우 적지 않은 세금을 추징당할 것으로 우려한 기업들이 연초의 실명제 발표 이후 상당량을 매물로 내놨으나 한꺼번에 시장에서 소화하기 어려웠다. 이에 따라 「부동산실명법」은 1년의 실명전환 기간 동안 명의신탁 부동산에 대해 명의신탁 해지절차 이외에 몇 가지 길을 허용해 주었다.

첫째, 실소유자가 실명등기를 하지 않고 제3자에게 매각하여 제3자 명의로 등록된 경우 실명전환으로 인정해 주었다. 둘째, 농지나 택지 등은 부동산소재지 관할 시·군·구청에 매각을 위탁할 수 있도록 했고, 대규모 기업부지로서 성업공사에 매각을 의뢰한 경우도 실명의무를 다한 것으로 인정해 주었다. 실명전환에 상당한 탈출구를 열어 준 것이다.

윤용로 기업이 임직원 이름으로 보유 중인 부동산을 자체적으로 매각하지 못하는 경우 성업공사에 팔 수 있도록 조치했습니다. 성업공사에 매각한 경우가 325건인데 이게 대부분 큰 건이었습니다. 기업이나 기업오너들이 타인의 이름으로 부동산을 가지고 있었는데 세제나 다른 법률 측면에서 문제가 될 만한 부동산은 성업공사에 매각하면 과거를 묻지 않았기 때문에 매각한 사례들입니다.

수없이 걸려오는 많은 전화문의에 대해 일일이 답하고 유권해석을 담당했던 사람은 김회정 당시 사무관이었습니다. 유권해석을 내리려면 「부동산실명법」은 물론이고 이 법을 둘러싼 관련 법령과 규제를 정확하게 파악하고 있어야 하는데 워낙 성격이 꼼꼼하고 경제논리, 법논리에 다 밝아 김회정 당시 사무관이 일당백 역할을 했습니다. 김회정 사무관은 이후 기획재정부 국제경제관리관(차관보급)을 지냈습니다.

과세측면의 특례규정

과세측면에서도 특례규정을 두었다. 명의신탁의 해소과정에서 과거에 조세를 누락한 사실이 밝혀지면 누락세액을 추징하지만, 부동산이 1건이고 가액이 5천만 원 미만인 경우는 과거의 양도세 및 증여세 누락을 추징하지 않기로 했다.

예를 들어, 실명제 이전에 자기 이름으로 주택을 한 채 가지고 다른 사람 이름으로 또 한 채를 가졌다가 자기 이름의 주택을 팔았다면 1가구 2주택이므로 양도세 부과

대상인데도 양도세를 내지 않은 셈이다. 특례규정은 실명제 실시로 명의신탁된 주택을 자기 이름으로 전환하는 부동산이 1건이고 가액이 5천만 원 미만인 경우는 과거에 받았던 양도세를 비과세혜택을 그대로 인정하여 추징하지 않기로 했다.

또한 자녀 이름으로 주택을 명의신탁한 경우라도 다시 자신의 명의로 돌릴 경우 증여세를 비과세하고 기업이 명의신탁을 했던 비업무용 부동산을 업무용으로 전환한 경우는 취득세를 중과하지 않기로 했다. 실명제 도입 시 마찰을 최소화하고 법을 빠른 시일 내에 정착시키기 위한 조치였다.

윤용로 처음에 이런 제도를 만들 때 말들이 많았다고 합니다. "이렇게 과거를 묻지 않고 조용히 넘어가는 것이 사회정의에 맞는가? 명확히 전환시키든 안 시키든 해야지 성업공사에 파는 걸 허용하거나 소송해서 합의하면 그것도 허용하는 이런 예외조항을 두면 안 되는 것 아닌가?"라는 문제제기가 있었죠. 그런데 법무부가 "과거에 다 적법한 것으로 허용하여 판례로 인정하던 것을 어느 날 갑자기 불법이라고 처벌하는 것은 법적 문제가 있다"고 주장해서 그런 예외를 두었던 것입니다.

홍은주 정부가 명의신탁처럼 오랫동안 인정해왔던 '게임의 규칙'을 하루아침에 바꾸면서 리니언시나 탈출구를 제공해 주는 것이 좋을까요?

윤용로 정부정책에 대한 신뢰의 문제이므로 저는 그래야 한다고 생각합니다. 제도가 급격히 바뀔 때 강하게 단죄하는 것이 옳으냐, 아니면 적정한 유인을 제공하여 어떻게든 양성화하는 것이 좋으냐를 결정하는 것은 정책철학의 문제겠지요. 하지만 제 개인적 생각으로는 실효성 측면에서 적정한 탈출구를 주어 양성화하는 것이 타당하다고 생각합니다. 과거 수십 년 동안 적법하다고 허용해 놓고 어느 날 갑자기 법을 바꿔서 "과거에 그렇게 했던 것이 다 불법이니 처벌한다"고 하면 공평하지도 않고 상대방도 계속 숨어 있으려고 하겠지요. 어떻게든 탈출구를 마련해 주지 않으면 음성적 명의신탁을 끝까지 양성화하지 않은 채 계속 숨어 있으려고 하지 않겠습니까?

광범위한 교육·홍보활동

부동산실명제의 조기정착을 위해 국민의 이해를 구하기 위한 홍보와 함께 부동산 실명제 운영 실무를 담당할 지방자치단체 공무원, 국세청 공무원, 법무사, 세무사, 공인회계사 등 관계전문가에 대한 홍보가 광범위하게 이루어졌다.

제도 도입 직전인 1995년 4~5월 중에는 지방자치단체 및 국세청 공무원과 세무사 등을 대상으로 40여 회 정도 순회교육을 하고 관련자료를 배포하였다. 6~7월 중에도 상공회의소, 공인회계사회, 법무사회를 중심으로 교육을 실시했다.

기존 명의신탁 부동산의 실명전환을 위한 유예기간 1년이 거의 끝나가던 1996년 4월에는 '부동산 실명전환 안내 및 사례해설'을 관련기관 등에 집중 배포했다.

언론은 부동산실명제에 금융실명제보다 낮은 주목도가 보였으나 전환마감 직전인 5~6월이 되자 집중적으로 인터뷰가 몰렸다. KBS, MBC, SBS, YTN, MBN, KTV, CBS 등 거의 대부분의 방송에 나가 부동산실명제를 설명했고 〈조선일보〉, 〈한국경제신문〉, 〈매일경제신문〉, 〈문화일보〉, 〈주택저널〉 등 인쇄매체에도 부동산실명제에 대한 인터뷰 및 특집기사가 집중적으로 게재되었다.

윤용로 그때 역할분담을 하여 주로 강의식 교육업무는 김회정 사무관 등이 맡았고, 저는 언론 인터뷰를 통한 교육을 소화했습니다. 관련 에피소드를 하나 말씀드리죠. 〈문화일보〉에 비중이 가장 큰 인터뷰 코너가 있었는데 하루는 한 기자가 그 코너의 인터뷰를 하겠다고 찾아왔습니다. 그런데 반장인 제가 과장급이라니까 "이 코너는 적어도 차관보급 아니면 인터뷰를 하지 못하는데 …"라면서 난감한 기색을 보였습니다. 사안이 중요하고 급하니까 본사로 전화해 보더니 결국 인터뷰를 진행했습니다.

홍은주 부동산실명제 반장이라서 과장이면서 차관보급 대우를 받으셨네요(웃음).

윤용로 그때 거의 모든 신문과 방송에 다 나가서 인터뷰를 많이 했습니다. 방송의 위력이 대단한 게 KBS에 출연하니까 오랫동안 연락이 끊겼던 초등학교 친구한테서도 연락을 받았습니다. 주로 부동산실명제가 무엇인지, 어떤 의의를 가지는지, 혹시 전환하지 않으면 어떻게 되는지 등을 알리는 데 주력했습니다.

다만, "명의신탁을 기간 내에 실명화하지 않으면 명의자 소유로 추정한다"는 「부동산실명법」내용에 대해 제도 도입 초기에는 명의신탁 부동산 등기의 민사적 효력에 대한 대법원 판례 및 태도 변화에 대한 예측이 어려웠기 때문에 실무진의 이에 대한 대국민 설명이 다소 불명확할 수밖에 없었던 한계가 있었습니다. 또한 「농지법」등 법령상의 제한을 회피하기 위한 명의신탁이 광범위하게 이루어졌던 현실을 감안할 때, 실명 등기를 촉진하기 위하여 「농지법」등 법령상의 토지취득 제한을 어디까지 완화해야 하는가도 쟁점의 하나였습니다.

홍은주 「농지법」의 어떤 점이 문제였습니까?

윤용로 농지와 관련한 주요 유권해석 또는 민원의 형태는 부동산실명제가 시행되었으니 실권리자인 자신의 명의로 등기할 수 있도록 허용해 달라는 내용이 많았습니다. 이는 「농지법」, 「산림법」등에 따른 토지취득 자격을 갖추지 못한 사람들이 등기를 타인 명의로 해둔 사례가 많았기 때문입니다. 과거에는 「농지법」상 농지로부터 20km 이내에 거주하던 농민 아니면 농지를 소유할 수 없도록 되어 있었거든요. 가령 도시에 사는 사람이 논밭을 샀는데 「농지법」규정 때문에 농촌에 사는 친인척 등에게 명의신탁을 해둔 경우가 적지 않았습니다.

그러니까 농지를 명의신탁해 두었던 사람들이 고민이 많지 않았겠어요? 실명전환을 하면 「농지법」을 위반한 게 되니까요. 그래서 농지와 관련한 주요 유권해석 또는 민원의 형태는 부동산실명제가 시행되었으니 실권리자인 자신의 명의로 등기할 수 있도록 허용해 달라는 내용이 많았습니다.

그런데 실명전환 기간인 1996년 1월부터 「농지법」개정안이 시행되었습니다. 기존 「농지개혁법」등 농지관련 5개 법률을 통폐합하여 1994년 12월 22일 「농지법」이 제정됐고, 이는 부동산실명제 실시 전이었습니다. 이 법에 따른 농지취득

요건이 기존 「농지개혁법」 등에 비해 완화되었는데, 구체적 완화 내용이 1996년 1월 1일부터 농지거주 의무가 폐지되고, 주요 농작업의 3분의 1 이상 또는 연간 30일 이상을 직접 하는 경우에는 농지취득이 가능하도록 한 것입니다.

이에 따라 종전에는 자신의 명의로 등기할 수 없었던 비농민들이 자신의 명의로 실명화할 수 있는 길이 넓어졌습니다. 그래서 "내가 도시에 살아서 농민인 친척에게 명의신탁을 했는데 「농지법」이 바뀌어 도시민도 농지를 가질 수 있게 되어 내 이름으로 실명이전을 하려는데 괜찮은가?"라는 질문에 대해 "1996년 1월에 「농지법」이 개정되어 도시 거주자도 농지를 소유할 수 있게 됐으니 그건 「부동산실명법」과는 무관하다"고 유권해석을 했습니다. 대부분의 민원인은 이런 설명을 들으면 개정 「농지법」 규정에 맞춰 실명등기를 할 수 있는 길을 찾아보겠다는 입장이었습니다.

부동산실명제 순조롭게 정착

명의신탁 부동산의 실명전환은 명의신탁 약정을 해지한 후 이를 증명하는 '명의신탁 해지 약정서'나 명의를 빌려준 수탁자의 인감증명서를 첨부하여 부동산소유권 이전등기를 하는 방식으로 이루어졌다.

재정경제원에 따르면 1995년 7월 1일부터 1996년 6월 말까지 유예기간 1년 중에 실명화한 규모는 명의신탁 해지(6만 5,651건), 성업공사 매각의뢰(325건), 소송제기(4,970건) 등 7만 946건이었으며, 총면적은 4억 3,140만㎡, 총금액은 4조 4,416억 원이었다. 이외에 재정경제원은 같은 기간 중 매각처분하는 방법으로 실명화된 명의신탁 부동산을 약 7만 건으로 추정했다.

부동산 종류별로는 토지에 대한 명의신탁이 82.3%로 건물보다 월등히 많았다. 특히 법인의 명의신탁은 법인소유 부동산을 임직원 개인 명의로 해둔 경우가 88.7%로 압도적이었다.

부동산실명제 '포도대장' 토지종합전산망

부동산실명제의 효과가 한층 업그레이드된 것은 1995년 토지나 부동산 소유 및 거래에 관한 모든 정보를 통합한 토지종합전산망이 가동되면서부터다. 내무부가 운영하던 지적(地籍) 자료와 주민등록전산망을 서로 연결하여 개인별·세대별·법인별 토지소유 현황을 파악하고 다시 이를 건설부의 공시지가전산망과 연결해 금액까지 온라인화한 것이 토지종합전산망이다. 이 시스템이 1995년 본격 가동되면서 소유토지의 지목, 면적, 공시지가 등을 전산으로 한눈에 알아볼 수 있게 되었고 국세청은 탈세나 불법거래를 쉽게 추적할 수 있게 되었다.

언론은 "토지종합전산망이 부동산실명제의 '포도대장' 역할을 할 것"이라고 보았다.[10]

국토정보센터는 내무부의 지적 전산자료와 주민등록 전산자료에 건설교통부가 관리하는 공시지가 전산자료를 통합해 전국 모든 토지의 거래, 보유, 시가를 한눈에 파악·감시할 수 있게 한 국내 초유의 시스템이다. 이 전산망은 ① 전국 토지 3,400만 필지의 지번, 지목, 면적, 소유자의 주소, 성명, 주민등록번호, 취득일자, 취득사유 등 17개 항목, ② 국민 4,300만 명의 이름, 주소, 주민등록번호, 세대주 등 7개 항목, ③ 전국의 과세대상 2,500만 필지에 대한 공시지가, 용도, 지역 등 3개 항목의 자료를 담고 있다. 가구별·30대 그룹별·임원별 토지거래, 보유 현황이 수시로 파악되며 개인별·그룹별 보유토지의 총시가도 바로 파악된다.

지금까지의 시스템은 개인별 또는 기업별로만 파악이 가능해 가족 내 부인이나 자녀에게 소유를 분산해 놓거나 기업이 임원 명의로 부동산을 숨겨 놓는 행위 등의 적발이 어려웠다. 또한 투기조짐 지역이나 부동산투기 우려자, 미성년자의 거래동향, 1억 원 이상의 거래동향 등 필요한 부분별로 당국이 자료를 추출할 수 있어 부동산투기를 잡는 데 큰 몫을 할 전망이다.

---

10 "토지종합전산망 가동: 거래·보유·시가(時價) 통합관리", 〈중앙일보〉, 1995. 1. 20.

부동산실명제 실시에 앞서 건설교통부 관계자들이 과천청사 전산실에서 토지전산망 가동상황을 점검하고 있다(1995. 1. 10).

윤용로 제1차 토지전산망이 1995년에 내무부에서 완성되어 토지의 과세기반 인프라가 마련되었습니다. 이후 전산망이 점점 보완되고 완성도가 높아지면서 개인과 세대, 법인의 금융과 부동산 보유 현황이 국세청 전산망에 모조리 다 들어오게 되고, 자산시장에 대한 투명한 소유관계가 정립되어 공평과세가 가능해졌습니다. 공직자재산등록도 실효성을 가지게 되었죠.

공직자에게 재산신고를 적어 내라고 하고 은행 등에 가서 증빙서류를 떼 오라고 시키는데 어쩌다가 깜박하고 하나라도 증빙서류를 생략하면 해명자료 요구가 오게 되죠. 전산망에 다 나와 있으니까요. "이미 국세청 전산망에 모든 공직자의 토지와 금융자산이 모조리 다 들어 있으니 그냥 이름만 쳐 보면 다 나오는데 공직자 재산등록을 따로 하라는 이유가 뭐냐? 공직자의 기억력 테스트나 정직성 테스트를 하자는 거냐?"라는 우스갯소리가 나온 이유가 바로 여기에 있습니다.

그 정도로 금융전산망, 토지전산망 등의 기초가 이미 1990년대 중후반에 다 완성되었습니다. 당시 김영삼 대통령이 토지전산망과 금융전산망이 대강 갖춰지니까 실명제를 주장한 것인지, 아니면 투명사회와 중단 없는 개혁 등 정치적 구호를 앞세워 실명제를 추진했는데 때마침 전산망이 갖춰지기 시작하여 이 법을 뒷받침

436

한 것인지 선후관계는 제가 잘 모릅니다. 하지만 확실한 것은 두 가지 방향이 시의 적절하게 맞아떨어져 법의 실효성이 담보되었다는 것입니다.

홍은주　만약 금융실명제나 부동산실명제를 뒷받침할 수 있는 제도적·시스템적·전산적 인프라가 갖춰지지 않았다면 법이 유명무실해졌을 수 있습니다. 설령 법시행에 따른 통제가 안 된다고 해도 실명제를 시행하는 것이 옳다고 보시는지요?

윤용로　"실질적으로 통제할 수 없으니 통제 가능할 때까지 제도개혁을 미루는 것이 맞는가? 일단 통제하지 못해도 먼저 시행하면서 나중에 인프라를 갖춰 나가는 것이 맞는가?" 그런 논의라면 저는 통제가 어렵더라도 방향성이 옳다면 일단 먼저 시행하는 것이 좋다고 봅니다. 실명제를 법으로 시행하면 비실명이나 명의신탁을 지속하는 데 각자 리스크를 감수해야 하니까 국민들에게 비실명의 위법성에 대한 인식을 높이는 메시지를 던지는 효과가 있다고 생각합니다. 국민들이 지금은 당연히 금융이나 부동산을 실명으로 보유해야 한다고 생각하잖아요? 사실 선진국이나 우리나라나 아직까지 100% 실명은 아니고 아직도 차명이나 명의신탁이 저변에 존재하고 있습니다. 하지만 국민 대부분은 당연히 실명으로 가야 한다고 생각하니까 제도시행이 인식변화를 이끌어낸 것입니다.

예를 들어, 차가 다니는 도로에서 건널목이 제대로 갖춰져 있지 않아 실질적으로 무단 횡단하는 사람이 많다고 합시다. 그걸 그냥 내버려 두는 것과 교통법규 위반이라고 선언하고 가끔씩이라도 단속하는 것에는 큰 차이가 있지 않겠습니까? 무단으로 건너갈까 하다가도 적어도 일부라도 조심할 테니까요.

예전에 금융 및 부동산실명제에 대한 비판 가운데 "우리나라는 할머니가 손자손녀한테 용돈을 줄 때도 돌아서서 고의춤에서 꺼내 준다. 그러니 그런 걸 하루아침에 다 공개하라고 하는 것은 우리나라 정서에 안 맞는다"는 주장이 있었습니다. 그러나 지금 살펴보면 실명제가 불법성을 분명히 알리고 국민들이 이걸 인식하게 되었기 때문에 다소 명령적이고 일방적인 정책적 조치라도 점차 나름대로 효과를 내게 되었다고 생각합니다. 이제는 모든 사람들이 남의 이름으로는 거래를 안 하려고 하잖아요? 실명제가 투명사회로 가는 데 있어 상당한 국민의식 변화를 이끌었다고 믿습니다.

홍은주   다른 국가들의 부동산실명제 사례는 어떻습니까?

윤용로   1995년 부동산실명제는 우리나라의 법원에서 판례로서 명의신탁을 인정해왔던 것을 입법으로 금지하기 위한 조치였습니다. 명의신탁은 한국과 일본에만 있는 제도였기 때문에 명의신탁을 판례로서 인정하는 전통이 존재하지 않는 다른 국가에서는 「부동산실명법」의 논의 자체가 의미가 없었습니다. 다만, 최근 선진국을 중심으로 조세부과의 투명성을 위해 법인 등의 실소유주를 밝히도록 하는 베네피셜 오너십(beneficial ownership: 수익소유권, 실제소유권)에 대한 논의가 활발하고 개발도상국들도 이를 도입할 것을 권장하고 있습니다. 그렇기 때문에 부동산에 관해서도 명의신탁 관습이 없는 개발도상국에서는 이와 유사한 베네피셜 오너십을 정착시켜 조세부과의 투명성을 높이는 것이 제도개혁 과제 중 하나라고 볼 수 있습니다.

부동산실명제 시행의 다양한 효과

1995년 초부터 가동된 종합토지전산망과 함께 부동산실명제로 명의신탁이 금지되면서 강력한 형태의 부동산투기 억제장치가 마련되었다. 또한 1996년부터 시행된 금융소득 종합과세와 함께 자산소득에 대한 과세의 기반이 크게 넓어짐으로써 조세형평과 함께 세수증대에 크게 기여했다. 2005년에는 부동산투기 수요를 억제하기 위해 주택종합부동산세와 토지종합부동산세가 시행되고 두 개를 합산한 종합부동산세가 시행되었다. 이 역시 부동산실명제가 아니었다면 불가능한 법이었다.

무엇보다 부동산 자산의 보유와 매매 과정에 있어 '실질과세의 원칙'을 세울 수 있게 됐다. 부동산실명제로 명의신탁이 사라지면서 등기부에 명시된 물권에 있

438

어 실질적 권리자와 명목적 권리자가 일치되었다. 그 결과, "과세대상이 되는 소득과 수익, 재산, 행위, 거래에 있어 명의자가 아니라 사실상 귀속되는 자가 따로 있을 때는 귀속되는 자를 납세의무자로 하여 세법을 적용한다"는 「국세기본법」 제14조 실질과세의 원칙에 부합하는 세정이 이루어질 수 있게 됐다. 또한 신속하고 정확하게 과세대상 및 과세액수가 정리되어 과세행정의 효율적 집행이 가능해졌다.

부동산에 대한 취등록세와 재산세 등 지방세와 상속세, 증여세, 양도세, 임대소득세 등 국세 모두에 있어 유기적 과세행정이 가능해졌고 과세의 실효성도 확보되었다. 당시 「부동산실명법」은 명의신탁을 해소할 수 있는 방법의 하나로 제3자 매각을 허용했기 때문에 이후 거래가 늘어나 지가상승률이나 주택가격상승률을 낮추는 데도 긍정적인 영향을 미쳤다.

KIPF는 〈부동산실명제의 평가와 향후 정책과제〉 보고서에서 "부동산실명제 발표 직후인 1995년 1/4분기 전국 토지거래는 전년 동기에 비해 건수기준 15.8%, 면적대비 24.4%가 급격히 증가했다"고 분석했다.[11] 또한 "토지거래가 활발해진 것은 기업의 설비투자 증가, 시·군 통합요인, 공공사업 시행에 따른 토지수용 등 일반적 요인 외에 실명법의 주요내용이 국회를 통과하기 전에 사실상 확정되면서 선제적으로 명의신탁을 해지한 경우가 늘어났기 때문으로 추측된다"고 밝혔다.[12]

재정경제원에 따르면 토지가격은 1995년 0.55%, 1996년 0.95% 각각 상승하였으나, 4~5% 수준이던 당시 소비자물가상승률을 감안할 때 상대적으로 낮은 수준이었다. 주택가격은 1994년 0.1%, 1995년에는 0.2% 하락하였고, 1996년에는 1.5% 상승하여 안정세를 유지하였다.

부동산 거래의 정상화와 경제정의 실현의 기반 마련이라는 정책목표 달성에 어느 정도는 성공하면서, 부동산시장의 수요공급에 별다른 영향을 미치지 않은 것으로 분석됐다.

---

11 1년 전 같은 기간은 각각 1.4%와 1.7% 증가했다.

12 이하 내용 정리와 통계는 노영훈의 《부동산실명제의 평가와 향후 정책과제》(한국조세재정연구원, 1997) 62쪽을 참고하였다.

여기에 토지종합전산망이 완비되면서 「부동산실명법」의 효과가 더욱 빛을 발했다. 주택이나 토지가 실명 그리고 실거래가로 등록되고 투명한 부동산 거래내역이 확립되어 투기를 억제하고 투기이익을 환수할 수 있는 각종 조치가 가능하게 된 것이다. '부동산실명제'와 이를 기술적으로 뒷받침할 '실거래가 신고 및 등기부 기재'가 가능해지면서 부동산을 이용한 검은돈 거래와 탈세가 점차 자취를 감추었다. 부동산시장의 거래를 투명하게 하고 부동산투기 소득의 숨은 거처를 원천적으로 없애려는 노력의 첫 출발점은 부동산실명제의 시행이었다.

부동산실명제의 실시는 과세형평성이나 거래투명성을 높이는 개혁적 요소뿐만 아니라 부동산의 산업적 발전과 부가가치를 높이는 데도 일정한 역할을 했다. 부동산실명제 때문에 막연히 토지를 소유하면서 가격이 오르기만 기다리는 것이 불가능해지자 유휴토지에 대한 부동산개발사업이 활성화된 것이다.

부동산실명제 시행 이후 기업들은 유휴 부동산을 실명화하여 공장이나 사업시설 건설을 서둘거나 아예 매각했다. 기업들이 팔았던 도심의 유휴부지에는 잇달아 아파트가 건설됐다. 공장시설밖에 없었던 서울 구로구 일대에 대규모 아파트가 들어서고, 경기도 남양주 덕소 일대나 미금시에 대단위 아파트 단지가 들어선 것도 부동산실명제로 팔린 공장부지가 아파트 단지로 전환된 대표적 사례다.

지방의 임야 등 유휴토지 역시 전원주택단지 개발과 과수원, 농공단지, 산업시설 조성 등 각종 개발사업에 활용되기 시작했다.

성공한 개혁으로 금융실명제와 부동산실명제 선정

1995년 7월에 여론조사 기관인 한국갤럽이 전국 20세 이상 남녀 1,031명을 대상으로 김영삼 정부의 주요 개혁과제에 대한 국민여론조사를 실시했다. 그 결과 금융실명제가 1위에, 부동산실명제가 4위에 선정되었고, 금융실명제와 관련된 금융소득 종합과세 등 세제개혁이 12위를 차지했다. 김영삼 정부에 대한 중간평가 성격의 여론조사에서 금융실명제와 부동산실명제가 그만큼 중요한 개혁으로 부각된 것이다.

금융실명제와 부동산실명제에 대한 평가도 크게 우호적이었다. 보완이 필요한 개혁 분야에서 금융실명제에 대한 보완이 필요하다고 응답한 비율은 3.5%에 불과했다. 부동산실명제에 대한 보완이 필요하다는 응답비율은 2.7%로 더 낮게 나타났다.

김영삼 정부 개혁 관련 여론조사

조사 개요
- 조사자 : 한국갤럽(조사: 1995. 7. 29 발표: 1995. 8.1)
- 의뢰처 : 공보처
- 표본 : 전국 20세 이상 남녀 1,031명
- 조사방법 : 전화면접

조사 결과(실명제 관련사항)
1. 현 정부의 주요 개혁 분야(두 가지씩 임의 응답)
   금융실명제(46.6%)
   부동산실명제(14.3%)
   금융소득 종합과세 등 세제개혁(1.6%)
2. 보완이 필요한 개혁 분야(두 가지씩 임의 응답)
   현재 개혁의 강력한 추진(6.0%)
   금융실명제 보완(3.5%)
   부동산실명제 보완(2.7%)
3. 금융실명제, 부동산실명제 등 일부 개혁조치에 대한 비판 발생 이유
   국민이 바라는 혜택이나 즐거움을 주고 있지 못하기 때문(30.0%)
   개혁을 가시화할 후속조치가 미흡하기 때문(25.0%)
   일부 기득권층이 개혁으로 손해를 보았다고 생각하기 때문(22.0%)
   개혁추진 방법에 문제가 있었기 때문(20.7%)
4. 개혁 강화 필요성
   매우 많다, 어느 정도 있다(합계 89.4%)

「부동산 실권리자 명의 등기에 관한 법률」(부동산실명법)

법률 제4944호, 제정: 1995. 3. 30, 시행: 1995. 7. 1

제1조(목적)

이 법은 부동산에 관한 소유권 기타 물권을 실체적 권리관계에 부합하도록 실권리자 명의로 등기하게 함으로써 부동산등기제도를 악용한 투기·탈세·탈법행위 등 반사회적 행위를 방지하고 부동산 거래의 정상화와 부동산가격의 안정을 도모하여 국민경제의 건전한 발전에 이바지함을 목적으로 한다.

제2조(정의)

이 법에서 사용하는 용어의 정의는 다음과 같다.

1. '명의신탁약정'이라 함은 부동산에 관한 소유권 기타 물권(이하 '부동산에 관한 물권')을 보유한 자 또는 사실상 취득하거나 취득하려고 하는 자(이하 '실권리자')가 타인과의 사이에서 대내적으로는 실권리자가 부동산에 관한 물권을 보유하거나 보유하기로 하고 그에 관한 등기(가등기를 포함. 이하 같다)는 그 타인의 명의로 하기로 하는 약정(위임·위탁매매의 형식에 의하거나 추인에 의한 경우를 포함)을 말한다. 다만, 다음 각목의 경우를 제외한다.

   가. 채무의 변제를 담보하기 위하여 채권자가 부동산에 관한 물권을 이전받거나 가등기하는 경우

   나. 부동산의 위치와 면적을 특정하여 2인 이상이 구분소유하기로 하는 약정을 하고 그 구분소유자의 공유로 등기하는 경우

   다. 「신탁법」 또는 「신탁업법」에 의한 신탁재산인 사실을 등기한 경우

2. '명의신탁자'라 함은 명의신탁약정에 의하여 자신의 부동산에 관한 물권을 타인의 명의로 등기하게 하는 실권리자를 말한다.

3. '명의수탁자'라 함은 명의신탁약정에 의하여 실권리자의 부동산에 관한 물권을 자신의 명의로 등기하는 자를 말한다.

4. '실명등기'라 함은 이 법 시행 전에 명의신탁약정에 의하여 명의수탁자 명의로 등
   기된 부동산에 관한 물권을 이 법 시행일 이후 명의신탁자의 명의로 등기하는 것
   을 말한다.

제3조(실권리자 명의 등기의무 등)
1. 누구든지 부동산에 관한 물권을 명의신탁약정에 의하여 명의수탁자의 명의로 등기
   하여서는 아니된다.
2. 채무의 변제를 담보하기 위하여 채권자가 부동산에 관한 물권을 이전받는 경우에
   는 채무자·채권금액 및 채무변제를 위한 담보라는 뜻이 기재된 서면을 등기신청
   서와 함께 등기공무원에게 제출하여야 한다.

제4조(명의신탁약정의 효력)
1. 명의신탁약정은 무효로 한다.
2. 명의신탁약정에 따라 행해진 등기에 의한 부동산에 관한 물권변동은 무효로 한다. 다
   만, 부동산에 관한 물권을 취득하기 위한 계약에서 명의수탁자가 그 일방당사자가
   되고 그 타방당사자는 명의신탁약정이 있다는 사실을 알지 못한 경우에는 그러하지
   아니하다.
3. 제1항 및 제2항의 무효는 제3자에게 대항하지 못한다.

제5조(과징금)
1. 다음 각호의 1에 해당하는 자에 대하여는 당해 부동산가액의 100분의 30에 해당
   하는 과징금을 부과한다.
   ① 제3조 제1항의 규정을 위반한 명의신탁자
   ② 제3조 제2항의 규정을 위반한 채권자 및 동조동항의 규정에 의한 서면에 채무자
      를 허위로 기재하여 제출하게 한 실채무자
2. 제1항의 부동산가액은 과징금을 부과하는 날 현재의 다음 각호의 가액에 의한다.
   ① 소유권의 경우에는 「소득세법」 제99조의 규정에 의한 기준시가
   ② 소유권 외의 물권의 경우에는 「상속세법」 제9조 제4항 및 제5항의 규정에 의하
      여 대통령령이 정하는 방법에 의하여 평가한 금액

3. 제1항의 규정에 의한 과징금의 금액이 대통령령이 정하는 금액을 초과하는 경우에는 그 초과하는 부분은 대통령령이 정하는 바에 의하여 이를 물납할 수 있다.

4. 제1항의 규정에 의한 과징금은 당해 부동산의 소재지를 관할하는 시장·군수 또는 구청장이 부과·징수한다. 이 경우 과징금은 위반사실이 확인된 후 지체 없이 이를 부과하여야 한다.

5. 제1항의 규정에 의한 과징금을 납부기한 내에 납부하지 아니한 때에는 지방세체납처분의 예에 의하여 이를 징수한다.

6. 제1항의 규정에 의한 과징금의 부과 및 징수 등에 관하여 필요한 사항은 대통령령으로 정한다.

제6조(이행강제금)

1. 제5조 제1항 제1호의 규정에 의한 과징금을 부과받은 자는 지체 없이 당해 부동산에 관한 물권을 자신의 명의로 등기하여야 한다.
   다만, 제4조 제2항 단서에 해당하는 경우에는 그러하지 아니하며, 자신의 명의로 등기할 수 없는 정당한 사유가 있는 경우에는 그 사유가 소멸된 후 지체 없이 자신의 명의로 등기하여야 한다.

2. 제1항의 규정을 위반한 자에 대하여는 과징금 부과일(제1항 단서 후단의 경우에는 등기할 수 없는 사유가 소멸한 때를 말한다)부터 1년이 경과한 때에 제5조 제2항의 규정에 의한 부동산가액(이하 '부동산평가액')의 100분의 10에 해당하는 금액을, 다시 1년이 경과한 때에 부동산평가액의 100분의 20에 해당하는 금액을 각각 이행강제금으로 부과한다.

3. 제5조 제3항 내지 제6항의 규정은 이행강제금에 관하여 이를 준용한다.

제7조(벌칙)

1. 다음 각호의 1에 해당하는 자 및 그를 교사하여 당해 규정을 위반하도록 한 자는 5년 이하의 징역 또는 2억 원 이하의 벌금에 처한다.
   ① 제3조 제1항의 규정을 위반한 명의신탁자
   ② 제3조 제2항의 규정을 위반한 채권자 및 동조 동항의 규정에 의한 서면에 채무자를 허위로 기재하여 제출하게 한 실채무자

2. 제3조 제1항의 규정을 위반한 명의수탁자 및 그를 교사하여 당해 규정을 위반하도
록 한 자는 3년 이하의 징역 또는 1억 원 이하의 벌금에 처한다.

3. 제3조의 규정을 위반하도록 방조한 자는 1년 이하의 징역 또는 3천만 원 이하의 벌
금에 처한다.

제8조(종중 및 배우자에 대한 특례)
다음 각호의 1에 해당하는 경우로서 조세포탈, 강제집행의 면탈 또는 법령상 제한의
회피를 목적으로 하지 아니하는 경우에는 제4조 내지 제7조 및 제12조 제1항·제2항
의 규정을 적용하지 아니한다.

① 종중이 보유한 부동산에 관한 물권을 종중(종중과 그 대표자를 같이 표시하여 등
기한 경우를 포함) 외의 자의 명의로 등기한 경우

② 배우자 명의로 부동산에 관한 물권을 등기한 경우

제9조(조사 등)
1. 시장·군수 또는 구청장은 필요하다고 인정하는 경우에는 제3조·제10조 내지 제
12조 및 제14조의 규정에 위반한 여부를 확인하기 위한 조사를 할 수 있다.

2. 국세청장은 탈세혐의가 있다고 인정하는 경우에는 제3조·제10조 내지 제12조
및 제14조의 규정에 위반한 여부를 확인하기 위한 조사를 할 수 있다.

3. 공무원이 그 직무를 행함에 있어 제3조·제10조 내지 제12조 및 제14조의 규정에
위반한 사실을 알게 된 경우에는 국세청장과 당해 부동산의 소재지를 관할하는 시
장·군수 또는 구청장에게 그 사실을 통보하여야 한다.

제10조(장기미등기자에 대한 벌칙 등)
1. 「부동산등기특별조치법」 제2조 제1항·제11조 및 동법 부칙 제2조의 적용을 받는
자로서 다음 각호의 1에 의한 날부터 3년 이내에 소유권이전등기를 신청하지 아니
한 등기권리자(이하 '장기미등기자')에 대하여는 부동산평가액의 100분의 30에
해당하는 금액(부동산등기특별조치법 제11조의 규정에 의한 과태료가 이미 부과
된 경우에는 이를 차감한 금액을 말한다)을 과징금으로 부과한다.

다만, 제4조 제2항 본문 및 제12조 제1항의 규정에 의하여 등기의 효력이 발생하지 아니함에 따라 새로 이 등기를 신청하여야 할 사유가 발생한 경우와 등기를 신청하지 못할 정당한 사유가 있는 경우에는 그러하지 아니하다.

① 계약당사자가 서로 대가적인 채무를 부담하는 경우에는 반대급부의 이행이 사실상 완료된 날

② 계약당사자의 일방만이 채무를 부담하는 경우에는 그 계약의 효력이 발생한 날

2. 제5조 제3항 내지 제6항의 규정은 제1항의 규정에 의한 과징금에 관하여 이를 준용한다.

3. 장기미등기자가 제1항의 규정에 의하여 과징금을 부과받고도 소유권이전등기를 신청하지 아니한 때에는 제6조 제2항 및 제3항의 규정을 준용하여 이행강제금을 부과한다.

4. 장기미등기자(제1항 단서의 규정에 해당하는 자를 제외한다) 및 그를 교사하여 제1항의 규정에 위반하여 소유권이전등기를 신청하지 아니하도록 한 자는 5년 이하의 징역 또는 2억 원 이하의 벌금에 처하고, 제1항의 규정에 위반하여 소유권이전등기를 신청하지 아니하도록 방조한 자는 1년 이하의 징역 또는 3천만 원 이하의 벌금에 처한다.

제11조(기존 명의신탁약정에 의한 등기의 실명등기 등)

1. 이 법 시행 전에 명의신탁약정에 의하여 부동산에 관한 물권을 명의수탁자의 명의로 등기하거나 하도록 한 명의신탁자(이하 '기존 명의신탁자')는 이 법 시행일부터 1년의 기간(이하 '유예기간') 이내에 실명등기하여야 한다.

다만, 공용징수·판결·경매 기타 법률의 규정에 의하여 명의수탁자로부터 제3자에게 부동산에 관한 물권이 이전된 경우(상속에 의한 경우를 제외한다)와 종교단체, 향교 등이 조세포탈, 강제집행의 면탈을 목적으로 하지 아니하고 명의신탁한 부동산으로서 대통령령이 정하는 부동산의 경우는 그러하지 아니하다.

2. 다음 각호의 1에 해당하는 경우에는 제1항 규정에 의하여 실명등기를 한 것으로 본다.

① 기존 명의신탁자가 당해 부동산에 관한 물권에 관하여 매매 기타 처분행위를 하고 유예기간 이내에 그 처분행위로 인한 취득자에게 직접 등기를 이전한 경우

② 기존 명의신탁자가 유예기간 이내에 다른 법률의 규정에 의하여 당해 부동산의 소재지를 관할하는 시장·군수 또는 구청장에게 매각을 위탁하거나 대통령령이 정하는 바에 의하여 「한국산업은행법」에 의하여 설립된 성업공사에 매각을 의뢰한 경우. 다만, 매각위탁 또는 매각의뢰를 철회한 경우에는 그러하지 아니하다.

3. 실권리자의 귀책사유 없이 다른 법률의 규정에 의하여 제1항 및 제2항의 규정에 의한 실명등기 또는 매각처분 등을 할 수 없는 경우에는 그 사유가 소멸한 때부터 1년 이내에 실명등기 또는 매각처분 등을 하여야 한다.

4. 이 법 시행 전 또는 유예기간 중에 부동산물권에 관한 쟁송이 법원에 제기된 경우에는 당해 쟁송에 관한 확정판결(이와 동일한 효력이 있는 경우를 포함한다)이 있은 날부터 1년 이내에 제1항 및 제2항의 규정에 의한 실명등기 또는 매각처분 등을 하여야 한다.

제12조(실명등기 의무 위반의 효력 등)

1. 제11조에 규정된 기간 이내에 실명등기 또는 매각처분 등을 하지 아니한 경우 그 기간이 경과한 날 이후의 명의신탁약정 등의 효력에 관하여는 제4조의 규정을 적용한다.

2. 제11조의 규정을 위반한 자에 대하여는 제3조 제1항의 규정을 위반한 자에 준하여 제5조 및 제6조의 규정을 적용한다.

3. 이 법 시행 전에 명의신탁약정에 의한 등기를 한 사실이 없는 자가 제11조에 의한 실명등기를 가장하여 등기한 때에는 5년 이하의 징역 또는 2억 원 이하의 벌금에 처한다.

제13조(실명등기에 대한 조세부과의 특례)

1. 제11조의 규정에 의하여 실명등기를 한 부동산이 1건이고 그 가액이 5천만 원 이하인 경우로서 다음 각호의 1에 해당하는 경우에는 이미 면제되거나 적게 부과된 조세 또는 부과되지 아니한 조세는 이를 추징하지 아니한다. 이 경우 실명등기를 한 부동산의 범위 및 가액의 계산에 대하여는 대통령령으로 정한다.

① 「소득세법」 제5조 제6호의 규정에 의하여 명의신탁자 및 그와 생계를 같이 하는 1세대가 이 법 시행 전에 1세대1주택 양도에 따른 비과세를 받은 경우로서 실명등기로 인하여 당해 주택을 양도한 날에 비과세에 해당하지 아니하게 되는 경우

② 「상속세법」 제32조의 2의 규정에 의하여 명의자에게 이 법 시행 전에 납세의무가 성립된 증여세를 부과하는 경우

2. 실명등기를 한 부동산이 비업무용 부동산에 해당하는 경우로서 유예기간(제11조 제3항 및 제4항의 경우에는 그 사유가 소멸한 때부터 1년의 기간을 말한다) 종료 시까지 당해 법인의 고유 업무에 직접 사용하는 때에는 지방세법 제112조 제2항의 세율을 적용하지 아니한다.

제14조(기존 양도담보권자의 서면제출 의무 등)

1. 이 법 시행 전에 채무의 변제를 담보하기 위하여 채권자가 부동산에 관한 물권을 이전받은 경우에는 이 법 시행일부터 1년의 기간 이내에 채무자·채권금액 및 채무변제를 위한 담보라는 뜻이 기재된 서면을 등기공무원에게 제출하여야 한다.

2. 제1항의 규정을 위반한 채권자 및 동항의 규정에 의한 서면에 채무자를 허위로 기재하여 제출하게 한 실채무자에 대하여는 당해 부동산평가액의 100분의 30에 해당하는 과징금을 부과한다.

3. 제5조 제3항 내지 제6항의 규정은 제2항의 규정에 의한 과징금에 관하여 이를 준용한다.

제15조(청문)

시장·군수 또는 구청장은 제5조, 제6조, 제10조 제1항·제3항, 제12조 제2항 및 제14조 제2항의 규정에 의한 처분을 하고자 하는 경우에는 대통령령이 정하는 바에 의하여 미리 당해 처분의 상대방 또는 그 대리인에게 의견을 진술할 기회를 주어야 한다. 다만, 당해 처분의 상대방 또는 그 대리인이 정당한 사유 없이 이에 응하지 아니하거나 처분의 상대방의 주소불명 등으로 의견진술의 기회를 줄 수 없는 경우에는 그러하지 아니하다.

(이하 부칙)

집필자 약력

홍은주

한양대를 졸업하고 미국 오하이오주립대학에서 경제학 석사학위와 박사학위를
받았다. 문화방송(MBC) 경제부장, 논설실장을 거쳐 iMBC 대표이사를 지냈다.
한국여기자협회 부회장, 회장 직무대행, 한국 여성경제학회 회장 등을 역임하였
으며, 현재 한양사이버대 경제금융학과 교수로 있다. 저서로는《경제를 보는
눈》,《초국적시대의 미국기업》,《부실채권 정리: 금융산업의 뉴 프론티어》,
《(그림으로 이해하는) 경제사상》등 다수가 있다.

육성으로 듣는 경제기적 VI

코리안 미러클 6
한국의 경제질서를 바꾼 개혁
금융실명제

2020년 8월 10일 발행
2020년 8월 10일 1쇄

기획 및 집필_ 육성으로 듣는 경제기적 편찬위원회
발행자_ 趙相浩
발행처_ (주) 나남
주소_ 10881 경기도 파주시 회동길 193
전화_ 031) 955-4601 (代)
FAX_ 031) 955-4555
등록_ 제 1-71호(1979. 5. 12)
홈페이지_ www.nanam.net
전자우편_ post@ nanam.net

ISBN 978-89-300-4050-1
ISBN 978-89-300-8655-4(세트)

코리안 미러클

육성으로 듣는 경제기적 편찬위원회 (위원장 진념) 지음

현오석 · 김호식 · 엄일영 · 윤대희 · 조원동 · 지동욱 · 최우석

박정희 시대 '경제기적'을 만든 사람들을 만나다!
경제난 어떻게 풀어 '창조경제' 이룰 것인가?
전설적인 경제의 고수들에게 배우라!

홍은주 전 iMBC 대표이사와 조원동 전 청와대 경제수석이 '그 시대'
쟁쟁한 경제거물들인 최각규, 강경식, 조경식, 양윤세, 김용환,
황병태, 김호식, 전응진을 만났다. 그들의 생생한 육성으로 통화개혁,
8 · 3조치, 수출정책, 과학기술정책 추진과정을 둘러싼 007작전과
비화들을 듣는다.

크라운판 · 양장본 | 568면 | 35,000원

나남 nanam www.nanam.net | 031-955-4601

코리안 미러클 2

도전과 비상

육성으로 듣는 경제기적 편찬위원회 (위원장 이헌재) 지음

김준경 · 진 념 · 강봉균 · 윤대희 · 김호식 · 박병원 · 임영록 · 고일동

**1980~90년대 '전환의 시대'를 이끈 경제주역들의 생생한 증언!
국가주도 경제에서 시장경제로 패러다임을 바꾸다!**

1960~70년대 순항하던 한국경제호는 살인적 물가폭등과 기업과 은행의 부실,
개방압력 등으로 흔들리기 시작한다. 바야흐로 물가를 안정시키고 기업과
은행의 자율성을 키우며 시장을 개방하는 것이 한국경제의 지상과제로 떠오른
것이다. 이 책은 이러한 시대의 키워드인 안정, 자율, 개방을 구현하는 데
핵심적 역할을 했던 경제정책 입안자 강경식, 사공일, 이규성, 문희갑, 서영택,
김기환의 인터뷰를 담고 있다. 한국경제 연착륙을 위해 고군분투하는 그들의
이야기는 난세영웅전을 방불케 할 정도로 흥미진진하다.

크라운판 · 양장본 | 552면 | 35,000원

나남
nanam   www.nanam.net | 031-955-4601

코리안 미러클 3: 숨은 기적들

중화학공업, 지축을 흔들다

육성으로 듣는 경제기적 편찬위원회 (위원장 강봉균) 지음

김준경 · 이규성 · 이헌재 · 진 념 · 윤대희 · 박병원 · 안병우 · 조원동 · 김주훈 · 조병구

대한민국 경제성장의 엔진, 중화학공업의 역사를 돌아보다

1968년 수류탄을 멘 무장공비 김신조 일당 청와대 기습 시도. 1969년 닉슨
대통령의 주한미군 철수 원칙 통보. 1972년 박정희 대통령의 100억 달러 수출
목표 천명. 제대로 된 군대도 공장도 없던 당시 한국에서 국력과 수출 경쟁력이
시대적 화두로 대두된다. 그리고 이를 해결하기 위한 대안으로 등장한 것이
바로 평화시에는 수출품을 전시에는 무기를 생산하는 중화학공업 집중육성
프로젝트. 당시 중화학공업 정책을 직접 진두지휘한 오원철 전 경제수석과
김광모 전 대통령 비서관의 생생한 목소리를 통해 우리나라 경제발전의 엔진이
된 화학과 제철, 자동차, 전자, 조선 산업의 역사를 들어본다.

크라운판 · 반양장 | 436면 | 26,000원

나남
nanam www.nanam.net | 031-955-4601

코리안 미러클 3: 숨은 기적들

농촌 근대화 프로젝트, 새마을 운동

육성으로 듣는 경제기적 편찬위원회 (위원장 강봉균) 지음

김준경·이규성·이헌재·진 념·윤대희·박병원·안병우·조원동·김주훈·조병구

잠들었던 농촌을 깨운 농촌 변혁의 횃불,
새마을 운동의 기적을 기록하다

도시는 날로 부유해지는데 보릿고개에는 초근목피로 연명하고
쌀보리 위주의 생계형 농업에 매달려 상업영농은 꿈도 꾸지 못했던 1960년대
우리의 농촌. 새마을 운동은 이러한 도농격차와 농촌의 절대적 가난을
극복하고자 정부와 국민이 함께 마을단위로 전개한 농촌 근대화 운동이자
자립 자활 프로젝트이다. 당시 새마을 프로젝트를 기획 및 설계한 고건 전 총리,
자수성가 성공스토리로 새마을 전도사가 된 하사용 지도자,
구습을 타파하고 새로운 농촌 여성의 모델을 제시한 정문자 지도자의 생생한
목소리로 농촌의 역사를 새로 쓴 새마을 운동의 이야기를 들어본다.

크라운판·반양장 | 244면 | 20,000원

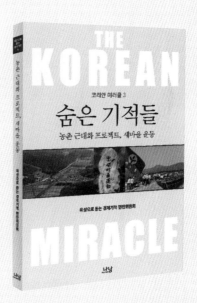

나남 www.nanam.net | 031-955-4601

코리안 미러클 3: 숨은 기적들

숲의 역사,
새로 쓰다

육성으로 듣는 경제기적 편찬위원회 (위원장 강봉균) 지음

김준경·이규성·이헌재·진 념·윤대희·박병원·안병우·조원동·김주훈·조병구

붉은 산을 푸른 산으로,
우리나라 숲의 역사를 다시 쓰다

'붉은 산'이 우리 국토를 상징하는 용어로 쓰일 만큼 우리 산이 헐벗었던
시절이 있었다. 산림의 황폐화는 미관상의 문제를 넘어 식량생산을 저해하는
산사태에서부터 난방과 취사를 가로막는 땔감 부족 등 원천적인 빈곤의
악순환을 가져왔다. 이 책은 이러한 열악한 현실을 딛고 기적 같은 치산녹화의
성과를 이뤄낸 과정을 담고 있다. 당시 삼림녹화 정책을 직접 구상하고
추진했던 손수익 전 산림청장과 김연표 전 산림청장, 그리고 이경준 서울대
명예교수가 들려주는 우리나라 숲의 역사는 지난날 산림녹화 정책의 빛과
어둠을 돌아보고 아름다운 미래의 숲을 가꾸기 위한 통찰을 제공할 것이다.

크라운판·반양장 | 268면 | 20,000원

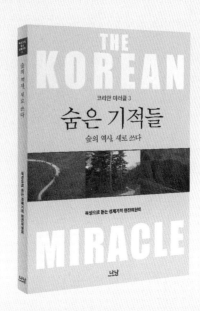

나남
nanam www.nanam.net | 031-955-4601

코리안 미러클 4

외환위기의
파고를 넘어

육성으로 듣는 경제기적 편찬위원회 (위원장 강봉균) 지음

김준경 · 안병우 · 김용덕 · 윤대희 · 조원동 · 김주훈

한국 경제의 불시착과 재비상의 드라마!
국가부도의 위기에서 대한민국 경제를 사수하라!

1997년 '우리나라가 부도날지도 모른다'는 청천벽력과 같은 소식이 전해진다.
믿었던 대기업이 무너지고 수많은 가장이 직장을 잃으며 가정이 흔들렸다.
이 책은 이러한 위기의 시기, 1997년 IMF로부터 구제금융을 받은 시점부터
2001년 외환위기가 공식 종료된 시점까지 긴박했던 순간을 고스란히 담았다.
당시 초유의 사태를 극복하기 위해 추진했던 금융 및 기업 부문의 구조조정,
공공부문 개혁, 서민 생활보호와 사회안전망 구축 정책을 경제 드림팀 이규성,
강봉균, 이헌재, 진념 재경부 장관의 생생한 목소리로 들어본다.

크라운판 · 반양장 | 752면 | 39,000원

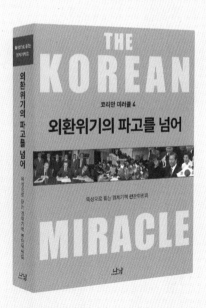

나남
nanam   www.nanam.net | 031-955-4601

코리안 미러클 5

한국의 사회보험,
그 험난한 역정

육성으로 듣는 경제기적 편찬위원회 (위원장 윤증현) 지음

한덕수 · 최정표 · 윤대희 · 김영주 · 오영호 · 김석동 · 허경욱 · 서중해

경제와 복지의 상호발전사를 돌아보며
복지국가의 미래를 그리다!

정부주도의 성장우선 경제정책으로 급속성장을 이룬 오늘날 복지, 특히
사회적 위험으로부터 국민을 보호하는 사회안전망인 사회보험에 대한 관심이
크게 고조되고 있다. 이제 한국 사회보험 역사를 돌아보고 성장과 복지의
바람직한 관계를 모색해 볼 시점이다.

국민연금의 첫 깃발을 꽂은 서상목 전 보건복지부 장관, 의료보험 체계의
기틀을 마련한 김종인 전 보건사회부 장관, 1997년 외환위기 때 고용보험
제도를 도입한 정병석 전 노동부 차관, 한국 최초의 사회보험인 산재보험을
체계화하고 현대화하는 데 기여한 이재갑 고용노동부 장관 등의 이야기를
들어본다.

크라운판 · 반양장 | 448면 | 28,000원

나남 nanam   www.nanam.net | 031-955-4601

코리안 미러클 5

모험과 혁신의 벤처생태계 구축 한국 벤처기업 성장사

육성으로 듣는 경제기적 편찬위원회 (위원장 윤증현) 지음

한덕수 · 최정표 · 윤대희 · 김영주 · 오영호 · 김석동 · 허경욱 · 서중해

한국 벤처를 통해 다양하고 역동적인
한국경제의 미래를 상상하라!

신기술 중소기업들이 자생적으로 등장한 벤처 태동기 (1980~1990년대),
정부의 강력한 지원으로 일어난 벤처붐 (1999~2000년), 닷컴버블 붕괴와
코스닥 폭락이 이어진 벤처 빙하기 (2000~2004년), 벤처 어게인, 벤처의
재도약을 선언한 벤처 재부흥기 (2004년~)까지 한국의 벤처신화를
만들어낸 전문가들을 만나 도전과 열정으로 이루어진 벤처기업의 역사를
돌아본다. '벤처의 선구자' 이민화 KAIST 교수, '도전과 변신의 천재' 김익래
다우키움그룹 회장, '벤처 어게인의 공로자' 장흥순 블루카이트 대표 등의
이야기를 들으며 벤처생태계와 한국 경제의 미래를 설계한다.

크라운판 · 반양장 | 416면 | 26,000원

나남 nanam www.nanam.net | 031-955-4601